U0491249

中国管理思想与商业伦理年鉴 2024

中国管理思想与商业伦理年鉴编委会 编

企业管理出版社
ENTERPRISE MANAGEMENT PUBLISHING HOUSE

图书在版编目（CIP）数据

中国管理思想与商业伦理年鉴. 2024 / 中国管理思想与商业伦理年鉴编委会编. -- 北京：企业管理出版社，2024.12. -- ISBN 978-7-5164-3188-7

Ⅰ. F279.23；F718

中国国家版本馆CIP数据核字第2024L4J237号

书　　名：中国管理思想与商业伦理年鉴（2024）	
书　　号：ISBN 978-7-5164-3188-7	
作　　者：中国管理思想与商业伦理年鉴编委会	
责任编辑：徐金凤	
出版发行：企业管理出版社	
经　　销：新华书店	
地　　址：北京市海淀区紫竹院南路17号	邮　　编：100048
网　　址：http://www.emph.cn	电子信箱：emph001@163.com
电　　话：编辑部（010）68701638	发行部（010）68414644　68417763
印　　刷：北京联兴盛业印刷股份有限公司	
版　　次：2024年12月第1版	
印　　次：2024年12月第1次印刷	
开　　本：787mm×1092mm　1/16	
印　　张：24.25	
字　　数：400千字	
定　　价：198.00元	

版权所有　翻印必究　·　印装有误　负责调换

中国管理思想与商业伦理年鉴编委会

编委会主任

陈耀教授（扬州大学）

编委会副主任

吕力教授（扬州大学）　　　梅强教授（江苏大学）

王益民教授（山东大学）　　周建教授（南开大学）

钱忠好教授（扬州大学）　　郑琴琴教授（复旦大学）

姜朋教授（清华大学）　　　蔡文著教授（江西财经大学）

叶陈刚教授（对外经济贸易大学）

编委会秘书长

连远强教授（扬州大学）

编委会秘书

孙玮玥（扬州大学社会发展学院博士生）

蒋淑慧（扬州大学社会发展学院博士生）

前　言

中国管理现代化研究会成立于 1978 年 11 月 15 日，是中国科学技术协会主管、民政部备案的管理学领域的国家一级学术社团组织。该研究会以管理学科的学术研究和交流为主要工作内容，以推动中国管理学科的发展、提升中国企业管理水平为宗旨，是中国管理学界、企业、政府及其他各类组织的管理者和爱好者交流与合作的高层次平台。

中国管理现代化研究会"管理思想与商业伦理专业委员会"由扬州大学博士生导师、教育部新世纪优秀人才陈耀教授，联合江苏大学、山东大学、南开大学、复旦大学等高校的相关学者共同发起，经中国管理现代化研究会理事会审批，于 2018 年 11 月 28 日正式成立。该专委会立足全国层面，以挖掘中华民族优秀的管理思想和文化基因，提炼中国情景的商业伦理之道，促进形成中国管理思想与商业伦理的理论体系为主要任务。

成立以来，"管理思想与商业伦理专业委员会"分别在扬州大学、复旦大学、江苏大学、山东大学和哈尔滨商业大学举办了五届管理思想与商业伦理高端年度论坛，同时通过组织调研、学术交流、编写案例等工作，在面上推进管理思想与商业伦理的理论与实践研究。

为及时反映中国管理思想与商业伦理领域的重要研究成果，在全国范围内分享代表性研究成果，我们从 2024 年开始编纂《中国管理思想与商业伦理年鉴》，力求反映中国当代管理思想与商业伦理研究面貌，我们还将通过《年鉴》持续反映后续的年度进展。

在中国管理思想与商业伦理年鉴编委会的指导下，编辑人员遴选、确定了本卷收录文献。作为专委会首部专业性文献资料年鉴，编选工作难免有疏漏，敬请各位专家、学者和读者批评指正！

《中国管理思想与商业伦理年鉴》编委会

目 录

CONTENTS

第一篇 中国管理思想理论与实践

中国企业家精神探究
——基于46位杰出企业家访谈的扎根分析

苏 勇 李真真 / 003

中国管理学派：履践、责任与未来

吴照云 巫周林 姜浩天 / 027

中国式创新的理论内涵及路径演进的内在逻辑

李 宇 方圆禹 傅秋园 / 043

直面实践的管理研究：学理基础与发展路径

苏敬勤 何新月 韩少杰 / 060

基于企业家精神的多元化战略和企业社会责任战略的双战略协同机制研究
——卓尔阎志的战略管理思想分析

邓新明 谭 勇 / 081

企业家成长30年：企业家精神引领企业迈向高质量发展
——中国企业家队伍成长与发展30年调查综合报告

李 兰 王 锐 彭泗清 / 106

第二篇　中华优秀传统文化与管理创新

文化与家族企业跨代创业：代际传承中的文化嵌入
　　　　　　　　　　　　　　　　　　　　　　吴　炯　黄钧瑶 / 143

多个家族所有者并存对企业研发投入的影响研究
　　　　　　　　　　　　　　　　　严若森　李　浩　陈　静 / 172

民营企业家多元文化经历、企业家创新精神与企业创新投入
　　　　　　　　　　　　　　　　　　　　　　郝盼盼　白　茹 / 188

家族所有权与家族企业国际化
　　——基于中国东西部家族企业的实证研究
　　　　　　　　　　　　　　　　　　　　　　　　　周立新 / 206

《易经》《道德经》视角下企业组织结构演进规律解析
　　　　　　　　　　　　　　　　　贾利军　王　宏　贺达豪 / 223

精神文化符号学的认知模式与主体有无之境
　　　　　　　　　　　　　　　　　　　　　　　　　陈　中 / 240

第三篇　中国商业伦理与企业社会责任

ESG 报告基本假设初探
　　　　　　　　　　　　　　　　　　　　　　黄世忠　叶丰滢 / 255

从企业社会责任（CSR）到企业可持续商业（CSB）：反思与未来
　　　　　　　　　　　　　　贾　明　向　翼　王鹤丽　张　喆 / 276

企业 ESG 表现与创新
　　——来自 A 股上市公司的证据
　　　　　　　　　　　　　　　　　　　　　　方先明　胡　丁 / 308

企业社会责任报告特质信息含量的信号效应研究
　　——基于自然语言处理技术的分析
　　　　　　　　　　　　　　　　　　　　　　李四海　李　震 / 334

人工智能的企业道德责任及其规制
　　　　　　　　　　　　　　　　　　　　　　刘新生　褚建勋 / 361

第一篇　中国管理思想理论与实践

中国企业家精神探究[①]
——基于46位杰出企业家访谈的扎根分析

苏 勇[②] 李真真[③]

摘要：基于46位中国杰出的企业家访谈材料，通过扎根理论分析的研究方法，就企业家精神的个人—组织—社会3个层次，分别归纳了企业家精神在个人特质、管理模式和环境互动3个层面的内涵表现，提出了新时代背景下中国企业家精神的整体理论框架，为探究中国本土情境下的企业家精神提供了一定的理论指导与实践启示。研究结果表明：个体层次的企业家精神表现在其通过个人特质实现价值引领方面；组织层次的企业家精神表现在其实现了道术相融的管理模式方面；社会层次的企业家精神则表现在其实现了生态共赢的环境互动方面。

关键词：本土情境；企业家精神；中国管理思想；扎根理论分析

来源：《管理学报》2023年8月第20卷第8期

一、研究背景与研究问题

党的二十大报告指出，要"完善中国特色现代企业制度，弘扬企业家精神""强化企业科技创新主体地位，发挥科技型骨干企业引领支撑作用"。中国经济正处在由要素驱动和效率驱动向创新驱动的转型阶段，创新是知识经济形态下企业实现可持续发展的重要驱动力之一。企业家是社会中的优秀群体，他们具有极强的创新特质、资源整合能力和拼搏精神，能够敏锐地感知

[①] 基金项目：复旦管理学奖励基金会资助"中国杰出企业家管理思想研究"重大项目（FGJ2014-1）。
[②] 苏勇，复旦大学管理学院教授、博士研究生导师。研究方向为企业战略与文化、组织行为与人力资源、东方管理等。
[③] 李真真，复旦大学管理学院。

社会发展趋势和消费者未来需求,在经济发展中的作用不可或缺且不可替代。鉴于此,企业家作为中国经济取得举世瞩目成就的亲历者与见证者,加大对其具有中国特色的管理实践及在此基础上所体现的企业家精神的研究是至关重要的。

企业家精神是企业家组织建立和经营管理企业的综合才能的表述方式,是一种重要而特殊的无形生产要素,是企业家管理思想与管理智慧的集中体现。企业家精神具有情境化和时代化的特征,不同的制度环境和时代背景赋予其差异化的内涵。例如,DANIEL等[1]认为,企业家精神和企业家的宗教信仰有较大的关系;MORRIS等[2]的研究发现,因为本土文化价值区别,中国与其他4个东亚国家的企业家精神有着显著差异;NEUBERT等[3]发现,肯尼亚的企业家可以帮助政府克服制度空白,日本的企业家则强调"工匠精神"。而在中国情境下,学者们对于企业家精神的思考与探究更多地展现了其具有中国特色的部分(如"家国情怀"和"社会责任"等)。孙黎等[4]指出,企业家精神体现为"兼济天下"和"利者,义之和",企业家是时代精神的创建者和守望者。庞长伟等[5]则基于资源能力视角,发现大型非国有企业最有利于企业家精神的发挥,而大型国有企业则限制了企业家精神的发挥。

迄今为止,已有研究对于中国本土的企业家精神这个内涵丰富的概念探索仍然相对缺乏,这主要有以下几个方面的原因:①部分研究主要是基于西方管理学理论,导致并不能完全适配具有中国特色的管理实践和企业家精神内涵[6];②企业家精神是一个与管理实践紧密联系的概念,部分研究可能因为过度追求研究的规范化,而难以在企业家管理实践的基础上挖掘其背后的中国本土逻辑[7];③由于企业家精神是一个层次丰富、情境化的理念,部分研究较多地从个体企业家的角度去探究其管理思想或者精神理念,因而无法深刻理解多层次、多情境下企业家精神的全貌[8]。

基于以往相关研究的不足,本研究依托于46位中国优秀企业的创始人或者领导者的访谈材料,利用扎根分析的研究方法,从企业家精神的视角来解读中国本土企业家们在具体管理情境中的管理智慧与精神彰显,试图对中国本土企业家精神这一概念提出一个较为全面的论述框架和理论认知,以期为新时代弘扬中国企业家精神,推动企业实现高质量发展提供一定的理论指导。

二、理论基础与文献综述

（一）企业家精神的基本概念

"企业家"这一术语的首次出现，是在法国经济学家康替龙于1755年引入的经济学理论中[9]。在古典经济学理论中，萨伊最早强调了企业家的重要地位，并赋予了企业家组织"协调者"的功能。熊彼特在创新理论中对于企业家的定义则是最被广泛接受的，他赋予了企业家以"创新者"的角色，认为企业家的工作是一种"创新性破坏"，即打破原有的经济活动均衡，引入新的经济要素[9]。"不确定性承担者"是企业家的另一种内涵解释，具体而言可以分为3种角色，即康替龙提出的"投机商"、霍勒提出的"所有者"，以及奈特提出的"决策者"[9, 10]。

企业家精神强调了在不确定的环境下，企业家迎接市场挑战、探寻发展机会、创造新生产组合，以推动企业发展的过程[11]。对企业家精神的探讨难以回避的便是对"entrepreneurship"的词义辨析。目前，国内学者对于该词的翻译主要有创新、创业、创业学、创新精神、企业家精神等。从这些差异化的翻译中可以看出，企业家精神是一个多层次、多元化的构念[12]，可以在个体、群体、组织、行业和社会等多个层面展开。DAVIDSSON[13]基于已有研究认为，企业家精神可以分为学术概念和社会现象两类，并且应当更多地去关注企业家精神的社会功能。类似的，时鹏程等[8]认为，当把"entrepreneurship"理解为一种社会现象时，将其翻译成企业家精神更能体现出其内涵中所隐藏的多元化和时代感。

在国际上，关于企业家精神的研究主要有三大经典学派：以熊彼特为代表的德国学派强调了企业家的创新精神；以米塞斯为代表的奥地利学派认为企业家是以社会责任为使命的；以KNIGHT为代表的新古典学派则注重的是企业家的冒险精神[4]。在国内，关于企业家精神的研究则主要是结合中国情境探讨企业家精神的内涵。例如，庞长伟等[5]构建了不同所有制结构和企业规模组合下的中国企业家精神特征模型，提出了4种企业家精神类型：市场主导型、政府主导型、自由市场型，以及政府扶持型。吕富彪等[14]则认为企业家精神在创新驱动环境下是技术创新精神的表现，因此在创新驱动环境下需要加大对企家精神的培育与引导。尽管不同学者对于"企业家精神"的内涵理解并不一致，但是他们就企业家管理思想的使命驱动、创新导向、风险承担等方面都能基本达成共识[15]。

（二）企业家精神的3个层次

正如前文所言，当企业家精神被视为一种社会现象时，其在不同层次的表现有着非常差异化的内涵与关键词。MILLER[12]提出了企业家精神具有不同层次：个人层面的企业家特质、组织层面的企业家行为影响，以及社会层次的企业家精神彰显。从个人层面而言，企业家精神的相关研究强调了企业家个体的人格倾向或行为特征的特殊性[16]，并认为正是这种特殊的品质使其取得了创业成功。梁巧转等[17]从儒家思想、共产党理念和西方管理理念3个方面分析了中国企业家的特质。周文辉等[15]通过案例研究的方式挖掘了创业者朱明跃（猪八戒网创始人）以风险承担为特征的个人企业家精神。

聚焦于组织层面的研究者则认为企业家精神的本质在于有目的、有组织的系统创新，这是一种行为而非人格特质[18]。例如，MORRIS等[19]认为，企业家精神是指组织管理风格。除此之外，相关研究还深入到了组织战略、企业文化、组织结构、团队领导、创新激励等各个方面[8]。由此，组织层面的企业家精神相关研究主要从组织行为视角去解读企业家精神内涵，或是探究企业家精神对企业长期可持续发展的贡献与作用。

涉及社会层次的企业家精神相关研究则关注的是企业家的家国情怀与时代精神，强调了企业家们是如何突破经济价值的局限来实现社会价值的[16,20]。一方面，这些企业家通过创业等改善或促进当地经济、科技等的发展；另一方面，企业家们在商业行为中的社会责任更是帮助国家解决部分社会问题。POMERANTZ[20]将这一层次的企业家精神定义为社会企业家精神，建立在创新、合作、协作、公平交易、良好的客户服务、诚实和道德的交易以及可靠性的基础上，并强调了其对社会变革和社会公平的关注。综合已有研究，本研究对企业家精神研究的不同层次的研究进行了分类与比较，如表1所示。

表1 企业家精神相关研究层次

研究层次	研究观点	主要关注点
个体层次	对企业家个体的人格倾向或行为特征的研究	创新、冒险、进取、奉献等品质
组织层次	企业家精神的本质在于目的、有组织的系统创新,这是一种行为而非人格特质	组织或企业在企业家精神的驱动下的行为表现
社会层次	企业家精神成为推动社会经济增长的动力,引导社会形成具有企业家精神的文化特征,激发社会的创新、创业热情	企业家的时代精神和家国情怀,强调其突破经济价值的局限,实现社会价值的过程

注:结合已有文献(如文献[8][12])总结。

(三)中国本土企业家精神

余英时[21]在《儒家伦理与商人精神》一书中曾指出,儒家思想的义利观之"义利合一"的价值取向正是中国古代商人自我价值意识的彰显。有学者认为,企业家相当于近代的"士",许多民国时期企业家通过学习西方的技术与组织模式,结合儒家理念与"士"的操守,创新"国货"产品,造福社会[4]。改革开放以来,一批杰出的企业家站在时代的浪潮中,带领广大职工筚路蓝缕,整合各种资源,努力开拓创新,克服困难,创新产品和服务,满足消费者日益增长的新需求,并为国家上缴了大量税收,为社会创造了巨大的财富和价值。

2017年9月,中共中央、国务院专门颁发了《关于营造企业家健康成长环境弘扬优秀企业家精神更好发挥企业家作用的意见》(以下简称《意见》)。《意见》明确指出,企业家是经济活动的重要主体,并用36个字对弘扬优秀企业家精神提出要求,即弘扬企业家"爱国敬业遵纪守法艰苦奋斗"的精神、"创新发展专注品质追求卓越"的精神、"履行责任敢于担当服务社会"的精神。党的二十大报告同样强调要"坚持完善中国特色现代企业制度,弘扬企业家精神,加快建设世界一流企业"。企业家不同于一般商人和管理者,他们具有更高层次的追求,要营利但不以营利为唯一目的,还要为社会创造价值和履行社会责任。

尽管学界和企业界对企业家精神有一些共同认知,如冒险精神、创新性破坏、责任担当等,但是中国的制度和市场环境所孕育的企业家精神与西方企业家精神有着一定差异。例如,在《美国企业家宣言》一文中,企业家精神的内核以"梦想""创造""冒险""成功"等为关键词,而中国企业家精神受中国传统文化的熏陶与感染,有不一样的关键词,如"生态""和合""共赢""家国情怀"等。例如,闫希军的基于东方和合思想的"理性和合"[22],徐少春的合作共赢价值导向下生态思维[23],宁高宁的"团队学习"在中国情境下的本土化运用[24],张瑞敏的在变革过程中的"自以为非"思想[25, 26],魏海军演化出的通过"德礼并济"与"义利合一"实现"和合共生"的管理理念[27],无一不彰显出企业家精神在中国情境实践中的丰富内涵。

显然,企业家精神在个体、组织、社会等不同层次都有着差异显著的内涵与关注点。国内学者对不同层次中企业家管理思想的探究都有较为丰富的成果,这为本研究基于 46 位中国优秀企业家的访谈材料,探究不同层次的企业家精神在中国情境下的特有表现,以及多层次间企业家精神彼此间的逻辑关系,从而提出中国本土企业家精神的理论框架,奠定了坚实的理论基础。

三、研究方法

(一)研究设计

企业家精神是一个具有丰富层次、内涵广阔,而又具有情境化特征的构念。然而,以假设为基础的实证研究难以构建高层次理论,而单案例或多案例研究则难以实现理论的普适性验证[28]。扎根理论适用于对新概念、新理论的挖掘与构建,对于系统地探索分析现象也具有较强的解释力。由此,本研究对行业中多家领先优秀企业进行访谈,获得一手访谈资料,然后采用扎根理论的分析方法对原始资料进行精简并转化为范畴,进而研究范畴之间的关系,提炼出较有说服力的理论框架。依据程序化扎根研究方法的数据处理方式[29],本研究通过数据资料的结构化编码方式,尝试从杰出企业家的管理智慧或管理思想中总结归纳出体现中国企业家精神的关键构念。

(二)案例选取与数据收集

"改变世界——中国杰出企业家管理思想访谈录"是由复旦管理学奖励基金会联合第一财经电视频道、复旦大学东方管理研究院,从 2014 年年底开始启动的研究项目。截至 2022 年年底，该项目已经访谈了 50 位国内杰出的企业家，积累了丰富的研究素材。该项目团队通过事先对被访企业家的深入研究，对访谈对象的创业经历、率领企业的发展历程、几十年奋斗的兴衰成败都有了透彻的了解，在此基础上对每位企业家进行了约 3 小时的半结构访谈，获取了丰富的素材。该项目团队对企业家的访谈内容主要涉及企业发展历程、主要管理理念、企业文化、企业战略、对传统文化与现代管理的看法、有特点的管理实践等。本研究的作者团队作为该项目团队的组成成员，在访谈结束后，及时地对访谈记录进行了整理并形成文本，共计 90 余万字。鉴于此，本研究以"中国杰出企业家管理思想访谈录"所搜集与访谈的案例企业作为主要的研究素材。

一手访谈资料与二手文本材料的结合有助于研究者获取较为综合全面的材料，并形成三角验证。本研究的数据分析资料除一手访谈材料以外，还通过多种渠道收集了大量的二手数据对一手访谈信息数据进行补充，具体资料包括公司官网推文、媒体新闻报道、企业家个人自传，以及知网、万方等期刊研究性文章。数据来源如表 2 所示。

表 2　数据来源

资料类型	资料来源	资料获取方式	代号	获取内容	访谈时长/小时	资料字数
一手资料	企业家	半结构化访谈	$E_1 \sim E_{46}$	企业发展历程、主要管理理念、企业文化、企业战略、对传统文化与现代管理的看法、有特点的管理实践等	3	2万×46
二手资料	各公司官网推文、媒体新闻报道、企业家个人自传，以及知网、万方等期刊研究性文章等					

本研究中，样本企业及企业家构成如表 3 所示。表 3 中，本研究对受访企业家的信息进行了总结与陈列。这些企业分布在我国各大城市，并在各自行业经营得都非常成功且具有很大的影响力，它们根据自身面临的不同环境和不同的企业发展阶段，形成了独特的战略思路与管理模式。基于这 46 家极具代表性企业的访谈材料进行扎根分析，将极大地帮助本研究深挖其管理实践中所传递出的管理思想，并提出具有中国本土企业家精神的全面框架体系。

表 3 样本企业及企业家构成

代号	案例企业	被访谈企业家	成立时间/年	总部	主营业务
E_1	海尔集团	张瑞敏	1984	青岛	物联网生态
E_2	小米科技	雷军	2010	北京	移动设备及软件
E_3	娃哈哈集团	宗庆后	1987	杭州	饮料生产
E_4	方太集团	茅忠群 茅理翔	1996	宁波	厨房用具
E_5	新希望集团	刘永好	1982	成都	饲料
E_6	春秋集团	王正华	2004	上海	廉价航空
E_7	联想集团	柳传志	1984	北京	投资、IT、房地产、化工、消费类
E_8	格力电器	董明珠	1991	珠海	电器
E_9	TCL集团	李东生	1981	惠州	家用电器
E_{10}	搜狐	张朝阳	1998	北京	互联网
E_{11}	东方希望集团	刘永行	1982	上海	农业、重化工业
E_{12}	红杉资本中国基金	沈南鹏	2005	北京	投资
E_{13}	京东集团	刘强东	1998	北京	电商平台
E_{14}	中国建材集团	宋志平	1984	北京	产业、科技、成套装备、物流贸易
E_{15}	瑞安集团	罗康瑞	1971	香港	房地产
E_{16}	中国—中东欧金融控股有限公司	姜建清	2016	香港	金融
E_{17}	高瓴资本	张磊	2005	上海	投资
E_{18}	中国石化	王基铭	2000	北京	能源化工
E_{19}	华大基因	汪建	1999	深圳	生命科技前沿机构
E_{20}	宏碁集团	施振荣	1976	台北	智能软硬件
E_{21}	比亚迪集团	王传福	1995	深圳	汽车、轨道交通、新能源和电子四大产业
E_{22}	茅台酒厂	季克良	1999	贵州	白酒

续表

代号	案例企业	被访谈企业家	成立时间/年	总部	主营业务
E_{23}	金蝶国际软件集团	徐少春	1993	深圳	管理软件、云服务
E_{24}	人民控股集团	郑元豹	1996	温州	电器
E_{25}	双星集团	柴永森	1921	青岛	轮胎
E_{26}	携程集团	梁建章	1999	上海	在线票务服务
E_{27}	福建圣农集团	傅光明	1983	南平	肉鸡食品
E_{28}	东软集团	刘积仁	1991	沈阳	IT解决方案与服务供应商
E_{29}	科大讯飞	刘庆峰	1999	合肥	软件
E_{30}	飞鹤乳业集团	冷友斌	1962	齐齐哈尔	乳业
E_{31}	远东控股集团	蒋锡培	1985	宜兴	电线电缆、医药、房地产
E_{32}	好孩子集团	宋郑还	1989	昆山	儿童用品
E_{33}	天能集团	张天任	1986	长兴	电动轻型车
E_{34}	科瑞集团	郑跃文	1992	北京	战略投资
E_{35}	新奥集团	王玉锁	1989	廊坊	清洁能源产业链批发
E_{36}	红太阳集团	杨寿海	1989	南京	农药、肥料
E_{37}	东方国际集团	童继生	1994	上海	进出口商
E_{38}	分众传媒集团	江南春	2003	广州	广告
E_{39}	巨石集团	张毓强	2001	嘉兴	玻璃
E_{40}	中化集团	宁高宁	1950	北京	化工、能源、农业
E_{41}	正邦集团	林印孙	2000	南昌	饲料、动物保健、乳品、农化等
E_{42}	绿地集团	张玉良	1992	上海	房地产
E_{43}	山东黄金	陈玉民	1996	济南	黄金矿山开采、冶炼和销售
E_{44}	紫光展锐	楚庆	2013	上海	消费电子、工业电子
E_{45}	建业集团	胡葆森	1992	郑州	房地产开发
E_{46}	福耀玻璃工业集团	曹德旺	1987	福州	汽车安全玻璃和工业技术玻璃

四、案例分析与讨论

（一）扎根分析

1. 开放式编码

开放式编码的主要目的是结合已有文献对原始材料进行比对、整理、归纳与编码，最终实现概念化和范畴化。第一，将搜集到的原始语句进行贴标签工作，挖掘出初始概念；第二，在初始概念的基础上进行范畴化。本研究通过对原始资料进行逐条编码和归纳，与理论反复比较，并贴上标签，识别出 57 项初始编码和 12 项范畴。开放式编码（部分示例）如表 4 所示。

表 4 开放式编码（部分示例）

典型例证援引	初始概念	范畴
我这一辈子冒的险太大了，现在都不敢回忆（E_{36}）	敢于冒险（A_1）	开创精神（B_1）
创业就是快乐，创业就是享受（E_4）	享受创业（A_2）	
我们集团成立了创新和变革的部门，在公司拿出一些钱来鼓励干部员工，与公司的产业结合进行创新变革（E_5）	鼓励创新（A_3）	
所以就有了一个突破性的考虑，怎么样既可以把石库门保留下来，还可以转变它的功能（E_{15}）	突破变通（A_4）	
不管是从营销模式、管理模式，还是制造模式，包括产品都要颠覆（E_{25}）	颠覆传统（A_5）	
每个岗位的责任是什么，把责任分清，这个岗位上的人应该尽什么样的责任才可以算是称职的，这是很重要的（E_8）	明确责任（A_{23}）	管理制度（B_6）
但是小米倡导的是什么呢？倡导的是去管理化（E_2）	去管理化（A_{24}）	
执行要有力，而且还要有效，光执行不行，执行了要有一定的力量，有一定的效果，执行无力，执行无效等于没有执行，比不执行还不好（E_{39}）	执行力（A_{25}）	
交通事故我们有保险的，保险公司要赔。保险公司赔多少，公司再赔多少……我们有一个制度，员工嫡系家属生病，如果治不起，我帮你治（E_{46}）	员工福利制度（A_{26}）	
我们有 361 的淘汰机制，鼓励前 30%，促进中间的 60%，最后的 10% 如果连续两年都在最后，是要被淘汰的，要解除劳动合同的（E_{31}）	淘汰机制（A_{27}）	
关心员工的小家，他才能安心努力地工作，才能发展企业这个大家（E_3）	关心员工（A_{28}）	
管理层级已经比较多了，就一定是要有规则、规划、流程（E_9）	流程制度（A_{29}）	
你想当厂长，就要提高你的合作精神，就要把个人融入团队，形成一个整体，要不然你就当不了领导（E_{41}）	团队合作（A_{43}）	

续表

典型例证援引	初始概念	范畴
我们认为牛、羊养殖在澳大利亚、新西兰、美国,甚至在非洲一些国家,有着非常大的土地优势、水资源优势（E_5）	国际优势互补（A_{54}）	地域差异（B_{12}）
在埃及也好,印度尼西亚也好,我们已经融入当地氛围中（E_{39}）	当地化策略（A_{55}）	
欧洲和美国看起来都是西方,但实际上是不一样的（E_{32}）	识别地域差异（A_{56}）	
随着他们在各地发展,我们就有了各个区域的总部,然后又建了各区域的研发中心和服务中心（E_{28}）	顺应区域发展（A_{57}）	

2. 主轴式编码

主轴式编码强调的是通过资料不断对比,找出范畴之间的逻辑关系,从而归类出主要范畴。本研究通过反复对比资料后,对范畴之间的逻辑关系予以识别,分别从企业家精神的个人—组织—社会3个层次,归纳出3个主范畴：个人特质、管理模式与环境互动。其中,个人特质强调的是企业家在个人履行工作职责过程中,所展现出来的与一般个体不同的特质和领导风格及独具特色的战略思维；管理模式是指企业家精神在组织层次通过具体的管理实践,如管理制度、质量理念、公司治理、文化建设等所呈现的企业特征；环境互动是指企业家在社会关系互动中所展现的适应时代变化、地域差异,与外部利益相关者共享共赢,展现民族自信,从而引导社区、社会创建和发扬企业家精神特征的能力。通过企业家精神这一理念性内涵体现在个人、组织、社会3个层面的论述,可以更为清晰地看到企业家精神的影响和作用。主轴式编码如表5所示。

表5 主轴式编码

主范畴	子范畴	内涵
个人特质（C_1）	开创精神（B_1）	开创精神是指企业家个人在企业发展过程中敢于冒险、享受创业、鼓励创新、突破变通、颠覆传统的能力或特质
	自我认知（B_2）	自我认知是指企业家个人在企业经营过程中对自身能力能够准确评估,实现自我管理,保持谦卑的心态,学会反思总结的能力
	包容分享（B_3）	包容分享是指企业家个人在管理实践中拥有开放的胸襟与格局,愿意与员工、外界坦诚分享,相互包容的精神

续表

主范畴	子范畴	内涵
个人特质（C_1）	毅力（B_4）	毅力是指企业家个人在企业管理实践中忍耐坚持、坚定信念、不怕失败、追求目标、长期导向的能力
	诚信示范（B_5）	诚信示范是指企业家个人在企业经营中按照自己的道德标准，讲求公开透明、责任担当、讲求诚信、引领示范的过程
管理模式（C_2）	管理制度（B_6）	管理制度强调的是企业家在组织管理中通过明确责任、去管理化、执行力、员工福利制度、淘汰机制、关爱员工、流程制度等方式达到管理的目的
	质量理念（B_7）	质量理念强调的是企业家在组织管理中对于产品或服务的质量的高要求，他们希望通过标准化的制作流程、底线思维、重视产品质量、追求工匠精神、寻求借鉴创新等，以实现高质量发展的过程
	公司治理（B_8）	公司治理强调的是企业家在组织管理中通过集权管控、充分授权、聘请职业经理人或股权激励等方式完善公司治理机制的过程
	文化建设（B_9）	文化建设强调的是企业家在组织管理中通过设立专职人员、培养文化认同、专业职能强化、高层引领示范，以及注重团队合作等方式建设自身企业文化的过程
环境互动（C_3）	情境变化（B_{10}）	情境变化强调的是企业家在与环境互动中，能够准确判断时代的趋势变化、识别发展机遇、与时俱进、把握不确定性的能力或过程
	外部关系（B_{11}）	外部关系强调的是企业家在与环境互动中，对于政府、竞争对手、价值链上下游、行业集群、社会等各方面的维系
	地域差异（B_{12}）	地域差异强调的是企业家在与环境互动中，清晰地意识到国际国内环境或者国内区域差异，通过当地化、国际优势互补、共创价值的方式克服地域差异的挑战的能力或过程

3. 选择式编码

选择式编码的主要目的是从主范畴中挖掘出核心范畴，并挖掘出主范畴与核心范畴之间的逻辑关系。本研究围绕个人特质、管理模式与环境互动3个核心范畴之间的联系后找出核心范畴，并分析核心范畴与主范畴之间的逻辑关系，如表6所示。

表6 主范畴的典型关系结构

核心范畴	典型关系结构	结构关系内涵
企业家精神	个人特质↓价值引领	企业家的个人特质是企业家精神在个人层次的主要内容；开创精神、自我认知、包容分享、毅力，以及诚信示范构成了中国本土企业家个人特质的共性表现；企业家通过自身个人特质实现了对企业发展经营的价值引领

续表

核心范畴	典型关系结构	结构关系内涵
企业家精神	管理模式↓道术相融	企业家的管理模式是企业家精神在组织层次的主要内容；在管理制度、质量理念、公司治理及文化建设4个方面，中国本土企业家精神呈现道术相融的特点
	环境互动↓生态共赢	企业家的环境互动是企业家精神在社会层次的主要内容；在识别情境变化、维系外部关系及适应地域差异3个方面，中国本土企业家精神都表现出了生态共赢的思想

基于范畴之间的内在关系和逻辑，本研究从价值引领、道术相融、生态共赢为核心范畴，对主范畴进行串联，进而构建模型。构成核心范畴"企业家精神"的维度分别为企业家的个人特质、管理模式和环境互动，如图1所示。

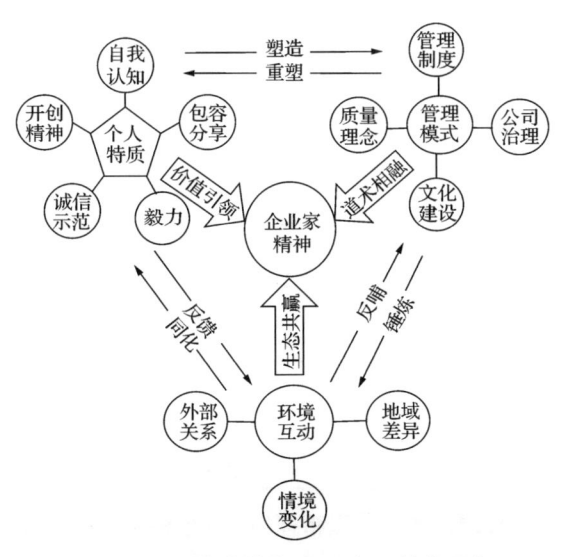

图1 企业家精神的构成因素及其作用机理

（二）案例讨论

本研究通过扎根分析，按照"个人—组织—社会"3个层次归纳出了中国本土企业家精神的关键构成，即个人特质、管理模式以及环境互动，如图2所示。其中，个体层次的企业家精神通过企业家个人性格特征和品质方面的个体特质实现了对公司的"价值引领"；组织层次的企业家精神则是指在管理制度、质量理念、公司治理及文化建设方面的管理模式所呈现的"道术相融"的特点；社会层次的企业家精神强调了适应情境变化，与政府、竞争者等的外部关系维系，以及识别地区差异中达成与环境互动的"生态共赢"。

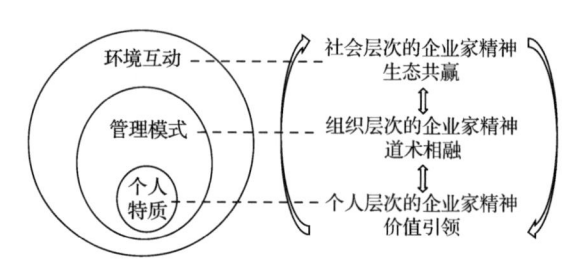

图 2　中国本土企业家精神的理论模型

1. 个体层次的企业家精神：实现价值引领的个人特质

通过扎根分析，本研究提出中国本土企业家的个人特质主要表现在以下 5 个范畴：开创精神、自我认知、包容分享、毅力及诚信担当。这五大范畴之间的逻辑关系，如图 3 所示。

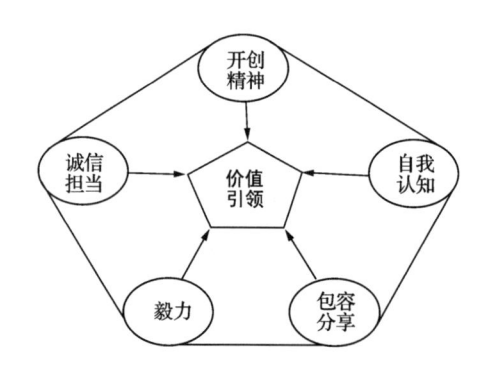

图 3　个体层次的企业家精神：实现价值引领的个人特质

开创精神表现了企业家们在企业发展过程中敢于冒险、享受创业、鼓励创新、突破变通、颠覆传统的能力或者特质。或许，企业家天生就有一种很难去培养的精神，就是开创精神。例如，红杉资本沈南鹏认为"人生就是选择"，人生需要冲动，需要激情，需要去承担风险；红太阳集团杨寿海表示："从技术创新、市场创新到生产创新，再到团队创新没有一个地方是不冒险的。"对于企业家们而言，开创精神折射出了他们在企业管理经营中积极进取、勇于创新的一面，这也是"企业家精神"这一概念最为核心的一点。"不确定性承担者""创新者""创新性破坏"等关键词在诸多研究中都与"企业家精神"紧密联系[9]。

自我认知则是指能够拥有清晰的自我评估、保持积极正确的自我管理、拥有谦卑学习的心态，并能够从实践中反思自我的能力。例如，联想柳传志将"复盘"作为自己学习和提高的方法论，大到战略制定和实施，小到具体问题的解决，无论结果是失败还是成功，都把自己重新摆回到项目开始状态，重新演练一遍。搜狐公司张朝阳则实现了从"好人文化"到"效率文化"的转变，是其自身的一次管理思维升级，是他面对市场竞争做出的管理模式调整，也是闭关反思的结果。管理者的认知模式是指其依赖于自身的背景、经验、个性等形成的对于特定事物相对稳定的看法和理解[30]，其对自身、企业清晰的认知成为企业家长久发展的重要基础。

包容分享是指企业家们能够持有开放的胸襟与格局，相互包容，愿意与员工、外界坦诚分享的能力。对内，领导者的开放性与企业内部的发言权有很大关系，它代表了领导者接纳企业员工想法或建议的程度。这让企业家们能够与员工建立起强烈的情感承诺，使企业内部拥有较为开放的知识信息流通渠道。例如，金蝶国际徐少春表示："我们必须彻底消除'家长式管理'和'公司政治'，建立一个更加开放、国际化、充满人情味的全新的金蝶文化。"对外，企业家们同样乐于将自身对于企业管理实践的经验与外界进行分享。例如，宏碁集团施振荣所言："我已经交了那么多学费，如果此路不通，应该让大家知道，分享失败的经验反而比较可行，因为成功的案例是不会重复的，而失败的案例几乎都是重复的。"

毅力是指企业家们具有的忍耐坚持、坚定信念、不怕失败、追求目标、长期导向的特质，它体现在企业家们直面逆境或者巨大压力的应变能力和心理变化过程中。例如，分众传媒江南春在创业最低谷时期，以"Nothing to lose"的心态，让公司实现了置之死地而后生。对于 TCL 李东生而言，"鹰的重生"这种"向生而生"变革理念的核心就是"不逃避重生苦痛、不惧困难，敢于迎接挑战"，以一种坚韧的意志来改造自我的精神。企业家们在引领众人实现超越性目标的过程中，必然遇到各种艰难险阻，唯有身具坚韧的特质，方能达成始终。

诚信担当是指企业家们为人处世中表现出来的公开透明、责任担当与讲求诚信的品质，这是企业能够在企业家们的引领下做成百年企业的基石。例如，科瑞集团郑跃文践行信任经济理念，认为信任可以减少交易成本，产生更强的合作可能性；红太阳集团杨寿海则把企业使命和责任担当写入了公司企业文化中；同样，诚信也成为京东集团的商业之本。

本研究发现，企业家们运用自身包含开创精神、自我认知、包容分享、毅力，以及诚信示范5项个人特质来正确把握企业发展方向，实现了对企业经营的价值引领。企业家作为企业的决策者与管理者在履行职责过程中展现出来的价值观念、品行特征、责任态度，始终影响和主导着企业的发展风格与方向愿景。例如，绿地集团的张玉良非常重视领导者的"背影效应"；而京东的刘强东则强调，"正"是其创业的初衷和坚持的梦想。在"正"的理念支撑下，京东的企业愿景是"成为全球最值得信赖的企业"，回馈社会成了京东坚持的发展道路。

2. 组织层次的企业家精神：实现道术相融的管理模式

在组织层次的企业家精神中，其管理模式主要包含了以下四大范畴：管理制度、质量理念、公司治理、文化建设。而这四大范畴的逻辑关系便是企业家管理模式呈现的东方管理哲学的"道"与西方管理工具的"术"结合的中西融合之道，如图4所示。

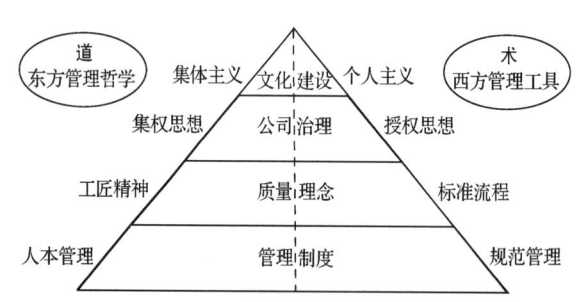

图4 组织层次的企业家精神：实现道术相融的管理模式

企业家对于管理制度都高度重视，并在制度建设中通过明确责任、去管理化、高执行力、员工福利制度、淘汰机制、关爱员工、流程制度等方面来实现管理目的，并呈现了"人本管理"思想与"规范管理"思想相结合的特点。一方面，企业家们强调了在管理实践中对员工情绪、需求的把握与重视。例如，福耀玻璃有专门针对员工突发事件的福利制度。另一方面，尽管不同企业家们有着差异化的管理方式与管理风格，但是管理方式的明确性与执行力却是他们共同的要求。由此，"流程规范""执行力""结果导向"等便成了他们管理制度制定的核心要求。例如，巨石集团张毓强认为"企业内部的体系管理、质量管理、创新管理、绩效管理等"都需要强调执行力；海尔集团张瑞敏则提出著名的"日事日毕、日清日高"的OEC（海尔之剑）管理模式等。

质量理念是指企业家们对于产品服务质量的高标准与高要求，主要呈现了"工匠精神"与"标准流程"相结合的特点。例如，方太集团茅忠群认为"精益求精，打造精品"就是工匠精神，这与其想要打造高端品牌的初衷不谋而合。与此同时，方太集团又引入了来自IBM的集成化产品开发系统，帮助研发产品过程实现科学管理。茅台集团季克良对于质量同样有着"工匠精神"的追求，茅台酒也有着精细化、流程化、标准化的生产过程。

公司治理强调的是企业家们通过集权管控、充分授权或股权激励等方式完善公司治理机制的过程，呈现了"集权思想"与"授权思想"各有分布的特点。集权与分权是企业经营管理权限的分配方式，前者强调管理权限的上移，后者则强调要适当地将经营权限分散到中下层。前者能够提升决策效率，避免资源重复与浪费等，但容易因过于集中的权力导致市场反应能力较弱；后者可以让高层将有限的精力与注意力集中于重要事务的同时，促使下属发挥主观能动性，但容易引发代理问题。不同的企业家对于"集权"与"授权"有着差异化的把握，但是他们对于其选择的授权程度都有着清醒的认知，并能够充分信任自身的决策，针对不同的企业特点形成一套特有的管理模式。例如，娃哈哈集团宗庆后的管理模式是大家长式的领导，"企业规模越来越大，我们是高度集中管理，人财物产供销，都是总部负责的"；与之不同的是，东软集团刘积仁表示："我信任管理团队，把事情交给他们，会充分授权，而我会花更多的时间考虑战略和未来。"

文化建设是指企业家们高度重视企业文化建设，通过文化认同、专业强化、高层引领及团队合作等方式构建自身特有企业文化的过程，主要呈现了"集体"与"个人"共同发挥作用的特点。在团队精神培养方面，正邦集团林印孙强调要将合作精神融入集团的观念灌输给新入职的员工，这样他们才能认同企业文化。在发挥个人创造力方面，海尔集团张瑞敏倡导的"人人都是CEO"和"人单合一"的自主经营体模式，强调了对员工个体主观能动性和创造性的发挥。

3. 社会层次的企业家精神：实现生态共赢的环境互动

企业家精神在社会层次的环境互动主要包含了以下三大范畴：识别情境变化、维护外部关系及适应地域差异，而这三大范畴共同呈现了中国本土企业家精神中"生态共赢"的思想，如图5所示。

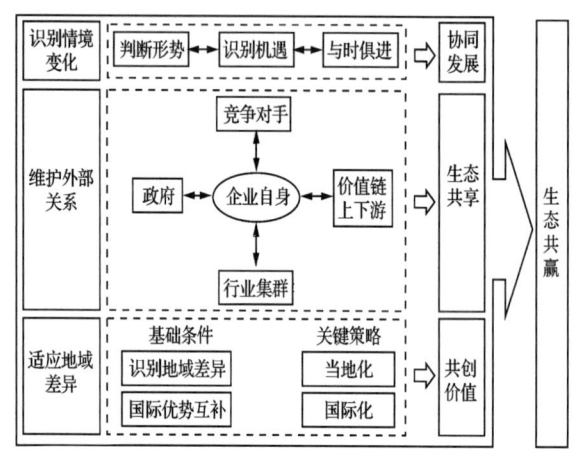

图5 社会层次的企业家精神：实现生态共赢的环境互动

适应变化强调的是企业家们顺应时代趋势发展，能够准确判断外部环境形势、识别企业发展机遇、与时俱进以实现协同并进的过程。环境不确定性是指市场环境的变化与不可预测的程度，动态性、复杂性、竞争性是其最重要的3个维度[31]。外部环境的不确定性是企业经营最大的挑战，而对于变化环境的准确判断便成了企业家们实现企业顺利发展的必要条件。从计划经济到商品经济，到市场经济、信息经济，再跨入到互联网经济，中国经济经历了多次腾飞的浪潮，而企业家们顺应时代的变化，抓住企业发展的机遇勇于做出正确决策。当传统行业面临互联网冲击时，新希望集团刘永好率先将互联网思维应用到实践中，运用互联网技术将金融服务、技术服务、市场服务和运营服务与公司养殖生产体系实现全贯通的"福达计划"；小米集团雷军利用互联网思维升级"中国制造"为"中国智造"，为中国制造业利用巨大的"创新红利"空间做出榜样。

外部关系强调的是企业家们在和环境的互动中与政府、竞争对手、价值链上下游、行业集群、社会等达成互利共赢、价值共享的过程。在与政府的关系维系中，与政府保持"亲近政府，远离政治"的"臂长关系"[4]，就国家政策、政府目标达成共识、实现互利共赢是所有企业家们的共识。如瑞安集团罗康瑞认为，互利双赢，彼此成就非常重要。在市场竞争中，尽管可能竞争激烈，企业家们对于公平竞争持支持态度。例如，娃哈哈宗庆后表示，"要公平合理地竞争，凭你的实力去竞争，凭你的产品去竞争"。在维护价值链上下游关系方面，分配让利、合作共赢、价值链共享是企业家们倡导的方向。例如，宏碁集团施振荣认为在共享经济时代，各个价值链有很多现成的资源，要善于运用共享经济思维，以体验经济为目标，考虑新的微笑曲线，重构价值链。在行业集群方面，利用互联网思维、合作思维、产业集群思维去实现价值共享是企业家们的首选目标。此外，所有企业家对于回报社会、承担更多的社会责任，彰显家国情怀、体现社会价值都持有非常积极的态度。

地域差异强调的是企业家们能够识别国内与国外环境差异、地区与地区差异，顺应区域经济发展，通过当地化、国际化等方式实现价值共创的过程。不同地域文化、民族文化、国家文化的差异影响着企业管理方式的议题是与时俱进的，永远值得探究的。处于不同国度或区域的企业势必会受到当地文化的影响，即带有部分本地色彩，因此，理所当然地需要适当地调整管理经营模式。由此，"求同存异""优势互补""当地化"成为企业家们面对地域差异难题的重要手段。例如，巨石集团张毓强在国际化经营中表示："在埃及也好，印尼也好，总体来说，我们已经融入氛围里面去了。"

五、结论和讨论

基于已有研究，本研究将企业家精神分为个人—组织—社会3个层次，其核心分别为：个人特质、管理模式、环境互动。而这3个层次又分别通过价值引领、道术相融及生态共赢实现了企业家精神的彰显和具体实践。具体而言：由开创精神、自我认知、包容分享、毅力，以及诚信示范5项实现了价值引领的个人特质构成了个体层次的企业家精神；由管理制度、质量理念、公司治理及文化建设构成的管理模式则是组织层次的企业家精神所蕴含的"道术相融"思想的践行；由情境变化、外部关系及地域差异构成的环境互动策略中所彰显的"生态共赢"思想则是社会层次的企业家精神的显现。

本研究的理论贡献主要在于以下3个方面。①有助于进一步阐释与拓展企业家精神的多维理论框架。不同于以往研究较多地将关注点放在企业家精神的"创新"维度上，本研究尝试将企业家精神视为一种社会现象，从而挖掘出了企业家精神更加多层次、多维度、情境化的内涵[8, 12]。具体而言，本研究利用扎根分析的方法，对企业家精神的个人—组织—社会3个层次中的关键变量进行了凝练，并在其细分维度间的内在逻辑进行了挖掘与探讨，从而构建了企业家个人特质—管理模式—环境互动框架，为进一步系统性研究企业家精神提供了新的理论工具与研究视角。②丰富了企业家精神中在中国本土情境下的特有内涵。首先，本研究中对于企业家精神中的个人特质的探究并没有否认西方管理学中创业特质论的观点，而是在此基础上结合中国情境进行了进一步的扩展。本研究认为，当个人特质能够实现对企业发展的价值引领时，开创精神、自我认知、包容分享、毅力，以及诚信示范都非常重要。其次，管理模式所呈现的道术相融的特点是中国企业在东方管理哲学的熏陶下对西方管理理论的内化与吸收，这是中西方管理思想产生对话的最好彰显。最后，环境互动中所蕴含的"生态共赢"思想，有别于西方企业赢者通吃的理念，而是折射出了东方管理哲学中所提倡的共融共存的智慧。③为中西方管理思想的对话提供了新的见解与补充。例如，西方包容性增长的理念强调要公平合理地分享经济增长成果，在可持续发展中实现经济社会协调发展，这与中国企业家们在访谈中频频提到的"天下"的概念十分类似。但是，中国企业家倡导的"天下"，其境界却远超西方包容性增长、可持续性发展、三重底线等原则。其中，有"敢为天下先"的创新开拓，有对"天下为公"的社会公平正义的维护，有"天下一体"的国际视野，更有"兼济天下""乐以天下，忧以天下"的家国情怀与时代责任。

  本研究的实践启示主要在于以下3点。①"企业家精神"强调了企业家的特殊技能（包括精神和技巧）的集合，是把企业家与一般管理者区别开来的人格特质。而这种人格特质，是由企业家的决策特征和内心追求所决定的。因此，企业或者高校可以有针对性地培养高层管理者开拓创新的精神、清晰的自我认知、包容分享的能力、坚韧不拔的毅力及诚信示范的品行，从而筛选出能够对企业、对社会实现"价值引领"的后备人才。②能够带领企业实现基业长青、可持续发展的企业家往往拥有极具个人风格特色的管理理念。企业的经营管理应当不拘泥于学习模仿某一单一的知识体系，而是集众家之所长，充分吸收学习优秀的管理模式，最终形成适合于自身发展的一套管理理念，从而引导企业上下形成广泛的"内在认同"。例如，小米以互联网技术为基础，依靠新的商业运营模式和产品模式颠覆传统低效的制造业模式，而"制衡"是刘强东对于京东管理的艺术所在。③在对外部环境的准确判断中，先于他人思考，先于他人行动的前瞻性是企业家们能够适应变化的必备素质，企业家会依据自身的经验、眼光与敏锐的洞察力进行判断，而不一定是建立在理论知识、数据分析的基础上科学决策。但是从本研究所提出的社会层次的企业家精神可以看出，"生态共赢"的思想是企业家们在适应情境变化、处理外部关系，以及识别地域差异时的核心要义。

六、结语

企业家精神是一种个人特质、一种管理思想，也是一种意识形态。正确理解和培育与弘扬企业家精神，是提高企业核心竞争力的关键，也是建设社会主义现代化强国必须深研细究的课题。本研究中提出的企业家精神在个人—组织—社会3个层次上的表现，与2020年7月21日习近平总书记在企业家座谈会上用"爱国""创新""诚信""社会责任""国际视野"5个关键词对企业家精神的高度概括十分契合。接下来，学者们应当有意识地通过这个理论框架来指导个人、企业、社会的创业和可持续发展，从而促进整个社会的繁荣发展。

本研究也存在以下不足之处：①对样本企业的个体差异尚未进行详细探究，未来可考虑对案例企业进行分类分析，进一步探究企业家精神在不同类型企业中的差异特点；②尚未考虑时间维度的影响，在未来的研究中可以考虑加入纵向维度的时间效应，探究企业家精神在不同时期的变化与演进过程。

参考文献

[1] Daniel E, Henle A, Anwarm N. Contemporary Ethnic Minority Entrepreneurship in the UK: a Quantitative Exploration of Break Out and Entrepreneurial Quality [J]. International Journal of Entrepreneurial Behaviour & Research, 2019, 25 (7): 1410-1432.

[2] Morris M, Schindehutte M. Entrepreneurial Values and the Ethnic Enterprise: an Examination of Six Subcultures[J]. Journal of Small Business Management, 2005, 43(4): 453-479.

[3] Neuber M J, StevenW B, Retno A, et al. The Role of Spiritual Capital in Innovation and Performance: Evidence from Developing Economies[J]. Entrepreneurship Theory and Practice, 2017, 41(4): 621-640.

[4] 孙黎, 朱蓉, 张玉利. 企业家精神: 基于制度和历史的比较视角[J]. 外国经济与管理, 2019, 41(9): 3-16.

[5] 庞长伟, 李垣. 制度转型环境下的中国企业家精神研究[J]. 管理学报, 2011, 8(10): 1438-1443.

[6] 田志龙, 杨玲. 解读中国企业/企业家管理思想: 研究选题思路与论文撰写建议[J]. 管理学报, 2022, 19(5): 633-639.

[7] 王永贵, 汪寿阳, 吴照云, 等. 深入贯彻落实习近平总书记在哲学社会科学工作座谈会上的重要讲话精神, 加快构建中国特色管理学体系[J]. 管理世界, 2021, 37(6): 1-35.

[8] 时鹏程, 许磊. 论企业家精神的三个层次及其启示[J]. 外国经济与管理, 2006, 28(2): 44-51.

[9] 黄群慧. 西方经济理论中企业家角色的演变和消失[J]. 经济科学, 1999(1): 100-107.

[10] 刘志永. 企业家及企业家理论的历史演变[J]. 商业经济研究, 2016(9): 91-93.

[11] Bessant J, Tidd J. Innovation and Entrepreneurship[M]. 3rd ed. Hoboken: Wiley, 2011.

[12] Miller D. The Correlates of Entrepreneurship in Three Types of Firms[J]. Management Science, 1983, 29(7): 770-791.

[13] Davidsson P. The Domain of Entrepreneurship Research: Some Suggestions, Advances in Entrepreneurship[J]. Firm Emergence and Growth, 2003, 6: 315-372.

[14] 吕富彪, 吕东烨. 基于企业家精神推动技术创新能力的支撑研究[J]. 科学管理研究, 2021, 39(5): 117-122.

[15] 周文辉，李兵，李婉婉.数字平台的企业家精神、行动学习与商业模式演进［J］.科学学与科学技术管理，2022，43（6）：72-88.

[16] 刘志永.企业家及企业家理论的历史演变［J］.商业经济研究，2016（9）：91-93.

[17] 梁巧转，孟瑶，李树祥，等.关于中国管理者特质十年（1998—2008年）变化的研究［J］.管理学报，2013，10（6）：796-801，830.

[18] 德鲁克 P F.创新与创业精神［M］.张炜，译.上海：上海人民出版社，2002.

[19] Morris M H, Kuratko D F. Corporate Entrepreneurship & Innovation［M］. Minneapolis/St. Paul：South-Western College Publishers，2002.

[20] Pomerantz M. The Business of Social Entrepreneurship in a "Down Economy"［J］. In Business，2003，25（2）：25-30.

[21] 余英时.儒家伦理与商人精神［M］.桂林：广西师范大学出版社，2004.

[22] 邓伟升，许晖.当东方遇到西方——管理移植与创新视角下的闫希军"理性和合"管理思想探索［J］.管理学报，2020，17（5）：633-644.

[23] 李敏，周洁，曾昊，等.后发企业如何获取竞争优势——金蝶董事长徐少春的生态思维探索［J］.管理学报，2021，18（10）：1423-1434.

[24] 苏勇，王芬芬，陈万思.宁高宁领导下的中粮集团战略变革实践［J］.管理学报，2021，18（2）：159-170.

[25] 王子阳，魏炜，朱武祥.组织激活与基于商业模式创新驱动的管理工具构建——海尔集团董事局主席张瑞敏的管理之道［J］.管理学报，2019，16（12）：1739-1750.

[26] 苏勇.改变世界：中国杰出企业家管理思想精粹（1—6）［M］.北京：企业管理出版社，2015—2021.

[27] 李芊霖，王世权，汪炫彤.国有企业改革中企业家如何提升员工活力——东北制药魏海军"和合共生"管理之道［J］.管理学报，2021，18（7）：949-958.

[28] 苏勇，李倩倩，谭凌波.中国传统文化对当代管理实践的影响研究［J］.管理学报，2020，17（12）：1751-1759.

[29] 科宾 J M，施特劳斯 A L.质性研究的基础：形成扎根理论的程序与方法［M］.朱光明，译.重庆：重庆大学出版社，2015.

[30] 武亚军."战略框架式思考""悖论整合"与企业竞争优势——任正非的认知模式分析及管理启示［J］.管理世界，2013（4）：150-163，166-167，164-165.

[31] Dess G G, Donald W B. Dimensions of Organizational Task Environments [J]. Administrative Science Quarterly, 1984, 29（1）: 52-73.

"中国杰出企业家管理思想访谈"项目简介："改变世界：中国杰出企业家管理思想访谈"，是由复旦管理学奖励基金会、复旦大学东方管理研究院和第一财经电视频道三方合作的大型研究项目。该项目的宗旨是希望改变西方管理学思想"一统天下"的局面，为世界贡献中国管理智慧，讲好改革开放以来中国杰出企业家筚路蓝缕艰苦创业，率领中国企业做强做大的故事，建立文化自信和理论自信。该项目自2014年年底开展以来，截至2022年年底已经访谈了张瑞敏、雷军、宁高宁、宋志平、董明珠等50位中国杰出企业家，出版7本《改变世界：中国杰出企业家管理思想精粹》，17本"中国杰出企业家管理思想研究"丛书，播出44集"改变世界：中国杰出企业家管理思想访谈"电视专题片，编写12个案例收入复旦管理学院案例库，在《管理学报》等期刊发表学术论文和其他文章20多篇。

中国管理学派：履践、责任与未来

吴照云[①] 巫周林[②] 姜浩天[③]

摘要：独特的基本国情与历史传统决定了中国必须走符合自身特点的发展道路，中华优秀传统文化与中国特色管理实践是涵养中国管理理论的源头活水，将其中超越时空、跨越国度的普适价值予以阐发是中国管理学派的重要工作。本文基于企业、期刊、高校、学者等管理研究主体的历史成果与贡献，认为中国管理学派在新时代有着夯实学理基础、驱动理论发展、推进学以致用、加强互学互鉴的历史责任。在未来，中国管理学派更应坚持传统文化创造转化、三位一体管理观察、中文文法概念阐述、科技向善价值准则、经学考据研究方法与学思践悟立体传导，为构建具有中国特色、中国风格、中国气派的管理理论体系身体力行。

关键词：中国管理学派；多元主体；中华传统文化；创造性转化；创新性发展

来源：《中国文化与管理》

一、引言

党的二十大报告指出："坚守中华文化立场，提炼展示中华文明的精神标识和文化精髓，加快构建中国话语和中国叙事体系，讲好中国故事、传播好中国声音，展现可信、可爱、可敬的中国形象。"[④] 自中国特色社会主义进入了新时

[①] 吴照云，江西财经大学工商管理学院教授、博士生导师。
[②] 巫周林，江西财经大学工商管理学院研究生。
[③] 姜浩天，江西财经大学工商管理学院研究生。
[④] 习近平：《高举中国特色社会主义伟大旗帜，为全面建设社会主义现代化国家而团结奋斗——在中国共产党第二十次全国代表大会上的报告》，新华社，2022年10月25日。

代,《华为基本法》、海尔"人单合一"、方太"两要五法"[①]等管理新理念、新模式与日俱增,极大地丰富着中国管理故事的理论素材,诸多学术期刊与高校学者顺势而为,或就中国特色的管理理论实践设置专栏提供思想交流的平台,或以杰出企业与企业家为案例挖掘中国管理智慧,极大地推动着中国管理学派的建设。

身处百年未有之大变局,站在新的历史起点,管理学作为提供生产力增量的交叉学科,有着推动中国式现代化的使命与责任,将潜藏在实践前沿与史书典籍中日用不觉、失之难存的管理智慧予以阐发和理论化,更好地展现出中国理论及其背后的精神力量成为中国管理学者的使命。因此,中国管理学派应在充分肯定总结当前工作的基础上,对标中国基本国情与历史文化传统明确责任归属、做出未来展望。

二、中国管理学派的履践

一个学派的发展与建设是一群人攻坚克难的过程,中国管理学派的形成,得益于企业、期刊、高校、学者等多元主体的共同努力与彼此成就。企业是检验管理理论的场域,更是生产理论的实践之源;期刊作为传播媒介,为学界业界的管理模式与管理故事推广搭建平台;高校设立科研机构,一方面为研究中国问题、提供中国方案组建学术团队、群策群力,另一方面通过学科建设与教材编写,让中国特色走进实用;学者则专注自身研究方向,从多个维度推动理论深描,展现出中国管理理论的原创性与科学性。

(一)企业总结实战经验

管理学是一门与实践紧密结合的致用性学科,企业界一直是理论孕育的温床。一大批负责任的中国企业家与从业者,毫不吝啬地将自己的实践经验与心得体会或总结成册公开出版,或面向公众发表讲话,为中国管理学派构建贡献提供了海量实战经验与理论素材,如表1所示。以数智技术刷新时空为例,马化腾发现移动互联的智慧生活造就网购大国,消费升级、连接鸿沟成为经济

---

① 苏勇:《传统文化对中国企业家的影响及文化基础观构想》,《中国文化与管理》2021年第1卷,第2~9页。

增长助推器与农村创业新路径①；雷军进一步将互联网行业的秘诀总结为"专注、极致、口碑、快"，指出好产品要洞察未来体验，并利用重组技术与供应链直达用户②；任正非则指出面对快速变化的环境与相互冲突的关系，要通过适度的宽容、妥协与让步使组织达到和谐状态以随机应变，于是学界关于"互联网+"③"时间领导力"④"灰度理论"⑤等概念应运而生。

表1 中国管理学派企业界代表成果举例

序号	作者	主要职务	书籍/文章名称
1	任正非	华为技术有限公司CEO	《管理的灰度》
2	张瑞敏	海尔集团创始人	《基于海尔"人单合一"模式的用户乘数与价值管理研究》
3	曹德旺	福耀玻璃集团创始人	《心若菩提》
4	雷军	小米科技创始人	《小米创业思考》
5	茅忠群	方太集团董事长	《方太之道——从产品创新、管理创新到文化创新》
6	王明夫	和君咨询集团董事长	《企业核心能力论》
7	马化腾	腾讯公司创始人兼CEO	《指尖上的中国：移动互联与发展中大国的社会变迁》
8	冯仑	未来论坛创始理事	《野蛮生长》《理想丰满》《岁月凶猛》
9	董明珠	珠海格力电器股份有限公司董事长	《棋行天下》
10	宋志平	曾任中国建材集团董事长与国药集团董事长	《经营方略》《问道管理》《企业迷思》
11	张云亭	中信财务有限公司董事长	《青年管理者》

资料来源：作者整理绘制。

---

① 马化腾：《指尖上的中国：移动互联与发展中大国的社会变迁》，外文出版社，2018年版，第19~32页。

② 雷军、徐洁云：《小米创业思考》，中信出版集团，2022年版，第48~98页。

③ 马化腾：《关于以"互联网+"为驱动推进我国经济社会创新发展的建议》，《中国科技产业》2016年第3期，第38~39页。

④ 高子茵、宋继文、欧阳林依、张明太：《因时乘势，与时偕行——小米模式背后的时间领导力》，《管理学报》2019年第11期，第1581~1592页。

⑤ 任正非：《管理的灰度》，《企业文化》2010年第6期，第68~70页。

（二）期刊设立研究专栏

苏勇和于保平经海量检索，发现以"东方管理"和"中国管理"为主题的论文发表逐年增加。[①] 这种向好趋势在一定程度上得益于《中国社会科学》《经济管理》《管理学报》《外国经济与管理》等期刊开设的"中国式现代化与中国知识体系""中华优秀传统文化与管理哲学""管理学在中国""东方管理"等研究专栏，为思辨类、启发类等主流范式外的论文发表开辟新赛道。除此之外，如《管理世界》就"学者的初心与使命""加快构建中国特色管理学体系""如何把论文写在祖国大地上""复杂系统管理是中国特色管理学体系的重要组成部分"等主题进行专题研讨，《管理学报》《管理学季刊》以"争鸣与反思——煮茶问道：本土管理研究论坛""名家专栏"等圆桌会议形式，刊载多位学者对中国管理研究的前瞻性思考与批判性反思，以及"世界管理论坛暨东方管理论坛""管理学在中国""中国企业家管理思想解读工作坊""中国管理思想与商业伦理高端论坛""管理哲学、研究方法与中国管理实践"等学术会议渐成系列与品牌。这些都极大地推动着中国管理学派为人识、为人知。如今更是有南京大学一批有识之士为在管理学中铸就中华文化新辉煌，与中盐金坛盐化有限责任公司等合力创办《中国文化与管理》这本代表性、典型性学术集刊，为中国管理学派齐心聚力、合力发声做出了重要贡献。

（三）高校创设研究机构

随着物质生产力不足的社会矛盾转变为差异化体验创造，西方管理历经科学管理、行为科学与后科学管理，在人本管理上实现了管理思想的东方回归。[②] 现代管理旨趣与传统文化精神的不约而同，激发了中国管理学派从中华优秀传统文化中求解中国管理问题的热情。自复旦大学1999年设立"东方管理研究中心"以来，"上海交通大学东方管理研究中心""江西财经大学中国管理思想研究院""上海外国语大学东方管理研究中心""西安交通大学中国管理问题研究中心""西交利物浦大学和谐管理研究中心""南京大学中国文化与管理研究院"等高校研究机构相继成立。一方面，研究机构将个体的、零散的碎片化研

[①] 苏勇、于保平：《东方管理研究：理论回顾与发展方向》，《管理学报》2009第12期，第1578～1587页。

[②] 吴照云、余焕新：《管理的本质与管理思想的东方回归》，《当代财经》2008年第8期，第75～79页。

究发展为集体的、聚合的多维度研究，并以老中青传帮带的培养方式打造一批具有向心力的团队；另一方面，依托科研机构的学术影响力，"东方管理""中国管理思想"等专题课程走入课堂，甚至成为二级学科方向，如上海交通大学"管理思想"课程一揽中国管理学派名家，上海工程技术大学开设"东方管理概论""华商管理概论"等特色课程，江西财经大学 MBA 教育学院搭建起以"中国文化与当代管理""中国管理哲学""中国管理实践前沿""兵家管理思想"等十余门课程为核心的"中国管理思想课程群"，并将"东方管理与企业战略"设置为硕士研究生招生的二级方向，让尘封在青灯黄卷中的管理智慧与案例焕发生机。

（四）学者贡献研究成果

素材、平台与团队等外部条件业已成熟，学者深耕研究领域、产出研究成果便是"万事俱备，只欠东风"。面对中国经济的飞速发展与外部环境的日新月异，以西学为师全盘吸收的方式在一定程度上阻碍了中国管理理论的发展，也使现有理论无法解释的"管理异象"与日俱增。1983 年，在北京召开的借鉴外国企业管理经验的座谈会上，时任国家经委副主任袁宝华提出"以我为主、博采众长、融合提炼、自成一家"的学术方针[①]，力求洋为中用与古为今用融会贯通。在"用中国理论阐述中国实践，用中国实践升华中国理论"思想的引领下，对中国管理研究倍感兴趣的"本土领袖"与"域外精英"[②]因生存驱动、现象驱动与理论驱动取得了诸多代表性成果，据不完全统计如表 2 所示。

表 2　中国管理学派学术界代表性成果举例

序号	概念与成果名称	代表学者举例	所属单位
1	东方管理学	苏东水 颜世富 胡祖光	复旦大学 上海交通大学 浙江工商大学
2	儒家商道智慧	黎红雷	中山大学
3	兵法经营	杨先举	中国人民大学

---

① 王利平：《制度逻辑与"中魂西制"管理模式：国有企业管理模式的制度分析》，《管理学报》2017 年第 11 期，第 1579～1586 页。

② 沈伟：《谁影响中国管理研究的发展方向？》，《管理学季刊》2018 年第 2 期，第 32～35 页。

续表

序号	概念与成果名称	代表学者举例	所属单位
4	管理科学中国学派	孙东川	暨南大学
5	"物理—事理—人理"系统方法论	顾基发	中国科学院
6	中国管理思想精粹	吴照云	江西财经大学
7	中国企业家管理思想	苏勇	复旦大学
8	中国情境下的领导理论	杨百寅	清华大学
9	基于扎根精神的中国管理研究	贾旭东	兰州大学
10	创造儒学与元管理学	吕力	扬州大学
11	东方营销学	贾利军	华东师范大学
12	中国特色的管理学理论体系	杜运周	东南大学
13	水样组织	陈春花	北京大学
14	中庸管理理论	雷原	西安交通大学
15	辩证领导行为	王辉	北京大学
16	"万物一体"视域下的管理范式	黄金枝	哈尔滨工程大学
17	C理论·中国管理哲学	成中英	美国夏威夷大学
18	中国的管理理论	徐淑英	圣母大学

资料来源：在《中国管理学派：源起、发展与建设》[1]基础上整理补充。

生存驱动侧重对"中国管理"的合法性讨论。学者在中国管理学派合法性上达成的共识是："管理"作为提升效率的实践活动在中西方均天然存在，包含着对情境的普适性理解，"中国"则是一个地域与文化上的双重概念，包含着对情境的特殊性理解。[2]因此"中国管理"与管理知识来源和心理发生机制有关，这分别决定了"中国管理"的普遍科学性与人文艺术性。[3]如和君咨询集团董事长、和君小镇创始人王明夫在第二十五届世界管理论坛暨东方管理论坛上指出，多数管理理论的理论产生、影响形成和地位确立，都存在企业实践（Practice）、杰出研究者（Researcher）、理论创立（Theory）、教育与传播（Education and

---

[1] 吴照云、姜浩天：《中国管理学派：源起、发展与建设》，《中国文化与管理》2022年第1卷，第2～16页。

[2] 江西财经大学中国管理思想研究院：《中华优秀传统文化"双创"的管理学履践与展望》，《企业管理》2022年第7期，第115～119页。

[3] 吕力：《元管理学：研究对象、内容与意义》，《当代财经》2010年第9期，第52～58页。

Communication）与应用效果（Effect）五个关键节点，"中国管理"无疑兼备，而以利益众生为目标、道法自然为原理、内圣外王为路径、圆融会通为境界的底层逻辑又决定中国大公司与中小企业发展必然具备异质性内容。

现象驱动侧重中国企业日益涌现的新技术、新模式与新业态。以突发危机应急管理为例，在"非典"疫情时期，因居家隔离要求与生活购物需要的冲突，网上购物成为新的生活习惯，即便在"非典"结束后这种习惯仍被保存下来，无形中助推着阿里巴巴、京东、当当等电商平台与企业的发展，面对电子商务中即时满足与延迟满足的复杂需求，全渠道供应链与新零售体验研究蔚然成风[①]。类似，面对新冠疫情，为破解企业停工停产期间劳动力资源不均衡等局面，满足抗疫与生活物资配送"最后一公里"的需要，"共享员工"这一新就业形态的诞生，在盘活"存量"、提高效率、优化供求的同时也打破了传统用工模式对人力资源流动的限制[②]。两次卫生突发事件也使企业思考如何防范化解重大风险与提升可持续发展能力，恢复平衡状态、适应环境变化和实现发展成长的"组织韧性"成为突现研究热点[③]。在以用户体验创造价值的信息时代，依托移动互联技术与众多短视频平台，流量的快速变现成为可能，网络红人以其庞大的粉丝群与巨大的社交量成为具有黏性式信任潜力、靶向式投递潜力与病毒式传播潜力的"影响者"，企业通过"网红"为其产品和服务背书将"网红自我营销"与"产品影响者营销"链接发展出"网红经济"[④]，以前所未有的新业态冲击着"厂家—代理商—零售商—客户"的传统商业模式。

理论驱动侧重传统智慧古为今用的新释义、新构念与新范式。新释义致力于赋予古典文献时代解释与当代启示，例如，儒家"仁爱观"能提高成员认同感与归属感从而提高企业凝聚力，打造"人人为我，我为人人"的企业"家"

[①] 课题组、沈鹏熠、万德敏：《全渠道零售体验价值共创行为：影响因素与驱动机制》，《中国流通经济》2019年第7期，第10～21页。

[②] 何江、闫淑敏、关娇：《共享员工到底是什么？——源起、内涵、框架与趋势》，《商业研究》2020年第6期，第1～13页。

[③] 张公一、张畅、刘晚晴：《化危为安：组织韧性研究述评与展望》，《经济管理》2020年第10期，第192～208页。

[④] 贾微微、别永越：《网红经济视域下的影响者营销：研究述评与展望》，《外国经济与管理》2021年第1期，第23～43页。

文化，使员工个人发展与企业整体发展相适应[1]；法家以制度理性、社会公约与乡约家训等教化之"法"形成稳定管理秩序与管理层公信力[2]；道家"无为而治"是管理者以引导员工心理自律替代强化制度约束人性，顺势而为、自然而为来达到"无为无不为"境界的治理思想[3]；等等。新构念是用学界、业界耳熟能详的传统文化概念整合相关现象，例如，合度用中、整体和融、至诚化人、权变通达和包容接纳的"中庸思维"[4]；遵从权威、接受权威、宽忍利他和面子原则的"儒家价值观"[5]；和睦共处、和气生财、合作联合的"和合理念"[6]；等等。新范式则是按传统文化中的逻辑线与方法论将碎片化素材整合为理论体系，例如，以"三为"（以人为本、以德为先、人为为人）"四治"（治身、治家、治生、治国）为核心的"东方管理学"[7]；仁为安人、义为经权、礼为絜矩的"中道管理"[8]；用和则动态调和组织管理目标、用谐则分解设计消减不确定性的"和谐管理"[9]；将"国学五维"（治身、治家、治生、治国、治军）与"实践五维"（管理主体、管理客体、管理环境、管理目标、管理内容与方法）纵横结合的"五域五元体系"[10]；还有以太阴、少阳、太阳、少阴的"易学四象"推演出功能营销、质量营销、心理营销、伦理营销的"东方营销学"[11]；等等。

因多元主体不遗余力地努力，中国管理学派已完成从无到有的历史跨越，而在新征程与新起点上，要实现从有到强的强势发展，还需要以时空视角对照中国特色、中国风格、中国气派的哲学社会科学从何来、到哪去、做什么和如何做以明确责任使命与未来方向。

---

[1] 徐雷、邓彦斐：《儒家思想与当代中国企业伦理价值观的构建》，《山东社会科学》2019年第8期，第172～176页。

[2] 于树贵：《法家伦理思想的独特内涵》，《哲学研究》2009年第11期，第36～42页。

[3] 齐善鸿、邢宝学：《解析"道本管理"的价值逻辑——管理技术与文化融合的视角》，《管理学报》2010年第11期，第1584～1590页。

[4] 辛杰、屠云峰：《中国文化背景下的中庸型领导：概念、维度与测量》，《西南大学学报》（社会科学版）2020年第4期，第58～66页。

[5] 王庆娟、张金成：《工作场所的儒家传统价值观：理论、测量与效度检验》，《南开管理评论》2012年第4期，第66～79页。

[6] 韩巍：《从批判性和建设性的视角看"管理学在中国"》，《管理学报》2008年第2期，第161～168页。

[7] 苏东水：《东方管理学》，复旦大学出版社，2005年版，第123～250页。

[8] 曾仕强：《中道》，北京联合出版公司，2018年版，第99～106页。

[9] 席酉民、熊畅、刘鹏：《和谐管理理论及其应用述评》，《管理世界》2020年第2期，第195～209页。

[10] 吴照云：《从中国传统文化出发构筑中国管理之基》，《经济管理》2021年第9期，第5～15页。

[11] 贾利军：《东方营销学·四象》，格致出版社，2022年版，第70～91页。

三、中国管理学派的责任

韩巍和席酉民对"中国管理学界的社会责任与历史使命"进行行动导向解读时指出重塑中国管理学界的使命要在政策和制度安排上旗帜鲜明、持之有故，不遗余力地"解释中国现象，解决中国问题"[①]。管理理论的特殊性与普适性并非一种零和博弈，而是一种比较美学，用非对抗性的方式让原本不了解的人逐步接纳与认可，自然而然、水到渠成地实现本具足与外溢化，正如《论语》所言"夫如是，故远人不服，则修文德以来之，既来之，则安之"。因此对照古今、中外与知行中国管理学派有四项基本责任。[②]

（一）基于历史史实、研读古典文献，夯实学理研究基础

纵观中华上下5000多年的历史，管理思想始终贯穿其中，从夏商西周中国古代管理思想的萌芽，到春秋五霸、战国七雄诸子百家的中国古代管理思想的形成，到秦汉隋唐中国古代管理思想的发展，乃至宋元明清的中国古代管理思想的承接[③]，产生了道、法、兵、墨、儒等著名管理学派与老子、韩非子、孙子、墨子、孔子等思想学派代表人物，也有文景之治、贞观之治、咸平之治、弘治中兴、康乾盛世等君臣盛世治理案例，在以"辨章学术，考镜源流"为责任的传统经学研究下，海量史书典籍得以留存至今，成为中华文明延续的证明。因此，不仅要用管理学视角重新审视中国传统文化，将传统文化中从属于管理学的内容梳理出来，也要用中国传统文化视角重新审视管理学，用传统文化中的独特创造为管理研究赋能。

（二）立足中国实际、把握时代需求，创新驱动理论发展

不论是现象驱动还是理论驱动，管理实践与管理理论脱节、管理理论落后

[①] 韩巍、席酉民:《"中国管理学界的社会责任与历史使命"——一个行动导向的解读》,《管理学家》(学术版) 2010第6期, 第3~19页。

[②] 中国管理思想研究院:《中华优秀传统文化"双创"的管理学内涵与任务》,《上海管理科学》2022年第3期, 第12~15页。

[③] 吴照云、李晶:《中国古代管理思想的形成轨迹和发展路径》,《经济管理》2012年第7期, 第184~192页。

于管理实践这个现实问题依旧显著。[①] 在管理学向中国哲学智慧引领的"整合管理"的第四代管理学范式的大形势下,管理学界对人本主义价值理性、主体性与原创性的中国管理思想的研究是当务之急。[②] 而传统文化中的思维方式、理念信仰、组织制度与器物科技中有着大量叩待理论转化的时代价值,如思维方式层面引领着中国走向共建"人类命运共同体"的治理创新;理念信仰层面突破西方领导力理论的人性论和人格境界;组织制度层面塑造中国企业"养育、指挥、教化"三位一体组织发展定位的"差序格局";器物科技层面推动文化创意产业乃至科技产业发展的"工匠精神"等。[③]

(三)多元路径介入、坚持躬耕践行,推动学术工作"亲民"

如前文所说,企业从一线管理实践经验中提炼管理思想,又将系统化的思想从宏观理念层、中观设计层与微观执行层反作用于管理实践;期刊思想性与规范性两条腿走路,为学界、业界高质量成果发表与传播搭建平台;高校谨记立德树人的根本任务,输出科研生力军与实践后备军;学者深耕学术专长,筑牢科研根基与底气。但从行业俚语到科学理论、从日常现象到研究样本,会因为语言表达、信息中转与看待视角的差异产生理解偏差,因此,一方面,学术研究的任务是"解密"而不是"加密",要避免将学术范式变成众所不知的"密码文字";另一方面,应通过产学研的立体化合作让企业专家与教授学者分别亲临各自工作一线,功能教育与价值教育双管齐下,使理论开发看得见、过程摸得着、结论用得上。

(四)重视学科交流、加强理论对话,形成互学互鉴风气

中国管理学派与历史、政治、社会、语言等学科关系紧密,若不能以多学科平衡的知识与视角客观地看待优秀传统文化与当代理论、管理移植与管理创新,必然会陷入"历史虚无主义"或"文化本位主义"。宜于"虚极""静笃"

[①] 张兵红、吴照云:《中国管理理论概念研究:演变、重构及延伸》,《商业经济与管理》2021年第11期,第47~61页。

[②] 罗珉:《论管理学范式革命》,《当代经济管理》2005年第5期,第37~42页。

[③] 陈劲、吴庆前:《中华传统文化中的创新因素与第四代管理学》,《科研管理》2019年第8期,第12~19页。

之下行"并作""观复"①。研究内容上,中华传统文化中"万物一体""大我境界"等标识性概念能够消弭西方人性假设在逻辑起点上存在的"小我"缺陷,西方管理科学分工与制度契约也能够消解传统管理中的随意性与模糊性②;研究方法上,传统私塾教育为管理研究提供了主客对立统一的本体论、阴阳动态平衡的认识论与直觉想象、比喻类推的方法论。③但这并不意味着要将主流范式打入冷宫,而是要根据不同的研究对象与阶段做出合理选择乃至融会贯通。④⑤

四、中国管理学派的未来

关于中国管理学派的未来,学界讨论一直如火如荼。例如,王方华指出,中国管理学派要扎企业之"根"、融文化之"魂"、牢管理之"基"、立模式之"形"、传中国之"体"⑥;刘人怀等认为,应"秉持辩证的认识论与本体论,逐步实现对传统文化独特基因的现代化解读,择取独特的研究视角"⑦;罗文豪则提出建构理论原型、聚焦现实问题、洞察管理事实、转变科学哲学、创新研究方法、兼容文化差异的演化路径⑧……一言以蔽之,就是要平衡好传统与现代、本来与外来、理性与感性、理论与实践这四组关系。为达成这一目的,中国管理学派还需做到以下"六个坚持"。

(一)坚持"传统文化"创造性转化,这是中国管理学派的理论基础

管理是一种带有文化印记的组织行为,在5000多年文明史从未间断的中

---

① 谢佩洪:《基于中国传统文化与智慧的本土管理研究探析》,《管理学报》2016年第8期,第1115～1124页。
② 周书俊:《先秦管理思想中的人性假设》,经济管理出版社,2011年版,第253～258页。
③ 李平:《中国本土管理研究与中国传统哲学》,《管理学报》2013年第9期,第1249～1261页。
④ 苏勇、段雅婧:《当西方遇见东方:东方管理理论研究综述》,《外国经济与管理》2019年第12期,第3～18页。
⑤ 吕力:《"中国管理学"发展中的范式问题》,《管理学报》2009年第8期,第1008～1012页。
⑥ 王方华:《中国管理模式研究的五项原则》,《上海管理科学》2020年第6期,第1～2页。
⑦ 刘人怀、姚作为:《传统文化基因与中国本土管理研究的对接:现有研究策略与未来探索思路》,《管理学报》2013年第2期,第157～167页。
⑧ 罗文豪、章凯:《源头创新与中国管理研究的未来发展取向》,《学术研究》2018年第4期,第88～97页。

国，历朝历代、各家各派修身治国、经世致用的管理烙印愈加明显。① 先秦时，黄帝和老子"无为之治""与民休息"的"清静观"，唐太宗"道无常名，圣无常体。随方设教，密济众生"的"包容观"等思想造就了超大规模国家稳定治理的历史奇迹；着眼现代，"四书五经"等国学典籍中的管理智慧乃具实用价值，从金蝶集团根据王阳明心学设立"致良知，走正道，行王道"的企业价值观②，到方太集团以《论语》"导之以德，齐之以礼；导之以政，齐之以刑"为指导思想，德治法治兼顾来激发人性善、匡正人性恶，用创新立美、品质立信、成本立惠与品牌立义令顾客得安心，用关爱感化、教育熏化、制度固化与才能强化令员工得成长，用人文管理、战略管理、运营管理与风险管理令经营可持续，用法律责任、发展责任、伦理责任与慈善责任令社会得正气③，再到德胜洋楼"君子文化"下以"德"治企的战略定位、以"仁"爱人的人本管理、以"义"制"利"的管理思维、以"诚"立本的价值导向和以"礼"为保的制度体系④，都取自传统文化。

（二）坚持"三位一体"管理观察，这是中国管理学派的实践基础

中国作为有 5000 多年传承的文明古国，不但有悠久的历史传统，还有近代冲突下的争鸣探索，更有现代的 5G 引跑。因此，不能仅将目光集中在企业数字化转型、高科技互联网企业运营等现代实践，还应关注古代类企业组织的管理模式与经验，例如，晋商乔家字号将情感、信任等社会因素嵌入经济组织中，异于报酬本位的身股激励模式⑤，"勤俭持家"的传统美德更是在乔家字号日常经

---

① 胡海波、余钒、王怡琴：《老字号企业动态能力的构建过程——烙印视角的案例研究》，《经济与管理研究》2022 年第 2 期，第 130~144 页。
② 李敏、黄晓菡、许宝妮、周洁：《良知化蝶：徐少春管理思想探究》，企业管理出版社，2020 年版，第 111 页。
③ 茅忠群：《中华优秀传统文化在促进企业创新发展中的实践与应用》，《中国科技产业》2019 年第 4 期，第 30~31 页。
④ 胡海波、吴照云：《基于君子文化的中国式管理模式：德胜洋楼的案例研究》，《当代财经》2015 年第 4 期，第 66~75 页。
⑤ 胡国栋、王天娇：《"义利并重"：中国古典企业的共同体式身股激励——基于晋商乔家字号的案例研究》，《管理世界》2022 年第 2 期，第 188~207 页。

营中为其开源节流，有效地提高了店面伙计的技术学习能力与社会组织能力。[1]而在近代中国血与火的洗礼中，上至国家政府下至民族资本家均投身于实业救国，官督商办的轮船招商局、劳工自治的申新三厂、公私分明的久大公司等近代企业莫不展现出管理移植的排异与吸收过程[2]，是中国管理思想史与企业史中不可或缺的一环。

（三）坚持"中文文法"概念阐述，这是中国管理学派的概念构建

一方面，高水平本土研究能够使用本土语言与构念对本土现象进行解释与预测[3]，许多概念在中西文互译的过程中已有偏转与失真。例如，中译英将"Philosophy"翻译成"哲学"时，突出了"哲思"这一"智慧"（Sophia），却忽略了"爱"（Philo）的内涵，反而是"在明明德，在亲民，在止于至善"的"大学"与"Philosophy"意思更为相近；而英译中将"分科之学"翻译成"Science"时，则又赋予了"Science"本没有的"分科"含义，将其与英文中代表"分科之学"的"Discipline"（学科）一词画上等号[4]。另一方面，以致用为导向的管理学面向公众应避免用众所不知的语言去讲述众所周知的道理，过度追求管理现象的学术概念化，在无形之中提高了学术成果的阅读门槛，造成理论与实践的割裂，如日常生活中随口一说的"看着办"中就有"权变管理"的雏形，因个人利益极大化造成集体利益最小化的"囚徒困境"就是典型的"三个和尚没水喝"，组织行为中的"领地行为"在大学图书馆和食堂占座中随处可见，大材小用的"资质过剩感"则是时下常说的"内卷"……理论研究在概念构建上应做好中西文法规则下恰当的互诠互释，让公众读起来不以为雅、学者读起来不以为俗。

---

[1] 潘安成、王莹、常玉凡：《"勤俭持家"之下的中国传统企业成长模式研究》，《管理学报》2020年第6期，第824~832页。

[2] 余焕新：《近代管理思想史》，经济管理出版社，2014年版，第9~13页。

[3] 徐淑英、张志学：《管理问题与理论建立：开展中国本土管理研究的策略》，《重庆大学学报》（社会科学版）2011第4期，第1~7页。

[4] 吴国盛：《什么是科学》，广东人民出版社，2016年版，第8~12页。

（四）坚持"科技向善"价值准则，这是中国管理学派的价值选择

与量化管理下的价值中立哲学不同，中国古代的学术、学说与信仰三合一[①]，先天带有价值关联的选择倾向，如老子"水利万物而不争，处众人之所恶"[②]"我无为，而民自化；我好静，而民自正；我无事，而民自富；我无欲，而民自朴"[③]，孔子"克己复礼为仁，一日克己复礼，天下归仁焉"[④]"惟贤惟德，能服于人"[⑤]等思想中处处体现着"善治"观念，渗入政治、经济、社会等各领域全历史阶段的发展中，成为深藏于国人骨子里的"中国魂"，也使得快慢、进退、义利等成对概念均在相互之中谋求尺度与妥协，其根本目的是"以道驭术"，让工具理性为价值选择服务、让科学技术为人的全面发展与幸福延续助力，"开物为义，成务而利"。[⑥]

（五）坚持"经学考据"研究方法，这是中国管理学派的研究方法

王世贞认为，认识事物须溯其根源、依其本原、顺其本性，方可成理。[⑦] 传统教育中考据、训诂等研究方法风靡一时，留下校、注、集、解、疏等多种二次解读文体，在数据库不断充实的同时，若便于获取和可复制的历史遗迹能够保证其完整性，其编年顺序与内涵外溢便能够自然呈现因果关系。[⑧] 因此，要立足历代史书与国学典籍进行跨学科的管理学研究，首先，需要通过训诂、校勘和整理来考量史料的真实性与可靠性，一如王国维提出的"二重证据法"，在出土文献与传世文献相互印证的基础上开展学术研究；其次，斟酌好古籍文献的

---

① 刘笑敢：《天人合一：学术、学说和信仰——再论中国哲学之身份及研究取向的不同》，《南京大学学报》（哲学·人文科学·社会科学版）2011年第6期，第67～85页。

②《道德经》第八章。

③《道德经》第五十七章。

④《论语·颜渊》。

⑤《三国志·蜀书·先主传》。

⑥ 吕力：《中国管理哲学：中国传统文化视域中企业的"道"与"治"》，东方出版中心，2022年版，第11～13页。

⑦ 许在元、许建平：《由古学、博学、考据学走向经世致用实学——王世贞与明清之际学术思潮的转向》，《福建师范大学学报》（哲学社会科学版）2022年第4期，第136～147页。

⑧ [美] 曾荣光：《管理研究哲学》，任兵、袁庆宏译，北京大学出版社，2020年版，第214页。

权威性与代表性；最后，根据不同研究主题选定好初始语句，并按朝代、学派等时空维度提取二次解读语句并形成历史编纂，可以同管理质性研究的扎根理论融通提供编码素材。

（六）坚持"学思践悟"立体传导，这是中国管理学派的传播路径

除智库性成果（学术期刊、专项著作）外，应将中国管理学派的成果融入高校培养方案（如学科建设、教材编写、课程教学）与企业实践（文化仪式、制度规范）中，身体力行地发现中西管理理论实践间的底层同质性与功能互补性。以高校教学为例，一方面，理论教学中现代管理学教育体系与评价标准源于西方，使传统私塾教育体系与现代教育体系错位乃至冲突，学生在本体论、认识论与方法论养成上深受影响，一定程度上对传统经学史学教育造成挤兑，继而导致国学素养的缺失；另一方面，在方法教学中，多数研究方法课程被视作功能教育，重点关注研究过程中的软件实训与流程重现，诚然重现了"如何做研究"，却少有回答"为何这样做研究"，需要"管理研究哲学"这一前置课程，根据扎根理论、案例研究、问卷调查、现场实验等定性定量研究方法背后的哲学逻辑与范式溯源，让学生明白管理研究方法的"然"与"所以然"。

五、结论

"文化是一个国家、一个民族的灵魂。""文化自信，是更基础、更广泛、更深厚的自信，是更基本、更深沉、更持久的力量。"[1] 管理学的中国特色就在于中国管理实践与中华传统文化，将其中跨越时空的普适价值抽象出来构建话语体系是一个全方位、多层次、宽领域、立体化的工程，企业、期刊、高校、学者等中国管理学派主体理应为中国特色管理理论体系、学科体系与话语体系的形成勠力同心、只争朝夕。而要让中国管理学由"照着讲"向"接着讲"转变，中国管理学派有着夯实学理基础、驱动理论发展、推进学以致用、加强互学互鉴的历史责任。在未来，为产出更多具有原创性、科学性的理论，中国管理学派更应坚持传统文化创造转化、三位一体管理观察、中文文法概念阐述、科技

---

[1] 习近平：《在中国文联十大、中国作协九大开幕式上的讲话》，新华社，2016年11月30日。

向善价值准则、经学考据研究方法与学思践悟立体传导，以实现解释现象、发现规律、指导实践、躬行不怠的研究目标。

正如习近平总书记所言："全面建设社会主义现代化国家，必须坚持中国特色社会主义文化发展道路，增强文化自信，围绕举旗帜、聚民心、育新人、兴文化、展形象建设社会主义文化强国，发展面向现代化、面向世界、面向未来的，民族的科学的大众的社会主义文化。"[1]中国管理学派在提供生产力发展与现代化建设增量的同时，也要"以中国为关照，以时代为关照"，坚守从"君舟民水"思想到"江山就是人民，人民就是江山"的学者初心，贯彻从"天人合一、道法自然"思想到生态文明的环保理念，推动从"和而不同、协和万邦"思想到"美美与共"的人类命运共同体建设[2]……以人民群众喜闻乐见的形式讲好中国管理故事，为中华民族伟大复兴与世界文明繁荣昌盛携手并进。

---

[1] 习近平：《高举中国特色社会主义伟大旗帜，为全面建设社会主义现代化国家而团结奋斗——在中国共产党第二十次全国代表大会上的报告》，新华社，2022年10月25日。

[2] 郑必坚：《中华文明与中国共产党》，外文出版社，2021年版，第170～182页。

中国式创新的理论内涵及路径演进的内在逻辑①

李　宇② 　方圆禹③ 　傅秋园④

摘要："后发陷阱"是后发国家普遍面对的创新挑战，而中国作为典型的后发工业国，却成功探索出了一条适合自身发展的创新道路。本文基于历史逻辑、实践逻辑和理论逻辑相互统一的视角，探索"中国式创新"的理论内涵并构建了系统的研究框架。①在历史逻辑下，本文基于制度创新和科技创新协同发展的规律，系统梳理了中国式创新经历"科技创新需求驱动制度创新""科技创新服务于经济制度创新""制度创新开辟科技创新新道路"和"制度创新保障科技强国之路"的历史进程。②在实践逻辑下，本文从实践方向、实践道路及实践保障三方面分析了中国式创新路径演进的实践经验。③在理论逻辑下，本文追溯中国式创新的理论根源是"科学技术是生产力"和"马克思主义群众观点"，并对中国式创新的理论话语体系进行剖析，提出了"双轮驱动创新发展观""全面深化改革创新观""国家战略创新引领观"。研究有效揭示了有为政府作为中国实现后发跨越的决定性力量，在塑造中国式创新话语体系中承担的核心意义，为今后面向中国式现代化的国家创新体

---

① 国家自然科学基金面上项目："核心企业'垂直整合—网络嵌入'的创新生态系统生成机制与效应研究：产业链知识体视角"（71972029，2020年1月至2023年12月）；2022年度辽宁省教育厅基本科研项目重点攻关项目："推动辽宁数字经济高质量发展赋能制造业转型升级的路径与策略研究"（LJKZZ20220125，2022年1月至2023年12月）；辽宁省社会科学规划基金重大委托项目："以平台经济为载体推动我省制造业与数字经济深度融合的机制和对策研究"（L23ZD052，2023年10月至2024年12月）。

② 李宇（1979—），男（汉），辽宁阜新人，东北财经大学工商管理学院教授，博士生导师，研究方向：技术创新管理与科技政策。通信作者。

③ 方圆禹（1998—），女（汉），江西鄱阳人，东北财经大学工商管理学院硕士研究生，研究方向：创新管理。

④ 傅秋园（1993—），女（汉），辽宁大连人，东北财经大学工商管理学院博士研究生，研究方向：创新管理。

系构建提供学科启示。

关键词：后发陷阱；中国式创新；历史逻辑；实践逻辑；理论逻辑

来源：《科研管理》2023年11月第44卷第11期

一、引言

近年来，中国创新能力稳步提升，在世界知识产权组织最新发布的《全球创新指数报告》排名中，实现了连续十年的稳步提升。中国在建设创新型国家的过程中取得了一系列突出成绩和重大突破，在跨国公司完成大规模技术转移后，本土企业的技术能力与经济增长仍表现出强劲的韧性[1]，这些自主创新实践表明中国具备了跨越所谓"后发陷阱"的科技实力。"后发陷阱"是指后发国在技术追赶过程中难以摆脱其技术落后的初始状态，它内生于后发国利用后发优势或摆脱后发劣势的过程中。由于成熟技术增长潜力低且不具备强劲的市场竞争力，后发国通常能够利用后发优势学习、模仿发达国家的先进技术，或直接引进环环紧扣、联系密切的成熟产业，虽然容易取得短期的成功，但这并不利于后发国长期发展，也铺垫了其陷入低端锁定的局面。那么，中国作为典型的后发工业国，为什么能够逐渐摆脱对先发国家在技术和经济制度上的依赖，走出一条独立自主的科技创新之路呢？中国如何跨越"后发陷阱"是亟须解决的现实议题，它为中国式现代化建设进程中国家创新体系的构建提供了理论指导，并为其他后发国家跨越"后发陷阱"、实现后发国赶超提供了借鉴和参考。

后发追赶理论和西方主流的创新学说难以对上述议题进行合理解释。例如，以高铁为代表的系列技术成功逆袭，突破了"引进—吸收—本土化落后—再引进"的技术依赖"怪圈"；熊彼特认为企业家开展技术创新的动力源自对超额利润的追求，然而该理论却难以有效揭示中国政府不以利润最大化为终极目标的社会性创新精神[2]。从日本、韩国等亚洲科技强国创新史来看，第二次世界大战后很多国家充分发挥后发优势效应，在短时间内获得了经济的高速增长。这些国家虽然实现了"技术蛙跳"，却不得不以发展道路授人以柄为代价。由于国情及国际环境的差异，日本、韩国的创新经验无法在中国的土壤上生根发芽。再从世界强国的科技创新史来看，一个国家跃升为科技强国必然是以自身社会历史环境为基石的。例如，美国多民族融合的历史传统奠定了其开放、包容的文化基调，个人主义的推崇及自由竞争的市场环境也充分激发了企业创新活力，推进了技术迅速更迭[3]。一国的科技发展与其政治、经济和社会文化有着千丝万缕的联系，而归根结底，创新往往要服从和服务于社会制度。除了东西方文化等层面的不同，中国式创新与西方创新最根本的区别在于对适合自身发展的社会制度的差异性选择。

中国逐步实现后发跨越的奇迹要溯源于中国文化、历史及制度等情境。中国的传统文化对中国的创新实践影响较为深远，但近代以来其发挥的作用却极其有限，社会制度的影响开始发挥主导作用。一个强有力的政府是制度实施的关键，政府担负着社会主义事业发展的重任，也肩负着探索中国创新之路的使命。技术跨越需要以后发国家的技术积累触发知识阈值为必要条件，对于实行社会主义制度的中国而言，中央政府能够集中调配国家资源，在"集中力量办大事"的制度优势和"全国一盘棋"的建设方针下，有效聚拢人才和技术，集中发力触发技术突破的知识阈值，"两弹一艇一星"的国防奇迹就是最好的实例。在这个过程中，政府延伸了传统企业家的内涵，主动肩负起科技创新的使命和职责。可见，促使中国跨越"后发陷阱"的关键因素正是不同于西方文化背景和制度环境的中国式创新，以政府为推动主体并在创新追赶中发挥独特作用则是中国式创新的根本特征。政府对创新的规划、调控和保障功能体现在中国式创新从萌芽到发展的全过程，因此，只有明晰政府在中国创新进程中发挥的独特作用，才能抓住中国式创新区别于西方创新的关键因素。

二、文献回顾

（一）中国式创新的研究现状

随着中国的创新成果受到世界瞩目，中国式创新的内涵及其独特性逐渐被学术界所关注。中国式创新仍处于探索阶段，现有研究并未对中国式创新形成统一的概念。苏敬勤和高昕[4]从微观层面指出中国式创新是中国企业在中国国情和相应发展阶段作用下的典型创新模式的集合，经历了跟跑、并跑和领跑三个动态历程。魏江等[5]指出在中国核心技术和战略性资源缺失的情境下，中国式创新另辟蹊径利用非对称资源追求边缘市场的创新。此外，大部分现有研究中的中国式创新是在西方创新规律基础上进行中国本土化的探索，例如，在"人类命运共同体"思想引领下的使命驱动型创新[6]、构建具有中国特色的开放式创新[7]等均是基于西方的创新理论。因此，什么是中国式创新，即本土的中国式创新内涵及其规律仍需要进一步探索和回答。

（二）理解中国式创新的三种逻辑视角

历史逻辑、实践逻辑和理论逻辑相统一是研究问题本质和剖析"中国式"特征的重要方法[8]。

在历史逻辑视角下，我们认为中国式创新是在中国经济社会发展变迁的历史背景下把握历史规律，是对中国创新发展阶段和历史继承的高度概括。历史规律是社会活动中内在的本质联系和必然趋势，中国创新的发展受历史规律的必然性所影响，因此正确认识和把握规律是实现中国式创新的前提和要求。例如，胡鞍钢和张新[9]指出，在历史条件的制约下，中国科技创新经历了从1.0版向4.0版的演进，中国实现了从技术落后、追赶到赶超的蜕变，而这成功的背后是中国对人才培养规律的遵循。历史规律是客观存在的，重大历史事件则是规律发生作用的高度体现，因此总结重大历史事件有利于把握和认识历史规律。例如路风[10]透过中国高铁对外来技术"引进、消化、吸收和创新"的表象，认识到遵循激进创新的发展规律才是中国高铁技术屹立于世界的真正原因。

在实践逻辑的视角下，我们认为中国式创新是在中国经济社会发展变迁的现实需求下形成独特经验，是对创造性地解决中国创新发展面临具体问题的探索与实践检验。例如，路风和何鹏宇[11]指出在完成重大任务目标的现实需求下，举国体制是"两弹一艇一星"成功研制的关键，是中国式创新的独特经验。此外，以往发展中的社会主义国家并没有一路追赶再到逆袭超越的实践模板，这也决定了中国的创新实践缺乏参照，仅能"摸着石头过河"。中国式创新在解决现实问题的过程中逐渐形成区别于西方的创新模式。例如，囿于技术薄弱的现实情况及促进经济快速发展的现实需求，相较于西方的原始创新，中国式创新注重对引进技术进行改良和本土化适应，追求快速模仿创新和二次创新；相比西方的研究型创新，中国式创新强调面向市场交付、面向客户需求的实用性创新。

在理论逻辑的视角下，我们认为中国式创新是在马克思主义及其中国化理论指导下形成的本土理论,是在中国发展道路的理论体系下,对中国独特创新方向和规律的归纳总结和抽象概括。一方面,中国式创新坚定不移地以马克思主义理论体系为指导。例如,中国式创新在马克思主义人民史观的指导下,坚持以人为本的群众路线,从人民利益出发进行多元化社会治理模式的体制创新[12]。另一方面,中国式创新在中国特色社会主义理论体系下衍生出区别于西方的本土创新理论。所谓本土创新理论是在马克思主义理论的指导和中华优秀传统思想的熏陶下,坚持守正创新的基本原则,立足于中国特色和中国国情并在创新实践中形成区别于西方理论的本土理论。例如,新时代中国化马克思主义科技创新理论汲取了马克思主义科技观的重要内容和中国古代技术思想的精华[13],在该理论的指引下,区别于西方理论一味排斥政府在经济发展中的合理主导作用,中国坚持政府和市场的有机结合,在有为政府和有机市场的协同下走中国特色的自主创新道路[14]。

因此,历史逻辑为实践逻辑和理论逻辑提供智慧之源,历史逻辑和理论逻辑在实践逻辑中检验,理论逻辑为历史逻辑和实践逻辑指引方向,三种逻辑相互联结,缺一不可。我们只有基于三种逻辑相统一的视角,才能在纵横交错的历史、现实和理论中抓住中国式创新的本质,才能在百年未有之大变局中把握中国未来创新发展的方向。

根据后发劣势理论,后发国家在制度落后的情况下,即使能通过模仿发达国家的先进技术取得一定的成就,但终究存在诸多隐患且易陷入"后发陷阱"。在制度条件落后的情况下,一旦模仿潜力消耗殆尽,长期模仿所产生的成本必将超越它所带来的短期绩效。习近平总书记曾指出"要坚持科技创新和制度创新'双轮驱动'"①。科技创新是中国创新发展的动力,而制度创新则是中国创新发展的保障[15],例如,科技创新成果转化、产权保护均需要制度保障。由此可见,科技创新和制度创新是中国创新发展的两个重要方面,对于探索中国跨越"后发陷阱"具有重要意义。换言之,跨越"后发陷阱"的问题不能局限于探讨科技创新的作用,还需要探索制度对科技创新的影响和促进作用,以及双方协

---

① 2018年5月28日,习近平总书记在中国科学院第十九次院士大会、中国工程院第十四次院士大会上指出,"要坚持科技创新和制度创新'双轮驱动',以问题为导向,以需求为牵引,在实践载体、制度安排、政策保障、环境营造上下功夫,在创新主体、创新基础、创新资源、创新环境等方面持续用力,强化国家战略科技力量,提升国家创新体系整体效能"。

调发展的双向互动关系。本文认为中国式创新是以服务国家战略目标和追求社会价值最大化为根本目标的创新，中国式创新立足于制度创新和科技创新协同发展，并以中国特色社会主义制度作为创新的根本保障，以有为政府发挥制度创新主导作用，摆脱后发地位导致的科技和经济制度跟随依赖，并通过政府与市场机制的有效配合实现科技创新赶超，以及创新的市场主体和社会主体共享创新红利的新型创新模式。

基于此，本文构建历史逻辑、实践逻辑和理论逻辑相统一的研究框架，尝试探索历史、现实和理论之间的联系和规律，挖掘中国式创新路径演进的历史规律、实践经验和理论依据，进而揭开中国实现"后发陷阱"跨越的谜团。基于三个逻辑相统一的中国式创新研究框架如图1所示。

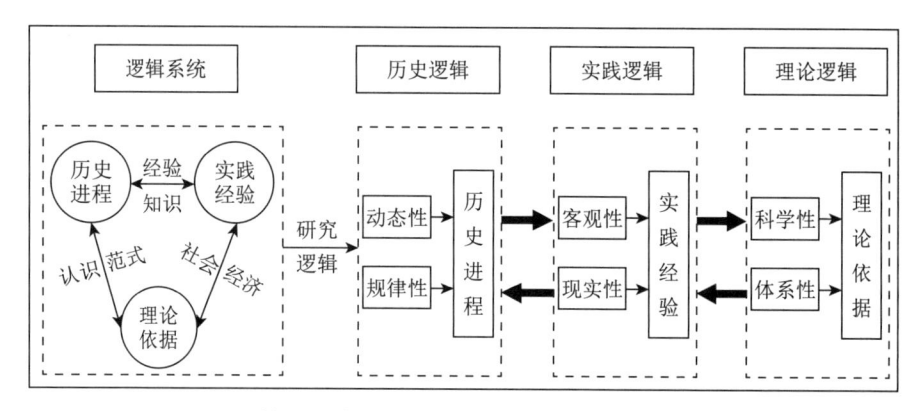

图1 基于三个逻辑相统一的中国式创新研究框架

三、中国式创新路径演进的历史进程

（一）社会主义建设：1949—1978年科技创新需求驱动制度创新

中华人民共和国成立初期，以毛泽东为核心的国家领导人认为"战争与革命"是时代主题，军事力量是维护国家安全的首要手段。资本主义阵营施加技术封锁的现实情境迫切要求"一穷二白"的新中国拥有一定的军事力量和工业基础。面对内忧外患的国家环境，突破保卫国家安全的军事技术促使独立于现有体制的中央专委机构成立，改善民生的工业技术创新要求使新中国从"一边倒"的模仿方式向"技术独立"和"技术引进"并行的创新方式变革。因此，该时期中国式创新在科技创新和制度创新协同发展的规律下呈现科技创新需求驱动制度创新的特征。集中力量办大事的制度优势使中国在最贫穷的经济条件和最落后的社会条件下动员社会各种资源和力量，集全国之力攻克技术难题、突破后发劣势，最终取得了"两弹一艇一星"等前所未有的进步。但与此同时，"计划""刚性"特征下的科技创新在发展过程中也存在一定的问题，"困则思变"，这也铺垫了改革开放时期的创新探索。

（二）改革开放初期：1978—1992年科技创新服务于经济制度创新

1978年党的十一届三中全会开启了社会主义市场经济体制下"创新变革"的新篇章。在以经济建设为导向的背景下，科技工作服务于经济建设，中国创新正式步入"以经济为导向"的技术发展轨道。这一时期，中国式创新在科技创新和制度创新协同发展的规律下呈现科技创新服务于经济制度创新的特征，科技创新以经济建设为中心，目的在于加速技术成果的广泛应用，提高生产率。例如，星火计划（旨在促进农村经济发展）和火炬计划（促进技术成果商品化），有效拓宽了技术市场，促进科研成果转化为实际生产力。此外，为充分调动市场力量的能动性以确保商品经济的运行，中国制定了一系列促进科学技术发展的路线、方针和政策，其中包括对具备技术优势的外来企业开放国内"大市场"。这种以"市场换技术"的方式短期上有助于企业迅速获取新技术，促进中国工业快速成长；然而，长期的依赖在本质上仍无法摆脱"落后—追赶—再落后—再追赶"的后发追赶陷阱，甚至还会诱发技术脱节的风险。自主创新体系的建设是跨越该"后发陷阱"的有利"武器"。

（三）社会主义市场经济建设：1992—2012年制度创新开辟科技创新新道路

1992年邓小平南方谈话以来，市场力量再次得到释放。在社会主义市场经济发展的动态背景下，中国通过构建自主创新体系，寻求科技创新突破，推动中国式创新从"高速度创新"转向"高质量创新"。该阶段，中国式创新在科技创新和制度创新协同发展的规律下呈现制度创新开辟科技创新新道路的特征，社会主义市场经济制度的确立和完善促进了自主创新体系的构建，自主创新能力的培养有利于摆脱对外来技术的长期依赖，把握技术主动权。中国加入WTO推动企业快速"嵌入全球价值链"，然而，"嵌入全球价值链"既是"蜜糖"也是"砒霜"，中国以低要素成本等比较优势所获取的利润并不具备长期性，在产品分工协作的过程中，"低洞察力—低技术力—低增值额"的"三低"模式增加了中国企业陷入全球价值链陷阱和比较优势陷阱的风险。自主创新道路是应对"走出去"过程中不确定性，破除"低端锁定"困局的根本出路。2006年国务院实施《国家中长期科学和技术发展规划纲要（2006—2020年）》（国发〔2005〕44号）做出"自主创新""中国特色国家创新体系"的战略部署以期实现新的追赶和跨越。

（四）新时期：2012年至今制度创新保障科技强国之路

党的十八大确立了创新驱动战略，标志着中国创新事业的"新篇章"全面开启。在创新认识不全、创新能力不高、自主创新驱动不足和创新协同性不强的现实情境下，创新改革成为经济新常态下的新任务。这一时期，中国式创新在科技创新和制度创新协同发展的规律下呈现制度创新保障科技强国之路的特征，一方面，中央政府全面推进超常规重大创新改革部署，为技术创新破除体制机制障碍。例如，2017年在京津冀等8个区域开展全面创新改革试验，推进相关改革举措先行先试，致力于营造有利于"双创"的社会环境。另一方面，新一代信息技术带来的技术创新潜力激发新一轮的制度创新变革为科技发展保驾护航。以5IABCD等为代表的新一代信息技术推动新一轮科技革命和产业变革加速演进，在科技创新发展空间更加广阔的同时也对制度保障提出了更高的要求。自2017年党的十九大报告明确提出"深化科技体制改革"以来，中央多次对完善科技创新体制做出阐述，如提出"改进科研项目组织管理方式，实行'揭榜挂帅'等制度"；党的二十大报告再次强调了"原始创新"和"基础研究"的重要性。新时期，创新被摆在国家发展的核心位置，中国创新的发展也迎来前所未有的机遇。中国式创新不是简单地走模仿创新之路，而是突出以原始创新为核心的自主创新体系建设，只有加强基础研究突破关键核心技术，才能真正打破与发达国家的技术代差，跨越"后发陷阱"实现追赶。

四、中国式创新路径演进的实践经验

（一）中国式创新的实践方向

1. 科技方向

从科技创新的视角来看，攻关重大任务是中国式创新的目标和方向。中国"后发陷阱"的跨越一直处于"正在进行时"的阶段性跨越，攻关重大任务的目标指引着我们不断克服"后发陷阱"问题。新时期，中国式创新仍以攻克关键核心技术这一重大任务为目标，2018年以来中美贸易摩擦逐渐上升为科技竞争，突破关键核心技术是中国实现由后发追赶国家向前沿国家迈进的关键。为攻克关键核心技术，中国式创新形成了由企业牵头组建创新团队的模式来解决国家重大科技攻关问题[16]。不同于产学研合作、企业联盟等创新模式，该攻关模式是在政府支持下由龙头或领军企业牵头组建，以攻克关键核心技术为长期目标的新模式。一方面政府的引导功能有利于企业充分调动各类创新资源；另一方面，该模式能够最大限度地利用牵头企业完备的创新体系优势和研发能力，充分发挥其抗风险能力，并带领其他中小企业共同把握关键共性技术和前沿技术，提升企业技术创新能力及产业链整体竞争力。

2. 制度方向

从制度创新的视角看，共同富裕是中国在创新发展过程中始终坚持的目标。共同富裕的本质是公平与效率的平衡问题[17]。西方国家强调发挥市场的作用，企业在实现技术创新后可以快速占领消费市场实现垄断，资源、财富迅速向少数人集中，这种方式虽然鼓励了企业创新，但也导致贫富差距两极分化。区别于西方国家仅注重创新的效率问题，中国通过政府这只"有形的手"进行资源的合理配置，一方面政府通过税收优惠及政府补助鼓励企业研发投入以保证创新效率；另一方面政府对国有企业进行间接干预，要求他们承担必要的创新责任来实现创新公平。与民营企业相比，国有企业具备良好的创新条件，但也承担着一定的技术突破任务。区别于西方企业在创新后赢得技术和市场垄断，国有企业的技术突破可能会被普惠于市场，市场主体和社会主体共享创新福利，新技术被快速高效地降低成本。这种技术快速普及的方式是中国式创新不同于西方创新最为独特之处。

（二）中国式创新的实践道路

1. 科技创新道路

从科技创新的视角看，中国式创新实践道路遵循"从 1 到 n"包围"从 0 到 1"的创新路径。根据技术差距理论，后发国可以通过不断探寻和学习新技术缩短与先发国的技术差距，提升比较优势。2020 年以前，中国自主创新更多是"从 1 到 n"对既有技术进行改进和推广，这也是后发国科技创新的必经之路。虽然"从 1 到 n"的创新路径具有低成本、低风险的后发优势，但极易引发"模仿陷阱"和"比较优势陷阱"。为避免"后发陷阱"，中央政府在继续鼓励推进科学技术"从 1 到 n"的创新路径时，也更加重视"从 0 到 1"的科技创新，旨在基础研究阶段实现重大开创性的原始创新，产生具有颠覆性的技术创新成果。实现从 0 到 1 的原创性突破必须立足社会经济的现实需求，摆脱跟踪模仿的"思维惯性"和"路径依赖"。区别于西方国家一旦具备了"从 0 到 1"的能力，就会忽视"从 1 到 n"的能力建设，中国式创新很好地结合了这两种能力、两条道路，着力实现"从 1 到 n"的跨越和"从 0 到 1"的突破并进。

2. 制度创新道路

从制度创新的视角看，中国式创新的实践道路由"摸着石头过河"逐渐让渡于"顶层设计"。作为社会主义大国，中国的历史、文化、社会制度与资本主义国家截然不同，改革开放初期推行市场经济既没有可借鉴的国际经验也没有系统的理论指导，在此情境下中国进行"摸着石头过河"的渐进性改革。这种不断探索和试错的方式极大地提高了改革开放初期的经济发展效率，中国农村的渐进式改革以及改革开放的先行先试模式的成功是最好的证明。然而，随着中国经济结构复杂程度的提高，各种新问题层出不穷，实现经济、政治和社会体制改革的协调推进就必然要求推进"顶层设计"，立足全局、以经济结构整体优化和长期发展作为目标，避免顾此失彼。从"顶层设计"出发有利于纠正由"摸着石头过河"带来的"短期行为"，克服了以往体制"板块化"的特征，如为获取短期经济效益而牺牲自然环境，造成资源浪费。

(三)中国式创新的实践保障

1. 制度保障

举国体制为后发跨越的实现提供了根本制度保障,是中国式创新不断取得突破的重要实践武器。举国体制突破了政府—市场二元联结的作用机制,当市场作为资源配置的一种手段而难以解决资源配置的效率问题时,为了实现资源配置效率的最大化,就必须借助"政府的手"。但此时政府是将已有资源进行合理配置,而举国体制的目的并非配置已有资源而是创造没有的资源或能力[11]。这得益于举国体制能够在不同历史时期利用"集中力量办大事"的社会主义制度优势,将创新资源迅速向战略目标领域集中,建立完备的创新组织以适应创新实践新要求。在计划经济和市场经济时期,举国体制能够紧急撬动紧缺资源创造新资源、新能力,在形成超强创新合力后迅速贯通全部的创新环节,进而突破创新困境。新时期,新型举国体制以有为政府和有效市场相结合为主要特征,以攻克关键核心技术难题作为出发点和战略规划的落脚点。在政府引导推动下,形成以企业为主体、市场为导向、产学研深度协同合作的创新体系。

2. 法治保障

依法治国为中国实现后发跨越提供法治保障。一方面,加强立法建设,自党的十八大以来,我国开始长期化、系统性地建设科技创新法律制度,通过科技立法保障科技成果自主权转化,冲破阻碍创新的制度枷锁。此外,通过科技立法优化科研环境,为科研人员松绑赋权,保障科技创新活力,以促进科技改革成果快速高效落地,加快实现高水平科技自立自强。另一方面,政府充分发挥其监管职能,对市场秩序主动干预,营造公平公正的创新环境。于西方国家而言,政府是市场的工具并始终服从于市场,因此,西方政府并不会主动干预市场;但中国政府绝非只代表市场利益,也不会沦为市场的工具。政府监管在司法支持下进行,表现为对市场准入和市场运营主体进行监管,并对违规市场主体进行处罚,打造"清、轻、亲"的市场监管环境。无论是司法干预还是政府监管,都有益于中国在跨越"后发陷阱"的过程中实现有法可依、有法必依、执法必严、违法必究,只有在法制和法治建设引领、推进和保障下的中国式创新才能可持续性地健康发展。

五、中国式创新路径演进的理论逻辑

（一）中国式创新的理论根源

1. 科学技术是生产力

"科学技术是生产力"的观点为中国后发跨越难题的解决提供了根本路径和根本方法，后发跨越的关键就在于以科技为锐利武器。马克思指出，科学技术根植于社会生产需求，科学技术能够提升生产工人的经验技能、对生产工具和资料的改进有积极的促进功能[18]。"科学技术是生产力"的思想丰富了社会生产力的内容范畴。然而，以往普遍支持物质形态生产力，并没有足够重视和充分讨论知识形态生产力，而单纯从纵向角度上强调生产力三要素的内涵关系或者抛弃横向角度上自然科学的物化功能都是失之偏颇的。在这一理论基础上，中国式创新的理论深化实质都是在一步步地指导将科学技术潜力转化为现实生产力。

2. 马克思主义群众观点

马克思主义群众观点强调了劳动人民对科学技术的能动发挥，中国坚持从人民的主体地位出发，发动更广泛的人民群众参与"双创"，即中国实现后发跨越的关键在于创新发展过程中人民群众的参与和支持，在战略目标和技术创新之间建立人民群众的联结。例如，新时期中国的某些行业尝试在无人区探索，其领先的关键在于人民融入"大众创业、万众创新"的社会氛围中来，一大批瞪羚企业、独角兽涌现，助力中国经济社会的腾飞。中国式创新理论深化蕴含着的"科学技术为人民"和"科学技术靠人民"是对马克思主义群众观的吸收和发展，同时也揭示了牢牢掌握人民力量和汲取人民智慧是实现后发跨越的关键之举。

（二）中国式创新的理论深化

1. 双轮驱动创新发展观

制度创新和科技创新是驱动中国式创新发展的"两个轮子"，为跨越"后发陷阱"提供了两个"工具"。一方面，制度创新为科技创新"赋能"和"减负"，即发挥制度创新的"正向激励"和"反向破坏"功能，不断创造有利于科技创新的制度政策、优化科技创新的制度环境，破除一切阻碍科技创新的思想障碍和制度枷锁，为科技探索开辟创新新天地。另一方面，科技创新为制度创新"使能"，即充分发挥科技创新的革新功能，通过科技创新对生产力的改造进而推动生产关系的变革，从而引发新一轮的制度创新。历史经验表明，历次工业革命都推动了生产关系的新变革，科技创新的不可逆转性必定会引发制度创新[15]。因此，双轮驱动创新发展观有效解决了中国式创新在哪些方面进行创新发展的问题。科技创新和制度创新的协调发展为实现科技创新整体跨越、破解创新发展的科技难题提供了方法论指引。

2. 全面深化改革创新观

全面深化改革创新观是以"改革—高质量创新—高质量经济发展"为发展主线，旨在通过全面深化改革进行高质量创新从而推动经济高质量发展。全面深化改革是促进科技创新和制度创新协同发展的手段，是驱动"两个轮子"一起转的动力，是中国式创新的"引擎"。全面深化改革创新观是避免中国在后发追赶过程中陷入"速度陷阱""增长陷阱"等"后发陷阱"的理论指导。从经济发展的角度看，后发追赶国家的经济增长存在一个由低到高再逐渐回归到低的发展周期[19]。在前期追赶的过程中，中国利用国内大规模市场优势、劳动力资源优势等后发优势学习引进西方先进技术，这种创新方式促进经济的快速发展，但若沉溺于此"舒适圈"忽视创新质量和经济质量，必定陷入"后发陷阱"而坠入经济增长的低谷。全面深化改革创新观有效地解决了怎样进行中国式创新以跨越"后发陷阱"。在全面深化改革下，把创新重点聚焦于创新质量，激发科技创新的内生动力和活力，以质量支撑创新速度，推动经济质量提升。

3. 国家战略创新引领观

国家战略创新引领观是以国家战略需求为导向，把建设世界科技强国作为创新发展的战略目标，是中国式创新的"方向标"。党的十八大明确提出"实施创新驱动发展战略"，党的二十大报告再次指出"加快实施创新驱动发展战略，加快实现高水平科技自立自强"。面对世界百年未有之大变局，中国迎来了巨大的机遇和挑战，只有把攻克关键核心技术作为国家战略需求，着力解决一批影响国家安全和长远利益的重大科技问题，中国才能化危机为转机，从根本上保障国家安全。国家战略创新引领观能够避免中国在后发追赶的过程中陷入"模仿陷阱"。根据赶超理论，后发国可以通过技术模仿逐步向先发国家靠拢，但是在越接近世界前沿技术时，模仿的难度会越大，后发国模仿速度以及经济发展速度会逐渐放缓而陷入"模仿陷阱"。因此，仅仅依靠模仿将永远无法实现技术赶超，从模仿到自主创新的转变是后发国家追赶的必由之路。然而，实现由模仿到自主创新的认识转变以及构建何种自主创新体系也绝非易事。国家战略创新引领观则有效地解决了为什么要向自主创新转变，以及新发展阶段中国式创新为什么要构建以原始创新为核心的自主创新体系。只有在战略需求的指引下，中国式创新才能遵循正确的创新方向，急国家之所急、想国家之所想，进而攻克国家之难题、满足国家之需求。

六、主要研究结论与启示

（一）研究结论

本文聚焦于关键技术欠缺的中国后发情境下，有为政府在跨越"后发陷阱"的过程中，在塑造中国式创新的发展道路上发挥的关键性作用。区别于以往仅探索中国创新的历史进程或创新模式等碎片化的研究，本文基于三个逻辑相互统一的研究思路，构建"中国式创新"系统的研究框架，得到以下结论。

（1）中国式创新是中国跨越"后发陷阱"的关键，而有为政府是中国式创新的根本特征，也是区别于西方创新的根本所在。有为政府作为中国实现后发跨越的决定性力量，在塑造中国式创新话语体系中具有重要意义。

（2）从历史逻辑看，中国式创新通过科技创新和制度创新协同发展，逐步摆脱对先发国家的技术依赖，实现创新追赶。阶段性地跨越"后发陷阱"的过程，可以总结为"科技创新需求驱动制度创新""科技创新服务于经济制度创新""制度创新开辟科技创新道路""制度创新保障科技强国之路"。

（3）从实践逻辑看，中国式创新以举国体制和依法治国为保障，在科技创新方面重视原始创新能力并致力于攻关重大任务，在制度创新方面通过渐进性改革方式逐步推进顶层设计，并致力于使市场主体和社会主体共享创新红利。

（4）从理论逻辑看，中国式创新在"双轮驱动创新发展观""全面深化改革创新观""国家战略创新引领观"的指导下不断完善和发展。即在创新发展的过程中，以国家战略需求为目标，在全面深化改革的过程中不断强化科技创新和制度创新的双轮驱动作用，避免陷入速度陷阱、增长陷阱等后发陷阱。

（二）研究贡献

基于上述分析，本文有以下理论贡献。第一，本文基于多维视角探索中国式创新的路径演进规律，探索中国式创新在科技创新和制度创新协调发展的规律下走出了一条不同于西方国家的中国式新路，弥补了现有研究对中国创新过程剖析不足和片面性的问题。第二，本文扎根中国本土情境，综合考虑各历史阶段政治、经济、文化和社会等动态因素，尝试构建和挖掘中国式创新的本土构念，探索中国式创新的规律和理论。本文系统化、理论化中国特色创新之路，既响应了学者们对探索中国本土色彩理论构想的呼吁[20~21]，又丰富了中国创新管理理论的研究，助力中国式创新迈上世界"舞台"。第三，本文对中国式创新的理论话语体系进行了剖析，提出的双轮驱动创新发展观、全面深化改革创新观以及国家战略创新引领观，为后发国家跨越"后发陷阱"、实现后发国家赶超提供了分析视角和理论支撑。

中国已经进入了创新型国家行列，未来将乘势而上开启全面建成世界科技创新强国的征程。本文对促进中国式创新发展，建设世界科技强国具有如下启示。首先，政府的调控作用贯穿于中国式创新的全过程，也是中国跨越"后发陷阱"的关键。在未来中国创新发展的过程中，仍需更好地发挥政府调控作用，推动有为政府和有效市场更好结合，进一步激发各类市场主体活力。其次，未来中国式创新的发展要继续推动和发挥新型举国体制在集中力量办大事中的制度优势，加强对领军企业及龙头企业的平台化建设，吸引更多中小企业加入创新团队，凝聚科技力量和创新资源突破关键核心技术，加快自主创新步伐，实现科技自立自强。最后，在新一轮的科技革命和产业革命下，数字技术的发展给中国带来了实现创新和后发赶超的新工具、新技术，但同时数据安全等挑战也可能布下新"陷阱"，构建中国式创新要持续发挥科技创新和制度创新双轮驱动作用，引领数字经济时代国家创新体系的高质量发展。

参考文献

[1] 谢伏瞻. 论新工业革命加速拓展与全球治理变革方向[J]. 经济研究, 2019 (7): 4-13.

[2] 刘小峰, 彭扬帆, 徐晓军. 选优扶强: 老少边区特色农业"一县一业"格局何以形成: 盐池滩羊的纵向案例研究[J]. 管理世界, 2023, 39 (7): 46-63.

[3] Atkinson R D. Understanding the US National Innovation System [R]. Washington: The Information Technology & Innovation Foundation, 2020.

[4] 苏敬勤, 高昕. 情境视角下"中国式创新"的进路研究[J]. 管理学报, 2019, 16 (1): 9-16.

[5] 魏江, 王丁, 刘洋. 非对称创新: 中国企业的创新追赶之路[J]. 管理学季刊, 2020, 5 (2): 46-59+143.

[6] 张学文, 陈劲. 使命驱动型创新: 源起、依据、政策逻辑与基本标准[J]. 科学学与科学技术管理, 2019, 40 (10): 3-13.

[7] 钱菱潇, 陈劲. 开放式创新研究述评: 理论框架、研究方向与中国情境[J]. 演化与创新经济学评论, 2022 (1): 82-99.

[8] 乔榛. 共同富裕的理论、历史和现实逻辑[J]. 天津社会科学, 2023 (2): 117-124.

[9] 胡鞍钢, 张新. 中国特色创新发展道路: 从 1.0 版到 4.0 版[J]. 国家行政学院学报, 2016 (5): 13-20+141.

[10] 路风. 冲破迷雾: 揭开中国高铁技术进步之源[J]. 管理世界, 2019, 35 (9): 164-194+200.

[11] 路风, 何鹏宇. 举国体制与重大突破: 以特殊机构执行和完成重大任务的历史经验及启示[J]. 管理世界, 2021, 37 (7): 1-18+1.

[12] 尚娜娜, 康沛竹. 马克思主义人民史观的演进逻辑、建构途径及时代诠释[J]. 广西社会科学, 2021 (7): 82-88.

[13] 蔡尚伟, 周晓言. 新时代中国化马克思主义科技创新理论对我国数字文创产业发展的启示[J]. 科学决策, 2022 (6): 136-146.

[14] 张杰. 构建中国特色创新经济学理论与政策体系的重大价值与实现路径[J]. 上海对外经贸大学学报, 2022, 29 (2): 5-16.

[15] 张媛媛. 习近平关于科技创新与制度创新协同发展的论述[J]. 上海经济研究, 2020 (7): 23-31.

[16] 操友根，任声策，杜梅. 我国企业牵头创新团队合作：总体特征、网络演化及其启示：基于国家科技进步奖项目的分析［J/OL］. 科学学与科学技术管理：1-34［2023-07-24］.

[17] 朱哲，于时雨. 共同富裕视域下公平与效率均衡问题探析［J］. 社会科学战线，2023（3）：248-254.

[18] 卡尔·马克思，弗里德里希·恩格斯. 马克思恩格斯全集（第23卷）［M］. 北京：人民出版社，1973.

[19] 张军扩，余斌，吴振宇. 增长阶段转换的成因、挑战和对策［J］. 管理世界，2014（12）：12-20+37.

[20] 苏敬勤，高昕. 世界百年未有之大变局下的"中国式创新"［N］. 中国社会科学报，2021-12-01（003）.

[21] 李宇，王铁勋. 中国式创新的内驱动力、资源行动与模式选择：来自党领导的典型企业创新实践的多案例研究［J］. 财经问题研究，2023（2）：79-95.

直面实践的管理研究：学理基础与发展路径①

苏敬勤② 何新月③ 韩少杰④

摘要：首先，针对目前直面实践的管理研究（简称直面研究）存在认识难以达成统一、方法有待进一步规范、研究较为碎片化等问题，在回溯学界既有的哲学观基础上，构建了涵盖本体论、认识论、方法论和价值论的"四论"框架。其次，在"四论"框架下，明确了直面研究的本体和主客体关系、认识论原则、方法论体系及价值归属，形成了价值观共享和基本立场相统一的学理基础。最后，基于学理基础的厘清，针对直面实践的本土理论发展路径提出了相应的思考和建议，力图为本土管理理论体系的构建及中国管理学科的长足进步而献力。

关键词：管理实践；基本问题；学理基础；"直面"路径；本土管理理论

来源：《管理学报》2023 年 11 月第 20 卷第 11 期

随着中国管理学科的发展取得长足进步，受西方"管理研究科学化"运动的影响，中国管理研究与本土管理实践却愈渐背离，致使"自娱自乐"式研究屡见不鲜、西方成熟构念与框架借鉴成法。针对这一现状，学界发出呼声——"直面中国管理实践"（以下简称"直面"）成为本土学界的广泛共识和主流声音[1,2]。

---

① 基金项目：国家社会科学基金资助项目（21&ZD134）。
② 苏敬勤（1961—），男，湖北武汉人，大连理工大学经济管理学院教授、博士研究生导师。研究方向为案例研究方法论、数字创新、平台治理。
③ 何新月，大连理工大学经济管理学院。
④ 韩少杰，大连理工大学经济管理学院。

为弥合理论与实践的鸿沟，学者们围绕"直面"从具体研究层面到研究的底层认知层面展开了积极探索，但因观点碎片化且各有侧重，研究者在实际操作中仍对"如何直面"缺乏系统且底层的认知体系支撑。纵观中西方哲学史，在百家争鸣中形成了本体基础、认识逻辑、方法体系和价值观念相异的众多哲学派别。深受西方科学哲学的影响，主流管理研究往往在本体论、认识论和方法论上持有简单二分的基本立场。即便随着整体论的提出以及系统式思维在西方的崛起，学界意识到有必要对复杂的经济社会现象进行系统性挖掘，但本质上尚未撼动二分思维在管理研究中的主流地位。伴随范式转移的思潮，本土学界基于中国传统智慧哲思形成了一些独具特色的观点（如"阴阳"[3]"道理论"[4]及"和合"[5]等），试图以此指导本土管理研究的开展。同时，学者们还尝试从管理研究之于管理实践的效用出发来为本土管理研究提供价值指向，提出了诸如"实践价值"[6]"使用价值"[7]和"工具价值"[8]等价值观。实际上，在中西方众多哲学派别中颇有一些重视"实践"特性的哲学观，包括康德的"实践理性"，马克思的"实践观"，中国传统哲学中的"天、地、人万物一体"思想等。但各学派的立场不一、众说纷纭，导致学界对于如何直面实践及构建本土管理理论的路径方面仍高度模糊。哲学作为指导人们认识世界、改造世界的工具，在"直面"的现实需求下，有关管理研究的底层知识若长期处于碎片化、结构残缺的状态，实则在很大程度上桎梏了本土管理理论体系及管理的中国学派的构建。

基于此，本研究将深入"学理"层面探讨"直面研究"的4个基本问题：管理研究的本体是什么？如何认识管理实践？如何创造管理知识？管理研究的价值何在？以理论与实践相结合、本土与国际相接轨为基本诉求，在融通既有的哲学观基础上，搭建一个各学派赖以生存和发展的基础框架。以期通过学理基础和发展路径的探索，排除学者们在开展"直面研究"时所存有的思想上的困扰、行动上的彷徨，为本土管理理论的探索和推广搭建平台，推进中国管理学科的发展与进步。

一、文献回顾

（一）学界对"直面中国管理实践"的探索

随着"理论与实践脱节"（以下简称"脱节"）问题的日益严重，产出高实践影响和应用的研究成果成为管理学界的普遍共识，学者们基于不同视角对"直面"议题展开了热议。

一方面，学者们围绕管理研究的各个环节提出了大量具体可行的建议。在研究起点环节，基于管理实践中鲜活的问题去构造研究的科学问题，进而抓住问题的实质[2]。在研究过程中，采用情境化方法充分认识中国管理实践，基于"情境研究观"对多层次、多因果、复杂且动态演进的管理现象进行诠释和剖析[9,10]。研究结论的得出与推广环节，回到实践中应用[11]，验证理论诠释的实践意义，并进行理论修正。此外，要深入践行"直面"理念，还需配合研究者自身素养的提高及学界对实践应用的重视，如研究者需保持对实践的介入，商学院重设管理研究评价标准体系及重塑应用导向[12]等。

另一方面，部分学者认为"脱节"的成因本质在于研究者的底层认知问题[13]，故深入哲学层面试图改良或重树管理学者的认知逻辑和方法基础。SANDBERG等[14]认为，"脱节"的原因在于理论脱生于科学理性框架的研究范式，需采用基于实践理性逻辑（即社会经济实践的丰富性、复杂性和系统性）的研究范式来提炼管理理论。李平等[12]认为，依据阴阳视角，理论与实践二者背后的认识论逻辑基础是"相生相克"逻辑，既要看到两者的相生性（即适度融合），也要看到两者的相克性（即适度分离），视具体情境而侧重前者或后者。韩巍[15]指出，现有的管理研究长期忽视了"时间性/历史维度""情境"和整体性视角的重要性。鉴于此，他提出了一个包含"时间维度""情境维度""分析维度"的管理研究认识论框架。吕力[8]则一方面将"脱节"问题归咎于研究方法论问题，另一方面又从科技哲学的认识论角度指出，直面实践需要的是"管理技术"以及建立在管理技术哲学基础上的"循证管理"。

（二）学界对管理哲学的思考

1. 有关研究的主客体关系：本体论

本体论即探讨"存在"是什么及"存在"如何存在的理论，是一切科学知识的基础和前提，预设了所要研究对象的存在性、存在方式和本质特性[16]。从"本体"这一概念提出伊始，学界就围绕主体与客体的同一性问题长期存有争议，进而分立为唯实主义和唯名主义两种学派[17]。前者假设主客体是相互分离的，研究者往往作为观察者和立法者，研究对象是独立于研究者个人认知而客观存在[16]。后者则假设主客体可互为主体，研究者被视作参与者和解说者[16]，其所观察到的现象及所得出的研究结论都是具有主观建构性的。后经由库恩等学者的倡导，才使得一直以理性逻辑、线性因果、确定性与必然性为科学衡量标准的科学哲学开始融入信仰、信念、情绪和直觉等非理性因素[18]，出现诸如后现代主义、实用主义、批判实在论这类认同人的主观感知、行为和构建的学派。即便如此，西方哲学仍未能完全摆脱二元论束缚。

与西方哲学相反的是，中国传统哲学往往强调"天、地、人万物一体"思想，以研究人类为出发点回答"人之缘起""人之本质""人之发展方向"。鉴于此，由中国传统哲学发展而来，本土管理思想擅长以和谐、整体、对立统一的视角来看待管理实践。例如，和合管理理论强调人作为社会关系的总和，是一种具有特殊性的作为客体和主体相统一的集合体[5]。类似的，东方管理学的核心思想"以人为本、以德为先、人为为人"也折射出东方文化的人性假设[19]。和谐管理理论从知识的确定性角度承认了世界在人类认识中的不确定性[20]，暗含着"存在"部分源于个体主观映射的本体论假设。LI[3]基于儒释道的思想精髓提出"道"作为本体论，强调主客观的对立统一及天人合一。李鑫[4]同样认同"道"即是本体论，并将阴阳思想、儒道哲学与波尔互补原理、黑格尔辩证逻辑相融会，提出了阴阳辩证的"道理论"。

2. 有关知识来源与分类：认识论

认识论是关于"存在"能否被认识及如何认识的理论，即个体的知识观。所谓知识，即证立的真信念[21]。围绕知识的来源及分类的分歧，理性主义和经验主义两个基本的认识论流派展开了长达几百年的纷争。理性主义主张知识来源于理性认识，是天赋、与生俱来或先验的[22]，并宣称只有先验的、清晰明确地被理解了的知识或真理才具有可靠性；经验主义主张知识起源于感觉经验而否认"天赋观念"，所谓必然的命题根本不是必然或绝对确实的，只能给人以或然的知识[22]。

在二元认识论的影响下，管理学的发展路径大体上经历了从经验主义起源，到理性主义发展，再到经验主义回归的过程。尽管早有学者尝试连接"感性"和"理性"之间的鸿沟，但本质上并未撼动二元论在西方管理思维中的主流地位。例如，康德在两者之间加入了"知性"这一认识过程。值得注意的是，受贝塔朗菲的系统论影响，诞生于20世纪80年代的复杂性科学以其解决复杂问题方面的优势受到重视，一定程度上动摇了简单性范式的认识论基础[23]，其对整体性和关联性的强调与中国传统的整体思维不谋而合。

相比之下，本土管理哲思在继承系统观和整体观基础上，更倾向于以经验与理性的共融认识实践。李平视"阴阳"为认识论，强调整体、动态、对立统一之平衡，即正反双方相生相克[3, 12]。李鑫[4]指出，要想更好地认识研究对象，要经历感性、悟性、理性的认识阶段，方可跨越感性与理性之间的鸿沟。东方管理学基于中国传统思维的整体性及和谐统一，将管理当作一个统一的整体[19]。同样，和谐管理理论认为管理实践活动具有明显的"嵌入性"特征，研究者需从"还原现实"或是"直面真相"的立场接近组织的管理实践[20]。此外，一些学者还针对如何直面实践提出了相关观点：如韩巍的"三维"认识论框架[15]、吕力建立在科技哲学基础上的"循环管理"[8]等。

3. 有关研究的思维逻辑与途径：方法论

方法论是指探讨如何认识和改造世界的理论，也是普遍适用于各门具体社会科学并起指导作用的范畴、原则、理论、方法和手段的总和。源于本体论和认识论的分歧，管理研究中差异化的思维逻辑和研究途径映射了方法论之争。

在思维逻辑层面，演绎、归纳和溯因3种逻辑正从相互割裂走向融合。演绎逻辑是由一般到特殊的推理方法，与之相对的是由个别到一般的归纳逻辑。在管理研究中，质性研究方法常用归纳逻辑进行现象挖掘和理论构建，而定量研究方法则擅用"假设—演绎"的方式展开研究，两种逻辑呈现割裂之势。发展到近代，有学者在演绎逻辑的基础上，进一步提出了根据现象来推测现象产生原因的溯因逻辑，3种思维逻辑的运用才出现融合的趋势。例如，定性比较分析方法、结构数据分析方法等均是在逻辑融合趋势下所做出的方法论创新。尽管如此，囿于这3种逻辑综合使用在实操层面存在方法素养要求高、具体整合难度大等困境，如何更好地容纳这3种逻辑，进而形成有效的研究路径和系统框架，尚在探索之中。

在研究途径层面，管理研究中常见的实证主义与诠释主义两种范式分别以"解释"和"理解"为核心研究途径开展研究。其中，"解释"即通过观察和实验把个别事例归纳于普遍性法则之下，发现行为的因果规律，借此预测或解释社会实践，并对这些规律进行经验验证的因果解释方法。"理解"和"体验"被认为是质性研究中诠释主义方法的重中之重，即通过自身的内在体验去进入他人的生命活动甚至精神世界的过程。直至20世纪末，混合方法研究的兴起试图调和实证主义与诠释主义之间的冲突，但由于混合方法研究本身发展尚未成熟且还存在着方法论基础的争议问题[24]，要想打破二者的范式之争还需时日。

在符合东方思维的认识论指导下及范式转移的学科背景下，本土管理学者形成了一些独具东方特色的方法论观点。例如，LI[3]将"悟"作为方法论，强调直觉想象，以比喻类推为具体思维方式。李鑫[4]在综合理性和感性的认识论基础上提出，研究者可以主动地使用诸如想象、类比等非纯理性的思维方式。以和合哲学思想为指导的和合管理理论提出了几大方法论规则：中庸原则与矛盾分析相结合的规则、历史和逻辑相结合的规则、借鉴与创新相结合的规则，贯彻社会科学研究的一般方法[5]。和谐管理理论以中国人的"整体性"思维为主导强调了归纳逻辑在发掘管理实践"内在关联"中的作用[20]。东方管理学则以问题为导向提倡多种研究方法的选择[25]。

4. 有关研究之于实践的效用：价值论

价值论是指探讨价值的本性、本质，以及人类认识和实现价值的规律，并回答人类生活中的重大价值问题的理论[26]。从哲学意义而言，价值能够反映主体改造客体和自身的感性物质活动和对象性关系。即价值不仅具有客观性，也具有主体性；既包括主体与客体的关系，还内含主体与主体的关系，客体与客体的关系；等等。

在管理学科领域，大多数学者聚焦于管理研究对于管理实践所产生的效用探讨上，试图为本土管理研究的纵深发展明确价值指向。比如，孙继伟[7]将管理研究的价值性分解为对同行、实践者、学生有用的使用价值，以及研究者利用这一成果换取直接和间接经济利益的交换价值。高良谋等[6]认为，管理学应该同时关注学科价值和实践价值。吕力[8]表明，当今管理学主流研究持有典型的管理工具论立场，即管理追求的是找到解决管理实践问题的方法、途径，选择最优方案、决策和手段。他进一步提出了"本体价值"这一概念，即管理寄寓了人们实现生存的最终目的或最高理想，是一种最终价值和内在价值，并认为中国管理学界应该将工具价值与本体价值相融合来考察中国管理实践的内涵。杜运周等[21]站位于人类对知识追求的本能，提出人类出于好奇心去探求对管理现象的科学解释，本身就是管理知识的价值所在。"负责任管理研究"也在呼唤追求真善美的价值核心[27]。可见，学者们对于价值内涵的解析从长久以来的工具论立场开始向实现人类知识边界拓展的"普世价值"拓展。

（三）学理基础构建的现实需求与理论基础

综上所述，面对"脱节"问题，学者们围绕具体研究层面和底层认知层面的积极探索推进了学界关于"如何直面"的理解。然而，因视角的多元化及观点的碎片化，致使学界对于如何开展研究才更有可能产生实践应用和影响的研究成果始终未能形成系统清晰的认知。围绕4个基本问题，学者们在本体论、认识论、方法论和价值论4个方面形成了各自独有的见解和思维逻辑，为本研究奠定了理论基础。深受西方科学哲学的二元思维定式的影响，研究者需要在不同的本体论前提、认识论基础和方法论途径中做出取舍。区别于西方哲学，中国自古以来重视整体、平衡与和谐。本土管理学者认为，中国传统哲学适合知识的创造[3,4]，并以古为今用的方式将其引入本土管理研究的思路，形成了不同的哲学观点及理论（如X整合主义[4]、和谐管理[19]等）。除此之外，针对管理研究中的"价值迷失"现象，学者们大体上形成了以工具论立场为主导的不同价值观，强调管理实践问题的解决。

可见，因遵循的本体基础、认识逻辑、方法体系和价值观念各异，各管理学派呈现众说纷纭之势。尽管中西方哲思日渐融合，但由于二者是不同文化及思维体系下的产物，要想真正达成协同尚有待时日。在"直面"的现实需求下，有关管理研究的底层认知若长期处于碎片化、结构残缺的状态，实则在很大程度上桎梏了本土管理理论体系及管理的中国学派的构建。如何使研究者在产出兼具实践与理论意义的研究成果方面形成清晰的认知，成为推动本土管理理论体系与中国学派的构建的关键。本研究认为，要解决各学派"各自为政"的问题，不应是在已有学派的基础上再构建一个新的学派，而是应该为各个学派的共生和发展搭建一个基础框架。

鉴于此，本研究将兼收并蓄中西方各学派之精髓，以理论与实践相结合、本土与国际相接轨为基本诉求，构建价值观共享和基本立场相统一的学理基础，力图为本土管理理论的探索和推广搭建平台。

二、直面实践的学理基础构建

借鉴 GRIX[28] 提出的构成研究基石之间的相互关系，本研究首先从作为"元哲学"的本体论出发，厘清"直面研究"的本体是什么、有何特性。在本体论的预设下，形成研究者观察、理解管理实践的认识原则。进而架构理论通向实践的方法论桥梁，为研究者从事具体的理论研究活动提供后设思维与途径。最后，价值论作为探讨物质世界发展意义的理论，提供了一个管理理论发展的价值标准，为管理研究建立一个评价和推进理论的价值指向。

（一）管理研究的本体：管理实践

综观中西方哲学观，学者们在何为本体及主客体关系方面各执己见。本体论作为一切哲学派别争论的根源，本研究首先对研究的第一性问题进行厘清，即管理研究的本体究竟是什么？研究主客体之间的关系如何？

事实上，在古今中外的哲学流派中早已存在对后世哲学影响巨大且与"实践"密切相关的哲学观。例如，康德的"实践理性"、马克思的"实践观"、中国传统哲学中的"天、地、人万物一体"思想等都暗含了对人类认识和改造世界的社会实践过程的讨论。管理学作为一门研究管理实践活动的学科，管理实践在其中的重要地位不言而喻。无论研究者遵循哪种本体论思想，管理研究都难逃"管理实践"这一核心范畴。从理论产生的源头来看，不管是基于管理实践发掘研究问题的现象驱动型研究，还是通过对管理实践检验过的原有理论进行文献分析来探寻研究问题的理论驱动型研究，均包含了与管理实践直接或间接交互的过程。鉴于此，当前虽仍有学者对"理论来源于实践"的观点有所混消,但主流观点依旧认同:管理理论不会凭空而出,往往是在管理实践中涌现和发展而来。

1. 何为管理实践

基于实践理论,管理实践即为达到特定的组织目标,具有特定模式的一系列有组织的活动集合[29]。在此定义下,可将管理实践进一步拆解为四大要素:为达到特定组织目标所展开的实践活动,推进管理活动进程的实践者,管理活动的触发因素及发生机理,以及管理活动发生的时空情境。即实践活动、实践者、触发因素及发生机理、实践情境。由四大要素的联动,管理实践显示出复杂性、模糊性、易变性和不确定性的复杂特性。其一,根植于差异化认知结构和行为惯性,实践者所开展的实践活动中存在迥异的外显性活动和内隐性特征相交叠。外显性活动如组织规章制度、基础设施等;内隐性特征包括员工价值观、组织氛围等。这使研究者很难轻易对管理实践进行精准理解和预测。其二,管理实践的触发因素及发生过程受到组织内外部多重情境因素的动态影响。例如,不同历史发展时期的管理现象呈现阶段性特征,不同区域文化主导下的管理理念和决策模式也不尽相同。研究者要想完全做到"价值无涉"地理解管理实践显然是不全面且不可取的。

2. 管理实践为何能充当本体角色

由管理实践的复杂特性可知,管理实践既作为经验事实存在,又区别于其他一般经验事实。其独特性在于它可以被研究者领会并赋予截然不同的意义,它面向时空的情境性造就了"感性世界"和"理性世界"的共融,这是个一分为二、合二为一的过程。也正是这种性质,使管理实践获得了本体论的含义。加之管理实践作为管理知识的本源,管理学者一直以来对"存在"的理解,都是通过管理实践来透视和过滤的。由此,从本体论视角而言,管理实践能够充当管理研究的本体角色。根据当前主流的科学哲学观,研究者在对管理实践进行探索时,往往在研究客体是否独立于研究主体个人意识而客观存在上持有"非此即彼"的立场。而从管理实践本体来看,研究者应在管理知识的发展过程中摆脱既往哲学观中关于主客体同一性的二元争论,形成研究主客体相融的本体论认知。在知识产生环节,研究者通过参与或互动建立起与研究数据之间的沟通桥梁,深入理解研究情境和现象并获得规律性的解释,得到管理新知。即外部对象的性质和规律"内化"到研究者自身,促使人认识和改造世界能力的提升[30],反映了"客体主体化"的转化。在知识传播与优化环节,研究者运用规范化和情境化的教学方法将管理理论以知识的形式外化给管理实践者,最终应用至实践中,并不断经由实践检验而进行理论修正。即研究者将自身的本质力量"外化"到对象中[30],这一过程被称为"主体客体化"的转化过程。

(二)认识管理实践:"统一"与"适配"的认识原则

源于西方哲学中理性主义和经验主义两学派的对立,学者们在对管理实践的认识过程中,往往仅侧重于其中的感性因素或理性因素,未能对管理实践进行全面深入的把握。由前文所述可知,管理实践作为管理研究的本体,是"感性世界"和"理性世界"的共融,对管理实践的认识非但不能采取简单化的二元认识论,还需综合运用中国人所擅长的中庸思想和整体思维,关注实践中的多元要素,统筹理论知识与方法体系,以此形成对管理实践更为全面系统的认识。

1. 认识原则之一:统一

从一般意义层面而言,认识和探索本土管理实践需起首抛开"二元对立"的传统思维模式。首先,从管理实践主客体转化的主体特性可以发现,管理知识实则是在主客观的交叠中涌现的,那么,认识管理实践的首要原则便是主观性与客观性的统一。一方面,管理实践中显性和理性的部分以独立于研究者认知的客观事实为基础,在认识过程中,研究者需保持客观中立的态度对其客观规律和因果关系展开解析;另一方面,以企业价值观、个人认知、制度等方面构成的社会事实范畴具有主观性成分,研究者通过主观涉入来探究其背后的机理和成因就成了必要。其次,管理实践的复杂特性要求研究者从动态视角和整体观来对管理实践进行更深入的把握,即遵循整体性与情境化相统一的原则。一方面,随着学者们逐渐关注到管理实践的复杂性和动态性特征,开始呼吁采用整体观和系统论来认识管理现象,而非片段式地获取碎片化的知识[15, 31]。整体性是对管理实践中部分和整体的关系进行综合把握,既关注部分与部分之间的非对称关系,也重视部分与整体之间的因果关系。在西方管理理念和东方古代管理思想日渐融合的当代,采用整体性思维来认识管理实践,更加符合本土管理基因和思维(如"阴阳"思维强调的整体、动态、对立统一之平衡[3]),响应了当下复杂性科学研究范式对管理活动整体性的强调[31]，也迎合了管理实践的具体表现和未来发展趋势。另一方面，有关如何认识管理实践的问题，"情境"的重要作用被反复提及[9]。情境化是指将对象置于一定的情境当中，包括特定对象所处的物理的、政治和法律的、文化的、社会的、历史的、经济的环境以及组织环境[32]。文化相对主义认为，真理总是相对于特定文化而言，绝对真理并不存在，基于不同的文化背景产生的管理新知是截然不同且各有特色的[33]。诚然，由构成管理实践的四大要素可知，任何管理活动是有人、有物、有事、有关联、有因果、有变化并依时空顺序展开的相对独立又有整体性与连贯性的故事[34]，其发展出的管理知识也都反映了大量的时空要素和人际互动细节。可以说，组织及其管理活动的一般性规律本质上都会受特定情境的约束。简言之，本土管理理论的开发与创新，既要将客观性与主观性相统一，也要将整体性和情境化相统一。关注管理问题的整体性和情境化，也是对"客观性和主观性相统一"的认识论的扩展，从整体观进行深度情境化的研究是研究者理解管理活动的重要途径。

2. 认识原则之二：适配

从认识途径层面而言，认识管理实践要从研究流程中抽丝剥茧出实践、理论及方法三大模块，也即管理实践、管理理论体系及方法论体系需有机适配。首先，管理实践与管理理论体系相适配。因受到不同的研究经验、教育背景、价值观和思维方式的影响，研究者在对管理实践的认识过程中往往采取的研究视角各异，具体体现在理论视域选择、理论回顾侧重以及用以诠释现象的理论构念上的不同，形成各具差异的理论见解和研究报告。尽管要尊重研究者基于不同的理论视角展开研究，但需要注意的是，研究者要将"理论池"中的管理理论依次抽离出来，与管理现象进行不断匹配，通过"实践—认识—理论"的反复迭代来选择最适宜于诠释这一现象的管理理论，即管理实践与管理理论体系的适配。若两者错配，则可能出现研究陷入"自说自话"的境地。其次，管理理论体系与方法论体系相适配。由于研究目的和研究问题的不同，加上研究者所受到的学术训练差异，在解析不同的管理现象时，研究者所用到的数据获取技术、数据分析技术和研究范式均有不同。这就要求研究者将所要贡献的目标理论与适宜的方法体系相适配。两者错配，则会导致所得出的研究结论缺乏贡献，难以实现本土理论的创新。例如，对于探究企业战略演化规律的研究，适宜采用纵贯式的单案例研究方法,对研究对象的发展历程及战略转型过程展开历史维度的搜集和分析,最终贡献于战略演化的相关研究。而若是在这样的研究中采用截面的数据和研究方法则难以展现战略演化的全貌。总体而言,要获得符合本土管理事实、具有本土管理特色的理论知识,不仅要遵循管理实践中的客观前提,也要进行合理的"价值涉入",基于研究者个人的经验知识和研究逻辑进行现象解读,并采用适宜且规范的研究方法和技术。即通过管理实践与管理理论体系相适配、管理理论体系和方法论体系相适配的认识论原则,来形成对管理实践的合理认识和解释。

（三）桥接理论与实践：互补融合的方法论

方法论作为连接理论与实践最直接和关键的一环,受本体论和认识论的指导,进而指导研究的具体实施。囿于范式冲突,主流的管理研究在思维逻辑和研究途径上体现出较为明显的纷争。从管理实践本体及其认识原则而言,要得出具有系统性和解释性的研究结论,研究者难以避免对复杂实践现象赋予自身的理解与评价。鉴于此,本研究试图融合归纳、溯因与演绎的思维逻辑,以及解释、体验与理解的研究途径,来形成互补融合的方法论,进而为研究者从复杂多变的管理实践中获得管理新知而提供策略和手段。

1. 归纳、溯因与演绎并存

随着逻辑研究的逐步深入,学者们已意识到使用单一的分析逻辑可能难以寻找到现象的真正原因[35]。由此,研究者应在不同的思维逻辑中取得平衡和统一,以归纳、溯因和演绎并存的方式展开研究,将3种思维逻辑灵活嵌入于研究的不同阶段。以理论构建型研究为例：首先,发现独特的本土管理现象,并基于研究者个体立场的分析视角,采用归纳逻辑进行研究问题聚焦；其次,以问题为导向,采用溯因思维寻求问题的真正原因,并运用归纳逻辑对现象进行构念化和框架化；最后,根据分析结果与文献进行比对,采用演绎思维与理论对话,探寻理论规律并得出研究贡献。这种灵活的思维逻辑并用,不仅可以为研究者建立一套完善的思维逻辑体系,也能通过合理嵌入演绎和溯因思维,使研究者在理论构建型研究中的归纳深度和广度有所提升,增强结论的可信度和推广度。

2. 体验、理解与解释相融

进一步，归纳、演绎和溯因的思维逻辑可与体验、理解和解释相融的研究途径相互配合和嵌套。首先，在挖掘本土独特现象时，研究者需深入管理实践当中去体验研究对象的活动、认知及精神世界，并经由现象抽象形成初步的理论化解释。即在"体验"中"归纳"。其次，研究者需要抽离现象，以客观视角来理解研究对象实施行动的影响因素和决策过程，采用整体性思维将管理现象中所呈现的诸多纷繁芜杂的影响因素进行逐步地剥离，探寻影响决策的关键因素。即基于"理解"而"溯因"。最后，在数据饱和的情况下，研究者通过与现有理论对话，采取理论推演的方式来实现研究者对管理现实中新的规律的解释。即在"演绎"中获得"解释"。而这一过程也是对新现象和规律进行外推的过程，即通过现有理论对话划定情境边界，明确理论在实践中的应用范围，实现管理新知的应用、指导和预测功能。如此一来，通过将思维逻辑和研究途径相互嵌套，构成了系统的直面实践的方法论体系，为本土理论的重大创新及管理的中国学派的构建提供实现基础。

（四）本土理论的探索：兼顾双重价值

由管理研究价值性探讨可知，主流观点通常围绕"管理实践"展开，强调管理研究用于解决管理实践问题这一工具论立场，鲜有学者对管理研究价值性展开多层次的解构，致使研究者在本土理论的探索中未能形成系统的管理研究价值观，而常囿于对管理研究的工具价值和经济利益的追求上。为更系统地发展管理价值论，本研究在现有的工具论立场的基础上，进一步站位于贡献世界管理体系的普世价值观，从双重目标视角出发来解构管理研究的价值性。

1. 本土价值

从本土目标而言，管理研究既要从本土管理实践中发现"真问题"，发展本土管理理论，也要将理论运用至实践中，解决实践问题并指导实践的进步。类似于学界对"本土意义"[36]或"工具价值"[8]的阐释，核心在于解决本土管理实践问题。基于此，本研究将管理研究的本土价值界定为直面实践的管理研究在发展本土管理实践上所发挥的指导作用。进一步，本研究从管理知识的产生和应用角度对本土价值的深层内涵进行挖掘。其一，从管理知识的地域性而言，立足于本土实践的管理研究所创造的是具有特定地域意义的本土知识，蕴含着独特的区域生态及本土管理智慧，是其他地域知识所难以替代的。由此，多区域情境下产生的管理知识不仅相互连接构成了本土管理理论体系，也成为世界管理知识体系的基本组成部分。其二，从管理知识的功能而言，只有在特定的实践情境内所发展出来的管理知识，方能解释并预测特定社会文化环境的特定现象[37]，更能有针对性地解决实践中的现实问题，并推动本土管理实践乃至整个社会经济的进步和发展。

2. 通约价值

当前，已有少数学者开始意识到管理研究仅满足于解决本土实践需求是不够的，需要向实现人们生存的最终目的或最高理想去延伸（如"本体价值"[8]"内在价值"[21]等概念的提出）。实际上，管理知识无论在实践中发挥了何种作用，最终还是要归根于人类知识体系中。"地方性"知识是所有知识的基本特性[38]。源于中国本土独特实践的本土理论在其中独树一帜，以其相较于西方管理理论的相似性和独特性，成为世界管理知识体系中不可或缺的重要部分。因此，对于本土管理研究而言，其"最终目的"或"最高理想"在于对世界管理知识体系的贡献上。进而可将管理研究的通约价值界定为：直面实践的管理研究为提升世界管理知识体系的多元异质性所发挥的独特作用。深究其内涵，通约价值蕴含着两层意义：其一，从理论的最终归属而言，具有本土特色的管理新知需由研究者使用国际通用语言和规范的研究方法实现外推，向西方世界发出来自东方的声音，贡献于世界管理理论体系；其二，从知识演进的角度而言，本土管理知识仅有经本土实践检验和修正，且进一步挑战和补充世界管理知识体系，在本土与国际的不断交汇下方能推进人类对管理科学的认识和进步。

3. 两种价值的辩证统一关系

为避免研究者在具体研究中出现本土价值与通约价值的"顾此失彼"，本研究进一步基于价值特性对两种价值的关系进行了厘清。一方面，本土价值和通约价值分别具有实然性和应然性。管理研究的本土价值是直面管理实践所带来的现实存在的价值，具有实然性和基础性。本土管理学界必然要通过挖掘本土管理实践的独特性来实现本土价值，以谋取管理学科的进步和发展。基于此，本土理论嵌入世界管理理论体系中所带来的通约价值则是对本土价值的超越，是应然的、理想的价值，其本质在于发展，是对整个世界管理体系的补充和完善。另一方面，本土价值和通约价值分别涵盖必然性与超越性。本土价值是实现通约价值的基础，通约价值仅有基于本土价值方能上升为通约价值。而通约价值又是对本土价值的一种超越和扩展，即通约价值是实现本土价值的最终目标。换言之，双重价值不仅包含了本土管理学者的自身发展追求、本土管理实践的发展需求及本土管理理论的发展目标，也在此基础上满足了世界管理知识体系的多元化需要，由点及面地推动管理学科的发展和进步。由此，两种价值本质上是辩证统一的关系。

综上所述，本研究以管理实践为底座，围绕"管理研究的本体是什么？如何认识管理实践？如何创造管理知识？管理研究的价值何在？"4个基本问题，构建了涵盖本体论、认识论、方法论和价值论"四论"的学理基础，如图1所示，为本土管理学者开展"直面研究"提供基本原则思想的同时，也在集中学派之精髓的基础上，为管理的中国学派的建立及中国特色管理理论的发展而服务。

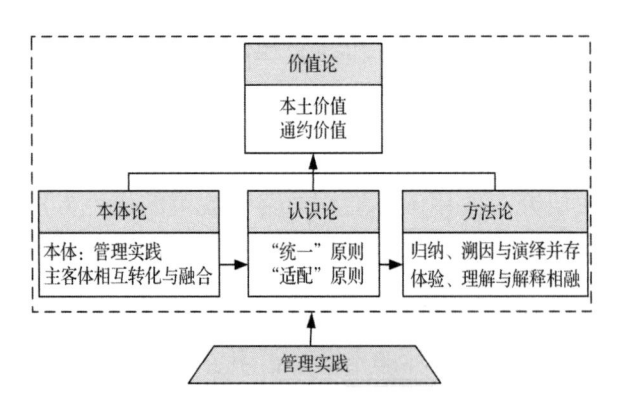

图1 直面实践管理研究的学理基础

三、直面实践的路径探索

基于学理基础的厘清，本研究就直面实践的本土管理理论发展路径提出一些思考。首先，以本土管理实践为牵引，将直面管理实践贯穿至本土理论探索的始终；其次，以共同的学理基础为根基，注重遵循本土管理理论发展的基本思想原则；再次，以基于情境的方法论运用与创新为实现手段，架构和连接宏中微观的管理理论研究；最后，以兼顾双重价值为理论归属，完成本土理论的创新和理论体系的构建。具体阐述如下。

1. 坚持直面实践的导向

无论是强调人的发展性及以伦理、礼法为教化手段的东方管理文化，还是更多地使用制度、法律对物化的人进行行为规范的西方管理理念，都难以摆脱"管理实践"的核心范畴。在东西方文化差异的背景下，管理实践显示出不同的地域特征和意义，脱离实践的管理理论则会成为无源之水、无本之木。由此，坚持直面实践的导向即为本土管理研究的题中之要义。基于管理实践的本体假设，管理研究应紧紧围绕"管理实践"这一本体，既要发现本土实践中的"真问题"，发展直面实践的管理理论，也要回应实践的需求，并指导实践的发展。

2. 注重共同的学理基础

在"直面"的基础上，必须注重找寻学界所共识的基本思想原则。当前，在传统范式面临危机的"十字路口"[39]，中国管理学界基于中国独特情境、传统哲学及自身见解，提出相应的哲学观及本土理论发展观，由此形成了彼此交流、学习与批判的良好学术氛围。以构建价值观和基本立场相统一的学理基为目的，学界应以包容的心态在百家争鸣中去芜存菁、去粗取精，完善和巩固符合本土管理事实的学理基础。此外，还应以共有的基本思想原则为基础实现知识的创造，在本土管理理论体系的构建中形成合力，助力中国管理科学的发展。

3. 基于情境的方法论运用与创新

在管理研究中，理论通常可划分为3个层次：研究对象高度复杂且抽象，以摆脱情境约束为主的宏大理论（宏观理论）；受特定情境约束的中层理论（中观理论）；细微理论（微观理论）。实际上，这3个层次的理论关系既非相互割裂，也非简单加总。采取中国传统的中庸思维，本研究并不提倡在不同理论范式中做出取舍，而是应打通其中径路。通过中微观理论的创新与聚合为宏观理论奠基，避免陷入中微观研究的碎片化以及宏观研究自说自话的境地。根据理论范式差异化的情境特征，取得理论情境的独特性与普适性的张力平衡即是打通其间径路的关键。具体如下。首先，本土情境独特性挖掘。以质性研究为主深度挖掘复杂经验事实中的异质性情境要素，搭建基于本土管理实践的中微观理论框架。其次,情境的整合升维。面对现实中情境组合的不断更迭,形成"理论探索—理论验证"的方法组合,相机运用多元研究方法(如质性研究方法、定量研究方法、QCA、混合研究方法等)对情境要素进行整合、升维与外推[40],即通过情境的高阶化以桥接宏中微观理论。最后,情境边界拓展。针对当代数字技术支撑下不断涌现的管理新现象,以新兴研究方法(如大数据分析、视觉分析等)为主、主流研究方法为辅探索未知的实践领域和情境要素,洞见新规律、拓宽人类认识边界。由此一来,基于情境"挖掘—整合—拓展"的方法论运用与创新,架构体系化的中国特色管理理论。

4. 以兼顾双重价值为理论归属

基于"直面研究"的双重价值,本土理论应遵循先"立地"后"顶天"的发展路径。首先,从管理实践入手,通过扎根实践挖掘本土情境下具有独特地域内涵的本土管理新知,以实现理论的本土价值,为解决管理实践问题和发展本土管理实践而服务;其次,在本土价值实现的基础上,以规范化和通用化的方法和语言提升本土管理新知的普适性和一般性,将其嵌入世界管理知识体系中,实现由本土价值到通约价值的跃升;最后,立足世界管理知识体系,提升中国管理研究的国际话语权和影响力,进而吸纳世界各地的研究者与管理者参与到中国管理理论研究及管理实践的建设中,反哺中国管理科学的发展。

此外,各学术组织、学术机构、商学院及管理研究者应积极联动,为路径的实现厚植土壤,共促平台化、生态化的学术圈建设。首先,各学术组织和机构带头组织召开以管理实践问题、构建中国特色管理理论的学理基础为主题的研讨会,聚集不同学科基础的专家学者的智慧,为跨界知识的融合与碰撞提供平台,持续夯实"直面研究"的学理基础。其次,商学院加强与企业间的交流与合作,通过搭建企业基地、案例中心建设、案例开发和交流等多种组织形式,为师生团队提供走进和了解企业的机会,形成"产—教—研"相协同的循环机制。同时,反思和优化学术评价体系,为研究者营造良好的学术生态及氛围,避免因短期利益导向的价值标准裹挟研究者放弃长期扎根实践的研究工作。最后,对于管理研究者个体及其研究团队而言,一方面,应当置身于中国独特文化、技术与制度情境当中[41],思考中国传统文化与当代数字技术相碰撞背后蕴含的理论独特性，对西方成熟理论与本土管理实践所"水土不服"的地方进行情境化修正，或发展新的理论构念用以描述中国情境特有现象[42]，为中国特色管理学理论的构建添砖加瓦；另一方面，应投入时间与精力思考"直面研究"的底层逻辑与学理根基，在实际工作中积淀研究水平、践行实践导向，为讲好中国故事、融入世界管理知识体系而努力。

四、结语

在管理理论与管理实践相脱节的背景下，探究"直面研究"的基本问题及发展路径具有重要意义。首先，本研究对学界有关"直面"的探索和管理哲学的思考两方面展开了回顾。一方面，发现"直面"的相关讨论较为碎片化且未能系统地回答管理研究的4个基本问题；另一方面，围绕4个基本问题，对学界关于本体论、认识论、方法论及价值论的研究回溯中发现，中西方管理学派均以自身视角和立场提出了独有的哲学观，形成百花齐放、百家争鸣的局面。其次，针对直面实践的本土管理研究在学理基础和理论发展路径上未能达成共识的现实困境，本研究基于现有的哲学观，对本体论、认识论、方法论和价值论进行了重塑，形成了直面实践的学理基础，明确了管理研究的本体和研究的主客体关系、认识原则、方法论体系及价值归属，试图为发展直面实践的本土理论提供价值指向和基础框架。最后，在学理基础构建的基础上，本研究对直面实践的本土理论发展路径提出相应的思考和建议，包括坚持直面实践的导向、注重共同的学理基础、基于情境的方法论运用与创新及以兼顾双重价值为理论归属。总而言之，本研究希望通过对直面实践的学理基础构建及路径探索，为"直面研究"提供价值立场和话语体系相统一的基础框架，为本土管理理论的创造和推广搭建一个共有平台，推进中国管理学科的长足进步。当然，在"直面研究"的学理基础厘清的基础上，未来还需对本土管理理论构建的底层逻辑展开进一步的细致探究。

参考文献

[1] 齐善鸿，白长虹，陈春花，等. 出路与展望：直面中国管理实践[J]. 管理学报，2010，7（11）：1685-1691.

［2］ 赵良勇，齐善鸿. 直面实践的管理研究与德鲁克之路［J］. 管理学报，2016，13（11）：1606-1613.

［3］ LI P P. Toward an Integrative Framework of Indigenous Research: The Geocentric Implications of Yin-Yang Balance［J］. Asia Pacific Journal of Management，2012，29（4）：849-872.

［4］ 李鑫. 中国本土管理研究的 X 整合主义［J］. 管理学报，2015，12（2）：157-166.

［5］ 黄如金. 中国式和合管理的方法论问题［J］. 经济管理，2006（18）：4-13.

［6］ 高良谋，高静美. 管理学的价值性困境：回顾、争鸣与评论［J］. 管理世界，2011（1）：145-167.

［7］ 孙继伟. 论管理学界的价值迷失——实践迷失和客户迷失的深化研究［J］. 管理学报，2010，7（8）：1117-1122.

［8］ 吕力. 管理学的元问题与管理哲学——也谈《出路与展望：直面中国管理实践》的逻辑瑕疵［J］. 管理学报，2011，8（4）：517-523.

［9］ 黄杰，程德俊. 中国管理学情境化学术创业的双元目标悖论与解决路径：以人力资源管理学科为例［J］. 管理学报，2022，19（9）：1261-1272.

［10］ 韩巍. 情境研究：另一种诠释及对本土管理研究的启示［J］. 管理学报，2017，14（7）：947-954.

［11］ Simsek Z，Bansal P，Shaw J，et al. Seeing Practice Impact in New Ways［J］. Academy of Management Journal，2018，61（6）：2021-2025.

［12］ 李平，杨政银，陈春花. 管理学术研究的"知行合一"之道：融合德鲁克与马奇的独特之路［J］. 外国经济与管理，2018，40（12）：28-45.

［13］ 魏江，杨佳铭，陈光沛. 西方遇到东方：中国管理实践的认知偏狭性与反思［J］. 管理世界，2022，38（11）：159-174.

［14］ Sandberg J，Tsoukas H. Grasping the logic of Practice: Theorizing Through Practical Rationality［J］. Academy of Management Review，2011，36（2）：338-360.

［15］ 韩巍. 管理研究认识论的探索：基于"管理学在中国"专题论文的梳理及反思［J］. 管理学报，2011，8（12）：1772-1781.

［16］ 薛求知，朱吉庆. 科学与人文：管理学研究方法论的分歧与融合［J］. 学术研究，2006（8）：5-11.

［17］ Burrell G，Morgan G. Sociological Paradigms and Organizational Analysis［M］. London and New York：Routledge，1979.

［18］ Dennett C D. The Intentional Stance［M］. Cambridge：The MIT Press，1987.

［19］ 苏勇，段雅婧. 当西方遇见东方：东方管理理论研究综述［J］. 外国经济与管理，2019，41（12）：3-18.

［20］ 席酉民，尚玉钒，井辉，等. 和谐管理理论及其应用思考［J］. 管理学报，2009，6（1）：12-18.

［21］ 杜运周，贾旭东，胡国栋，等. 管理哲学［M］. 北京：清华大学出版社，2022.

［22］ 梯利，伍德. 西方哲学史（增补修订版）［M］. 葛力，译. 北京：商务印书馆，2015.

［23］ 武杰，孙雅琪. 复杂性科学的学科特征及其哲学境界［J］. 自然辩证法研究，2017，33（7）：112-117.

［24］ 徐治立，徐舸. 社会科学"混合方法研究"范式争论与方法论探讨［J］. 中国人民大学学报，2021，35（5）：159-170.

［25］ 韩巍. 从批判性和建设性的视角看"管理学在中国"［J］. 管理学报，2008，5（2）：161-168，176.

［26］ 江畅，左家辉. 重新认识价值论的性质［J］. 华中师范大学学报（人文社会科学版），2021，60（5）：80-89.

［27］ 张静，刘军. 负责任的管理研究之学者反思与真善美追求［J］. 管理学报，2021，18（12）：1756-1762.

［28］ Grix J. The Foundations of Research［M］. Basing Stoke：Palgrave Macmillan，2010.

［29］ FeldmanM S，Orlikowski W J. Theorizing Practice and Practicing Theory［J］. Organization Science，2011，22（5）：1240-1253.

［30］ 谢维营，姜文有. 实践与本体关系的反思——关于"实践本体论"的讨论述评［J］. 烟台大学学报（哲学社会科学版），2010，23（4）：16-25.

［31］ 盛昭瀚. 管理：从系统性到复杂性［J］. 管理科学学报，2019，22（3）：2-14.

［32］ 苏敬勤，张琳琳. 情境内涵、分类与情境化研究现状［J］. 管理学报，2016，13（4）：491-497.

［33］ 杜运周，孙宁. 构建中国特色的管理学理论体系：必要性、可行性与思路［J］. 管理学报，2022，19（6）：811-820，872.

［34］盛昭瀚，薛小龙，安实. 构建中国特色重大工程管理理论体系与话语体系［J］. 管理世界，2019，35（4）：2-16.

［35］吕力. 归纳逻辑在管理案例研究中的应用：以 AMJ 年度最佳论文为例［J］. 南开管理评论，2014，17（1）：151-160.

［36］陈晓萍，徐淑英，樊景立. 组织与管理研究的实证方法［M］. 北京：北京大学出版社，2012.

［37］徐淑英，张志学. 管理问题与理论建立：开展中国本土管理研究的策略［J］. 重庆大学学报（社会科学版），2011，17（4）：1-7.

［38］吴彤. 两种"地方性知识"——兼评吉尔兹和劳斯的观点［J］. 自然辩证法研究，2007（11）：87-94.

［39］Tsang E W K. Chinese Management Research at a Crossroads: Some Philosophical Considerations［J］. Management and Organization Review，2009，5（1）：131-143.

［40］苏敬勤，吕禾雨，高昕. 案例研究的外推——如何使案例研究具有普适性？［J］. 管理案例研究与评论，2023，16（3）：378-385.

［41］周泽将，王浩然，修宗峰. 积极构建中国特色管理学理论体系——基于 NSFC 管理科学 A 类期刊刊文（2013—2020 年）的分析［J］. 管理世界，2021，37（9）：57-77.

［42］井润田，贾良定，张玉利. 中国特色的企业管理理论及其关键科学问题［J］. 管理科学学报，2021，24（8）：76-83.

基于企业家精神的多元化战略和企业社会责任战略的双战略协同机制研究
——卓尔阎志的战略管理思想分析

邓新明 谭勇

摘要：通过纵向单案例研究方法，在分析地方民营企业卓尔公司在不同成长阶段面临的外部环境变化和内部管理挑战的基础上，梳理阎志在卓尔公司持续成长中，企业家精神对公司多元化战略和企业社会责任战略协同的机制形成过程的影响，提炼出阎志独特的战略管理思想。研究结果表明：卓尔为了获得可持续成长，在企业的不同发展阶段形成5种类型多元化战略和企业社会责任战略，且企业家精神通过"缓冲"机制作用于多元化战略为企业持续成长获得核心动态竞争优势，通过"桥接"机制作用于企业社会责任战略为企业持续成长获得独特竞争资源，进而通过"双战略协同"驱动企业持续成长。

关键词：地方民企；企业家精神；多元化战略；企业社会责任战略；企业成长

来源：《管理学报》2023年10月第20卷第10期

一、研究背景与研究问题

改革开放40多年以来，我国经济社会发展取得举世瞩目的成就，成为世界第二大经济体。在以公有制为主体的市场经济体制下，地方民营企业（以下简

---

① 基金项目：国家自然科学基金资助项目（72172106，71872132）。
② 邓新明，武汉大学柯力数字管理中心，武汉大学经济与管理学院。
③ 谭勇（1980—），男，湖北公安人。武汉大学经济与管理学院博士研究生；卓尔智城集团营销中心副总裁。研究方向为企业战略管理和企业社会责任战略。

称民企）得到快速发展。20世纪80年代以来，为顺应市场经济发展的需要和满足人民群众多样化产品和服务的需求，地方民企选择多元化经营实现企业的生存和有序发展。在此过程中，国家经济体制改革、国有企业改制等系列制度性变迁和规范性契约的出现，为地方民企的发展提供了制度激励。

中国加入WTO和互联网技术的发展，拓宽了地方民企的发展思路，推动了地方民企主动顺应国内外复杂动态的市场环境，使地方民企为了降低经营风险，从而主动或被动走上多元化的发展道路。国内外学术界的主流观点认为，选择多元化战略的企业大都存在资源分散、管理效率低下、产业运营和协同成本高、企业绩效降低等弊端[1]。嵌入在这种特殊的情境中，本土民营企业家能否发挥企业家精神，敏锐洞察市场机会，根据市场变化和企业拥有的能力及时调整战略选择，高效地构建多种竞争优势成为地方民企可持续发展的关键。鉴于此，深入探析地方民企通过战略选择构建核心竞争力的战略管理实践问题，对推动中国出现更多优秀地方民企具有重大的意义。

1996年12月，卓尔控股有限公司（以下简称卓尔）创立。阎志作为该企业的掌舵人，为以卓尔为代表的湖北本土民企快速崛起和稳健发展探索了一条不寻常的企业成长道路。在卓尔26年的发展历程中，阎志弘扬企业家精神，以敏锐的市场洞察力和前瞻的战略布局能力，带领卓尔经历了创业积累、转型实业、公司上市、全国市场扩张和产业转型等阶段，成长为一家市值超千亿元的民企航母。当下，卓尔定位为一家现代服务业和先进制造业融合发展的综合型产业集团，主营业务涉及商贸物流、供应链管理和智能制造等领域。卓尔各业务板块深度融合、紧密协作，构成协同共享、相互赋能的有机产业生态，形成卓尔智联、卓尔智造和卓尔智城三大生态圈，如图1所示。

截至2022年，卓尔已连续6年跻身中国企业500强和湖北省民营企业前三强。2022年，卓尔以约1208亿元的营收成为湖北省民营企业新"龙头"，也是湖北本土企业中坚持多元化战略和企业社会责任（CSR）战略协同的优秀地方民企代表。

为更好地解读阎志的企业家思想，本研究参考了《管理学报》"中国企业家管理思想"解读征稿活动中的有关要求，探讨湖北地方民企在企业不同发展阶段，通过选择适配市场环境变化的企业战略和商业战略协同，实现企业的可持续发展。本研究的具体步骤如下：①选择湖北优秀地方民企代表——卓尔为案例研究对象，阐述卓尔在不同发展阶段形成多元化战略管理和动态竞争能力[2]的具体举措；②通过对卓尔的5个不同发展阶段及其对应CSR战略演进的创新举措进行分析解读；③结合经典管理理念，分析和创新性地提炼出阎志的企业家精神对形成"双战略协同"发展模式的机制作用，揭示湖北地方民企成长的典型性、独特性和一般性。

图1 卓尔三大生态圈示意图

二、阎志的文学特质和管理思想背景

1972年，阎志出生于湖北省罗田县，曾任职于罗田县林业局以及位于武汉的《市场时报》等单位。1989年，阎志开始文学创作，先后在《人民日报》《青年文学》等刊物发表作品数百篇，结集出版《明天的诗篇》《阎志诗选》《挽歌与纪念》等文学作品。1996年，阎志成立卓尔广告开始创业，并于1999年加入中国作家协会。通过对阎志文学作品的研读可发现以下两个特点。①诗歌题材清新而质朴，以歌颂为人之善和家乡之美为主，充满着对人性、城市和人生的思考。这种天性的善念和积极的人格特质天然植入阎志的商业活动中，并延续到正激励的企业文化和组织管理中。②诗歌作品丰富且文体多样，呈现强烈的跳跃性和丰富的想象力。这种文学特质也让阎志在今后的商海搏击中不拘泥于某一个领域或某一项产品，善于通过守正出奇来拓展企业边界。即阎志的这种"形散而神不散"的文学特质延伸到其商界生涯中，形成一种看上去毫无关联的跨界整合或商业拓展，最终又以某种神奇的方式松散性耦合[3]在一起。

阎志作为一名擅长企业战略选择的变革型领导[4]和坚持商道向善的特质型企业家[5]：一方面，具有敏锐的商业洞察力，坚持市场导向和客户驱动，持续推动企业在不同发展阶段进行愿景更新、价值重塑、组织变革和战略选择，持续跨界整合进行同心多元化的产业布局；另一方面，既有诗人的浪漫，也有偏执善念的企业家精神，通过坚持"商道向善"，积极投身乡村振兴、公益慈善和履行 CSR，带领卓尔持续穿越经济周期，逐步成长为湖北省最具代表性的地方民企。

三、研究方法

（一）方法选择

本研究选择纵向单案例研究方法进行有关研究，具体原因如下。①在中国情境下揭示企业家精神和企业家战略管理思想在企业成长过程的作用方面，纵向单案例研究方法更具有优势。②在对代表性典型案例进行深入探究方面，单案例研究方法更有助于厘清多元化企业战略[6]和 CSR 战略[7]协同背后的缘由、过程和发展规律，以及更有助于解读企业家阎志的企业管理和商业战略思想，并提炼出有价值的管理洞见。③单案例研究法有助于对某一个特定现象或问题进行深入描述和剖析，揭示背后的内涵，提炼出解释现象的理论框架[8]，更适合对"双战略协同"这一概念进行系统阐述。

（二）数据收集

本研究课题组的主要成员在卓尔工作多年，对其成立、发展历程、企业文化、管理理念和方法、战略选择和产业布局等都较为熟悉。基于此，本研究通过多渠道、多层次的资料收集和数据整理了大量的一手与二手资料（见表1），以获取最丰富的案例资料和信息来源保证数据的真实性和互补性，以提高研究信度和效度，避免因印象管理和回溯释义带来的偏差。由于企业家的管理思想并不局限于个体思想,也是集体智慧的结晶,因此,本研究课题组的访谈不仅限于对企业家阎志个人的访谈,还包括卓尔高管、部门负责人等半结构化访谈。此外,本研究还通过卓尔官网、内部出版物、权威媒体公开报道等资料,对该企业家代表群体的管理理念、战略选择和管理实践等进行收集整理,客观反映企业家阎志管理思想的演进过程和发展机理[9]。

表1 案例资料来源

数据类型	数据来源	获取方法
一手资料	访谈数据	对阎志的半结构化访谈;对卓尔控股和产业集团高管的半结构化访谈;对阎志家属的半结构化访谈
	非正式沟通	对卓尔高管、卓尔老员工等通过微信、电话等方式进行非正式沟通;与关注卓尔发展的学者、商会、协会等企业家、专家交流与讨论
	实地考察走访	对卓尔智联(汉口北、天津、荆州、长沙等)、卓尔智造(华中数控、卓尔医纺、卓尔信科、卓尔宇航)、卓尔智城(武汉客厅、黄冈客厅等6大客厅,以及乡村振兴系列文旅小镇、风景区等)等项目进行参观访谈
二手资料	专题报告	卓尔控股、卓尔智联、卓尔公益基金会等旗下企业和机构的年报;卓尔官网及有关内刊
	企业专著	《卓尔的故事——中国民营企业发展和转型样本》
	企业公开资料	卓尔对外宣传资料,包括但不限于宣传片、宣传资料、官网刊登的公司介绍、新闻、特别报道、大事记等
	新闻与学术资料	卓尔控股、卓尔智联、卓尔智造、卓尔智城等旗下企业的官网、微信公众号、视频号等;知网的学术期刊、会议、学位论文等数据库中的相关研究文献

(三)案例选择与阶段划分

本研究采取理论抽样的方式选取卓尔和阎志个人为研究对象,研究时段为1996—2022年,主要基于以下两大原因。①卓尔经过26年的变革发展和持续追赶,从一家小型广告公司成长为千亿级规模的湖北省地方民企龙头。阎志的管理思想和战略选择基本决定了卓尔的发展方向和成长路径。②卓尔通过多元化战略"拼图"完成现代服务业和先进制造业的综合性产业布局,构建了企业可持续成长的竞争能力,其中阎志通过弘扬企业家精神,将善念植入企业文化,形成"商道向善"的CSR战略，为企业的可持续成长提供了一条可借鉴的创新思路。

卓尔自成立以来，企业战略模式经历了"专一化战略"向"多元化战略"转型，从早期专注广告传媒业转型到纺织业、产业地产、互联网电商、工业互联网、智能制造、金融供应链等多元化战略布局，进而成为湖北省地方民企的领导者品牌。基于这样一种归因解释范式[10]，本研究试图从以下两个方面进行探究：一方面，尝试解决学术界长期存在的企业多元化战略优劣之争；另一方面，以期填补有关企业家战略管理思想研究的空白。本研究参照企业生命周期理论，并根据企业家精神[11]、企业战略选择[12]、多元化战略布局[13]等相关研究，将卓尔成长历程划分为以下不同阶段。

1. 创业积累期（1996—2000年）

在创业积累期，卓尔主打专营品牌策划和媒体经营的广告业务，深耕湖北本土市场。面对地方官媒的权威影响力和强势竞争，如何在无资金、无技术、无人才的情况下，通过发挥企业家精神，坚持专一化战略和社会性慈善，有效整合资源，带领卓尔生存下来成为阎志实施战略管理首先需要解决的问题。

2. 转型扩张期（2001—2004年）

在转型扩张期，阎志以技术买断、跨界并购和资产重组等方式带领卓尔参与市场竞争：一方面，在广告业的核心竞争优势的基础上，转型涉足生物科技、酒业、教培和纺织业等不相关多元化实体经济；另一方面，以产业投资等战略性慈善行为回报家乡。但随着卓尔退出生物科技等非相关产业，广告业的香港上市计划搁浅，企业陷入不相关多元化战略困局，如何破局成为阎志面临的第二次战略管理挑战。

3. 高速成长期（2005—2014年）

在高速成长期，阎志带领卓尔差异化选择产业地产等重资产开发战略，先后成功开发企业总部社区和汉口北等标杆项目，并将开发业态扩展到城市综合体、文旅小镇、酒店景区等多元化业态。卓尔成功在香港证券交易所上市后，阎志先后实施了几个"大手笔"：收购中基通商形成商贸物流港口产业链布局；股权收购控股纽交所兰亭集势，参股新加坡CIC，利用大数据、云计算等技术应用打造全球数字贸易平台；牵头成立众邦银行，跨界股权收并购数个金融供应链企业构建金融供应链管理数字平台。同期，卓尔还成立了卓尔公益慈善基金会进行适应性CSR战略管理。产城融合多元化战略和适应型CSR战略的协同管理成为阎志面临的战略管理新课题。

4. 创新发展期（2015—2019年）

在创新发展期，阎志发挥战略创新型企业家精神带领卓尔继续"疾驰"：跨界控股华中数控进入数字高端机床和智能制造领域；跨界收购捷克、德国和美国等跨国企业打造大通航航空工业制造业；自主研发成立卓尔信息科技平台和纺织医疗板块，构建卓尔企业科技创新引领的创新竞争力。同期，卓尔设立的卓尔公益基金会进入价值共创平台CSR管理阶段。至此，互联网多元化战略和平台型CSR战略的协同管理成为阎志战略管理的新方向。

5. 战略优化期（2020年至今）

在战略优化期，阎志基于卓尔整体产业生态进行适配市场变化的战略调整：一方面，出售周期长、资产重和回报率低的非核心资产，提升集团主营业务的抗风险能力；另一方面，积聚优势资源，大力投资符合国家战略的智能制造和金融供应链管理，赋能和扶持中小微企业等利益相关者共享新贸易价值。同期，以卓尔公益基金会为代表的CSR管理平台在全球疫情防控期间，加大慈善捐赠力度履行CSR。由此，数字供应链多元化战略和价值共享型CSR战略的协同管理成为阎志战略管理的新趋势。

卓尔不同成长阶段的多元化战略选择与CSR战略行为如表2所示。

表2 卓尔不同成长阶段的多元化战略选择与CSR战略行为

时间	多元化战略选择	CSR战略行为
创业积累期（1996—2000年）	1996年，卓尔广告公司成立；1997年，承包《市场时报》家电广告；1998年，推行"品牌代理制"；1999年，媒体和客户"合纵连横"；2000年，成为湖北省最大的民营广告企业	从成立之日起，阎志将"善念"作为企业基因植入文化，以修缮老屋、图书馆、道路和资助贫困大学生等方式报答家乡养育之恩
转型扩张期（2000—2004年）	2001年，多元化发展，进军生物、酒业、教育等产业；2002年，组建卓尔企业集团，涉足纺织产业；2003年，组建卓尔服饰公司；2004年，确立纺织工业、产业地产和广告传媒三大核心业务	阎志在黄冈投资约3亿元，将实业创新创业的多元化战略转型同回报家乡和社会的行为有机融合

续表

时间	多元化战略选择	CSR 战略行为
高速成长期 （2005—2014 年）	2005 年，第一企业社区开工；2006 年，举办总部经济论坛并开盘；2007 年，汉口北国际商品贸易中心开工；2008 年，汉口北启动全国招商；2009 年，荣膺"中国服务业企业 500 强"；2010 年，首届汉交会开幕，并荣获"湖北企业 100 强"；2011 年，武汉客厅开工（投资 100 亿元）、天门棉花交易中心开工（投资 60 亿元）、卓尔发展香港上市、收购香港中基通商上市公司；2013 年，天津天商城开工（5 月）、卓尔桃花驿小镇开建（7 月）、荆州卓尔城开建（9 月）；2014 年，荣获"中国驰名商标"，并首次入选"中国企业 500 强"	2008 年，汶川地震捐助 110 万元；2010 年，曲舟地产捐赠 300 万元；2011 年，捐赠湖北贫困大学生 1000 万元；2012 年，卓尔足球冲超成功；2013 年，向雅安地产捐赠 100 万元，并捐赠 5300 万元用于建设罗田县图书馆，投资 1 亿元启动卓尔书店（免费阅读）和捐赠 500 万元设立张培刚基金会
创新发展期 （2015—2019 年）	2015 年，余刚入股卓尔，助推卓尔云市场上市，卓尔购、卓金服、卓集送正式上线；2016 年，卫哲加盟卓尔、收购 B2B 电商中农网 60% 的股权、收购嘉实资本、汉口商业博物馆开馆、沙洋港和钟祥港开港；2017 年，当选"2016 中国十大经济年度人物"、众邦银行开始营业、控股 B2B "化塑汇"、卓尔领航者 600 下线试飞；2018 年，B2B 卓钢链平台成立、新加坡 CIC 平台运营、控股 B2B "海上鲜"平台、收购新加坡电商 Ezbuy、入选"百佳 CEO"；2019 年，卓尔智联突破千亿互联网产业集群、控股华中数控、与长城资管战略合作，以及荣获首届"杰出社会企业家"和"杰出楚商"称号	2015 年，武汉大学卓尔体育馆开建；2017 年，向华中科技大学捐赠 500 万元，设张培刚发展经济学研究基金；2018 年，第三届武汉诗歌节举办，卓尔慈善基金会更名"卓尔公益基金会"并投资 6000 万元启用武汉大学卓尔体育馆；2019 年，卓尔公益金会向华中科技大学捐资 1 亿元，用于支持学校教育研究和发展
战略优化期 （2020 年至今）	2020 年，卓尔智联生态圈所属的"中国最大，世界领先"的商贸物流平台建设提速；中农网等入围"中国产业互联网 100 强企业"；第 11 届汉交会成功举办；卓尔智造生态圈形成；众邦银行增值扩股完成；汉商收购康迪药业。2021 年，卓尔控股营收突破千亿元；举办 2021 全球数字贸易大会；卓尔三大生态圈平稳发展。2022 年，收缩聚焦发展商贸物流业和智能制造业，加强信息科技，深耕数字贸易、金融服务供应链和数控智能装备技术发展	2020 年，卓尔基金会向抗疫一线各项捐赠超 1.89 亿元，阎志荣获"全国脱贫攻坚先进个人"和"全国抗击新冠肺炎疫情民营企业先进个人"等，并捐资 7500 万元建设德和学校；2021 年，向武汉大学捐赠 6000 万元，并获湖北省"博爱企业"荣誉；2022 年，参与长江湿地大保护活动

四、案例分析

（一）卓尔企业战略：多元化战略

1. 创业积累期（1996—2000 年）

在创业积累期，卓尔选择了专一化企业战略。20 世纪 90 年代中期，阎志用为知名艺人刘德华撰写传记——《天若有情》所获得的稿费成立了卓尔广告。虽然面临重重困难，但阎志通过专一化经营战略，以及凭借敏锐的市场洞察力和创业创新型企业家精神，带领卓尔广告迅速崛起成为湖北本土知名的广告企业，具体阐述如下。

（1）合纵连横资源整合，创新商业模式。

20 世纪 90 年代，上百家厂商蜂拥而入中国 VCD 行业，新科、万利达和步步高等品牌群雄争霸。为有效服务这些客户，打破强势媒体的垄断传播，阎志自建渠道创立中国第一份 VCD 行业专刊——《VCD 周刊》，应用"免费营销"等互联网打法，以专业化、纵深化优势吸引诸多厂商关注合作，广告业务量和行业影响力快速攀升，将一本免费的行业垂直杂志打造成行业标杆。随后，卓尔广告与国内八大家电厂商达成深度协议：①成为这八大厂商在武汉的广告代理商，统一策划统一宣传，在湖北省率先推出"品牌代理制"；②陆续买断《湖北日报》等 14 家媒体的家电广告专版代理权开设《家电专版》，创新实现客户和媒体资源的"合纵连横"新模式。

（2）纵向一体化构建广告服务价值链。

卓尔通过广告品牌集中代理、客户和媒体整合等系列动作构建广告价值链服务竞争力，先后获得夏新、万利达、步步高等 100 多家企业的邀请进行策划、设计、代理和活动发布等，策划执行了"夏新 VCD 质量与服务楚天行"等影响湖北乃至全国家电市场的活动，给这些企业带来强大品牌提升和巨大的市场效益。阎志秉承"每做一个行业要成为那一行的专家"的理念，以及坚持带给客户卓越价值的服务宗旨，让卓尔广告公司迅速成长为湖北本土规模最大的民营广告企业。

2. 转型扩张期（2001—2004年）

在转型扩张期，卓尔选择了跨界整合[14]和并购重组多元化战略，但由于投资缺少产业链逻辑，企业成长并不顺利。彼时，中国VCD行业经历过萌芽、崛起和狂欢后走向破灭，卓尔的广告业务也受到直接影响，遭遇合同额下降和利润额下滑的双重考验。鉴于此，阎志研判湖北省本土的市场容量无法"养活"国际4A广告企业，因此，果断放弃深耕广告业。对于未来卓尔如何保持成长的问题，阎志进行深度研究后认为，发展实业是拓展企业发展空间和实现企业持续成长的必由之路。

阎志认为，企业的决策要快速应对市场变化，可以"先开枪后瞄准"以减少甄别成本，并通过跨界整合快速进行多元化战略布局。基于此，卓尔分5个步骤转型扩张到实体经济：①2001年3月，卓尔成立生物产业股份有限公司，通过购买技术专利陆续推出卓尔洁神、洗手液和牙舒3款产品，涉足生物清洁行业；②2002年3月，卓尔参与湖北省第三轮地方国企改革，控股经营不善的罗田县楚乡酒厂，成立湖北楚乡酒有限公司，正式进入白酒行业；③2002年7月，随着北京申奥成功和中国加入WTO掀起"学英语潮"和"民办教育热"，卓尔凭借黄冈教育王牌资源，快速打造全日制封闭式管理的黄冈外国语高级中学进入教育行业；④2002年12月，卓尔对湖北省纺织企业原雪龙集团进行改制合并进入纺织行业；⑤2003年5月，卓尔与香港上市业务服务机构签订协议书，约定第二年6月卓尔广告及相关业务以"红筹"方式在香港证券交易所创业板上市。但卓尔首次大规模非相关性跨界多元化战略扩张并不顺利，有些产业因技术过于超前，体制改革不完善、时机不成熟等夭折，企业投资边际收益锐减，上市搁浅，企业经营绩效出现负增长。

3. 高速发展期（2005—2014年）

在高速发展期，卓尔选择了产城融合开发多元化战略，着力构建智联生态圈。在此期间，湖北省国企改制和"武汉城市圈"建设潮开启，为卓尔解决可持续性发展问题提供了良好的外部环境。阎志吸取之前投资实业的失败教训，主动调整企业战略以适应外部环境变化，发挥管理创新型企业家精神，形成国内外大循环背景下的商贸物流产业地产开发和互联网情境下的全球数字贸易平台打造，迅速增强企业综合经营能力，具体阐述如下。

（1）商贸物流产业多元开发。

受卓尔集团总部搬迁工作的启发，阎志发现市场存在对总部经济的强大需求。为此，阎志对标考察北京、上海和广州等城市企业总部，确定武汉在企业总部开发方面存在市场空白，卓尔就此顺势进入产业地产开发领域。与同时代其他主要以住宅和商业体开发为主的房地产企业家不一样，阎志选择的这种开发模式以产业导入为先，企业总部导入为流量，通过地产开发将项目开发、区域发展和产业运营融为一体，形成产业集群和企业总部办公。实践表明，总部经济开发的成功让卓尔一跃成为"中国领先的公用物业提供商和服务商"。

总部经济的成功开发，让阎志意识到城市边界会随着产业的导入不断外扩和发展。在密集考察了阿联酋、英、法、德等国家的100多个商品交易专业批发市场后，阎志嫁接卓尔纺织工业的梦想，在"盘龙城国际轻纺工业城"的基础上升级打造"中国最好、中部最大专业批发市场集群"——汉口北国际商品交易中心。这座落位武汉三镇之一汉口北部的第四代超级批发市场商铺火爆旺销，在长达10年的开发周期里形成大批发、大商贸、大物流的世界级商贸物流专业市场集群。汉口北的建成和成功运营成为卓尔发展史上的里程碑事件。

（2）打造全球数字贸易平台。

汉口北的巨大成功推动卓尔在香港证券交易所上市。随后，卓尔通过全资收购在香港证券交易所上市的中基通商和定增收购在纽约证券交易所上市的兰亭集势两家企业，成为湖北省唯一同时拥有两家港股上市公司和一家美股所上市公司的本土民企。在此轮发展过程中，卓尔抓住国内城镇化建设、"互联网+"和以武汉为中心的长江航运体系建设的多重风口：对外积极主动拥抱互联网，参与到国内国际双循环的大贸易格局中；对内开展组织变革，实行股权合伙制，新技术导入线上线下融合，打造符合时代发展的全球数字贸易平台。具体阐述如下。①汉口北的持续热销带来现金流剧增，不仅解决了卓尔发展的资金短缺问题，更为汉口北商贸物流产业链的全国化复制增强了信心和提供了资金保障。卓尔先后在天津、沈阳、荆州等城市投巨资打造第五代批发市场——卓尔电商城。②随着亚马逊、阿里巴巴等科技巨头的迅猛发展，阎志充分意识到"互联网+"的新商业机会已经到来，只有以最快的速度全面拥抱互联网技术才能获得新一轮的企业核心竞争优势。鉴于此，卓尔通过与阿里巴巴合作，引入于刚、卫哲等知名互联网经理人加盟，实行股权高级合伙制。此外，卓尔还全面引入跨境电商、金融大数据、云计算等数字批发智能交易技术，构建"B2B 交易服务＋供应链服务＋数字化技术云服务"的架构体系，形成"线上下单＋线下批发＋零售＋仓储物流"的综合性商贸物流模式。③经过系统的商业模式更新和智能交易技术引入，卓尔以"大宗商品"和"批发市场"两大交易场景为切入点，依托旗下卓尔购、中农网、卓钢链、武汉国际贸易城为线上线下交易平台，为合作伙伴提供多品类、全方位的 B2B 数字交易服务。④卓尔控股的新加坡 CIC 正式上线，向全世界批发商户提供大宗交易平台及一站式物流、通关、金融等服务，推动全球数字贸易平台建设。卓尔也陆续获得"中国服务业企业 500 强"和"湖北省民企 100 强"等企业荣誉。

4. 创新发展期（2015—2019 年）

在创新发展期，卓尔选择了互联网平台多元化战略，着力构造智能制造工业生态圈。与传统的企业生命周期理论不同，经历成熟发展期的卓尔并没有进入传统企业生命周期理论里的衰退期，而是在阎志的战略创新型企业家精神带领下进入了创新驱动发展的新阶段。

随着全球商业格局的巨变和国家发展战略的升级，面对工业互联网技术的深度发展和大数据、云计算等新技术的广泛应用，阎志深刻认识到企业只有坚持市场导向原则，选择适配市场需求的战略，才能实现企业的可持续发展。区别于同时代其他企业家"死守"传统制造业不愿提档升级，阎志强化高端产业研发投入，通过打造四大创新驱动增长极提升卓尔的高端智能制造能力。具体表现如下。

（1）跨国收购打造中国通航领导品牌。

卓尔为填补中国通航市场的空白和实现通航飞机国产化，采用跨国收购的方式，引入欧洲最大轻型飞机制造商捷克领航者公司的技术，并通过全资收购德国挑战者特级飞机公司，完善了卓尔宇航飞行器整机制造产业链，大幅提升自主研发创新能力。2022 年，卓尔宇航首款全碳纤维复合材料 ZA800 轻型运动飞机在湖北成功首飞。该新产品的研发成功意味着从概念到设计，从图纸到样机实现全程自主研发，整机结构件国产化率为 100%，填补了湖北省先进复合材料飞机整机研制领域的空白。此外，卓尔还联合美国 TFH 控股公司成立卓尔航空，力图成为中国通航产业的领航者。

（2）聚焦数字技术构建信息安全新势力。

卓尔信科公司拥有一批从事信息安全与保密、安全可靠替代等领域的专业化人才，成功推出了互联网金融安全、工业控制安全和安全国产化替代等领域的系列产品。在工程建设方面，该公司定位为以系统集成、软件开发和技术服务为主业的信息化、智能化和安全化的 IT 综合服务提供商，成功构建了涵盖战略规划、系统设计、软件开发、系统集成、运维外包等内容的一体化 IT 服务体系，为客户提供全生命周期 IT 服务。

（3）赋能华中数控打造世界数控装备企业。

随着国家对工业母机的高度重视，对高档数控机床与基础制造装备进行科技专项攻关，卓尔通过在二级市场增持的方式控股华中数控，增强卓尔"智联天下、智造未来"的新发展战略落地。华中数控也因此形成"一核三军"的发展战略："一核"是指以数控系统技术为核心；"三军"是指从事机床数控系统、工业机器人与智能制造、新能源汽车配套与电动化的 3 个主体产业。由此，卓尔在数控系统网络化智能化、多轴加工、机器人控制、智能决策支持等领域取得了重大技术突破。

（4）纵向一体化进入大健康产业领域。

卓尔以传统棉纺产业为基础，依托旗下雪龙和玉龙等 5 家大型棉纺企业，投资启动 10 条医用口罩和 10 条医用防护服生产线，获得湖北省药监局批准的二类医疗器械生产许可证，并取得欧盟 CE 及美国 FDA 认证，产品远销法国、西班牙、日本、新加坡等国家。目前，卓尔医纺通过技术创新和后向一体化战略产业延伸，向医疗卫生、个人护理、母婴护理等方向转型升级。

5. 战略优化期（2020 年至今）

在战略优化期，卓尔选择了数字供应链多元化战略。在经历全球重大公共卫生事件之后，阎志意识到卓尔的产业布局以劳动密集型和资金密集型为主，面临转型慢、变革难的特点，需要通过资本赋能和技术创新进行战略优化和数字化转型。

当下，卓尔的战略优化基于外部经营环境导向，选择通过资本和数字技术赋能，让集团产业数字化和智能化。为了让卓尔实现数字化和智能化转型，卓尔通过出售港口码头、棉花纺织等回报周期长、科技含量低和利润薄的产业，聚焦优势资源顺应国家产业战略导向，向符合市场需求的数字金融供应链和智能制造领域转型。

为了解决汉口北批发市场中小微企业贷款难融资难等共性问题，卓尔通过资本运作系列收并购和数字金融技术创新的场景打造，构建强大的金融供应链管理服务能力。从成立汉口北担保公司，到陆续收购嘉实资本旗下嘉实融资租赁、九鱼资产管理的全部股权及嘉实金服的 90% 股权，再加上卓尔金服的担保公司、支付渠道公司，以及牵头成立众邦银行，阎志着力构建了完善的金融供应链服务体系。作为卓尔金融供应链服务平台的众邦银行将金融和交易相结合，使中小商户可以在交易平台上实时、无缝享受银行的专业金融服务，让平台上超过 20 万户的中小微商户和企业能够方便迅速地完成交易共享，成为国内 B2B 领域领先的金融供应链服务平台。

为进一步提升卓尔的智能制造和科技竞争力，卓尔通过加大战略性技术的研发投资提升企业数字化和智能化等战略创新力。例如，卓尔连续 3 次定向增发募集约 17 亿元，加大对华中数控关键数字机器人技术升级和工业产业化基地的建设；卓尔宇航持续加大自主研发投入和创新，获得发动机支架和起落架等多项专利；卓尔医防也持续推出新款一次性防护口罩等医疗用品，提升细菌过滤率；卓尔信科抓住国家"新基建"东风，设立北京和武汉双研发中心，持续发力工业互联网安全领域的技术研发和创新。

（二）卓尔商业战略：CSR

1. 创业积累期（1996—2000 年）

在创业积累期，阎志将慈善精神植入企业文化，构建家庭伦理型慈善，凸显企业向善特征。

创业初期，卓尔的产业单一，规模较小，创业氛围浓厚，但阎志植根于内心的文学创作天性，有意识地发挥创业创新型企业家精神，既能保持创业创新的激情，又能以社会责任的担当精神引领，让他从一个小镇青年成长为湖北民企广告行业第一人。创业伊始，阎志就郑重承诺，每年将拿出一部分利润用于慈善捐助，并将"慈善"植入企业核心文化，构建以亲情为纽带，回报"家庭"为目的的家庭伦理型慈善。从 1998 年开始，阎志开始通过修缮家乡老屋、乡镇道路，修建乡镇图书馆和小规模资助贫困大学生等行动践行伦理型慈善，赢得地方政府和社会人士对卓尔的尊重,也提升了卓尔品牌在家乡的知名度和美誉度,为卓尔在后期的实业多元化打下基础。

2. 转型扩张期(2001—2004年)

在转型扩张期,阎志将多元化经营与企业社会型慈善融合,通过多元化产业投资家乡,支持家乡发展,凸显企业向善特征。在此阶段,阎志发挥社会创新型企业家精神,通过将CSR承担的视角从家庭维度提升到家乡这个社会概念的层次,企业尝试构建以乡情为纽带,以企业投资家乡产业的多元化战略布局和回报"家乡"为目的的社会型慈善融合,走出一条企业向善发展的新道路。企业内部根据多元化战略发展的需要,主动搭建完善的人才和企业管理体系,迈向精益管理阶段。企业外部通过回报家乡的社会性慈善行为与产业资本跨界收并购的投资行为融合,有效减少了地方政府主管单位的行政管制阻力、契约签订信任成本和流程办理交易成本等,为企业多元化战略顺利获取战略性资源和提升企业管理能力提供良好的协同效应。PORTER等[15]指出,企业所开展的慈善活动可以为企业获取竞争优势,并使企业保持与竞争对手不同的差异性。长期而言,只有企业战略性社会责任能够在满足社会利益的同时,提高企业的业绩和竞争优势,实现企业和社会的双赢[16]。为此,此阶段卓尔企业社会性慈善行为有助于多元化投资战略的实施,两者的协同效应初现。

3. 高速发展期(2005—2014年)

在高速发展期,阎志将乡村振兴与产城融合,产业战略型CSR[17]形成,凸显产业向善特征。在这个阶段,具有企业家和诗人双重身份的阎志积极承担CSR和发挥管理创新型企业家精神,通过加强企业管理创新,从组织结构调整、人力配置、资源配给等方面积极参与乡村振兴和慈善捐赠等企业行为,构建企业和社会共赢的战略型CSR。PORTER等[18]基于竞争优势理论指出,战略性CSR,可以像公司其他战略一样为企业带来竞争优势,实现企业和社会双赢。

在国家"万企帮万村"的乡村振兴战略的引导下,卓尔依托旗下的卓尔书店、卓尔足球俱乐部、卓尔宇航和卓尔农业等IP产业赋能,率先在湖北省内打造以"文旅农体养"模式的产城融合示范小镇,进行全域旅游开发,既能满足人民对诗和远方的向往,又能通过卓尔电商平台,进行乡村一对一精准帮扶(如万里茶道源头的羊楼洞古镇和孝感卓尔桃花驿小镇)。此外,卓尔还开展了大量的社会公益活动，并于2013年4月荣获第八届"中华慈善奖"。从2014年开始的卓尔慈善基金会的筹建，标志着卓尔企业级战略型CSR已开始形成。

4. 创新发展期（2015—2019年）

在创新发展期，卓尔公益基金会成立，正式标志卓尔开始打造平台共享型CSR[19]，凸显平台向善特征。阎志为弘扬卓尔"商道为善"的经营哲学，将企业战略性CSR行为上升到企业战略平台高度。基于可持续性发展理念，2017年卓尔作为发起者和搭建者成立卓尔公益基金会平台，有效协调平台内不同参与CSR主体的诉求和利益关系。为满足平台商业生态系统中不同参与主体的异质性价值诉求，维持平台商业生态系统内多元化参与主体之间的综合价值和共享价值[20]，卓尔公益基金会坚持规范化、法治化和专业化运作，提升企业治理透明度，这标志着卓尔平台共享型CSR登上新台阶。卓尔公益基金会通过平台运作，广泛积聚企业家力量，为国家和社会贡献了卓尔力量。阎志也因此于2018年11月入选《哈佛商业评论》中文版发布的"2018中国百佳CEO"。

5. 战略优化期（2020年至今）

在战略优化期，卓尔通过产业资本赋能实现价值共益型CSR[21]对战略优化的协同，凸显资本向善特征。为了更好地发挥CSR的价值共益功能，卓尔从产业链打造和资本运作方面进行战略协同。2020年武汉新冠疫情防控期间，阎志充分发挥价值创新型企业家精神，勇担CSR，调动卓尔全球贸易供应链资源，通过卓尔公益基金会从国内外采购600多万件医疗物资，先后在湖北省内抢建7家卓尔应急医院，累计向抗疫一线机构捐赠额超1.89亿元。卓尔积极进行产业战略调整，淘汰或出售投资重、效益低和回报周期长的传统产业，聚焦优势资源加码国家和地方政府战略导向的新型产业，提升企业的科技产业竞争力。

企业价值公益型CSR扩展到资本运作，充分体现"资本"善意。"逆势要忍，顺势要快，保持善意"，这是阎志的资本运作理念与企业经营哲学。阎志认为，即便是掌握了资本运作的规律，也要强调从善意出发，把"资本"用好，为实业和社会服务。卓尔践行CSR的价值公益不因疫情的防控而中断，反而发扬光大，提升企业品牌影响力和美誉度。2020年，阎志和卓尔控股荣获"全国脱贫攻坚奖奉献奖"、民政部"全国脱贫攻坚先进个人"、第十一届"中华慈善奖"和湖北省"博爱企业"称号等。

五、研究发现

(一)企业家精神对多元化战略和 CSR 战略的机制作用

本研究认为,企业家精神是植根于企业家身上的一种敢于冒险、追求创新、遵守契约和履行社会责任的精神总和,也是不断学习、识别和发现商业机会、优化资源配置、降低交易成本和提升企业竞争优势的经营能力。从企业家阎志对卓尔企业 26 年的企业战略选择视角和成长路径可以发现,企业家精神对企业多元化战略和 CSR 战略分别起到"缓冲"和"桥接"的机制作用[22],为企业赢得产业竞争优势和重要的战略性"资源",从而识别和挖掘更多商业机会,不断优化资源配置,降低交易成本,驱动"双战略协同"持续增加企业绩效,不断提高企业声誉和可持续发展能力。

1. 企业家精神对多元化战略协同的"缓冲"作用

多元化战略的选择对企业而言是一把双刃剑。一方面,适度多元化战略有助于企业获得某个领域的核心竞争优势,进行可持续性发展,规避经营风险,维持和拓展企业核心竞争优势,获得更多产业布局和商业机会,实现企业绩效的提升;另一方面,过度多元化战略经营也会面临企业有限资源分散,管理费用提高和管理效率降低,抑制技术持续创新,产业协同成本提高等弊端[23]。为此,适度多元化有助于企业提高企业绩效,高度多元化降低企业绩效,即企业多元化战略与企业绩效呈倒 U 形关系。但企业如何实现适度多元化战略选择对企业家而言是一个重大命题和挑战。

对此,阎志的企业家精神在其中发挥了重要作用。具体而言,企业家精神对选择多元化经营战略的企业具有"缓冲"作用:①有助于企业对外部市场环境变化更容易做出理性判断,并及时、快速反应,进行正确有效的战略选择,而不会走反应迟钝或激进的盲目扩张路线;②有助于企业更容易形成良好的企业形象和增强企业声誉,加强消费者的信任认证和企业合作透明度,降低消费者质疑或企业合作的信息不对称;③有助于企业内部组织效能和员工满意度更高,有助于多元化战略转型,减少内部沟通障碍或员工抵触情绪等;④有助于企业更加注重管理成本和节约经费,人才体系搭建、产品成本投入和品质的管控,供应链的高效运营等。总体而言,具有企业家精神的企业更容易选择适度多元化战略，具有更强的战略选择和市场风险抵抗能力，更好的企业合作和战略转型能力，更优的产品打造和管理能力提升。一言以蔽之，企业家精神对企业多元化战略的弊端起到"缓冲"作用。

2. 企业家精神对 CSR 战略协同的"桥接"作用

本研究认为，CSR 战略是企业家精神基于企业家个人特质的稳定心理和思维模式的外在表现，是企业构建核心竞争力的一种有效战略。企业家精神通过文化统一、战略共识、品牌宣传、信息共享等方式"桥接"CSR 战略，充分提升企业社会声誉，整合特殊资源、提升组织能效和政治关联能力，与企业公司战略协同驱动企业绩效最大化[24]。PORTER 等[25]指出，战略性 CSR 不仅是一种责任，更是企业竞争优势的来源，企业应该从内部价值链和外部竞争环境两个方面寻求社会责任战略机会，实现企业竞争优势的提高。显然，CSR 行为是一种能为多元化企业内部经营"桥接"外部战略性资源的有效渠道，有助于企业获得战略性竞争优势，CSR 跟随企业战略的调整和更新而变化形成协同效应。

新环境、新技术、新市场等的出现，驱动企业家精神引领企业不断推动企业内部管理水平和组织效能的动态提升，契约缔结和履行能力、产品价值和服务网络的有效改进，企业财务绩效的超额改善。这种多元化战略的持续成长路径也要求企业家精神"桥接"CSR 战略有效跟随和持续更新，为企业持续性获得异质性、不可替代性的战略性资源、良好的企业声誉和有效的政治关联等能力提供有力支撑。

3. 多元化战略和 CSR 战略构建企业双战略协同

通过企业家精神的机制作用，企业战略选择的多元化战略与 CSR 战略之间形成战略协同关系，这种关系既不是简单的先后行动关系或隶属垂直关系，也不是平行发展关系，而是在企业家精神的机制作用下，在跨越较长企业生命周期内呈现的一种相互关联、相互补充、相互作用和相互依赖的协同关系。本研究将其定义为企业"双战略协同"关系。这种"双战略协同"关系推动企业成长的模式既能有效分工，又能高效协作，从而为企业的可持续发展提供坚实保障。企业家精神对多元化战略和 CSR 战略的机制作用如图 2 所示。

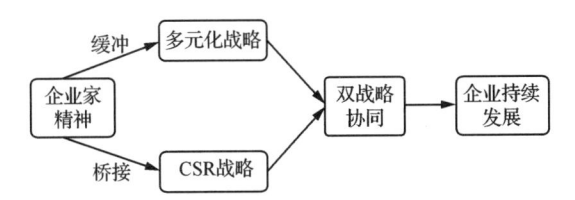

图 2　企业家精神对多元化战略和 CSR 战略的机制作用

（二）多元化战略与 CSR 战略协同推进企业成长

通过对卓尔的案例分析，可以发现阎志始终追求企业的可持续成长，秉承企业家精神对企业战略选择的驱动，依据企业外部动态市场环境变化进行企业战略选择的过程中，将"企业向上"的多元化经营战略和"商道向善"的 CSR 战略紧密结合，带领企业走出一条以同心多元化战略为主，CSR 战略为辅的"双战略协同"发展模式。

1. 多元战略助推企业可持续成长

多元化战略是相对于企业专一化经营而言的，其内容包括产品的多元化、市场的多元化、产业投资的多元化等。当企业在某一个领域里获得领导者地位和核心竞争力后，多元化战略有助于企业规避市场经营风险，充分地利用和延展企业市场、技术和资源等优势为企业赢得更多发展机会。为适应市场环境的变化，卓尔在广告领域成为市场第一后，在不同的发展阶段选择多元化战略提升企业战略竞争力。

动态能力理论阐释了企业在回应和创造环境的过程中，如何采取动态能力来创造和维系相对于其他企业的竞争优势[26]。卓尔能持续穿越市场周期的变化实现企业可持续成长，主要得益于阎志发挥企业家精神，快速适应动荡的环境和把握战略主动权，在企业内部坚持客观分析和理性市场判断，持续组织变革和产业升级，动态开展战略转型，以多元化经营分散经营风险和降低交易成本，保持企业快速适应市场变化和内外资源配置能力的迭代，进而形成企业的动态竞争能力[27]。多元化经营使各项业务协同发展，减少内部沟通成本，进而提高经济效益，并且能够降低因行业生命周期影响带来的经营风险。如果企业通过多元化实现了绩效增长和分担风险的效果，那么就会加强利益相关者对于企业的认同和偏好，进而提高企业声誉，促进企业可持续成长。

2. CSR 战略为企业构建竞争优势

卓尔从企业创立之初，就一直重视慈善文化和 CSR 战略的阶段性应用，并在不同的阶段通过 CSR 战略行为为企业提供独特而稀缺的异质性资源、政府补贴优惠或政治关联等特殊资源，为企业创造竞争优势。HUR 等[28]研究表明，CSR 对企业品牌公信力和企业声誉有直接、积极的影响。当下越来越多的企业希望通过加大对 CSR 的践行力度来提升企业声誉，从而获得竞争优势。彭雪蓉等[29]通过对战略性 CSR 的内涵和特征进行梳理发现，战略性 CSR 最根本的特征是目标二元性：CSR 不仅包括企业对社会的价值创造过程，还涉及企业通过价值创造实现价值获取的过程，即通过 CSR 创造竞争优势。简言之，CSR 可以被视为建立和维持企业声誉的一种战略性投资。CSR 战略通过协同多元化经营提高企业声誉和政治关联能力，提升穿越经济周期的经营能力，构建了企业竞争优势。

3. 多元化战略与 CSR 战略协同演化推动企业持续成长

从卓尔的企业战略管理过程可以发现，多元化战略与 CSR 战略呈现相互依赖和协同发展的主辅关系，这种关系在企业发展的不同阶段相互补充、互助和协同，有助于企业既适配符合市场变化的战略选择，又可以获得有效的资源要素配置，实现企业知识、技能、有形和无形等资源共享，形成企业竞争的综合能力，进而持续超越竞争对手。

本研究所描述的"双战略协同"是指在企业家精神的机制作用下，多元化战略和 CSR 战略存在明显的互联互补，相互双向因果关系，两者呈现一种共生共赢的协同演化关系，并在企业发展的不同阶段达到一种相互有序稳定的系统状态。这样的一种协同关系在企业跨越长周期的不同发展阶段会形成一种协同演化关系。LEWIN 等[30]系统性总结了企业与产业协同演化呈现五大特点：多向因果关系、多层嵌套性、非线性关系、正反馈性、路径依赖性。这种协同演化关系既可以出现在企业与企业之间、产业与产业之间，也可以存在于企业与环境、产业与环境之间。本研究构建的企业家精神作用下的"双战略协同"机制演化企业成长模型如图 3 所示。

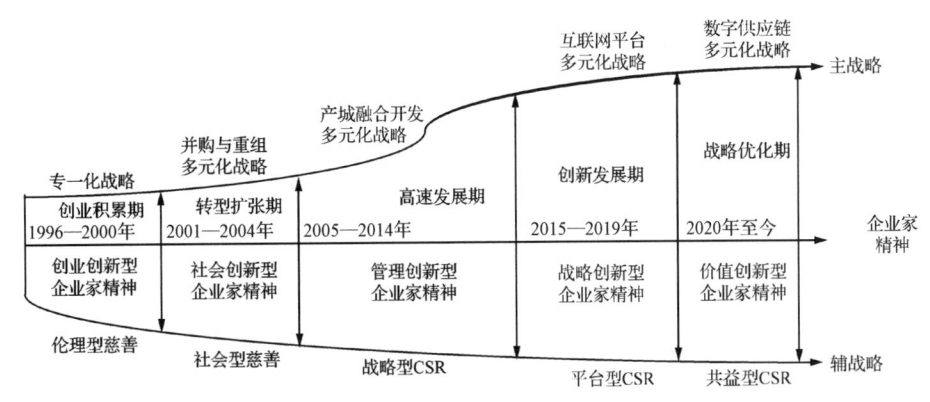

图3　企业家精神作用下的"双战略协同"机制演化企业成长模型

六、结论和讨论

本研究解读了阎志的管理思想及企业家精神在企业战略竞争力构建过程中所具有的特殊情境价值。研究表明，卓尔在企业成长的不同阶段为应对市场变化持续围绕主业进行战略选择和更新，逐渐形成同心多元化战略为主的企业战略和CSR战略为辅的商业战略，企业战略和商业战略构成具有卓尔特色的"双战略协同"发展模式。该模式有力地证明了地方民企通过"双战略协同"可以在动态市场竞争中获得可持续发展的核心竞争力和稀缺资源，从而深度剖析了阎志独特的战略管理思想及其背后的逻辑。

本研究的理论贡献主要在于以下两点。①国内外学者目前从多元化战略、企业家精神、动态竞争及CSR战略等角度对企业成长的影响做出了卓有成效的研究，并形成了丰富的理论学派，包括企业成长理论、产业组织理论、资源依赖理论、企业动态能力理论等。然而，这些理论学派对企业成长动因分析并不一致或略显片面。为此，本研究创新性地提出一个多元化战略和CSR战略"双战略协同"驱动的企业成长模型，能够有效解释地方民企在企业发展的不同阶段，既选择适配市场变化的多元化竞争战略，跨界整合资源或产业布局持续构建企业核心竞争力，又主动承担CSR，为企业发展获取不可替代的、异质性稀缺资源和企业声誉改善，以及获得政府或民众的认可，形成企业发展的"护城河"，从而整体提升企业绩效。该模型也为后续的实证研究提供了有意义的方向和研究变量。②从企业家精神视角创新性提出了企业家精神作为一种体现企业家冒险、创新、契约及履行社会责任的精神和战略管理能力总和，能对多元化战略选择起到"缓冲"作用和对CSR的"桥接"作用，驱动"双战略协同"推动企业成长，形成由企业家精神机制作用"双战略协同"企业成长的新模型，进而有助于解决地方民企在我国二元经济体制下如何获得可持续发展的动力和路径问题。

本研究的管理实践主要在于以下两点。①在中国特殊情境的经营环境下，地方民企想要在复杂多变的市场和产业环境下追求可持续性成长，不仅要具备敏锐的市场洞察力主动识别市场机会，通过产业、产品或地域多元化战略构建企业核心竞争力，还要主动积极承担CSR，为企业发展积累异质的、不可替代的稀缺性竞争"资源"，获得政府及公众的认可和支持，建立政治关联，获得一些产业扶持上的倾斜、优惠政策及发展资金的支持[31]。②地方民营企业家除了企业战略和商业战略上的战略协同管理，也要发挥企业家精神的"缓冲"和"桥接"作用，对内主动进行适配市场变化的战略选择、提高契约缔结和履约能力，对外帮助企业建立和维持好的组织声誉[32]，通过有效的跨界整合形成产业链协同和供应链服务体系，最终构成平台共享共益效应。企业只有具备了综合性的企业资源整合能力和动态竞争能力，才能提高企业的财务绩效表现和社会福利水平[33]。

七、结语

本研究也存在以下不足。①单案例纵向研究具有局限性，不能解释多元化战略与CSR的一般性和均衡性互动关系。在未来研究中，可进一步将单案例纵向研究扩展到一个具有类似区域特征或企业属性的群体中研究。②案例企业早期捐赠及企业绩效等相关数据存在局限性，无法更有效地验证企业多元化战略和CSR对企业持续成长的推动作用。在未来研究中，可以通过地方民企的群体性数据来验证企业家精神引领的多元化战略与CSR的中介变量关系。此外，还需要综合考虑市场环境、企业战略惯性、CSR等因素的交叉影响，识别出企业成长的价值共创等关键因素，以使研究结论更加全面和深入。

参考文献

[1] 孙涛,栾翔茹.多元化战略对企业集团发展的"双刃剑"效应[J].现代经济探

索，2022（10）：85-95.

[2] Teeced. Dynamic Capabilities and Strategic Management: Organization for Innovation and Growth[M]. New York: Oxford University Press，2009.

[3] Shen J M，Xia J. School as a loosely Coupled Organization? An Empirical Examination Using National SASS2003-04data[J]. Educational Management Administration & Leadership，2017，45（4）：657-681.

[4] Garcia-Morales V J，Gutierrez-Gutierrez L. Transformational Leadership Influence on Organizational Performance Through Organizational Learning and Innovation[J]. Journal of Business Research，2012，65（7）：1040-1050.

[5] Judge T A，Zapata C P. The Person-Situation Debate Revisited: Effect of Situation Strength and Trait Activation on the Validity of the Big Five Personality Traits in Predicting job Performance[J]. Academy of Management Journal，2015，58（4）：1149-1170.

[6] 孙海涛，李春琦. 经济政策不确定性、企业融资行为与多元化经营策略[J]. 科学决策，2022（8）：15-39.

[7] 齐丽云，李腾飞，郭亚楠. 企业社会责任对企业声誉影响的实证研究——基于战略选择的调节作用[J]，科研管理，2017，38（7）：117-127.

[8] 田志龙. 如何解读中国企业家管理思想：几点思考与建议[J]. 管理学报，2018，15（8）：1107-1109.

[9] 贾建锋，唐贵瑶，李俊鹏. 高管胜任特征与战略导向的匹配对企业绩效的影响[J]. 管理世界，2015（2）：120-132.

[10] Lauren D G，Sidrra L P T，Lia M Daniels. Preservice Secondary Teachers' Beliefs about Academic Dishonesty: An Attribution Theory Lens to Causal Search[J]. Journal of Applied Learning & Teaching，2023，6（2）：1-11.

[11] 马骏，黄志霖，何轩. 家族企业如何兼顾长期导向和短期目标—基于企业家精神配置视角[J]. 南开管理评论，2020（6）：124-135.

[12] Peng M W. Institutional Transitions and Strategic Choices[J]. Academy of Management Review，2003，28（2）：275-296.

[13] Cornelius H. Diversification in Family Firms: a Systematic Review of Product and International Diversification Strategies[J]. Review of Managerial Science. 2019，15

（3）：1-44.

［14］李元旭，胡亚飞.新兴市场企业的跨界整合战略：研究述评与展望［J］,外国经济与管理，2021，43（10）：85-102.

［15］Porter M E. Competitive Advantage of Nations：Creating and Sustaining Superior Performance［M］. New York：Simon and Schuster，2011.

［16］Bruch H. The Keys to Rethinking Corporate Philanthropy［J］. Mit Sloan Management Review，2005，47（1）：49-59.

［17］Ramachandran V. Strategic Corporate Social Responsibility：A 'Dynamic Capabilities' Perspective［J］. Corporate Social Responsibility and Environmental Management，2011，18（5）：285-293.

［18］Porter M E, Kramer M R. The Competitive Advantage of Corporate Philanthropy［J］. Harvard Business Review，2002，80（12）：56-68.

［19］肖红军，李平.平台型企业社会责任的生态化治理［J］.管理世界，2019，35（4）：120-144.

［20］Kramer M R, Pfitzer M W. The Ecosystem of Shared Value［J］. Harvard Business Review，2016，94（10）：80-89.

［21］Porter M E, Kramer M R. Creating Shared Value：How to Reinvent Capitalism and Unleash a Wave of Innovation and Growth［J］. Harvard Business Review，2018，3（8）：323-346.

［22］Liu N. Institutional Intermediaries and Firm Choices in Response to Regulations［J］. Academy of Management Journal，2021，64（3）：981-1007.

［23］朱江.我国上市公司的多元化战略和经营业绩［J］.经济研究，1999（11）：54-61.

［24］张宏，罗兰英.竞争战略与社会责任对企业市场绩效的协同效应研究［J］,管理学报，2021，18（8）：12041219.

［25］Porter M E, Kramer M R. The Link Between Competitive Advantage and Corporate Social Responsibility［J］. Harvard Business Review，2006，80（12）：78-92.

［26］王斌，田志龙.动态竞争战略中的企业环境分析［J］,研究与发展，2005，17（3）：39-45.

［27］Teeced. Explicating Dynamic Capabilities：The Nature and Micro-Foundations of Sustainable Enterprise Performance［J］. Strategic Management Journal，2007，28

（13）：1319-1350.

[28] Hur W M, Kim H, Woo J. How CSR Leads to Corporate Brand Equity: Mediating Mechanisms of Corporate Brand Credibility and Reputation [J]. Journal of Business Ethics, 2014, 125（1）：75-86.

[29] 彭雪蓉, 刘洋. 外部性视角下企业社会责任与企业财务绩效：一个重新定义的框架 [J]. 浙江工商大学学报, 2016（3）：72-79.

[30] Lewin A Y, Volberda H W. Prolegomena on Coevolution: A Framework for Research on Strategy and New Organizational Forms [J]. Organization Science, 1999, 10（5）：519-534.

[31] Wang H L, Qian C L. Corporate Philanthropy and Corporate Financial Performance: The Roles of Stakeholder Response and Political Access [J]. Academy of Management Journal, 2011, 54（6）：1159-1181.

[32] Surroca J, Tribo J A, Waddock S. Corporate Responsibility and Financial Performance: The Role of Intangible Resources [J]. Strategic Management Journal, 2010, 31（5）：463-490.

[33] Ballesteros L, Useem M, Wry T. Masters of disasters? An Empirical Analysis of How Societies Benefit from Corporate Disaster Aid [J]. Academy of Management Journal, 2017, 60（5）：1682-1708.

企业家简介：阎志，男，1972年出生，湖北罗田人，第十三届全国人大代表、武汉大学杰出校友、改革开放40年百名杰出民营企业家；卓尔控股有限公司董事长、卓尔智联集团董事会主席、汉商集团董事长、中国企业家协会副会长、中国青年企业家协会副会长，湖北省工商联合会副主席、湖北省青年联合会副主席、湖北省青年企业家协会会长，武汉市工商联主席、武汉市总商会会长，长江商学院湖北校友会会长、阿拉善湖北项目中心工委主席，中国作家协会会员、《中国诗歌》主编；中华全国工商业联合会第十三次全国代表大会代表、中华全国工商业联合会第十三届执行委员会常务委员；获"25位年度影响力企业领袖"、"2016中国经济年度人物"和"2020中国十大品牌年度人物"，以及首届"杰出社会企业家"奖等诸多荣誉。

企业家成长 30 年：企业家精神引领企业迈向高质量发展
——中国企业家队伍成长与发展 30 年调查综合报告

李　兰[①]　王　锐[②]　彭泗清[③]

摘要： 本文以中国企业家调查系统课题组自 1993 年到 2022 年的问卷追踪调查内容和主要发现为基础，以近 30 年的经济社会变迁和企业发展为背景，从企业家队伍的成长历程、企业发展面临的挑战与企业家引领企业高质量发展 3 个方面，回顾总结了中国企业家队伍的成长轨迹与历史阶段，分析了其中的影响因素及变化规律、取得的进步和存在的问题，提出了以不断丰富升华的企业家精神引领企业高质量发展的政策建议。

关键词： 企业家成长；外部环境；高质量发展；政策建议

来源：《管理世界》2023 年第 3 期

一、引言

伴随着改革开放尤其是市场化、全球化和技术进步的进程，中国经济持续增长，中国企业家队伍经历了孕育、发展、壮大的成长过程，逐渐成为推动中国经济发展、制度变革和社会进步的重要力量。党的二十大报告提出，中国共产党的中心任务就是团结带领全国各族人民全面建成社会主义现代化强国、实现第二个百年奋斗目标，以中国式现代化全面推进中华民族伟大复兴；高质量发展是全面建设社会主义现代化国家的首要任务。开创新发展格局、实现高质

[①] 李兰，国务院发展研究中心公共管理与人力资源研究所。
[②] 王锐，本文通讯作者。北京大学光华管理学院。
[③] 彭泗清，北京大学光华管理学院。

量发展需要一大批优秀的企业家来承担重任。

当前，世界风云变幻、百年未有之大变局给中国企业的发展带来了很多不确定性，企业家队伍的成长也面临新的困难与挑战。在这样的历史时刻，回顾中国企业家队伍成长和企业外部环境变化的历程，梳理企业家在成长过程中取得的成就、存在的问题与需要提升的能力，了解企业家的期望与建议，对于推动企业高质量发展，推进社会主义现代化建设，具有十分重要的意义。中国企业家调查系统课题组自20世纪90年代开始对企业家进行的连续追踪调查，为这种总结和思考提供了丰富的素材。

1993年党的十四届三中全会确定了建立社会主义市场经济体制，提出了建立现代企业制度和造就企业家队伍的历史任务。正是在这样的背景下，中国企业家调查系统课题组开启了第一次企业家调查研究工作，并连续30年进行每年一度的问卷追踪调查。调查内容主要涉及了企业家对宏观经济形势、企业经营状况的判断及对未来发展的预期，企业家对企业经营外部环境的评价、对宏观经济政策及经济体制改革成效的看法；也包括与企业家成长相关的问题，包括企业家行为特征和价值取向，素质与能力，企业家队伍建设的职业化、制度化与市场化，企业家激励与约束机制，企业家精神与企业创新，企业家个人学习、组织学习和学习型企业文化建设，以及企业社会责任、企业信用、企业发展战略、企业数字化转型等多方面的内容。

30年来，调查研究工作得到了多个部门的支持。在调查工作实施的过程中，课题组广泛听取政府部门、学术界、企业界的意见，精心设计调查问卷，科学抽取调查样本，及时组织座谈会和试点调查，确保了调查工作的科学性。在样本选取方面，以全国范围内（不包括港澳台地区）的企业为调查主体，以企业法人代表为主的企业家群体为调查对象，按照企业的行业、规模分布进行分层随机抽样，30年来，每年回收有效问卷数量为3000份左右[①]。调查问卷多由企业法定代表人填答，以保证回收问卷的质量。

本文以改革开放以来中国社会经济发展历程为背景，以企业家调查系统课题组1993—2022年连续30年的调查数据为基础，从企业家队伍的成长历程、企业发展面临的挑战和企业家引领企业高质量发展3个方面，回顾总结了中国

---

① 本调查在首次随机抽样的基础上，此后每年均采用固定样本追踪调查方式开展调查，同时每年根据固定样本中企业自然消亡的情况对样本进行随机轮换。

企业家队伍的成长轨迹与历史阶段，分析了其中的影响因素及变化规律、取得的进步和存在的问题，并提出了以不断丰富升华的企业家精神引领企业高质量发展的政策建议。

中国企业家调查系统课题组 30 年追踪调查结果显示如下。

1993 年以来，伴随着市场化、全球化、技术进步的进程，中国经济持续增长，企业家队伍经历了孕育、发展、壮大的成长过程，逐渐成为推动中国经济发展、制度变革和社会进步的重要力量。30 年来，企业家队伍的成长、企业营商环境的改善与企业管理水平的提升相互促进。与此同时，企业家队伍的能力和素质全面拓展提升，企业家精神的内涵不断丰富升华。在持续的变革中，中国企业家队伍展现出高韧性的特征，为未来发展打下良好的基础。这种高韧性体现在多个方面：企业家队伍不断增强的各种基础能力、带领企业应对困难和挑战的组织韧性、企业家个人面对各种压力体现出的心理韧性等。总结企业家队伍 30 年的成长规律，研究发现具有明显的阶段性特征。具体表现在以下几个阶段。

一是社会主义市场经济体制创建期（1993—2002 年），企业家成长的关键是成为适应市场化转型需要的合格的企业经营者，重点是以职业化为核心的能力基础建设。以建设现代企业制度为目标，企业家的职业化水平、专业化能力和市场化意识明显提高。

二是经济发展转型期（2003—2012 年），企业家成长的关键是成为适应国际竞争和经济转型需要的学习型企业家，重点是以学习及变革为核心的能力扩展与提升。通过个人学习与建设"学习型组织"、对标国际先进管理水平，企业家的国际视野、学习和变革管理能力、责任意识与精神境界提升明显。

三是改革开放攻坚期（2013—2017 年），企业家成长的关键是成为胜任自主创新管理的创新型企业家，重点是以创新为核心的能力提升。通过提升创新意识与组织创新能力，打造组织的创新文化，企业家的创新管理能力全面提升，同时在应对创新失败和管理经营风险的过程中，企业家的韧性也明显提高。

四是高质量发展推进期（2018 年至今），企业家成长的关键是成为能够系统思考、有效应对不确定性环境、驾驭复杂性管理的战略型企业家，企业家需要实现以管理复杂性为核心的能力提升。新时代对企业家提出了更高的要求，企业家的社会责任意识、家国情怀、可持续发展理念不断增强，主动承担时代使命、诚信经营、创新驱动、长期导向成为企业家普遍认同的经营宗旨和价值追求。

进入新时代，中国企业发展面临着诸多挑战。调查发现，企业外部环境不确定性明显增加：全球经济紧缩、国际市场变化、供应链不稳定；技术变革带来的挑战；国内营商环境仍需进一步改善，新冠疫情的冲击、行业政策波动等影响企业经营预期的稳定性等。调查同时发现，目前企业经营还面临着不少困难：资源、环境约束不断加大，成本压力大，企业所需专业人才供应不足，未来发展的不确定性高，企业自主创新能力和企业家信心仍需进一步提升等。

新时代对企业家队伍建设也提出了新的要求和期待。企业家要引领企业迈向高质量发展新阶段，一方面，企业家自身需要加强学习，不断丰富升华企业家精神，持续增强自主创新能力，坚持长期主义战略，更好地应对不确定的外部环境，实现企业的高质量发展。另一方面，企业家们期待政府部门进一步深化改革，构建高水平社会主义市场经济体制，激发市场主体活力，营造市场化、法治化、国际化一流营商环境；完善法治环境，依法保护民营企业产权和企业家权益，促进民营经济发展壮大，真正发挥法治固根本、稳预期、利长远的保障作用。同时，期待全社会重视和肯定企业家的价值，营造企业家健康成长和企业持续发展的良好环境，建设企业家"安心经营、放心发展、用心创新"的社会生态系统，共同努力为全面建设社会主义现代化国家，为国家繁荣富强、社会进步和民族复兴做出更大的贡献。

二、企业家队伍成长 30 年：进步与成就、变革与韧性

回顾 1993—2022 年的发展，伴随市场主体规模和经济总量的持续扩大和增长，我国建设企业家队伍的各种基础包括综合实力、配套制度、企业家自身能力素质及精神面貌不断迈上新的台阶。同时，不断应对困难和挑战也使企业家队伍展现出高韧性的明显特征，为新时代高质量发展打下良好的基础。这种高韧性体现在：企业家队伍不断增强的各种基础能力、带领企业应对困难和挑战的组织韧性、企业家个人面对各种压力体现出的心理韧性等。

（一）企业家队伍不断壮大，成为推动社会经济发展的重要力量

1. 企业家队伍的规模和结构不断优化

伴随经济的快速发展，企业家队伍的规模和素质不断迈上新的台阶，比较30年来调查对象的基本情况，企业家队伍构成的变化非常明显（见表1）。从年龄来看，企业家群体整体倾向年轻化，2022年44岁以下企业家接近四成。企业家文化程度明显提高，大学本科及以上学历的企业家提高了近三成；专业背景更加丰富，经济与管理类专业背景的企业家在增加。从就职方式看，由主管部门任命逐渐向董事会任命和自主创业等方式转变。这些变化体现了企业家队伍构成不断优化及现代企业制度和公司治理结构的建立和不断完善。

表 1 调查对象基本情况　　　　　　　　　　　　单位：%

分类			1993年	1998年	2003年	2008年	2013年	2018年	2022年
	有效样本/份		2620	3180	3192	5920	3545	1562	2034
企业家信息	性别	男	—	95.4	96.1	95.8	93.6	89.7	92.1
		女	—	4.6	3.9	4.2	6.4	10.3	7.9
	年龄	44岁及以下	27.4	36.1	27.7	26.7	19.8	24.2	37.3
		45～49岁	24.3	22.8	24.4	19.7	17.0	13.5	18.5
		50～54岁	27.7	21.7	25.4	24.3	19.4	17.5	18.3
		55岁及以上	20.6	19.4	22.5	29.3	43.8	44.8	25.9
		平均年龄/岁	48.5	47.2	48.7	49.7	52.5	52.9	48.8
	文化程度	高中及以下	30.9	18.2	13.9	23.1	19.6	17.7	7.9
		大专	35.2	40.2	37.6	35.7	35.2	33.8	28.7
		大学本科	33.9	34.3	32.6	25.3	26.6	35.1	47.9
		研究生及以上		7.3	15.9	15.9	18.6	13.4	15.5
	所学专业	文史哲法	—	5.2	7.7	6.6	6.7	6.3	8.8
		经济	—	9.0	35.2	33.2	31.4	17.1	17.7
		管理	—	31.0	47.0	48.5	48.5	38.6	38.1
		理工农医	—	32.6	28.3	24.9	23.9	19.1	21.9
		其他	—	12.9	6.0	13.2	13.3	18.9	13.5

续表

分类			1993年	1998年	2003年	2008年	2013年	2018年	2022年
企业家信息	现任职务	董事长	—	39.6	53.6	61.9	60.3	61.0	45.3
		总经理	—	58.0	59.9	58.8	54.1	47.4	53.4
		厂长	—	26.7	13.3	8.0	5.0	2.7	1.5
		党委书记	—	23.4	27.6	16.3	12.6	9.2	2.7
		其他	—	8.6	4.7	6.1	7.2	8.7	14.7
	就职方式	主管部门任命	85.8	48.3	38.3	14.5	11.1	—	—
		董事会任命	3.8	40.3	38.6	44.7	38.4	—	—
		自主创业	—	—	15.7	34.2	44.7	—	—
		其他就职方式	10.4	11.4	7.4	6.6	5.8	—	—
企业信息	地区	东部地区企业	—	58.2	54.0	62.5	65.2	58.5	67.3
		中部地区企业	—	26.0	23.1	23.2	21.6	27.3	11.1
		西部地区企业	—	15.8	22.9	14.3	13.2	14.2	21.6
	规模	大型企业	37.0	33.8	21.2	9.3	11.1	7.9	5.9
		中型企业	48.7	38.1	50.2	43.4	31.1	20.7	19.6
		小型企业	14.3	28.1	28.6	47.3	57.8	71.4	74.5
	经济类型	国有企业	75.0	38.5	26.1	9.1	6.4	2.8	3.0
		私营企业	0.1	12.2	6.3	12.3	19.7	27.1	37.0
		股份有限公司	3.1	22.1	15.2	16.5	16.4	16.7	14.2
		有限责任公司	—	—	33.7	47.9	46.2	45.1	36.8
		外商及港澳台投资企业	3.6	15.8	8.3	7.5	5.1	3.0	2.6
		其他	18.2	11.4	10.4	6.7	6.2	5.3	6.4
	成立时间	1978年及以前	—	37.0	31.2	15.8	13.1	10.1	4.3
		1979—1992年	—	33.7	22.9	18.3	16.8	12.3	7.3
		1993年及以后	—	29.3	45.9	65.9	70.1	77.6	88.4
	盈亏	盈利企业	—	50.7	63.1	62.8	48.8	51.9	30.4
		持平企业	—	29.7	15.8	16.9	22.8	26.9	22.1
		亏损企业	—	19.6	21.1	20.3	28.4	21.2	47.5

注：①由于存在跨专业和职务兼任情况，因此所学专业和现任职务比例合计大于100%。②其他任职方式包括职代会选举、企业内投标竞争及企业外部招聘等。③"—"表示该年度没有涉及此项调查内容。下同。

从企业的总体构成来看，企业规模从早期的大中型企业为主到近年来的中小型企业为主。企业经济类型的分布也从国有企业为主转向多种所有制共存的企业生态。调查发现，样本中国有企业和非国有企业的占比从1993年的75%和25%，演变成2022年的3%和97%。新技术、新产业、新业态、新模式不断为我国经济发展和国际竞争力的提升积蓄新动能。调查发现，样本中高新技术企业的占比上升明显，从2000年的15.4%提高到2022年的27.1%。

2. 企业家队伍的贡献和地位不断提升

30年来，中国企业家带领企业积极参与经济建设，在助推国家进步与人民富裕等方面做出了巨大的成就与贡献。对比历史调查数据，无论国企、民企还是外企，企业家对于中国企业做出的成就和贡献呈现认同感逐渐加强的趋势，主要包括"增强了国家的经济实力""促进了人民生活水平的提高""造就了一大批优秀的企业家""提升了中国企业在世界上的竞争力"及"促进了中国市场经济体制的建立"。

与此同时，企业家的相关地位也逐渐得以提升。调查结果表明，1993年到2022年，企业家群体对自己的"经济地位"和"社会地位"满意程度呈上升趋势，其中，对"经济地位"的满意程度评价值由1.82上升到2.27（3分制），"社会地位"的满意程度由2.18上升到2.34。

（二）企业家队伍成长、营商环境改善与企业管理水平提升相互促进

1. 改革开放成效显著，经济体制和营商环境不断优化

改革开放极大改善了生产关系，推动了我国社会经济的发展，创造了社会主义现代化建设的巨大成就。2012年关于推动经济发展要素作用的调查显示，企业家认为"改革开放"是过去30年中对经济发展作用最大的原因（评价值为4.50，5分制），其次才是经济发展各种要素的投入，包括"资本投入""自然资源利用"及"劳动力投入"。调查结果表明，企业家普遍认为改革开放是中国经济和企业发展最重要的推动力。

外部环境的各种要素构成了企业家成长和企业发展的软环境，其重要性在不断提升。2002—2022年的20年追踪调查数据反映了不同环境要素对企业家成

长和企业发展的影响力变化（见表2）。总体而言，经济体制和政策环境是历年来影响企业家队伍成长的最重要因素。

表 2　有关因素对企业家队伍成长的影响（评价值）　　　　单位：%

分类	2022 年	2019 年	2017 年	2014 年	2013 年	2011 年	2007 年	2002 年	历年综合评价值
经济体制	3.14	3.20	3.48	3.02	3.34	3.10	3.77	3.38	3.30
政策环境	3.22	3.30	3.39	3.08	3.18	3.02	3.54	3.17	3.24
市场环境	2.99	3.13	3.27	3.00	3.17	3.03	3.61	3.42	3.20
文化环境	3.22	3.33	3.30	3.09	3.15	3.05	3.28	3.15	3.20
法律环境	3.22	3.30	3.28	2.89	3.02	3.03	3.27	2.97	3.12
社会舆论	3.06	3.22	3.13	2.96	3.05	2.94	3.24	3.09	3.09

注：评价值是由（"很有利"×5＋"比较有利"×4＋"一般"×3＋"不太有利"×2＋"很不利"）/100 计算得出的，最高为5分，最低为1分，分值越高表示该因素对企业家队伍成长越有利，反之则越不利。

历年调查数据显示，企业家感知的营商环境得到有效改善。从具体评分来看，企业家对营商环境的综合评价值从 2006 年的 2.84 上升到 2021 年的 3.41（5分制）。近十年来，企业家对营商环境的评价呈现快速提升趋势（见图 1），表明政府积极改善营商环境的政策取得了明显成效。

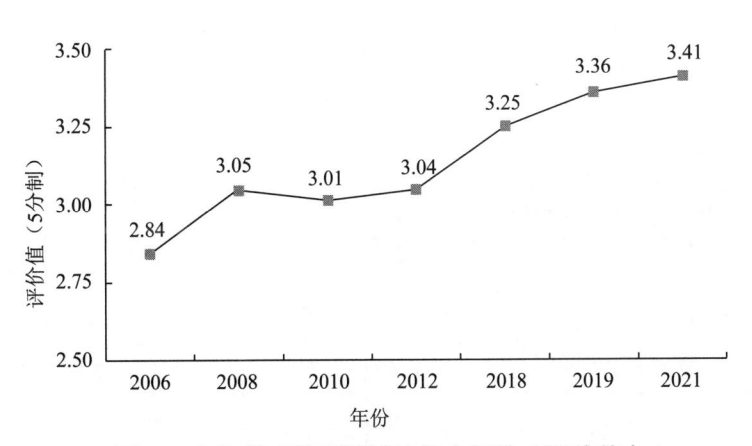

图 1　企业家对营商环境的综合评价（评价值）

注：根据2006—2021年企业家调查系统调查数据绘制。评价值是由（"很有利"×5＋"比较有利"×4＋"一般"×3＋"不太有利"×2＋"很不利"）/100 计算得出的，最高为5分，最低为1分，分值越高表示该因素对企业家队伍成长越有利，反之则越不利。"综合评价"是由当年外部环境的各方面的评价值进行算术平均后得出的结果。

营商环境涉及多个维度，从年度数据的跨指标横向对比来看，企业家评价最好的是法治环境和市场秩序，其次是政府行政管理和诚信的社会环境，尤其是政府行政管理从 2012 年以来提升明显；评价居中的是中介组织和技术服务、金融服务；评价相对较低的是人力资源供应（见表 3）。

表 3　企业家对外部营商环境的整体评价（评价值）　　单位：%

企业外部营商环境	2021 年	2019 年	2018 年	2012 年	2010 年	2008 年	2006 年
政府行政管理	3.72	3.64	3.54	3.00	2.99	3.14	2.98
政府政策和规章制度是否公开透明	3.66	3.63	3.55	3.18	3.20	3.37	3.28
行政执法机关（工商、税务等）执法是否公正	3.73	3.69	3.60	3.10	2.93	3.20	2.97
不同企业是否享受同等的国民待遇	3.37	3.26	3.15	2.74	2.89	3.11	2.86
各种行政登记注册和审批手续是否方便简捷	3.86	3.78	3.65	2.96	3.05	3.12	3.03
政府官员是否廉洁守法	3.99	3.86	3.73	3.01	2.86	2.90	2.75
法治环境和市场秩序	3.81	3.69	3.59	3.28	3.20	3.35	3.12
公检法机关执法是否公正	3.80	3.69	3.55	3.06	2.93	3.11	2.79
公检法机关执法效率如何	3.62	3.48	3.37	2.96	2.86	2.97	2.71
企业合同能否得到正常履行	3.72	3.70	3.58	3.45	3.55	3.62	3.53
经营者的人身安全和财产安全是否有保障	4.03	3.89	3.81	3.58	3.44	3.58	3.35
企业知识产权、品牌是否得到保护	3.86	3.67	3.62	3.36	3.22	3.45	3.21
金融服务	3.21	3.21	3.03	3.01	2.93	2.84	2.52
企业从银行贷款是否很难	3.25	3.17	2.94	2.86	2.90	2.57	2.44
企业从民间渠道筹资是否很难	3.16	3.25	3.12	3.16	2.95	3.10	2.59
人力资源供应	2.80	2.85	2.79	2.79	2.69	2.75	2.48
在当地找到需要的技术人员是否很难	2.75	2.82	2.76	2.73	2.61	2.67	2.43
在当地找到需要的管理人员是否很难	2.84	2.88	2.82	2.81	2.73	2.74	2.49
在当地找到需要的熟练工人是否很难	2.81	2.86	2.79	2.83	2.73	2.83	2.51

续表

企业外部营商环境	评价值（5分制）						
	2021年	2019年	2018年	2012年	2010年	2008年	2006年
中介组织和技术服务	3.36	3.29	3.22	3.03	3.07	3.04	2.92
当地律师、会计师等市场服务条件如何	3.56	3.49	3.40	3.29	3.27	3.32	3.18
当地行业协会发展如何，对企业是否有帮助	3.16	3.10	3.08	2.81	2.82	2.78	2.69
当地技术服务和出口服务条件如何	3.35	3.27	3.19	3.00	3.11	3.03	2.90
诚信的社会环境	3.57	3.46	3.35	3.16	3.14	3.17	3.02
当地有无适合企业经营的诚信社会环境	3.57	3.46	3.35	3.16	3.14	3.17	3.02
综合评价	3.41	3.36	3.25	3.04	3.01	3.05	2.84

注：①"政府行政管理""法治环境和市场秩序""金融服务""人力资源供应""中介组织和技术服务""诚信的社会环境"是由各自包含的具体指标的评价值进行算术平均后得出的结果。②"综合评价"是由当年外部环境的各方面的评价值进行算术平均后得出的结果。

2. 全球化进程全面推进，在国际对标中提升管理能力

30年来，不断开放的国内外市场促使中国经济逐步融入世界经济体系之中，中国对外贸易体制改革不断深入。对1998—2022年企业国际化的调查显示，从2005年开始，样本企业的产品出口海外的比重有了显著的提升（接近50%）。不过，随着近年来逆全球化现象的出现及全球经济增长放缓的趋势，企业的出口比重有所下降，值得重视。

历年调查也显示，大多数企业家已经意识到企业在各项管理和创新上与国际先进水平的差距。2013年调查显示，中国企业与世界一流企业较大的差距体现在"企业品牌和产品品牌"（评价值为3.26，5分制，分数越大，差距越大）、"管理团队"（3.25）、"市场竞争优势"（3.23）等方面。总体来看，在技术创新、人力资源、管理战略等方面，中国企业仍存在较大的提升空间。值得肯定的是，通过对标学习，企业各个方面的管理水平在稳步提升。

3. 技术变革不断加快，自主创新逐渐成为主流

技术创新逐渐成为企业成长的核心动力。2012年调查显示，企业家认为对未来经济发展最重要的要素为"科技创新"和"企业家的创新"。新技术革命带来了新产业、新商业模式、新业态发展的历史机遇，新时代的高质量发展

需要企业家提升创新发展的新动能。对比 1995 年与 2022 年的调查发现，与早年相比，我国企业对外部技术的依赖度在下降。关于"企业当前技术进步主要依靠的模式"，企业家选择"引进国外技术、设备"的外部直接获取模式下降 20.4%，"依靠本企业的技术力量自行开发"的技术进步模式由 1995 年的 43.7% 增加到 2022 年的 56.7%。

技术创新带来商业模式的创新，这也成为近十年来中国企业的创新特色。关于企业创新的自我评价，2012 年调查显示，41.0% 的企业家认为企业在"商业模式上适应了'网络经济'的需求"；2020 年调查显示，在应对疫情时，41.9% 的企业家考虑通过"创新商业模式"渡过难关；2021 年调查显示，49.2% 的企业家认为启动数字化转型的主要目标是"创造新的商业模式"。

4. 公司治理逐步规范，现代企业制度不断健全

以《有限责任公司规范意见》和《股份有限公司规范意见》的颁布为标志，我国从 1992 年开始建立真正的现代企业制度。1993 年颁布的《中华人民共和国公司法》进一步加速了我国企业发展的进程。中国企业家调查系统课题组 30 年长期追踪调查涉及股份制改造、理顺产权关系、转换企业经营机制、完善公司治理结构、建立现代企业制度等诸多方面。

改革初期，国有企业的现代企业制度建设重点关注制度变革，打破计划经济时代形成的旧体制的束缚。1998 年的调查表明，有 59.3% 的企业家认为自己企业"完成了公司制改造"。同时，促进民营企业等非国有经济发展的制度改革不断深入推进。2003 年有 32.8% 的非国有企业表示"已经或打算"参与兼并国有企业；在 2014 年推出混合所有制后，当年有 12.9% 的企业表示"非常愿意"参与混合所有制改革；2021 年，已有 54.7% 的企业"非常积极"和"比较积极"愿意参与混合所有制改革。

随着改革的深入，现代企业制度变革的主要任务不断向更高层次上的制度创新转变。2006 年的调查显示，企业家对自己"企业治理结构比较健全"的符合程度的评分为 5.34（7 分制），表明建立现代企业制度已经取得显著成效。2013 年，95.3% 的被调查企业认为已经部分或完全实现"完善公司治理结构"。

(三)企业家队伍的能力和素质全面提升

1. 企业家队伍整体素质和职业声望逐步提高

关于"对目前中国企业家队伍状况的评价",对比2022年和2007年数据可以看出,认同企业家队伍整体素质"非常高"和"比较高"的百分比由2007年的29.9%提升到2022年的40.2%;认同企业家队伍职业声望"非常高"和"比较高"的百分比由2007年的28.3%提升到2022年的33.3%(见表4)。

表4 对目前中国企业家队伍状况的评价　　单位:%

项目	年份	非常高	比较高	一般	比较低	非常低	评价值
整体素质	2022	3.1	37.1	51.8	7.1	0.9	3.34
	2007	0.7	29.2	55.9	13.4	0.8	3.16
职业声望	2022	2.8	30.5	53.9	11.4	1.4	3.22
	2007	1.3	27.0	57.7	12.9	1.1	3.14

注:评价值是由("非常高"×5+"比较高"×4+"一般"×3+"比较低"×2+"非常低")/100计算得出的,最大分值为5分,最小分值为1分,分值越大,表示企业家队伍整体素质和职业声望越高,反之则越低。

调查发现,企业家大都秉持社会推崇的价值观。2003年和2022年关于"你最喜欢的优秀企业家特征"的调查,前三位均为"信守承诺""守法经营"和"尊重员工";而"回报社会""照章纳税""重视家庭""善于创新"也逐渐成为最喜欢的特征之一,说明企业家群体越来越注重承担社会责任、关爱员工和家庭、努力造福社会。从"最不喜欢的企业家特征"来看,"不守信用"和"违法经营"都高居前列,超过三成的企业家还选择了"偷税漏税""自私自利""不尊重下属"等(见表5)。

表5 最喜欢和最不喜欢的企业家特征　　单位:%

具体特征	你最喜欢的优秀企业家特征 2022年	你最喜欢的优秀企业家特征 2003年	具体特征	最不喜欢的企业家特征 2022年	最不喜欢的企业家特征 2003年
信守承诺	76.6	67.5	不守信用	83.6	77.4
守法经营	72.7	62.7	违法经营	75.2	68.4
尊重员工	60.4	46.9	偷税漏税	52.0	28.3

续表

具体特征	你最喜欢的优秀企业家特征		具体特征	最不喜欢的企业家特征	
	2022年	2003年		2022年	2003年
回报社会	53.0	36.0	自私自利	49.9	32.0
照章纳税	37.1	20.0	不尊重下属	30.7	32.7
重视家庭	34.9	22.2	贪婪	26.1	33.9
善于创新	31.0	51.9	妄自尊大	24.5	32.3
善于合作	26.4	28.5	不务正业	22.1	23.8
高瞻远瞩	20.6	30.7	不顾家庭	19.7	20.6
认真负责	17.6	28.8	视野狭隘	18.5	27.6
锲而不舍	14.8	22.7	不善合作	14.2	20.4
永不停步	10.5	17.8	冷酷无情	12.4	13.8
开朗乐观	8.5	11.7	独断专行	10.1	22.7
才能杰出	3.8	26.8	孤芳自赏	9.7	5.6
关系丰富	2.4	2.6	犯忌别人	6.7	15.1
依赖别人	2.9	8.9	因循守旧	5.5	19.2
形象出众	0.9	1.9	缺乏魅力	2.0	4.7

2. 企业家队伍的能力全面拓展提升

企业家队伍健康成长的基础是能力和素质培养。30年来，企业家能力经历了快速提升的过程。早期阶段，职业化能力和市场经营能力是企业家比较重视培养的能力，1993—1998年的多次调查都将企业家的角色意识、职业化追求、素质能力与培训情况作为调查的重点之一。2000年的调查发现，一半以上的企业家认为自己企业的核心竞争力主要体现在市场营销能力、经营组织能力和战略决策能力3个方面。

随着市场化改革的不断深化、国际化竞争加剧，企业家不断优化能力结构，注重培养战略决策能力、学习创新能力等来助力企业进一步发展壮大。1997—2009年的调查显示，企业家内部管理能力中"决策能力"和"组织协调能力"一直是企业家自我评价的最强项。2002年的调查显示，企业家认为最需具备的素质和技能中，选择领导与创新类技能（包括果断决策、接受新思想、统筹能力、智慧）的比重最大（41.8%～86.7%），高于人际沟通与个人能力修养类技能。2005年、2016年的调查也发现，企业家越来越重视高管团队的学习和企业创新组织能力的提升。

近年来，企业家积极提升变革管理能力，以应对各种困难与挑战。2020年调查发现，面对新冠疫情，企业家重视企业的危机感受能力和危机应对能力的提升。同时，也注重危机中的机遇把握。2021年的调查发现，企业家高度关注企业数字化能力。2022年的调查显示，在企业应对各种变化的能力中"创新精神及协调能力"自我评价最高（见表6）。

表6　2022年企业应对各种变化的能力　　　　　　　　　　　　单位：%

具体内容	非常弱	比较弱	一般	比较强	非常强	评价值
行业趋势及潜在竞争者预见能力	1.4	6.2	40.9	44.6	6.9	3.49
能准确预测本行业市场需求的变动情况	1.8	7.0	44.1	41.9	5.2	3.42
能意识到本行业先进技术的发展变化趋势	1.2	5.5	38.2	47.8	7.3	3.55
能识别潜在竞争者的出现及其影响程度	1.1	5.7	39.9	46.7	6.6	3.52
能及时了解各级政府对本行业的相关政策	1.5	6.5	41.5	42.2	8.3	3.49
创新精神及协调能力	1.4	4.8	34.2	48.7	10.9	3.63
能够在全体员工之间分享公司的发展愿景	1.1	4.0	33.5	50.4	11.0	3.66
鼓励员工不断学习并提供良好的培训机会	0.8	3.9	29.1	51.8	14.4	3.75
注重通过各种渠道从外部获取有用的信息	0.7	3.3	29.2	53.9	12.9	3.75
能够根据所获取的信息更新原有知识	0.8	3.5	31.3	52.9	11.5	3.71
对创新活动投入大量人力、物力和财力	2.2	7.8	41.0	39.9	9.1	3.46
管理者和员工具有不断创新的探索精神	1.4	5.7	36.9	46.3	9.7	3.57

续表

具体内容	非常弱	比较弱	一般	比较强	非常强	评价值
有鼓励员工变革和创新活动的企业文化	2.0	5.5	35.8	47.0	9.7	3.57
对变革和创新提供卓有成效的激励机制	1.7	5.6	37.3	46.4	9.0	3.55
与供应商、客户等一起探讨问题解决方案	1.6	4.3	33.4	50.1	10.6	3.64
市场开拓及风险掌控能力	7.0	10.9	45.3	31.0	5.8	3.18
具有推动数字化转型并取得实效的能力	3.9	10.3	45.4	33.8	6.6	3.29
具有驾驭各种不确定性的能力	2.2	7.3	47.2	37.3	6.0	3.38
具有成功开拓国际化市场的能力	15.0	15.2	43.0	21.9	4.9	2.87

注：评价值是由（"非常强"×5＋"比较强"×4＋"一般"×3＋"比较弱"×2＋"非常弱"）/100计算得出的，最高为5分，最低为1分，分值越大表示应变能力越强，反之则越弱。

（四）企业家精神内涵不断丰富和升华，心理韧性不断增强

历年调查涉及了企业家精神、价值取向、行为特征与自我认知等多个方面，以深入探寻企业家的精神动力和人生追求。调查表明，随着市场化、全球化、技术进步的进程，企业家精神内涵不断丰富和升华，心理韧性不断增强。

1. 企业家的精神内涵不断丰富和升华

企业家精神是企业家创业创新的精神资源，也是企业可持续高质量发展的动力源泉。调查显示，30年来，中国企业家注重的精神内涵不断丰富和升华。总体来看，社会主义市场经济体制创建期（1993—2002年），企业家精神的内涵主要是勇担风险、奉献、善抓机会和敬业等；经济发展转型期（2003—2012年）企业家精神内涵主要包括创新、善抓机会、勇于突破和与众不同等；改革开放攻坚期（2013—2017年），创新、精益求精、诚信、勇于突破等推动企业从粗放式向高质量发展转型，并致力于优化合作生态的企业家精神逐渐涌现；高质量发展推进期（2018年至今），诚信、敬业、创新仍然受到高度重视，同时奉献、造福社会也凸显其价值（见表7）。

表 7　各个时代的企业家精神　　　　　　　　　　　　　　　　单位：%

具体内容	社会主义市场经济体制创建期（1993—2002年）	经济发展转型期（2003—2012年）	改革开放攻坚期（2013—2017年）	高质量发展推进期（2018年至今）
勇担风险	50	24	18	17
奉献	42	8	21	44
善抓机会	41	35	21	21
敬业	41	21	18	54
节俭	40	5	8	29
渴望成功	31	25	16	10
坚韧	29	11	16	26
诚信	24	29	42	65
自我实现	21	30	24	23
勇于突破	18	35	29	9
造福社会	14	14	28	38
创新	9	64	56	48
与众不同	9	31	26	5
精益求精	8	17	42	28

注：由于选项为最想传承的五项企业家精神，因此各选项比重合计大于100%。

迈入全面建设社会主义现代化国家新阶段，企业家精神境界进一步升华，开始关注更广阔的人类福祉。企业家精神具体体现在企业家个人的价值追求上，1997年的调查显示"最大利润"是大部分企业家的主要追求，而从2007—2022年的调查数据来看，"企业的持续发展"成为企业家首要追求且比重持续上升，而选择"为股东创造利润"的排位明显落后（见表8）。此外，2018年以来，回馈社会、家国情怀等成为越来越多企业家的精神动力和主要追求，2022年在"最想传承的企业家精神"调查中，选择"家国情怀"的超过四成。

表 8　企业家个人的主要追求　　　　　　　　　　　　　　　　单位：%

具体内容	总体 2022年	总体 2011年	总体 2007年	规模 大型企业	规模 中小型企业	经济类型 国有及国有控股	经济类型 外资企业	经济类型 民营企业	"专精特新"企业
为股东创造利润	37.8	39.5	40.2	45.4	37.3	41.2	51.0	37.3	38.4
企业的持续发展	83.8	85.9	75.8	78.7	84.1	72.5	81.6	84.7	91.8

续表

具体内容	总体 2022年	总体 2011年	总体 2007年	规模 大型企业	规模 中小型企业	经济类型 国有及国有控股	经济类型 外资企业	经济类型 民营企业	"专精特新"企业
实现个人价值	46.1	46.3	40.4	48.1	46.0	63.7	40.8	45.3	42.3
提升生命意义	26.0	22.1	—	26.9	26.0	33.3	18.4	25.8	28.0
较高的社会地位	12.4	9.8	3.4	15.7	12.2	17.6	8.2	12.4	8.6
享受美好生活	14.3	13.8	4.5	17.6	14.1	16.7	16.3	14.1	11.5
家庭美满幸福	31.8	35.9	14.6	27.8	32.0	25.5	36.7	32.0	26.9
个人和家族财富的积累	9.1	6.4	5.1	9.3	9.1	6.9	6.1	9.3	6.1
员工收入提高与成长	50.0	64.5	48.3	47.2	50.2	31.4	61.2	50.4	62.7
服务社会、回报社会	53.8	52.0	41.0	52.8	53.9	43.1	51.0	54.9	60.6
参政议政	15.8	5.8	3.8	16.7	15.7	18.6	14.3	15.6	12.5
实业报国	—	—	13.0	—	—	—	—	—	—

2. 企业家心理韧性不断增强

作为精神面貌的重要体现，企业家对压力的感知和积极应对的情绪，也反映了企业家的心理韧性。调查发现，企业家对压力的感受在不同年份会有一些波动，从新冠疫情以来出现了大幅上升，对压力的自我评价均值上涨 0.28。具体来看，认为自己"压力很大"或"压力较大"的占比自 2020 以来提高明显（见图 2）。关于"企业家经营企业个人付出的最大代价"的调查显示，2007—2022 年最大的三项代价都是"大量透支时间和精力""承受很大的心理压力""对家庭和亲人关照不够"。

环境的复杂和竞争的加剧，给企业家带来不断增加的压力，同时调查发现企业家的韧性也在增强。调查涉及了企业家对自身群体的评价，2017 年和 2022 年选择排在前三的均为"坚持不懈的""有活力的""坚强的"，整体来看，选择企业家精神中积极正向的形容词占比显著提升（见表 9），这些都体现了企业家队伍的坚定与坚韧。

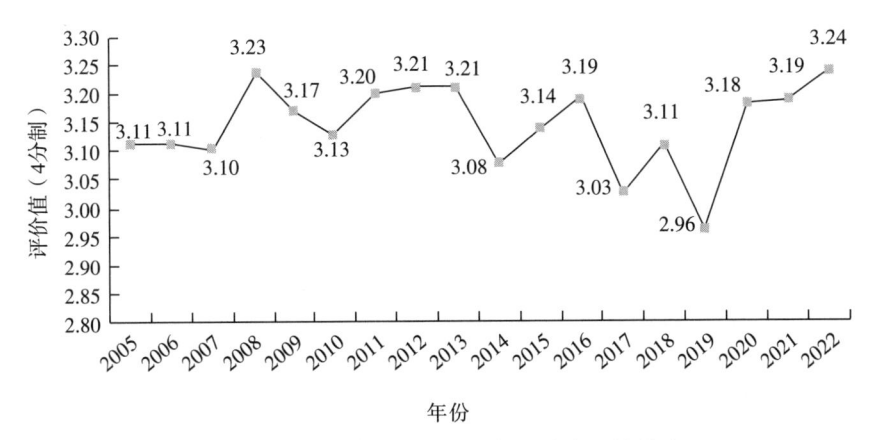

图 2　企业家对自己压力的感受（评价值）

注：根据 2005—2022 年企业家调查系统调查数据绘制。评价值是由（"压力很大"×4＋"压力较大"×3＋"压力较小"×2＋"没有压力"）/100 计算得出的，最大分值为 4 分，最小分值为 1 分，分值越大，表示压力越大，反之则压力越小。

表 9　最想用来形容其周围企业家的词汇　　　　　　　　　　　　　单位：%

具体内容	总体 2022 年	总体 2017 年	性别 男	性别 女
有活力的	65.2	52.8	65.0	68.5
坚持不懈的	46.8	56.2	46.0	55.9
坚强的	40.6	43.3	40.5	42.7
有雄心壮志的	36.9	40.5	36.3	44.1
专心的	36.0	41.7	36.2	34.3
热情奔放的	28.8	16.5	28.7	29.4
紧张的	24.3	25.0	24.6	21.0
坚决的	20.9	15.7	20.4	28.0
心烦或苦恼的	17.9	19.3	18.5	9.8
悲观失望的	17.1	16.7	17.7	9.8
自豪的	16.7	22.2	16.6	18.2
主动的	15.5	22.8	15.6	14.7
心情沮丧的	12.9	8.7	13.2	8.4
疑虑重重的	12.7	16.9	13.3	4.9
高兴的	8.4	6.0	8.6	5.6
挫折感强的	7.8	9.5	7.9	7.0

续表

具体内容	总体 2022年	总体 2017年	性别 男	性别 女
烦躁易怒的	7.3	8.6	7.4	5.6
神经过敏的	5.3	3.8	5.4	4.9
有负罪感的	0.9	2.8	1.0	0.7
羞愧的	0.5	1.3	0.5	0.7

这些积极坚韧的心理情绪，也是企业家积极精神面貌的重要体现，对未来企业家的成长与企业发展有着积极的心理支撑作用。从历年调查数据来看，企业家群体感到"很幸福"或"幸福"的比例多年来稳定保持在60%～70%。企业家对人性善恶的判断也体现其价值追求，大多数企业家认同人性向善，从2011年、2018年、2022年的调查发现，企业家认为"人性趋善"的占比分别为77.4%、78.7%、80.6%，远高于"人性趋恶"的占比。

（五）企业家队伍成长的4个阶段及特征

经过30年的发展和积累，中国企业家队伍的综合素质和能力明显提升，面对一系列的困难和冲击，企业家队伍表现出较高的韧性。企业家队伍的这种能力和韧性是逐渐积累而成的，随着30年中国经济的市场环境的发展，经历了4个不同的发展阶段。调查发现，这些不同阶段都对应着企业环境的改善、企业的发展及企业家队伍的成长（见表10）。

表10　30年来宏观政策环境的演进与企业家队伍的成长：4个阶段的比较

具体内容	社会主义市场经济体制创建期（1993—2002年）	经济发展转型期（2003—2012年）	改革开放攻坚期（2013—2017年）	高质量发展推进期（2018年至今）
党的重大决议	党的十四届三中全会：《中共中央关于建立社会主义市场经济体制若干问题的决定》；党的十五大：建立比较完善的社会主义市场经济体制	党的十六届三中全会：《中共中央关于完善社会主义市场经济体制若干问题的决定》；党的十七大：从制度上更好发挥市场在资源配置中的基础性作用	党的十八届三中全会：《中共中央关于全面深化改革若干重大问题的决定》；我国发展进入新阶段，改革进入攻坚期和深水区；加快建设创新型国家；使市场在资源配置中起决定性作用	党的十九大：坚持新发展理念，我国经济已由高速增长阶段转向高质量发展阶段；党的二十大：高质量发展是全面建设社会主义现代化国家的首要任务

续表

具体内容	社会主义市场经济体制创建期（1993—2002年）	经济发展转型期（2003—2012年）	改革开放攻坚期（2013—2017年）	高质量发展推进期（2018年至今）
国家经济发展重要战略	建立社会主义市场经济体制，"造就企业家队伍"	提高开放型经济水平；经济转型、产业结构优化升级；健全现代市场体系；发挥市场在资源配置中的基础性作用	全面小康；创新驱动发展；紧紧围绕使市场在资源配置中起决定性作用；深化经济体制改革	贯彻新发展理念，建设现代化经济体系；转换增长动能；高质量发展；新发展格局
企业发展关键目标	建立现代企业制度；提高企业管理水平	企业转型与升级；提高企业国际化水平	企业自主创新；提高企业创新管理能力	企业韧性与高质量发展；提高企业管理复杂性的能力
企业家进步方向	成为适应市场化改革要求、具备职业化素质的合格企业家；企业家队伍制度化建设，向市场化、职业化、专业化迈进	成为带领企业国际化和转型发展的学习型企业家；企业家的学习与成长，责任与担当	成为带领企业自主创新发展的创新型企业家；企业家创新意识与能力提升	成为带领企业系统应对高复杂性、实现高质量发展的战略型企业家；企业家精神与心理韧性提升；开创新发展格局
本课题组调查重点	对企业家队伍基本信息画像、基础素质培养、市场化制度初步建立等情况进行调查	对企业家与企业精神文化建设、发展规划制定、资源获取、变革转型认知与应对等情况进行调查	对企业家与企业创新投入产出、创新能力、创新环境等情况进行调查	对企业家精神提升与转型、传承与创新、抗压韧性、数字化转型等情况进行调查
企业家核心能力	以职业化为核心的能力基础建设；自我职业角色意识初步形成；现代企业制度的理解和创建；企业家数量与素质有待提升	以学习及变革为核心的能力扩展与提升；学习意识强；积极变革转型；责任意识与精神境界提升	以创新为核心的能力提升；风险承担与突破式创新的意识与能力表现突出	以管理复杂性为核心的能力提升；家国情怀；危机感知与应对能力提升；追求高质量发展
企业家精神内涵	勇担风险、奉献、善抓机会、敬业	创新、善抓机会、勇于突破、与众不同	创新、诚信、精益求精、勇于突破	诚信、敬业、创新、家国情怀

社会主义市场经济体制创建期（1993—2002年）。1993年党的十四届三中全会通过了《中共中央关于建立社会主义市场经济体制若干问题的决定》，确定了建立社会主义市场经济体制，提出了要进一步转换国有企业经营机制，建立适应市场经济要求的产权清晰、权责明确、政企分开、管理科学的现代企业制度。同时，明确提出要"造就企业家队伍"。1993—2002年是计划经济向社会主义市场经济转型的重要时期，也是建立现代企业制度、开启企业家队伍的职业化、专业化、市场化发展的关键时期。

这个时期的企业家队伍自我职业角色意识初步形成，关于什么是企业家、中国有没有企业家的内涵界定在理论上和实践中逐渐明确。1994年调查显示，六成以上的调查对象认为"自己是一名企业家"。企业家对现代企业制度的理解和建设也逐步深入，1995年调查显示，取消企业的行政级别、走职业化道路成为厂长（经理）们的主流意向。

不过，这个阶段企业家队伍的量与质都还处于发展初期。如2002年调查显示，认为目前企业家队伍"数量充足"与"素质高"的分别只占13.3%与10.1%，而认为企业家队伍"数量缺乏"与"素质低"的分别占62%与40%。

在这个阶段，企业家成长的关键是成为合格的企业家，重点是以职业化为核心的能力基础建设。这个破旧立新的时期，对企业家的自我认知、自我革新和顽强生长是很好的历练。

经济发展转型期（2003—2012年）。2003年党的十六届三中全会提出了以公有制为主体、多种所有制经济共同发展的基本经济制度。同时，2001年中国加入世界贸易组织（WTO），标志着中国进入全面对外开放的新阶段。这段时期我国市场经济制度与环境不断改善，经济发展方式加快转变，产业结构不断优化升级，现代市场体系基本健全。2007年党的十七大明确了发挥市场在资源配置中的基础性作用。

这个时期企业家队伍的职业化和专业化已经达到一定水平。同时，企业家个人与组织学习能力明显提升。2005年调查显示，企业家对个人综合学习能力评分为中等偏上（5.48，7分制），同时，熟悉"组织学习""学习型组织"的企业家超过八成。

在这个阶段，企业家成长的关键是成为适应国际竞争和经济转型需要的学习型企业家，重点是以学习及变革为核心的能力扩展与提升。通过个人学习、建设"学习型组织"、对标国际先进管理水平，企业家的国际视野、学习和变革管理能力、责任意识与精神境界等明显提升。

改革开放攻坚期（2013—2017年）。2013年党的十八届三中全会审议通过《中共中央关于全面深化改革若干重大问题的决定》，正式确立了"市场在资源配置中起决定性作用"，第一次明确产权保护。这个阶段我国处于深化改革开放、加快转变经济发展方式的关键时期。同时，互联网等新技术变革不断发展，不少企业开始推动和实施创新驱动发展战略。

这个时期的企业家大都以积极开放的心态拥抱变革，重视创新驱动转型的新发展模式，重研发、担风险、抓机会的管理风格逐渐形成。2015年的调查发现，八成的企业家认为自己"重视研发，强调技术领先和创新"。同时，企业家精神内涵与社会责任意识提升，普遍认同人性本善与心怀感恩，不少优秀的企业家树立了"人本管理"理念，并开始以回馈社会为己任。2015年的调查以企业创新动向为主题，并依据国内外企业创新研究的理论框架和实践经验，构建了"中国企业创新动向指数"，调查分析表明，2015年中国企业开始进入创新活跃期。

在这个阶段，企业家成长的关键是成为胜任自主创新管理的创新型企业家，重点是以创新为核心的能力提升。通过提升创新意识与组织创新能力，打造组织的创新文化，企业家的创新管理能力全面提升，同时面对创新中必须应对的失败和风险管理，企业家的韧性也明显提高。

高质量发展推进期（2018年至今）。这个时期我国经济已由高速增长阶段转向高质量发展阶段，正处在转变发展方式、优化经济结构、转换增长动力的攻关期。2022年党的二十大进一步提出构建高水平社会主义市场经济体制，高质量发展全面推进中国式现代化。同时，这个时期企业外部环境复杂性和不确定性、科技创新的颠覆性、平台经济等新商业模式的突破性等，对制度环境和企业生态系统提出了更高的要求。

这个阶段企业家成长的关键是成为能够系统思考、有效应对高复杂性、高不确定性的战略型企业家，企业家需要实现以管理复杂性为核心的能力提升，企业家的危机感知与适应能力得到磨炼，高韧性的特征更加突出。2020年调查表明，企业在韧性维度上"情境感知"的得分为3.90分（5分制），在"适应能力"上的得分为3.63分。

这个时期，企业家高质量发展意识与创新导向明显提升，更加重视企业数字化等新技术和新模式的发展变革，积极寻求未来高质量可持续的发展机会。

三、新发展阶段，企业家引领企业高质量发展面临的新挑战

当前，中国经济进入新发展阶段，明确了高质量发展、实现中国式现代化的目标。同时，百年未有之大变局使企业实现高质量发展面临多种挑战，企业家只有对外部环境变化敏锐把握、对未来发展趋势深刻洞察，以及理性地自我认识和不断超越，才能满足高质量发展的新要求。

（一）外部环境的不确定性明显增加

1. 全球经济紧缩、国际市场变化、供应链不稳定

近年来，世界经济动荡加剧，新一轮"逆全球化"浪潮袭来。调查显示，受全球经济下滑与新冠疫情的影响，企业经营遇到较大困难，盈利情况明显下滑。调查还发现，一些国家对华的贸易压制与技术"卡脖子"对企业自主创新能力和水平提出了新的挑战（见表11）。在此背景下，全球经济格局尤其是供应链的调整也影响着中国出口外贸型企业的发展。企业家引领企业高质量发展面临较大的外部挑战和困难。

表11 2022年面对国内外环境新变化，企业觉得最难以应对的挑战　　单位：%

具体内容	总体	规模		经济类型			"专精特新"企业
		大型企业	中小型企业	国有及国有控股	外资企业	民营企业	
美国等国家打压中国企业	42.2	45.5	41.9	47.1	57.1	41.6	37.2
一些地方政府在环境保护方面一刀切	35.3	38.2	35.1	36.3	32.7	35.5	35.5
新冠疫情的不确定性	84.0	80.0	84.3	84.3	77.6	84.6	79.8
一些地方政府"放管服"改革不到位	23.4	32.7	22.8	26.5	14.3	23.7	17.0
企业所在地营商环境不够好	30.7	27.3	30.9	35.3	12.2	31.6	23.8

续表

具体内容	总体	规模		经济类型			"专精特新"企业
		大型企业	中小型企业	国有及国有控股	外资企业	民营企业	
全球供应链不稳定	20.8	20.9	20.7	20.6	26.5	20.1	30.5
一些行业政策突然变化	23.6	21.8	23.7	21.6	24.5	24.1	19.9
数字化转型真正落实很困难	13.3	20.0	12.9	13.7	8.2	12.1	19.5
社会上对企业家群体的质疑较多	11.8	14.5	11.6	8.8	8.2	12.4	12.1
企业在国际化过程中市场不确定性风险大	8.8	13.6	8.5	11.8	18.4	8.2	13.8
企业在国际化过程中非市场风险大	5.2	12.7	4.8	10.8	6.1	4.8	7.1
一些企业家对未来存在迷茫、悲观情绪	33.3	26.4	33.7	21.6	34.7	35.1	32.3
新变局下企业家群体自身能力和素质亟待提升	13.9	10.9	14.1	8.8	10.2	13.9	18.4
改革开放进入深水区，存在较多不确定性	14.1	23.6	13.6	15.7	18.4	13.9	16.3
社会上短期行为较多，影响长期做实业的积极性	27.8	20.0	28.3	15.7	34.7	28.9	37.2
产权保护还不到位，影响企业家长期创业动力	10.1	10.9	10.0	8.8	6.1	9.8	15.2
新变局下企业的管理能力和创新能力亟待提升	18.4	17.3	18.4	23.5	24.5	17.6	25.2

2. 转型时期行业政策的波动、技术变革、商业模式变化

国内经营环境的变化对企业家也提出了新的挑战。2022年调查发现，企业家对"政策过度波动带来的不确定""行业政策的突然变化"等关注度很高。同时调查表明，企业家普遍认同技术不断变革是越来越普遍的现象。而对技术变化的追踪调查显示，近七成企业家认为当前技术变化很快和技术竞争激烈，从2008年到2017年呈现递增的趋势。同时，技术变化和新产品的推出成为增强企业创新的主要驱动力。

3. 营商环境仍需完善，社会上短期行为仍然较多

除全球宏观经济环境紧缩和不确定性增加以外，国内营商环境建设仍然存在很多有待改进之处，持续调整政府与市场的相对关系，优化中介等服务主体管理制度，有利于充分激发市场主体活力。

历年追踪调查表明，营商环境各分项指标中，企业家对中介组织和技术服务、金融服务、人力资源供应等的评价相对较低（见表3）。2021年调查还了解了当前企业营商环境存在的负面清单，发现"第三方中介机构收费过高"（43.0%）、"存在限制企业经营的不合理政策法规"（29.8%）等问题仍然存在，值得重视。

另外，2022年关于"企业家觉得最难以应对的挑战"调查表明，有27.8%的企业家选择了"社会上短期行为较多，影响长期做实业的积极性"（见表11）。社会上的短期行为对企业的长期发展产生一定影响，这一问题值得关注。

（二）企业经营困难和不确定性比较突出

1. 资源、环境约束加大，经营成本持续增加

当前企业面临的国内外环境复杂多变，未来发展不确定性因素较多。近3年的调查显示，认为"未来影响企业发展的不确定性因素增多"对企业经营造成困难的企业家占比由2020年的29.1%增加到2022年的41.6%（见表12）。企业经营与内部管理也面临不少困难，资源、环境约束不断加大，企业成本压力持续加大。调查发现，近年来"人工成本上升"与"能源、原材料成本上升"及"资金紧张"问题持续加重企业经营的困难（见表12）。

表12 当前企业经营发展中遇到的最主要困难 单位：%

具体内容	2022年	2021年	2020年	2019年	2018年	2017年	2016年	2015年	2014年	2013年	2012年	2011年
人工成本上升	67.8	75.8	62.1	72.0	77.5	71.8	68.4	71.9	76.0	79.2	75.3	79.0
未来影响企业发展的不确定因素增多	41.6	31.4	29.1	25.6	20.0	21.3	22.0	22.7	18.5	27.6	27.4	19.9
缺乏人才	39.3	44.6	33.1	35.4	38.4	35.9	33.2	32.8	30.4	28.4	29.7	32.8
资金紧张	39.1	39.3	35.8	30.2	33.9	31.7	35.1	37.9	35.6	36.6	35.0	38.8

续表

具体内容	2022年	2021年	2020年	2019年	2018年	2017年	2016年	2015年	2014年	2013年	2012年	2011年
能源、原材料成本上升	39.0	53.5	30.0	29.5	43.9	40.4	16.1	13.7	19.9	25.3	31.3	57.7
企业利润率太低	37.6	32.5	35.9	37.1	33.8	36.3	43.4	40.8	40.8	41.1	44.8	39.1
社保、税费负担过重	33.9	33.9	30.2	37.1	55.4	49.7	50.2	54.7	54.5	51.3	51.8	43.3
整个行业产能过剩	25.3	22.6	28.5	31.5	21.9	30.3	38.2	41.2	41.4	36.9	30.9	22.9
国内需求不足	22.3	13.8	18.7	14.6	9.7	10.8	24.0	29.4	23.7	28.9	25.5	7.7
政府政策多变	18.2	17.1	13.3	17.5	19.6	17.9	—	—	—	—	—	—
企业招工困难	15.1	24.2	22.8	22.0	25.5	21.9	15.0	13.2	20.1	19.4	22.3	28.9
地方政府干预较多	14.2	12.6	10.5	8.4	9.0	8.2	8.8	7.2	8.8	11.0	6.4	6.1
缺乏创新能力	10.6	10.7	11.4	12.0	11.0	15.8	16.5	14.8	13.8	11.4	13.8	11.2
企业领导人发展动力不足	10.4	11.3	8.2	8.6	7.9	8.9	9.9	7.7	8.3	7.0	7.8	7.1
资源、环境约束较大	9.0	11.4	12.8	17.0	15.6	17.1	12.1	10.5	9.4	9.8	8.4	8.2
遭受侵权等不正当竞争	4.8	5.6	5.0	6.6	6.0	8.0	9.8	9.7	8.3	7.4	6.0	7.6
国际贸易保护加剧	4.4	3.8	7.7	7.9	4.9	2.0	—	—	—	—	—	—
缺乏投资机会	3.9	2.6	3.3	2.9	1.8	3.2	3.8	3.5	3.3	3.6	3.2	2.9
出口需求不足	3.8	1.6	6.7	6.4	2.0	4.4	7.6	9.9	8.0	9.5	11.6	5.2

2. 企业所需专业人才供应不足

人才供应是企业发展的关键问题。历年追踪调查显示，企业家对人力资源供应的评价一直较低，排在企业营商环境各分项指标的最后一位。2000年和2014年的调查发现，大多数企业家认为"创新人才缺乏"是妨碍创新工作的最重要因素。2022年有39.3%的企业家认为"缺乏人才"是经营发展中的主要困难。对企业所在地区获取人才的难易情况调查显示，战略设计人才（90.1%）、国际化管理人才（89.9%）与技术研发人才（81.7%）是企业最难获得的宝贵专业人才。

3. 企业家的信心有待进一步加强

近年来，在复杂的外部环境和企业内部经营双重压力下，企业家对未来的预期逐渐趋于谨慎保守。从多年追踪调查来看，企业家对未来的信心在很大程度上取决于对现状的感受（见图3）。基于经济周期紧缩的预期及国际局势的不确定性，企业家信心有所下降（见图4）。

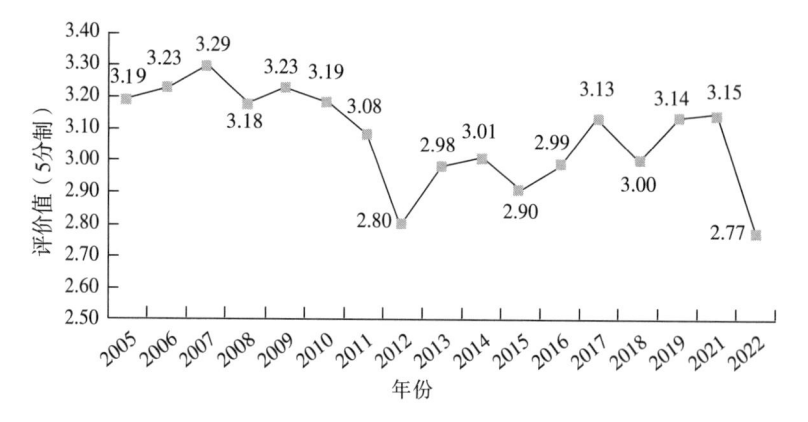

图3　对企业现状的总体感受

注：①评价值是由（"非常满意"×5＋"比较满意"×4＋"一般"×3＋"不太满意"×2＋"很不满意"）/100计算得出的，最大分值为5分，最小分值为1分，分值越大，表示对企业现状越满意，反之则越不满意。②图中缺失的年份为该年度没有涉及此项调查内容，下同。

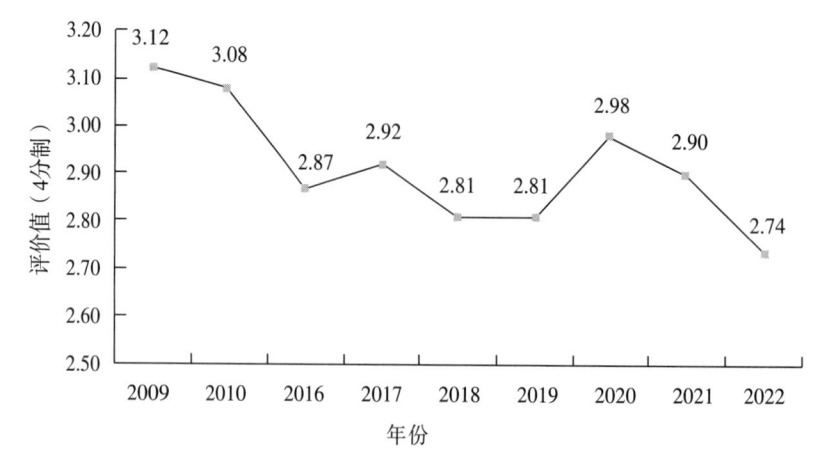

图4　对企业下一阶段经营发展的信心

注：评价值是由（"很有信心"×4＋"较有信心"×3＋"信心不足"×2＋"没有信心"）/100计算得出的，最大分值为4分，最小分值为1分，分值越高，表示越有信心，反之则越没有信心。

四、促进企业家成长进入新阶段，开创企业高质量发展新格局

企业家队伍在时代浪潮中不断成长。在新的时代，中国企业家队伍正肩负起全面贯彻新发展理念、加快建设现代化经济体系、着力推动高质量发展的重任。高质量发展需要企业家坚守责任与使命，提升企业韧性，弘扬企业家精神，打造积极应变的组织文化和生态；坚持长期主义战略，坚持自主创新与转型变革，积极参与社会经济建设与营商环境优化。

（一）新时代对企业家提出了更高更全面的要求

在向高质量发展转型的背景下，企业家们积极响应国家社会经济发展的整体部署。2022年，关于近10年来国家和社会对企业家群体的新期望、新要求的调查结果显示，企业家对于与企业社会责任相关的选项选择较高的有"坚持党的领导、加强党的建设""积极参与社会公益""确保中国经济可持续发展""重视环境保护""提供更多就业机会""贡献更多税收"等。企业家对与企业自身经营相关的选项选择较高的有"提供高质量的产品和服务""完善公司治理，确保企业可持续发展""提升国际化水平"等（见表13）。

表13 2022年关于近10年来国家和社会对企业家群体的新期望、新要求的调查结果

单位：%

具体内容	总体	规模		经济类型			"专精特新"企业
		大型企业	中小型企业	国有及国有控股	外资企业	民营企业	
坚持党的领导、加强党的建设	69.2	69.7	69.2	71.8	49.0	70.0	71.1
提供高质量的产品和服务	63.1	65.1	62.9	61.2	59.2	63.9	66.8
积极参与社会公益	50.0	49.5	50.1	43.7	42.9	51.0	41.8
提供更多就业机会	37.8	33.9	38.0	34.0	40.8	38.2	29.6
重视环境保护	35.3	34.9	35.4	24.3	55.1	34.8	46.4
贡献更多税收	33.8	33.9	33.8	30.1	30.6	34.7	38.2
确保中国经济可持续发展	32.0	33.0	31.9	28.2	40.8	31.4	31.8
完善公司治理，确保企业可持续发展	25.9	24.8	25.9	28.2	26.5	25.7	27.9
做大做强，提升中国企业影响力	25.6	25.7	25.6	26.2	22.4	25.6	31.1

续表

具体内容	总体	规模		经济类型			"专精特新"企业
		大型企业	中小型企业	国有及国有控股	外资企业	民营企业	
提升国际化水平	25.1	28.4	24.9	33.0	24.5	24.7	26.1
谨言慎行，维护企业家的良好形象	22.4	18.3	22.6	22.3	18.4	22.5	21.1
解决产业链中断点、痛点、堵点问题	22.0	28.4	21.6	24.3	26.5	20.4	30.0

另外，企业家们也意识到，新的时代对企业家社会形象提出了更高的期待，要更好地履行企业社会责任，弘扬企业家精神，以增强全社会对于企业家群体的认同感和价值肯定，营造全社会努力创新创业的文化氛围。

（二）强化企业家的使命感、责任感

企业家的价值取向和人生追求与其行为和精神动力密切相关。2022年调查表明，认同"我有一种使命感"的占95.1%；认同"只有工作和事业取得成绩，人活着才有意义"的占82.3%。调查还发现，虽然有85.2%的企业家认为社会上不少人对他们存在误解，但还是有50.5%的企业家表示"假如再给我一次机会，我仍愿意做企业家"，体现了企业家群体对职业角色的坚守和热爱。值得注意的是，相当一部分的企业家感受到"不少人对企业家存在误解""不少人对企业家有一种仇富心理"，表明不少企业家仍然存在明显的角色焦虑。在强化使命感、责任感的同时，企业家也迫切期望提升企业家群体的职业声望及全社会对企业家的特殊劳动和社会价值的尊重和重视（见表14）。

表14 2022年对有关说法的认同程度的调查 单位：%

具体内容	非常不同意	比较不同意	有点不同意	有点同意	比较同意	非常同意	评价值
企业家的人生观	0.7	0.8	4.3	21.6	34.5	38.1	5.03
所有的生命都值得尊重	0.6	0.2	2.6	14.3	26.5	55.8	5.33
我对人生旅途中的很多人都充满感激	0.5	0.3	2.7	16.7	35.4	44.4	5.19
生命中有很多值得我感激的事情	0.5	0.4	2.7	17.3	37.3	41.8	5.16
我尊重人与人之间的不同	0.6	0.2	2.7	20.0	37.9	38.6	5.10

续表

具体内容	非常不同意	比较不同意	有点不同意	有点同意	比较同意	非常同意	评价值
我所经历的人生是有意义的	0.5	0.7	3.8	21.0	33.4	40.6	5.08
我有一种使命感	0.6	0.6	3.7	21.7	35.9	37.5	5.04
精神世界赋予我内在的力量	0.7	0.7	4.6	22.8	37.1	34.1	4.97
我追求自己的内心精神世界	0.7	1.0	4.5	24.3	35.6	33.9	4.95
我很高兴我成为现在的自己	0.6	1.3	6.3	26.1	33.6	32.1	4.87
我可以从他人那里获得真情	1.4	2.4	9.4	31.4	31.9	23.5	4.61
企业家的价值观	3.7	5.2	14.1	35.0	26.6	15.4	4.22
只有工作和事业取得成绩，人活着才有意义	2.5	3.5	11.7	30.8	30.5	21.0	4.46
金钱使人们的生活变得更幸福	2.4	4.1	11.1	36.0	30.0	16.4	4.36
做人就是要出人头地	5.3	6.2	16.1	36.0	22.7	13.7	4.06
企业家的价值得到了全社会的承认	4.6	6.8	17.4	37.4	23.3	10.5	4.00
企业家的心理担忧	1.9	3.2	13.2	34.5	28.7	18.5	4.40
不少人对企业家存在误解	1.2	2.2	11.4	34.7	30.7	19.8	4.51
不少人对企业家有一种仇富心理	2.6	4.2	15.0	34.4	26.7	17.1	4.30

注：评价值是由（"非常同意"×6＋"比较同意"×5＋……＋"较不同意"×2＋"非常不同意"）/100计算得出的，最高为6分，最低为1分，分值越大表示越同意该说法，反之则越不同意。

（三）提升企业韧性和企业家的变革管理能力

基于外部环境不确定性的挑战，企业家更加重视自我成长与企业能力培养提升。2022年的调查显示，企业家认为"企业家群体自身能力和素质提升"与"企业的管理能力和创新能力提升"是新时代高质量发展的重要课题。

在企业家积极提升各种能力的基础上，企业韧性得以进一步增强，更加重视企业应对各种变化的能力。2022年的调查显示，与企业家学习与变革精神对应，企业"创新精神及协调能力"表现较好（3.63，5分制），平均有六成的调查对象认为本企业在组织中树立起积极探索创新的精神文化，愿意增加创新投入，积极推进在企业内外部的信息交流和学习。另外，有51.5%的企业家认为企业在政策解读、市场动态、技术演变与竞争环境的预测能力"比较强"

或"非常强"。比较而言,企业向外扩张和向新领域挺进的能力相对较弱,尚有待提升,尤其对于与数字化转型、不确定性应对、国际化相关的市场开拓及风险掌控能力,平均有63.2%的企业家认为自己能力较弱("非常弱"+"比较弱"+"一般")。

(四)鼓励长期主义战略,提升自主创新能力

高质量发展需要有长期、科学、前瞻、可持续的战略目标发挥方向引导作用,越是在短期内存在困难,越需要定力和发展纲领。经历全球变局考验后,企业家大都表现出对制定长期战略的重视。2022年的调查显示,企业家对长期导向的认同评分比短期导向高1.47分(5分制)。

坚持创新发展也是一种长期主义战略。调查发现,中国企业自主创新的能力逐渐增强,与1995年相比,2022年企业"依靠本企业的技术力量自行开发"的技术进步模式上升13.0%,且"引进国外技术、设备"的外部直接获取模式下降20.4%。

在企业发展的环境上,还需要进一步深化改革开放,营造更加良好的营商环境和创新条件,特别是完善知识产权保护政策,弘扬杜绝山寨、鼓励试错、包容失败的创新文化,助力企业创新转型升级。从"中国企业创新动向指数"历史数据来看,近年来企业家对企业创新环境优化的评价有所下降,在创新投入、创新潜力、创新战略及创新效果等方面也有所波动。因此,需要进一步加强对企业创新的支持力度及企业家创新精神的弘扬激励(见表15)。

表15 中国企业创新动向指数   单位:%

分类		总体	经济类型		规模		行业		
			国有企业	非国有企业	大型企业	中小型企业	劳动密集型行业	资源密集型行业	技术密集型行业
创新动向指数	2022年	54.10	55.47	53.71	58.03	53.82	52.90	56.56	56.99
	2020年	56.77	57.21	56.39	62.63	56.19	55.52	58.09	59.77
	2019年	56.17	56.29	55.85	62.40	55.54	54.84	57.66	58.86
	2017年	56.06	56.53	55.86	60.93	55.59	54.63	55.72	57.72
	2016年	57.58	58.41	57.24	62.97	57.09	56.08	57.98	59.06
	2015年	54.95	57.19	54.41	61.10	54.30	53.49	54.97	56.63

续表

分类		总体	经济类型		规模		行业		
			国有企业	非国有企业	大型企业	中小型企业	劳动密集型行业	资源密集型行业	技术密集型行业
创新环境	2022年	44.36	46.00	44.11	47.49	44.12	45.36	42.42	45.09
	2020年	44.42	43.83	44.28	44.96	44.36	44.92	43.47	44.75
	2019年	45.35	45.20	45.22	46.49	45.24	45.89	44.56	45.87
	2017年	45.33	45.88	45.21	46.54	45.20	45.73	44.74	45.77
	2016年	45.28	45.59	45.14	46.42	45.16	45.88	44.73	45.57
	2015年	45.33	46.61	45.06	46.34	45.21	45.58	45.05	45.72
创新潜力	2022年	63.47	63.51	63.38	68.55	63.01	62.44	63.67	64.35
	2020年	65.90	66.87	65.69	70.97	65.41	64.65	66.01	67.25
	2019年	64.77	65.30	64.57	69.71	64.28	63.57	64.76	66.05
	2017年	65.63	67.19	65.39	70.96	65.08	64.89	65.55	66.23
	2016年	63.18	63.93	62.96	68.11	62.69	62.54	63.19	63.78
	2015年	64.68	65.25	64.38	69.10	64.21	64.10	65.43	64.86
创新投入	2022年	61.58	60.35	61.22	63.73	61.45	60.12	65.57	65.56
	2020年	67.39	69.96	66.80	75.00	66.62	65.98	69.28	70.68
	2019年	67.39	69.96	66.80	75.00	66.62	65.98	69.28	70.68
	2017年	62.61	64.72	62.65	68.79	61.99	60.15	62.26	64.81
	2016年	69.32	73.89	68.56	77.28	68.60	65.66	70.33	72.48
	2015年	67.83	71.90	67.26	74.21	67.17	66.54	66.27	70.56
创新战略	2022年	45.84	50.83	44.90	50.51	45.56	43.91	50.13	51.12
	2020年	44.03	41.83	43.49	55.72	42.86	42.04	46.86	50.64
	2019年	44.03	41.83	43.49	55.72	42.86	42.04	46.86	50.64
	2017年	46.99	44.58	46.61	54.85	46.30	45.09	46.30	50.25
	2016年	46.99	44.58	46.61	54.85	46.30	45.09	46.30	50.25
	2015年	38.60	43.89	37.29	50.29	37.37	35.28	38.59	42.42
创新效果	2022年	55.23	56.68	54.93	59.85	54.94	52.66	61.00	58.82
	2020年	62.11	63.57	61.69	66.49	61.69	60.00	64.83	65.54
	2019年	59.30	59.14	59.19	65.07	58.70	56.73	62.82	61.04

续表

分类		总体	经济类型		规模		行业		
			国有企业	非国有企业	大型企业	中小型企业	劳动密集型行业	资源密集型行业	技术密集型行业
创新效果	2017年	59.74	60.29	59.42	63.53	59.36	57.31	59.75	61.56
	2016年	63.13	64.06	62.95	68.20	62.68	61.24	65.34	63.23
	2015年	58.33	58.30	58.04	65.54	57.55	55.94	59.52	59.57

注：劳动密集型行业主要包括建筑业、住宿和餐饮业、农副食品加工业、食品制造业、纺织业、纺织服装服饰业、皮革毛皮羽毛及其制品和制鞋业、木材加工及木竹藤棕草制品业、家具制造业等；资源密集型行业主要包括石油煤炭及其他燃料加工业、化学原料及化学制品制造业、化学纤维制造业、橡胶及塑料制品业、非金属矿物制品业、黑色金属冶炼及压延加工业、有色金属冶炼及压延加工业等；技术密集型行业主要包括信息传输软件和信息技术服务业、科学研究和技术服务业、医药制造业、专用设备制造业、汽车制造业、铁路船舶航空航天及其他运输设备制造业、电气机械及器材制造业、计算机通信及其他电子设备制造业、仪器仪表制造业等。以下同。

（五）打造积极应变的组织文化和组织生态

企业家群体充分认识到积极应变的组织文化和组织生态对于企业发展的重要性。2022年的调查显示，为了营造共同应变的组织文化，企业家在组织内部积极沟通，在外部生态协调各方利益相关者，提供必要激励，并取得员工对组织长远目标与变革举措的一致性认同。

企业家采取多种措施提升组织积极应变的能力。调查显示，企业家最多采取的举措是"提升学习力，洞察政策走向和产业趋势"（3.65，5分制）；有46.7%的企业家表示会"比较多"或"非常多"地"提高认知水平和应变能力，建立积极应变的企业文化"。

（六）健全法治、优化营商环境、稳定政策预期，保障企业高质量发展

企业家在带领企业迈向高质量发展的过程中，期待政府在稳定预期和法治建设方面取得新进展。2022年的调查发现，营造全社会诚信环境、依法保护企业家合法权益的法治环境、公平公正稳定透明的营商环境都对企业家精神的有效发挥影响很大（见表16）。调查同时发现，企业家对政府在"不搞运动式、一刀切式执法""营造公平环境"和"保持政策稳定性和可预期性"等方面的期待

超过三成。总体上,企业的高质量发展需要政府为企业提供更公平的经营环境、更明确的市场主体权益、更透明的信用机制和更高效的法治环境。

表16 2022年相关措施对于促进企业家精神的重要程度的调查   单位:%

具体内容	很不重要	较不重要	比较重要	非常重要	评价值
营商环境	0.2	3.2	42.2	54.4	3.51
营造全社会诚信环境	0.2	1.3	30.3	68.2	3.67
营造依法保护企业家合法权益的法治环境	0.1	1.4	33.3	65.2	3.64
营造公平公正稳定透明的营商环境	0.1	1.4	36.8	61.7	3.60
避免政府政策过度波动带来的不确定性	0.1	3.5	44.7	51.7	3.48
不断改变"官本位"文化	0.3	4.2	44.8	50.7	3.46
依法保护知识产权	0.2	3.4	47.1	49.3	3.46
反对垄断和地方保护	0.5	4.8	48.6	46.1	3.40
减少政府的过度干预	0.3	5.3	51.9	42.5	3.37

注:评价值是由("非常重要"×4+"比较重要"×3+"较不重要"×2+"很不重要")/100计算得出的,最高为4分,最低为1分,分值越大表示关系越密切,反之则越不密切,下同。

五、结语

中国企业家调查系统30年的追踪调查,不仅刻画了中国经济改革发展的脉络,也记录了中国企业家队伍成长壮大的进步轨迹,尤其是在成长历程、新变局新挑战、未来高质量发展3个方面,反映了企业家和企业的历史成就和贡献,为新时代中国企业高质量发展和企业家成长迈上新台阶描绘了蓝图。

中国改革开放的成就举世瞩目,短短40年就走过了西方发达国家数百年才走完的历程,一跃成为世界第二大经济体。这个发展奇迹离不开中国共产党的领导,离不开全体中国人民的辛勤奋斗,也离不开中国企业家队伍的努力和贡献。中国企业家参与创造了有史以来主要经济体增长持续时间最长、增速最快的纪录,在40年的时间里奋起追赶、拥抱现代化,激发出巨大的动力和活力,企业家付出的努力值得社会认同和肯定。

新的时代已经到来,国际环境风起云涌,中国企业家队伍正在经历也必将持续面对新的挑战与机遇。期待在中国经济向高质量可持续发展的转型阶段,企业家能够以不断升华的企业家精神,带领企业应对新挑战、完成新使命。虽然当前企业面临重重困难,但不少优秀的企业家仍保持着正面积极的精神状态。2022年企业家对其周围企业家状态的描述调查显示,排在前五位的均为正面的,包括"有活力的""坚持不懈的""坚强的""有雄心壮志的"和"专心的"(见表9),表明企业家群体大都耐挫力强,保持定力,积极进取。2022年关于"对未来世界的预判"调查显示,多数企业家认为未来世界将"越来越好",占57.3%(见表17)。相信中国企业家队伍将秉持着积极向上的精神风貌和美好信念,为全面建设社会主义现代化国家,为国家繁荣富强、社会进步和民族复兴做出更大的贡献。

表17　2022年对未来世界的预判调查　　　　　　　　　　单位:%

分类		越来越好	越来越糟	不太确定
总体	2022年	57.3	4.3	38.4
	2018年	44.5	5.9	49.6
	2017年	65.4	1.7	32.9

注:本调查在首次随机抽样的基础上,此后每年均采用固定样本追踪调查方式开展调查,同时每年根据固定样本中企业自然消亡的情况对样本进行随机轮换。

第二篇　中华优秀传统文化与管理创新

文化与家族企业跨代创业：代际传承中的文化嵌入[①]

吴　炯[②]　黄钧瑶[③]

摘要：作为家族企业传承期的重要活动，跨代创业强调多世代成员间的共同参与，根植于生产生活及人际交往的文化是影响经济行为的深层次因素。然而，现有研究普遍将文化视为一种建构力量，与制度环境或个体认知直接相关，对文化的内在作用路径缺乏完整解析，而文化嵌入视角的引入可以使关注点转向社会关系，为厘清中间过程提供必要条件。基于此，本文以淄博市陶琉产业中的四个家族企业为对象，采用多案例研究方法，扎根中华优秀传统文化复兴背景下的跨代创业实践，探索代际传承中家族企业的文化嵌入过程。研究发现，文化对家族企业跨代创业的影响历经"社会关系—关系嵌入—社会互动"的路径，并遵循"文化唤起—嵌入强化—协作关系—战略选择"的逻辑。具体而言，传统文化分别借助处世哲学、人伦秩序及规则框架三层面所对应的嵌入路径，强化了跨代创业团队内的协作关系，并进一步体现在协调、合作倾向与跨代创业几种模式间的联系上。本文通过构建文化嵌入的系统分析框架，全面阐述了文化如何经由社会关系和社会互动对经济行为施加影响的微观机理，为中国传统家族企业的跨代成长和发展提供了理论依据和实践启示。

关键词：家族企业；跨代创业；文化；文化嵌入；社会关系
来源：《中国工业经济》2023年第11期

[①] 基金项目：国家社会科学基金一般项目"社会嵌入理论视域下家族企业跨代创业团队的关系治理研究"（批准号21BGL010）。
[②] 吴炯，东华大学旭日工商管理学院教授，博士生导师，管理学博士。
[③] 黄钧瑶，东华大学旭日工商管理学院博士研究生。

一、引言

传承是由创始人向接班人不断推进的复杂且持久的过程，二代成员的参与在为组织注入全新活力的同时，促进了决策层创新想法的产生（陈灿君和许长新，2022）。考虑到跨代创业是多世代家族成员共同创造新事业及财富、社会价值流的活动（Nordqvist and zellweger，2010），需要成员的共同努力（Discua Cruz et al.，2012），相关协作问题一旦处理不当，便会引发人际矛盾、利益冲突乃至权力争夺，并最终影响家族及家族企业的基业长青。

综观跨代创业领域的研究发现，无论是创始人出于利他主义的资源传递（王扬眉和叶仕峰，2018）和行动支持（曾颖娴等，2021），还是接班人在合法性认同下建立的权威基础（李新春等，2015）与家族承诺（Cherchem，2017），抑或跨代创业团队内的关系冲突（De Clercq and Belausteguigoitia，2015），均体现了家族企业行为的社会关系背景和社会系统特征，以及以"家"为核心的文化属性。目前，尽管学术界积极响应格兰诺维特（2007）正视文化力量和社会关系约束的呼吁，运用"文化嵌入"这一概念来探究价值观、规范、信仰等要素如何对经济理性施加限制并推动组织实践创新，但仍旧无法完全了解文化与跨代创业间的关系。相关主流研究仍然在忽略社会关系条件的化约思想下被束缚在两种"低度社会化"的研究思路之中。其中，一类研究强调人们的行为源自一定的文化认知，凸显的是认知嵌入而非文化嵌入。该观点认为，文化背景中包含的价值观及行为准则具有逻辑普适性和伦理公允性（周建波，2012），在社会运行中扮演关键角色，直接制约经济行为。然而，此种分析范式过于强调行动作为个人内化社会规则的反映，却忽视了与情境互动引发的主动性结果，导致对文化实践中涉及"如何"及"为什么"等问题的讨论不足，难以有效揭示社会关系的中介作用。另一类研究也跳过了文化对社会关系的影响过程，采用制度嵌入的分析思路，将文化效果以制度化形式体现在治理结构与相关流程上，并最终影响组织的跨代创业决策（Discua Cruz et al.，2012）。这种方式忽视了人们自下而上的能动性适应，对文化如何影响社会关系系统的塑造和演化，以及行动者融入其中后的调整机制缺乏全面解答。实际上，在以"关系"为导向的中国社会，创造力往往蕴藏于人际交互所形成的网络中，探索文化对关系的直接影响，有助于深入洞察高管团队协作过程，并发掘战略选择差异的根源。

为了对上述研究所忽略的部分做补充，本文拟从文化嵌入视角出发，以淄博市陶琉产业中的四个家族企业为案例对象，通过数据、文献与理论间的反复对话和迭代分析，尝试回答"文化如何影响跨代创业团队内的社会关系与社会互动"及"社会关系与社会互动在家族企业跨代创业中发挥怎样的作用"两个递进式的关联问题，从而全面揭示传承与转型交织这一特殊情境下的文化嵌入路径，有效弥合宏观文化背景与微观经济行为之间的理论间隙，最终完善文化嵌入理论，为理解"文化嵌入的内在作用路径"建立理论框架。

二、理论基础

（一）跨代创业中的文化背景与文化嵌入

创业是一个背景依赖型的社会过程，社会和文化因素在其中扮演着重要角色（李新春等，2008），家族企业跨代创业更是需要多世代成员的共同协作（Nordqvist and Zellweger，2010）。回顾现有文献发现，论述家族企业跨代创业文化背景的研究主要集中在三个方面。一是文化内核方面。价值观作为文化的本质，具备传承性和相对稳定性的特征（曹劲松和徐梦洁，2022）。因此，家族企业的一项重要任务就是维护家族的价值观体系和企业家精神，其代际传承的目标同样是让后代在跨代创业中采纳并保持这一价值体系（Steier et al.，2015）。然而，由于社会环境及角色经历的差异，家族企业接班人的价值观可能发生偏离，该情况阻碍了传承，但也为跨代转型提供了契机。在对家族治理现象的深入研究中，宗族文化的"团结互惠"（潘越等，2019）、父爱主义的"深谋远虑"（祝振铎等，2021）及孝道伦理的"孝顺敬爱"（赵晶等，2015）等社会关系与信念文化因素被广泛挖掘。二是文化表现方面。制度被定义为一种社会博弈规则，是文化的外在显现。在跨代创业中，家族企业面临着来自制度环境的压力，迫使其采取与该制度背景相一致的行为、结构和身份（Soleimanof et al.，2018）。就制度的影响机制而言，学者们普遍认为存在正式与非正式两类。其中，正式制度通过提供一个明确框架来支持或限制家族企业的行为，而非正式制度则是凭借代际间传递，将过往的人际协作模式作为一种习惯来延续（Gimenez-Jimenez et al.，2021），从而凝聚家族企业内部各层面的社会关系。三是文化认知方面。文化的语义符号具有制度功能，外在的文化框架对个体行为起到直接的塑造作用（斯科特，2020）。随着组织发展，历史悠久的家族企业演化出一系列信仰和实践，用以彰显对过去的认同，构成自身的传统，并促进几代人的团结（Erdogan et al.，2020）。因此，成员间的认知图式差异能够从根本上影响跨代创业团队整体认知的形成与演进（王扬眉等，2021）。

总体来说，现阶段有关文化背景下家族企业跨代创业的研究强调文化的直接引导及限制作用，其背后的逻辑是文化作为一种社会建构的力量，不仅塑造了一致性的意义体系，还充当植入式"脚本"，对行动者施加影响。该方法侧重文化适应，较少涉及参与者的相互作用，导致社会关系脱节，出现格兰诺维特所说的低度社会化现象。而文化嵌入理论的提出恰好为解决该问题提供了机会。根据 Zukin and DiMaggio（1990）的观点，文化嵌入是指共享的集体理解在塑造经济战略和目标中的作用。这一概念强调"共享"和"集体"的重要性，即个体与周围人分享相似规范和共同理解的程度，以及这些共同理解如何影响彼此之间的互动（Goldberg et al.，2016）。换言之，行为选择并非直接源于文化背景，而是受真实社交场域中社会关系和社会互动的塑造。该视角有效拓展了文化与经济行为研究中社会关系的中介作用。Eze et al.（2020）的研究表明，在家族企业经营的次区域，宗教和传统差异会对家庭的结构、功能和心态产生特殊影响，并进一步作用于跨代创业的各种商业实践。然而遗憾的是，社会嵌入理论的发展将关注重点转向社会关系的具体表现要素，以及关系网络的结构效应，却忽视了文化渗入关系进而影响行为的具体机制，导致对文化嵌入的理解仍停留在概念层面，尚未深入探索并建立完整的知识体系，要素间的逻辑整体性面临挑战。

（二）跨代创业中文化嵌入的社会关系与社会互动

如前文所述，文化嵌入强调文化通过社会关系和互动对跨代创业团队行为产生影响。因此，为建立完整的文化嵌入知识框架，还需进一步梳理社会关系和社会互动的相关内容。在这方面，社会互动是指多个个体接触并发生行为改变的动态过程，其本质在于社会意识对行为方式的决定，形成的社会联系即社会关系（Timasheff，1952）。尽管社会关系和社会互动是不同的概念，但两者之间存在密切关联。具体而言，社会关系源于社会互动，而社会互动只有在社会关系中才能得到充分解释。

目前，家族企业跨代创业领域的社会关系研究主要沿三条线索展开。首先，个人层面的处事原则涵盖价值观及认知取向，表示个体对外部世界的感知和反应倾向影响其行为方式、手段及目标选择（杨宜音，1998）。在社会关系中，共享符号系统的存在要求参与者调整认知结构以促进相互理解，从而展现与组织相关的自我认同。这对应到跨代创业团队，就是心智模式整合过程中的认知图式互动效应（王扬眉等，2021），以及隐性知识逆向流动（冯宝军等，2021）和传统继承知识管理（李新春和邹立凯，2022）。其次，人际层面的伦理秩序建立在血亲关联、情感纽带和信任基础之上，参与双方的互动契合有助于形成共情和互助关系，强化成员归属感和群体凝聚力。受共同信念及承诺作用，个体会主动分享资源，促进有效沟通，从而降低协商成本并提高交易效率（阮鸿鹏等，2022）。然而，家族企业的特殊性使传承期间组织内的信任建构困难，对接班人的信心不足（Gagné et al.，2021）及声誉存疑（Chaudhary et al.，2021）成为家族企业跨代成长的重要障碍。最后，集体层面的规范约束和制度框架着眼于主体间的权利义务安排，并通过统一约束力来限定行为选择空间，以提高各方行动的稳定及可预测性，确保社会公平正义。对家族企业来说，确立合法性是跨代关系调适的主要目标，该过程中的权威转变与制度工作密切相关（李婵等，2021）。

对于社会互动研究，重点关注两种类型的协作：协调与合作（Coperaim）（张维迎，2013）。其中，协调聚焦不同活动及任务之间的衔接与配合，通过共享信息、参与规划，了解各方任务需求、工作进展和资源分配情况，确保步调一致。相比之下，合作则是共同利益下的协同努力，以信任为基础，凸显个人与集体目标的关联交互（Iden and Bygstad，2018）。值得强调的是，跨代创业团队人际关系复杂，家族二代的参与使得社交角色更加多样，情感纠葛和利益博弈下的冲突问题在所难免。为确保集体目标的顺利实现，团队需要根据组织特点、成员能力和意愿等因素选择适当的协作模式。

综上所述，社会关系和社会互动在文化背景与经济行为的研究中起到中介作用，为回答文化对跨代创业的影响提供了重要视角。而组成要素的多样性使社会关系和社会互动两个环节间的联系可能存在多种途径，对这一现象的忽视是阻碍理解文化嵌入内在机制的主要原因。

（三）理论缺口与研究框架

以上理论背景表明，尽管文化嵌入理论有助于理解文化对跨代创业影响的中间过程，但当前的研究内容相对有限，存在如下尚待完善之处：首先，文化嵌入及其上位的社会嵌入理论通常将注意力放在人际的心智模式、信任及权威等关系嵌入要素上，缺乏对这些要素形成路径的概括；其次，文化嵌入是一个多层面过程，涉及个人、群体及社会环境间的相互作用，笼统的社会关系分析难以充分揭示其微观运作机制；最后，社会互动存在多种协作模式，有关不同模式可能对应的社会关系及其文化背景的文献探讨较为单薄。因此，有必要采取更为细致的研究来回答"文化如何通过塑造跨代创业团队内的社会关系与社会互动影响家族企业跨代创业"的问题。

基于上述认识，本文在已有研究的基础上，将文化与经济行为间的中介因素扩展为"社会关系—关系嵌入—社会互动"的完整路径，并且拟在案例分析过程中明确各相关概念间对应的理论联系，构成文中所提出的四组命题，从而进一步打开代际传承中文化嵌入的过程"黑箱"，完善文化嵌入理论体系。文化对家族企业跨代创业影响的研究框架如图1所示。

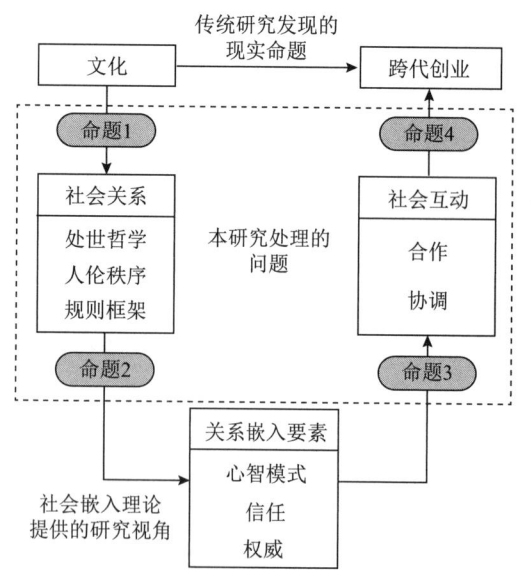

图 1　文化对家族企业跨代创业影响的研究框架

三、研究设计

（一）方法选择

本文采用扎根理论法对家族企业代际传承中的文化嵌入路径进行多案例分析。原因有以下三点。一是议题"文化如何通过塑造跨代创业团队内的社会关系与社会互动影响家族企业跨代创业"涉及研究过程和机理，属于"为什么"及"怎么样"范畴，且目前尚未得到充分、系统的揭示，具有较强的探索性。为剖析这一复杂现象背后的因果关系和理论逻辑，扎根理论法成为最佳选择。二是文化嵌入是一个多层面的过程，涵盖具体情境中的关系演变和互动发展，相比传统定量研究对细节关注的不足，案例研究方法能够综合考虑各种因素，为分析提供更全面的视角。三是多案例研究的"复制逻辑"有助于比较各个样本间的共性与差异，确保研究的信效度，形成更为可靠的因果关系链，为构建普遍有效且稳健的理论奠定基础。

（二）案例选择的原则与过程

在案例选择上，本文基于问题现象集中、无关变异控制和相关变异创造三个核心要点，满足案例分析的三角验证逻辑与差异复制逻辑，以确保研究的信效度要求。

案例研究的目的在于厘清特定环境下的经验（Yin，2009），为实现分析范围的缩小与集中，本文将目标对象限定在山东省淄博市的陶琉产业。该区域和产业选取主要基于以下三个原因。①文化背景鲜明。淄博市作为齐国故都及齐文化发祥地，凭借其丰富而悠久的历史积淀，滋养了以"变革、开放、务实、包容"为核心的独特伦理精神。随着市场经济盛行，齐文化重商思想的现实意义逐渐被社会所认知。近年来，在地域品牌建设政策的推动下，全市再掀文化复兴活动热潮，齐商文化由此迎来发展深耕的契机。②企业创新突出。"江北瓷都·当代国窑"和"中国琉璃之乡"是淄博市两张重要的城市名片，展现了当地陶琉产业的突出优势。然而，"高污染、高排放、高能耗"的整体性问题使该产业成为环保治理及落后产能出清的重点对象。为应对这一挑战，当地企业积极采取技术创新和结构调整等措施，推动转型升级，以实现绿色可持续发展。③传承压力普遍。淄博市现存规模以上民营企业大多是在二十世纪八九十年代以后陆续成立的，在位创始人普遍临近退休年龄，已进入代际传承高峰期。而传承中的人际关系紧张问题难以避免，为深度观察跨代创业过程提供了基于社会关系视角的充分有效信息。上述三方面内容分别对应图 1 所示研究框架中的自变量、因变量和中介变量组，多渠道的资料信息有助于形成证据闭环，满足案例研究的三角逻辑验证。

与此同时，为遵循案例研究的无关变异控制和相关变异创造原则，本文依据理论抽样原则及差异复制逻辑对目标企业做进一步筛选。基于政府人员、陶琉专家和金融从业者的访谈，选定了由 15 家企业组成的初始样本集。在了解这些企业基本信息的过程中，发现跨代创业目标失利与达成的两个典型案例，即 A 企业和 D 企业，并通过对团队互动的深入分析，注意到前者存在明显冲突，后者则表现出相互协调倾向。进一步检视相关理论后，认识到团队协作可分为两种类型：协调与合作，并由此理论抽样了强调合作的 C 企业。寻找到兼具两种协作关系的 B 企业，因为在此阶段已不再生成新的知识来解释案例企业的实践现象，所以认为达到理论饱和状态。以上通过理论抽样获得的企业具有显著的差异性，不仅围合起了一个包括各种协作风格的相对完整的样本空间，还恰好涵盖理论上可支撑的四种跨代创业战略选择模式。利用这些企业提供的信息能够共同构建一个完备的理论框架，且研究发现各企业间可以相互印证，有效满足了可复制性逻辑要求，外部效度得到保证。

最终确定的 4 家企业创立时间较早，发展历经多轮产业变迁，具备战略敏感性和一定的经验累积。跨代创业团队成员主要由本地人组成，共事时长最短也在 3 年以上，日常运营深受齐文化影响。同时，这些企业在当地有较高的知名度，官网建设完善且公开资料丰富，相关信息易于获取。由此，选择其作为研究对象能够同时兼顾理论目标和企业实践的适配性。需要注意的是，本文的案例探索触及高管矛盾及代际冲突，出于对受访者意愿的尊重和企业涉密信息保护，对样本相关内容做匿名化处理（见表 1）。

表 1 案例背景信息

信息		A 企业	B 企业	C 企业	D 企业
企业信息	经营范围	琉璃工艺品	日用陶瓷	玻璃及陶瓷制品	瓷砖
	成立时间	1988 年	2007 年	1978 年	2002 年
	员工人数	380 人	120 人	138 人	350 人

续表

	信息	A企业	B企业	C企业	D企业
传承信息	一代	父亲	父亲	父亲	父亲
	二代	长子和次子	长子	长子	长女和长子
	传承启动	毕业	工作半年后	毕业	毕业
	模式选择	空降销售主管	父子共创	空降财务主管	父子共创
	传承现状	父辈因病离职，子代兄弟共事	父辈转居幕后，长子接班	父辈在职掌舵，长子双重总监	父辈完全隐退，长子接班
数据收集	访谈对象	总经理、部门经理、退休技术专家	继承人、家族高管、部门经理	创始人、前副总经理、前技术人员	两位部门经理、合伙人、经销商
	访谈字数	1.167万字	2.334万字	1.045万字	2.283万字
	其他资料	观察笔记、企业公众号、媒体报道	观察笔记、企业官网及公众号、品牌画册、媒体报道	观察笔记、媒体报道、外贸网站企业信息	观察笔记、企业官网及公众号、媒体报道、创始人传记
	现场观察	办公区、文创园	办公区、艺术中心	办公区、企业历史展厅	办公区、企业博物馆

（三）资料收集

本文基于实时及回顾性原则收集信息，采取一手素材与二手文档相结合的方式构建样本资料库，通过对多渠道信息的三角验证，丰富了案例所需的数据链，进一步提高了研究的信效度，为后续编码分析奠定了良好基础。

数据收集过程分为三个阶段，具体步骤如下。①准备阶段：在调研前1个月，通过官网、媒体报道、第三方查询软件等途径，补充完善案例企业相关信息，并据此设计针对性访谈提纲。②实施阶段：在明确告知受访者研究目的的前提下，通过半结构化访谈与目标对象定向交流，了解企业跨代创业过程、团队协作关系及成员间的认知和意见分歧等内容，结合受访者回答动态调整题设，深究现状背后的根本原因。为确保对话信息的真实反映，相关记录于访谈结束后24小时内完成整理，并请受访者确认。③处理阶段：在后续质性分析过程中，与案例企业保持密切联系，一旦发现信息遗漏造成的逻辑缺失，及时组织复访，并持续跟踪，以掌握目标对象的最新动态。

（四）数据编码和分析

本文所探究的传承转型期家族企业文化嵌入的内在作用机理是一个复杂的社会过程，涵盖人、组织与环境的多方交互，需要在特定情境下解读。首先，对案例企业资料进行整合、质证，确保问题相关现状的真实反映。其次，依据"开放性编码—主轴式编码—选择式编码"程序对数据进行结构分析，通过案例资料、研究问题及理论文献之间的反复迭代，形成可靠的理论构念和逻辑关系。最后，利用信息间的关联比较，全面了解事件发展脉络，从而建构出更为完整的故事线。具体而言有如下几步。第一步，开放式编码。在排除与研究主题无关或重复内容后，对各案例的原始资料逐字句分解提炼，以贴标签的形式进行初始"概念化"，再"范畴化"归纳同一类属概念，此过程中对争议性聚类进行删减、修订，最终生成168个标签、38个概念及15个范畴，所得结果均经被访者验证，因而构念效度有所保证。第二步，主轴编码。利用典范模型工具对开放式编码阶段获得的各个独立范畴按照层次和因果关系原则进行逻辑关联分析，建立潜在逻辑轴线，从而帮助还原数据重要特征，重新构筑被拆分资料，同时形成5个主范畴。第三步，选择性编码。以"故事线"扼要诠释质性资料信息，明确家族企业传承期文化嵌入的全过程路径，形成与现实相契合的扎根理论整体模型。在后续讨论中发现，该模型与社会嵌入理论、公司理论、社会契约理论、团队互动理论等内容并无冲突，并且能够相互验证。

四、案例分析

根据图1的研究框架，完整地理解文化嵌入的作用路径，需要考察案例企业在以下四个阶段的行为：首先，识别文化复兴活动中的文化唤起，提炼出社会关系的基本层次；其次，明确社会关系建构对关系要素嵌入的强化作用；再次，基于关系嵌入条件下的人际互动，比较不同协作方式之间的差异；最后，总结各案例企业经跨代创业团队互动所形成的战略模式选择。

（一）文化复兴活动中的文化唤起

优秀传统文化是一个民族的"根与魂"。随着改革开放的推进，中华优秀传统文化的实践基础发生了改变，一度陷入沉寂的文化基因在宏观政策的引领下被逐渐激活。然而，优秀传统文化复兴是一项复杂的系统性工程，涉及对遗产、风俗、仪式等多个方面文化元素的研究、学习和实践。通过政府、公众、民间组织和媒体等各方力量的社会动员，将不同领域的参与者纳入文化相关的共同活动，从而在彼此交往中达成默契与共识，推动共同体的建构。随着相关进程的不断深入，处世哲学、人伦秩序、规则框架等社会关系在社会范围内逐步显现（见表2）。

表2 优秀文化复兴活动中的文化唤起示例

载体	主要内容	表现形式	作用	含义
故事、仪式、典籍、符号、风俗	稷下学宫、管仲纪念馆、周村古商城	遗迹考古	"经世致用"的处世哲学	实用主义 尊贤尚功 崇商重工
	"出门饺子"、供奉灶神、嫘祖祭典、财神节	民俗传承		
	齐文化转化产业联盟、"人才新政23条"	现代融合		
	齐商大会、淄博陶瓷博览会、优秀企业家表彰	商务拓展		
	"乡村记忆"工程中的修谱、建祠、刻碑	遗存保护	"差序格局"的人伦秩序	等级差别基础上的社会结构
	合族串亲、"寻根问祖"活动	身份认同		
	邻居节、社区文化节	社会交往		
	"四德"工程《四德歌》、"最美家庭"评选	启蒙教育		
	李化熙"今日无税"碑、瑞蚨祥"良心尺"	文物修复	"道法兼备"的规则框架	道家及法家自主行动和外部强制
	孝妇河《颜文姜传说》《管子》、"淄博好家风"	经典传播		
	毕氏制衣、祭品及敬老礼	传统仪式		
	陈氏太极拳	符号认知		

首先，处世哲学作为一种待人处世方面的道德标准和行为准则，象征个体对周遭环境的态度，并反映了信念文化的价值统摄及引领作用。考虑到传统文化所蕴含的价值理念和深刻思想，其复兴往往意味着人们对相关内涵的重新认可与接受。因此，在传统文化复兴活动中，参与者可以通过对文化精髓的深入理解来汲取相关智慧，形成思维逻辑，从而明确自身的立场和追求，更好地应对当下社会现实。与封建社会的"重农抑商"相比，齐文化的重商思想可谓独树一帜。淄博市相关部门通过开发古商城遗迹、举办齐商大会和颁发"优秀企业家荣耀卡"等形式倡导"尊贤尚功"，鼓励商业发展。受此类结果导向型政策影响，当地人十分注重实用理性，普遍将利益和效果作为行动的重要考量。这一取向不仅存在于供灶神、祭嫘祖的民俗活动和"礼尚往来"的互惠行为，同时也体现在广为人知的编制情怀中。全民参与的烧烤现象级"出圈"，以及由此引发的"淄博速度"、文化赋能消费等内容更是将"经世致用"的齐文化内核展现得淋漓尽致。

其次，人伦秩序是依据传统文化中的伦理道德观念形成的一种有序关系结构，以社会交往为基础，具备差等严明特征。鉴于人的本质是由各种关系综合而成，通过文化复兴活动的参与，人们对传统文化中血缘、情理及入世等方面的关注不断增加。因此，在人际关系处理中，个体更加注重以传统价值观和规范来明确身份界限，积极促进共同体内部的和谐与稳定。当前社会流动性的提高可能会使部分人因脱离原有的关系网络缺乏内心归属感。尤其在应对重大公共事件时，公众愈加意识到建立紧密联系和互助系统的重要性。在此背景下，淄博市民积极组织相关的文化传承活动，通过举办宗亲联谊会等形式搭建始祖源头下的血脉网络，实现外在约束的内部转化。此外，对家族成员来说，礼俗能够以教化形式规范成员行为，引导个体在认知自身角色定位的同时履行相应承诺，从而实现权利与义务间的动态平衡。

最后，规则框架是由一系列公认的规范、原则和制度组成的有机整体，其旨在引导参与者行为、确保交往公正并维护社会秩序，一般被理解为制度文化的结晶。作为规则塑造的重要渠道，传统文化观主要包含外在规范执行和内在意识培养的双重治理机制，前者侧重集体利益角度的权威约束，而后者则强调个人修养方面的自愿行动。这两种方式相辅相成，共同形成了社交场域内的良好纪律氛围。同时，优秀传统文化复兴所带来的文化传承和弘扬有助于加强人们对道德准则和法律制度的理解和认同，从而推动意识形态转变，促进做出符合正当性原则的行为判断。对应到齐文化，就是"礼法并用"与"无为而治"思想的融合。因礼、法观念同为共识标准，能够有效约束私人意愿，故二者能够相互为用，协力规整社会实践行为。另外，齐文化"因顺"的社会传统和智谋精神强调对事物本性及规律的把握，以期达成最佳平衡效果。虽然齐文化在道、法两方面呈现多样性，但整体的协调效应才能支撑社会的动态发展和秩序稳定。在淄博市，无论是象征皇权威严的"今日无税碑"，还是宗族力量主导的制衣礼、敬老礼，甚至贯穿于日常生活的"天人合一"观念，均体现出规则在提高行为效能方面的关键作用。

总体而言，广义的文化既是社会意识形态的反映，也与制度及人际结构密切相关，其所蕴含的导向、维系与整合功能可以有效促进社会的发展和稳定。当社交场域内的文化氛围发生变迁时，会引发共同体的认知觉醒和情感激活，使身处其中的成员需要凭借社会互动来重塑自我归属，以有意识地适应新的秩序结构安排。综上，本文提出以下命题。

命题1：文化复兴活动有助于推动处世哲学、人伦秩序和规则框架三个层面的文化唤起。

（二）文化唤起渗透下的嵌入强化

尽管前文中已经梳理了宏观层次的社会关系，但当其延伸至微观跨代创业团队时，对应何种具体范畴、构筑怎样的二元关系及对团队行为的综合影响是什么等问题均有待进一步研究。而关系嵌入理论作为个体间社会网络联结的重要分析范式，正是强调对关系属性的关注，能够形象地刻画主体经济行为所受的社会互动影响，有效为文化嵌入对组织经济行为的微观作用机理提供解释。本文结合文献回顾及案例数据分析发现，共享心智模式、连接信任网络及共建权威体系是刻画跨代创业团队内人际融合状态的三个要素，相关范畴如表3所示。

表3 文化唤起渗透下的嵌入强化示例

理论范畴	一阶构念（含义）	典型例证
共享心智模式	一致的价值观念（共同认可并遵循的一套客观事物评价准则）	诚信是兴业之基，我总跟下属说，"骗不了任何人时就别骗"（C） "匠心"是我们整个团队始终践行的精神（D）
	统一的目标愿景（就特定目的实现而商定的标准与计划，涉及理想描绘和结果预期）	股东开会决定3年不分红，把钱用于环保改制和企业转型（A） 为争创一流，成为行业前十的上市公司，管理层制定了人才、品牌、质量管理及电子商务四大战略（D）
	相熟的行为习惯（经相处，逐渐适应对方的行为方式和习惯，从而形成默契与协调）	找他说事的时候，总是要和他两个表弟商量之后再答复（A） 我们不仅在上班的时候谈工作，回家也谈（C）
	互容的认知资源（通过融合成员各自拥有的知识、技能和经验，形成全面认知体系）	经验在企业中是互补的，各自领域方向交叉形成合力（B） 鼓励向总经理信箱投稿，发表自己的意见和建议（D）
连接信任网络	垂直信任与水平信任（基于等级差异、权力结构，还是平等关系产生的信任）	他积极利用自己的人脉资源，帮助儿子提升社会地位（B） 儿子对我更多是一种信服和尊重，因为他知道我比他强（C）
	特定信任与普遍信任（聚焦家族等特殊群体，还是扩展到更广范畴的信任）	认为儿子是自己生命的延续，给起的名字也蕴含"宝贝"之意（D） 都是自己控制市场，因为业务员出去后能自立团队（C）
	个人信任与组织信任（依靠人际互动的彼此认知和了解，还是对组织整体的可信赖感知）	要不好好交接，换上我儿子，我再离开三四年，企业准趴（C） 只要它生产一天，就给它卖一天（D）

续表

理论范畴	一阶构念（含义）	典型例证
共建权威体系	法理型权威 （以法律规定的正式职权为保障）	两兄弟联合占60%的股份，如果他们说这事不办，不给出钱，剩下的股东也没有办法（A） 他基本上不管了，现在财务大权等在我手里（B）
	家族型权威 （依靠血缘关系及家族传统获得权力并维持地位）	董事长因为身体原因退休，职位肯定是给他的接班人（A） 我说就这么办，即便儿子是大股东也没办法（C）
	领袖魅力型权威 （凭借个人能力、智慧及品德吸引成员并赢得尊重）	两兄弟有文化，都留过学，能和外国人谈判，总经理和董事长都不行，就自然接手外贸业务（A） 我设计的产品参展成功后，他就把管理权放手交给了我（B）

（1）共享心智模式。心智模式是个体在探索世界过程中依据实践体验发展出的知识框架和价值观体系（姚凯和陈曼，2009），其并非一成不变，而是受遗传及后天生活环境等因素的共同影响。基于对传统文化价值和内涵的共同体验，同一文化氛围中的群体通常会发展出相似的思维方式和行为准则。当这些具有相似处世哲学的个体在共同的团队环境中交流和活动时，更容易理解彼此的想法和意图，从而强化成员间的契合程度，促进团队整体形成统一认知。就这4家案例企业而言，齐文化的弘扬使得经世致用的价值理念在组织内广受认同，有效为成员间的和谐相处与共同发展奠定基础，引导决策问题达成共识。例如，在D企业，"匠心"不单是个人表现，更是全团队所秉持的精神，其能够激励成员自我要求、不断进取，为企业"争创一流"做出贡献。然而，要想实现这种默契，必须建立密切的联系与沟通。无论是A企业高管决策时的互相商讨，还是C企业父子工作范围之外的业务谈论，均表明团队成员会在日常相处中知悉彼此风格，并自觉协调配合，以提高整体工作效率。在访谈中，B企业接班人强调了高管拥有各自专业领域和经验的重要性，通过整合认知资源，团队能够更好地理解当前复杂环境，缓解由角色分化导致的矛盾与冲突，最终凝聚起强大合力。可以说，共享心智模式是基于知识和信念结构的共享，一致的价值观念、统一的目标愿景、相熟的行为习惯及互容的认知资源分别从不同角度体现了成员间的相似表征，综合构成共享心智模式的概念内容。

（2）连接信任网络。信任是指在预期对方行为合理的情况下愿意承担风险和潜在损失的倾向（Zuppa et al., 2016）。作为社会关系及制度的产物，其运行方式受文化规范和价值观影响。中华文化的伦理性造就了尊卑有序、内外有别的社会秩序，当基于家族和血缘的社会关系结构被唤起并得到重视时，会对组织内的信任网络连接产生影响。一方面，稳固的人伦秩序有助于应对社会变迁引发的群体边界模糊现象，使公众更清晰地了解自身在网络中的位置，通过遵守共同道德准则建立互信，激发情感共鸣，以降低交易成本，促进成员之间的持续沟通和互动。频繁而深入的实践将大多数社会资本集中在家族成员身上，案例证据表明，创始人会首选家族中的长子来接管企业。为了避免业务员离职后的客户资源转移，C 企业的创始人始终以私交方式亲自管理这些关系。另一方面，差序格局下的组织架构具有明显的等级性，每个人均被赋予明确的身份与义务，只有满足相应的行为准则，获取以合法性为表征的角色信任，才能掌握所需的资源和支持。在此结构中，创始人凭借个人家族地位和经验阅历而位居核心，其价值主张自然为他人所信服。反之，处于弱势地位的年轻一代则需要通过遵循传统、服从安排来获得认可与机会。从 B 企业创始人代际关怀下的人脉资源帮扶，到 C 企业接班人出于孝道的敬畏和尊重，均体现出建立在权威和从属关系基础之上的垂直信任。此外，案例信息揭示，共同体的行动在中国一直被个人关系（尤其是亲戚关系）包围，容易聚焦特定成员产生严重依附，出现如 D 企业"只要他生产一天，就给他卖一天"的情况，一旦这些成员离开，就可能破坏现有的信任网络，甚至造成像 C 企业创始人所预测的组织崩溃。综合访谈资料发现，跨代创业团队中的人际网络秩序是依靠特定信任与普遍信任、个人信任与组织信任、垂直信任与水平信任共三个维度予以维系，且不同维度间存在交织影响。

（3）共建权威体系。权威是基于威望的权力服从与支持（金大卫和许悦，2013），其合法性取决于制度规范性认可和个体的社会声望及信誉，需要借助规则框架来精确定义并加以维护。而经文化复兴活动统一实践和创造的规则，能够在社会范围内提供一个以水平协商和垂直管理为坐标的框架约束，并随个体成员融入跨代创业团队，通过自组织与他组织间的权威协调，共建有序状态，实现行为规范化目标。立足于来源差异，本文将家族企业权威系统划分为法理型权威、家族型权威及领袖魅力型权威三类，前两类主要靠外部合法性赋予，后一类则更强调内在的影响力生成。具体来看，建立在法律和公司制度基础之上的法理型权威主要由成员股权拥有和任职岗位决定。A 企业两位接班人联合持股 60%，具有较高的话语权，因此在决策中占据主导。同时，在家族权威系统中，个体地位通常由亲缘关系决定。访谈发现，当 A 企业创始人因健康问题离任时，其职位自然由长子接替；即便 C 企业接班人是股东，但只要是父辈做出的决定，就不容置喙。与之相对，后天塑造的领袖魅力权威则与个人特质密切相关，需要在日常经营中展现才能，以赢得管理层的尊重与信任。正因为 A 企业继任者擅长外语交流、B 企业二代能带领团队参展成功，所以才分别接手了外贸业务和公司管理权。

为了系统地反映文化嵌入的多维作用路径，即研究中的第一阶段和第二阶段内容，本文构建了如下概念模型（见表 4），用于说明文化对关系嵌入的影响。

表 4 文化对关系嵌入影响的概念模型

文化复兴活动	（齐）文化唤起	嵌入强化		
		关系嵌入要素	社会关系层面	关系建构方式
故事、符号仪式、风俗典籍	（经世致用的）处世哲学	心智模式	个体	共享
	（差序格局的）人伦秩序	信任网络	人际	连接
	（道法兼备的）规则框架	权威体系	集体	共建

在此基础上，本文提出以下命题。

命题 2：文化唤起与关系嵌入之间具有对应的强化关系。

命题 2.1：处世哲学层面的文化唤起有利于跨代创业团队成员共享相同的心智模式。

命题 2.2：人伦秩序层面的文化唤起有利于跨代创业团队成员连接稳定的信任网络。

命题 2.3：规则框架层面的文化唤起有利于跨代创业团队成员共建坚实的权威体系。

（三）嵌入强化主导的协作关系

当前文献通过理论演绎的方式，将经济协作活动划分为合作与协调两种模式（张维迎，2013），也发现了两者促进社会互动的有效性（Durugbo，2015）。但在具体的企业实践中，合作与协调的结构特征、形成条件、行为规律等仍不清晰，其与静态社会关系之间的联系也不够明确。而本文的案例企业却提供了解决这一问题的充分信息。嵌入强化主导的协作关系示例如表5所示。

表5 嵌入强化主导的协作关系示例

理论范畴	一阶构念（含义）	典型例证
意向整合下的协调	横向关系 （注重平等且无明显领导角色划分）	没有董事长、总经理这种概念，决策也是我们一起做（B） 老板与员工如兄似友，畅所欲言，以理服人（D）
	能力导向 （以个人能力及经验分配职责）	先和外贸公司竞争，又在国内市场与政府合作，他是实打实干出来的总经理（A） 坚持"能者上、平者让、庸者下"的用人原则（D）
	自发演化 （人际交互与适应的自然现象）	都参与，这种企业不可能分工这么细（A） 一开始我爸管生产，我妈管贴花，我管设计和销售，有时还送货拉货，什么都干（B）
既定目标下的合作	纵向关系 （强调权力关系中的等级结构）	管理需要一套等级，带着感情干事容易出现偏差（A） 从企业实际掌控来说，遥控我，也能指挥（C）
	传统导向 （按传统规范及标准选任人员）	创始人退休，董事长职位给了二子中的老大，老二就负责外贸（A） 会计因病离职，就让我儿子来干财务（C）
	人为建构 （主观意识和目标引导的社会结构）	闭环管理，任一环节出问题对企业都是不可弥补的损失（A） 聘请咨询专家，协助公司实施OEC管理体系（D）

研究指出，生产力的提升与人际关系的协调密切相关。在共同确定的目标实现期间，团队成员需要就对方行为进行有序调适，以达到良好的协调效果（Gulati et al.，2012）。这一过程中，每个人拥有不同的经验和理解等资源，并通过信息交流逐渐整合为一个新的共享知识系统，从而在明确彼此意图基础上有意采取兼容策略来适应他人行径，促进整体效率的提升（张维迎，2013）。社交场合内关系嵌入强化有助于增加参与者间的认知共识和默契，激发志同道合的集体行为，并以最小化过程损失达成预期结果，推动组织不断前进。结合案例数据分析发现，跨代创业团队中的协调活动可由横向关系、能力导向及自发演化三个一阶范畴表示。受实际协调影响，行动的区分、整合及适应并非僵化遵循层级机制，而是像B企业一样创设开放环境，使得继承人能够以相对平等身份参与上一代家族长辈的协商，发表自己的观点和意见。D企业通过"能者上、平者让、庸者下"的用人原则选拔优秀人才并任命关键岗位，有效确保了企业

内各项任务的顺利开展。此外，B企业十分注重灵活分工，鼓励成员之间的互动发展，尝试在日常接触中汇聚个人贡献，借助彼此差异形成组织的最佳状态表现。综合看，这种不受外部规则和指令控制、自发就共同问题展开联合努力的行为，充分发挥了参与者的主动性和创造力。其实现根源于"道治"理念中的自我管理和协同依存的建构思想。在文化复兴活动的倡导下，在社会范围内开始重新关注这一理念，并激发了"经世致用"的处世哲学。受该价值观的影响，跨代创业团队成员会因追求实际效果而主动与他人沟通和协商，从而在相互配合过程中形成协调关系，以保障工作的高效运行。

合作则意味着人们以符合对贡献及回报一致理解的方式，共同追求商定目标（Gulati et al.，2012）。作为对环境压力的一种响应，其涉及互利关系与信任，需要通过指定权威召集人、创设规则条件下的联合结构来形成集体认同，支持以共同利益为导向的协同行动。随着社会关系的发展，参与者逐渐认识到"我们是谁""我们应该承担什么责任"等问题，开始团结一致、共担风险。受此意识引导，原本分散的成员日益集聚，并最终形成一个同舟共济的团队。在该类社会互动中，个体扮演着关键角色。对家族企业而言，创始人即使已退居幕后，仍能够凭借剩余控制权和信念领导力影响企业的决策和运营。在这一约束下，跨代创业团队成员间的合作会考虑创始人既定目标，确保创始人愿景的延续。根据案例对象的实际情况，从纵向关系、传统导向和人为建构三方面理解跨代创业团队的合作关系。在创业人具有较高感召力的情况下，可以事先通过规范界定各方权利交换，控制潜在的机会主义。正如A企业创始人所说，"管理需要一套等级，带着感情干容易出现偏差"。此外，适当性的逻辑使得家族身份优势明显，为避免信任缺失导致的矛盾分歧，创始人倾向于将核心岗位委派给亲属担任。这使C企业接班人能够在父辈授意下，毕业即任财务总监。因组织是由相互依赖主体组成的复杂系统，借助OEC管理体系，D企业的成员可以共享基本利益信息，了解彼此的需求和能力，动态改善资源的分配与利用，从而建立起更为紧密的合作关系。分析发现，这种以人伦秩序为基础的社会互动体现了"法治"思想中的正当性要求。换言之，传统文化复兴巩固了差序格局下的社会关系。为实现家族企业的基业长青目标，跨代创业团队会有意识地依托信任构建稳定的合作关系，利用各自的专长和优势发挥协同效应和互补性。

从文化的角度看，强调平等无为的"道治"与强调层级约束的"法治"在认识论上的根源性区别是造成社会互动差异的重要原因，各自利用个体内在的信念和理解，以及人际交往的规范和协议来调节跨代创业团队协调与合作间的二元平衡。在案例企业中，D 企业文化更强调"道治"逻辑下志同道合式的思想交互，而 C 企业更认同"法治"逻辑下同舟共济般的行为统一的价值观。为直观呈现文化嵌入背景下的协作关系情境，本文构建图 2 所示模型。

在此基础上，本文提出：

命题 3：嵌入性的强化有利于协调关系与合作关系的完善。

命题 3.1：协调是在意向整合下强调横向关系、能力导向和自发演化的协作。

命题 3.2：合作是在既定目标下注重纵向关系、传统导向和人为建构的协作。

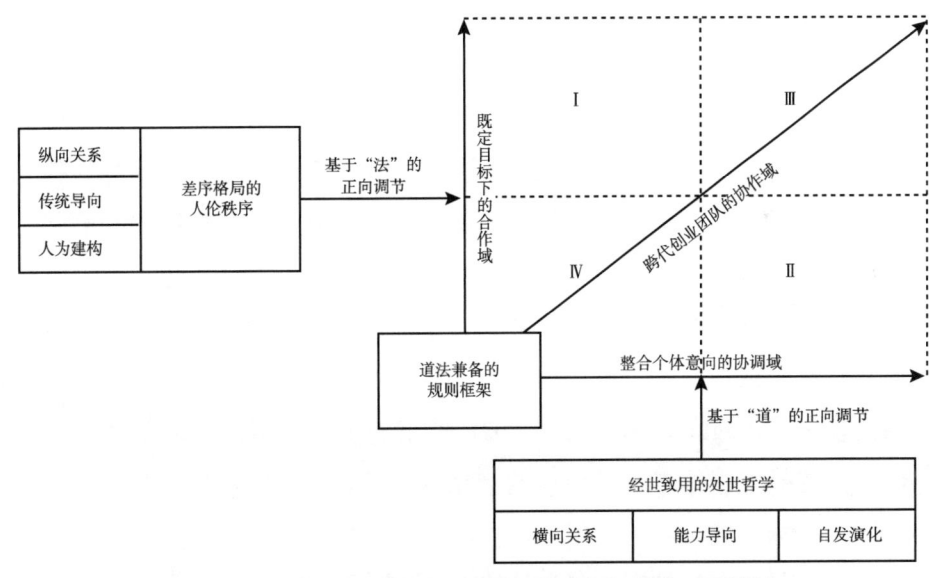

图 2　文化嵌入视域下跨代创业团队协作关系二元情境

（四）协作关系二元情境与跨代创业战略选择

关系本身的嵌入性使得高管间的彼此依赖在协作过程中有所提高，从而导致成员更倾向于以互利方式创造新价值，推动公司创业行为的产生（王世权和王丹，2011）。通过对案例企业的深入对比分析发现，基于差异化的合作与协调关系组合，跨代高管团队在传承期间会表现出复兴、革新、更新和冲突四种全然不同的战略选择类型，分别对应图 2 中的Ⅰ—Ⅳ象限，涉及的关键构念及其典型例证见表 6。

表 6　跨代创业中的战略选择类型编码

理论范畴	一阶构念（涵义）	典型例证
复兴	业务升级 （在现有基础上的改进和突破）	外贸转内销，重新回归国内市场（C）
革新	业务开发 （创建与当前不同的新业务）	投资建设高端内墙砖新公司，从价值链低端到高端（D）
更新	经营战略调整 （改变业务范围或竞争手段）	自主研发"无缝贴花技术"，智能窑炉设计（B）
冲突	观念分歧 （互不相容力量或性质间的干扰）	财富分配不均，想法、理念有差异，矛盾问题持续且频繁（A）

（1）复兴型创业（象限Ⅰ）。复兴型创业是指在现有基础上进行改造与突破的跨代创业方式，通常需要管理层在创始人既定目标下合作，并通过低程度的意向整合来协调成员间行动。这意味着在该协作关系组合中，成员容易就上一代经营理念达成共识，借助绝对权威来抑制内部分歧，严格遵循规定准则，以提升整体执行力，实现对现有资源及能力的深度开发与有效利用。然而，受关系中高度协同性的影响，团队可能会因过于强调共同理解而忽视来自其他成员的异质信息，导致在面对复杂情境时缺乏多元化的思考及创意，难以实现较大范围内的发展（Prügl and Spitzley, 2021）。案例中的典型代表是 C 企业，该公司在创始人主导下将原本用于出口的产品及服务转向国内销售，有效恢复了该品类在国内市场上的影响力。但与此同时，带来了一个潜在问题，正如创始人所说："一旦错了就无法挽回，因为没有听进别的意见"。

（2）革新型创业（象限Ⅱ）。革新型创业指的是通过创造与当前活动不同的新业务来跨代创新。该方式注重跨代成员间的高度协调性及灵活性，但对于既定目标下的合作则要求较少。具体而言，采用去中心化的关系结构组合可以简化组织内的信息搜索程序，为资源和信息共享提供畅通渠道（葛法权等，2017），从而激发个体的自主性及创新意识，提高组织对市场环境的适应能力。凭借对各方意愿的妥善处理与整合，跨代创业团队能够有效减少因创始人有限理性所带来的负面影响，增强整体的战略决策质量。这无疑打破了传统的经营模式和思维定式，为开辟新的发展空间、推动组织实现跨越式增长创造良好条件。案例中的 D 企业就属于这种模式，由接班人发起并经过管理层商讨后，组织决定采用投资建设高端内墙砖新公司的方法进军高端瓷砖领域，以此促进品牌价值和市场竞争力的提升。为避免异质性导致的功能失调，接班人还定期举办员工培训，在提高管理层综合素质的同时，增加其对公司的归属感。

（3）更新型创业（象限Ⅲ）。作为一种改变业务范畴或竞争手段的创业模式，更新型创业要求跨代高管综合运用各种合作及协调关系，在顺应创始人既定目标的同时表现出较高的开放性和对话导向。传统的组织结构通常设定明确的角色和行为规范，要求管理层按照经营惯例行事，以确保组织的长期利益。该情况下的战略决策并非由在任者（尤其是创始人）进行的个人主义或专制过程，而是通过其他成员以社会互动方式分享彼此的感受、态度和价值观，并综合各方意见达成共识后制定出合理方案（Sciascia et al., 2013）。这一新生成的业务竞争战略能够充分利用组织资源及市场机会，因此在实践上与过去有着明显的不同。例如，B 企业自主研发的"无缝贴花技术"不仅提高了产品生产率，还有效地满足了客户小批量、柔性化定制的要求，使组织能够更为灵活地调整生产计划及生产线配置，以应对不断变化的市场竞争环境。

（4）冲突型创业（象限Ⅳ）。冲突型创业是一种特殊类型的创业，是指因跨代高管之间摩擦和分歧的存在，企业发展受到互不相容力量或性质的干扰，或者不创新或者乱创新。该情况通常发生在松散的关系网络中，既受低水平合作限制，也缺乏高效协调。具体而言，当团队关系紧张时，成员可能会因彼此间的不信任而采取对立方式，与他人保持距离，有意减少群体内部的紧密互动，造成团队僵化和凝聚力的破坏（Thiel et al., 2019）。此外，价值观念和目标差异使得管理层很难就公开讨论达成共识，从而增加了决策过程的复杂性和难度，降低参与者的任务投入，进一步影响组织整体创新能力的发挥。以 A 企业为例，在面对新的创业环境和市场需求时，老一代高管和接班人时常因经营理念和利益分配等问题而陷入不和谐状态。囿于传统观念中的情感及面子因素，管理层在此类事项上会采取回避态度而妥善协作，最终使企业错失部分良机。具体内容见表7。

表7　案例企业的协作关系二元情境与战略选择对比

企业	协作关系二元情境		团队状态	跨代创业战略
	意向整合的协调	既定目标的合作		
C	×	√	同舟共济	复兴
D	√	×	志同道合	革新
B	√	√	相濡以沫	更新
A	×	×	不相与谋	冲突

在此基础上，本文提出以下命题。

命题4：关系协调与合作的不同组合会产生跨代高管团队差异化的创业活动。

命题4.1：高度的合作关系与低度的协调关系相结合，有利于促进复兴型创业的发展。

命题4.2：低度的合作关系与高度的协调关系相结合，有利于促进革新型创业的发展。

命题4.3：高度的合作关系与高度的协调关系相结合，有利于促进更新型创业的发展。

命题4.4：低度的合作关系与低度的协调关系相结合，产生出冲突型创业活动。

五、结论与讨论

（一）主要结论

本文从传承期文化嵌入的视角切入，就文化对家族企业跨代创业的影响进行理论建构，最终得出如下几点结论。

（1）完善文化嵌入理论。尽管文化嵌入概念为文化影响研究提供了崭新视角，避免了过度强调个体认知或将文化简单归类为制度环境的研究局限，但对微观过程的探索较为有限。为解决这一问题，本文引入"社会关系、关系嵌入要素、社会互动"三个环节，进一步拓展文化对跨代创业影响的中间过程，并阐述五个环节对应的四条理论关系，从而构建了一个完整的文化嵌入理论分析框架，即破解了图1中文化、关系嵌入要素和跨代创业三个变量之间存在的理论"黑箱"。

（2）指出文化嵌入的"社会关系—关系嵌入—社会互动"的路径，说明文化嵌入是一个多维度、多层面的社会行为。具体而言，文化环境变化可能导致原有社会模式失效，进而改变社会关系，身处其中的个体可通过将社会属性融入跨代创业团队，实现文化嵌入的内部延伸。拥有相似文化背景的成员更易建立紧密的人际关系，从而加深彼此理解，推动交流沟通。这期间，认同感和信任度的累积效应有助于增强集体意识和凝聚力，促进团队整体的和谐互动。一方面，个体可基于共享知识系统明确彼此意图，有意识地协调自身行为，以提升团队效率，确保各方利益的平衡与满足；另一方面，充分利用各成员间的优势互补效应，增强综合实力，并借助合作达成统一目标。

（3）明确文化嵌入的"文化唤起—嵌入强化—协作关系—战略选择"的逻辑链条，解释文化嵌入是一个动态演化的社会过程。首先，文化既是意识形态的表达，又与制度和组织结构密切相关，其蕴含的思维方式、价值取向及道德准则经社会实践的反复强调，内化为共同体的普遍社会心理。其次，文化不仅塑造了人际互动方式和行为规范，还持续地影响和维持各个层面的关系，社会基本关系的再生产与延续受到特定群体关系嵌入活动的影响。再次，跨代创业团队存在多种人际方面的挑战，成员对共享文化的认同和遵循程度被视为影响协作机制及运行效果的关键因素。差异化的关系使得社会互动呈现协调与合作两种类型，有效遏制了团队内潜在的机会主义行为。最后，协作的综合效应直接影响决策参考点的变化，并最终体现在企业成长上。为确保家族企业的持续发展，企业需要根据实际情况调整战略模式选择，以应对内外部的各种挑战。

（二）理论贡献

本文探究了文化对家族企业跨代创业的影响，揭开文化嵌入的中介"黑箱"，在解释跨代创业类型、根源及过程机制方面具有一定的理论与实践价值。

（1）通过构建文化嵌入的中介作用路径，回应经济社会学对文化层面的关注（Swedberg，2003）。尽管文化嵌入研究通过将文化视为经济过程中的动态、内生要素，实现了文化分析视角由背景向内容的转变，但其主要关注以共同理解为表征的关系质量，较少探究关系本身的发展及演变，对微观互动情形中的创业实践缺乏全面的理解。为弥补这一不足，本文在现有的笼统关系中介基础上扩展，引入三个层次的社会关系及两种类型的社会互动，以揭示文化对跨代创业影响的完整过程机理，突出文化在经济行为和社会建构中的作用。

（2）明确文化影响社会协作的三条具体路径。当下，由传统文化复兴引发的文化观念体系演化不仅涉及社会整体意义上的变化，还内嵌群体成员间的互动，单纯将文化作用理解为个体孤立认知失之偏颇。因而，从人际关系视角探究文化，有助于缓解经济社会学中关系分析与文化分析的二元对立，真正理解经济行为背后的嵌入复杂性（李新春和邹立凯，2021）。通过对案例企业的底层逻辑进行提炼，本文将文化对跨代创业团队协作的影响路径系统划分为以下三条：一是信念文化经个人处世哲学的激发，促进团队心智模式共享；二是社会结构文化经双边人伦秩序的唤起，推动团队信任网络连接；三是制度文化经多方规则框架的激活，实现团队权威体系构建。

（3）发现社会协作格局与跨代创业类型之间的文化联系。以往对于家族企业跨代创业的研究主要集中在单一主体的行为决策（赵晶等，2015），较少涉及代际互动类型的探索。从社会互动视角出发，能够更好地理解经济行为的差异化起因，揭示文化导向影响下传承双方的博弈格局。通过对不同层次间内在联系的分析，本文得出跨代创业团队协作的两种机制。具体而言，协调机制基于经世致用的处世哲学，强调横向关系、能力导向及自发演化，表现为对接班人意向整合的兼容性适应；合作机制则依托差序格局的人伦秩序，侧重纵向关系、传统导向与任务建构，突出为实现创始人既定目标而共同努力；两者间不同程度的平衡离不开道法兼备规则框架的约束和调节，并最终形成复兴、革新、更新、冲突共四种模式的跨代创业。由此可知，文化嵌入是一个多层次的渐进式过程，各环节紧密相连，其间文化以不同形式发挥作用。

（三）研究启示

在团队建设方面，要意识到跨代创业是一个动态的长期过程，旨在通过几代人的共同努力实现企业创新和价值创造，这期间，良好的团队协作是创业活动顺利进行的保障。为此，高管成员应该在尊重差异的前提下进行有效互动，明确各自在跨代创业团队中的角色定位，以提高团队效率，促进志同道合。同时，领导者要增强自身的感召力，通过榜样作用和愿景表达，引导成员朝着共同目标努力，积极营造合作共赢的团队氛围，为企业的长期稳定和可持续发展奠定基础。

在组织管理方面，要意识到组织文化在跨代创业中发挥着至关重要的作用。领导者应构筑融合现代经营理念与中华优秀传统文化精髓的整体性规则框架，营造开放透明的沟通环境，鼓励不同经验和观点成员的共同参与，以建立信任网络、提升个体归属感和凝聚力，实现团队内部的紧密团结。此外，清晰定义的权责分工和决策流程有助于缓解跨代转型期的纷争和不确定性，最大限度地发挥成员的主观能动性，确保组织高效稳定运转。

在社会治理方面，要意识到中华优秀传统文化博大精深，具备重要的社会功能。政府及相关部门应加强对中华优秀传统文化价值的挖掘，并积极推广和宣传。通过文化的有效融合与应用，激发公众对所处文化的自豪感和身份认同，从而塑造人们的处事态度、关系结构和行为规范，培养共同体意识，促进更为平衡的社会秩序建立，推动社会发展与进步。

（四）未来展望

本文对文化嵌入、跨代高管团队关系协调及创业行为进行了探索，并得出了一些有意义的结论，但仍旧存在改进空间，未来可从以下几个方面着力。首先，本文所选案例对象为淄博市家族企业，属特定齐文化背景，为提高研究结论的普适性，后续需扩大样本地区范围，尝试调研更多类型的企业。其次，本文虽然发现了关系嵌入的三项基本要素间的交互作用，但是并没有对其展开明确阐述，这意味着现有理论模型还有待进一步拓展和完善。最后，尽管本文通过深度访谈方式获得了较为翔实的案例资料，但在数据理解和构念提取上难免会有一定主观性，因此，未来可借助实验法或实证研究等途径辅助验证研究结论，以提高研究的外部效度。

参考文献

[1] 曹劲松，徐梦洁. 长江文化涵养社会主义核心价值观的道与势[J]. 南京社会科学，2022（8）：1-9.

[2] 陈灿君，许长新. 认知差异视角下的二代涉入与家族企业创新决策[J]. 管理学报，2022（5）：705-713.

[3] 冯宝军，刘音，孙秀峰．家族企业代际隐性知识的双向流动机制——基于跨代转型创业视角的多案例研究[J]．管理案例研究与评论，2021（5）：532-546．

[4] 葛法权，张玉利，张腾．组织相互依赖关系对公司创业能力的影响机制——基于海尔集团的案例研究[J]．管理学报，2017（4）：475-484．

[5] 金大卫，许悦．人道主义救援的供应链绩效研究——权威治理、市场竞争和伙伴合作的视角[J]．经济管理，2013（5）：171-178．

[6] 李婵，葛京，游海．制度工作视角下家族企业代际传承过程中权威转换机制的案例研究[J]．管理学报，2021（8）：1128-1137．

[7] 李新春，韩剑，李炜文．传承还是另创领地？——家族企业二代继承的权威合法性建构[J]．管理世界，2015（6）：110-124．

[8] 李新春，何轩，陈文婷．战略创业与家族企业创业精神的传承——基于百年老字号李锦记的案例研究[J]．管理世界，2008（10）：127-140．

[9] 李新春，邹立凯．本地嵌入与家族企业的可持续成长——基于日本长寿家族企业的多案例研究[J]．南开管理评论，2021（4）：4-17．

[10] 李新春，邹立凯．传统继承与跨代创新——基于长寿家族企业的多案例研究[J]．管理科学学报，2022（3）：22-43．

[11] 马克·格兰诺维特．镶嵌：社会网与经济行动[M]．罗家德，译．北京：社会科学文献出版社，2007．

[12] W. 理查德·斯科特．制度与组织：思想观念、利益偏好与身份认同[M]．姚伟，等译．4版．北京：中国人民大学出版社，2020．

[13] 潘越，翁若宇，纪翔阁，等．宗族文化与家族企业治理的血缘情结[J]．管理世界，2019（7）：116-135．

[14] 阮鸿鹏，池仁勇，张军．不确定环境下组织间信任与合作创新绩效研究[J]．科研管理，2022（5）：104-112．

[15] 王世权，王丹．公司创业网络本质解构与作用机理和治理要义探析——基于利益相关者视角[J]．外国经济与管理，2011（6）：9-17．

[16] 王扬眉，叶仕峰．家族性资源战略传承：从适应性到选择性组合创业——一个纵向案例研究[J]．南方经济，2018（10）：49-68．

[17] 王扬眉，梁果，王海波．家族企业继承人创业图式生成与迭代——基于烙印理论的多案例研究[J]．管理世界，2021（4）：198-216．

［18］杨宜音. 社会心理领域的价值观研究述要［J］. 中国社会科学，1998（2）：82-93.

［19］姚凯，陈曼. 企业家心智模式对企业多元化战略决策的影响［J］. 经济理论与经济管理，2009（12）：60-65.

［20］曾颖娴，邻立凯，李新春. 家族企业传承期更容易发生高管辞职［J］. 经济管理，2021（8）：107-123.

［21］赵晶，张书博，祝丽敏. 传承人合法性对家族企业战略变革的影响［J］. 中国工业经济，2015（8）：130-144.

［22］周建波. 中国管理环境：暧昧文化因子、管理真实形态与情境嵌入机理［J］. 管理学报，2012（6）：785-791.

［23］祝振铎，李新春，赵勇. 父子共治与创新决策——中国家族企业代际传承中的父爱主义与深谋远虑效应［J］. 管理世界，2021（9）：191-206.

［24］张维迎. 博弈与社会［M］. 北京：北京大学出版社，2013.

［25］Chaudhary S，A Dhir，A Ferraris，et al. Trust and Reputation in Family Businesses：A Systematic Literature Review of Past Achievements and Future Promises［J］. Journal of Business Research，2021（137）：143-161.

［26］Cherchem N. The Relationship between Organizational Culture and Entrepreneurial Orientation in Family Firms：Does Generational Involvement Matter［J］. Journal of Family Business Strategy，2017，8（2）：87-98.

［27］De Clereq D，I Belausteguigoitia. Intergenerational Strategy Involvement and Family Firms' Innovation Pursuits：The Critical Roles of Conflict Management and Social Capital［J］. Journal of Family Business Strategy，2015，6（3）：178-189.

［28］Discua Cruz A，E Hamiton，S L Jack. Understanding Entrepreneurial Cultures in Family Businesses：A Study of Family Entrepreneurial Teams in Honduras［J］. Journal of Family Business Strategy，2012，3（3）：147-161.

［29］Durugbo C. Collaborative Networks：A Systematic Review and Muli-level Frame Work［J］. International Journal of Production Research，2015，54（12）：3749-3776.

［30］Erdogan I，E Rondi，A De Massis. Managing the Tradition and Innovation Paradox in Family Firms：A Family Imprinting Perspective［J］. Entrepreneurship Theory and Practice，2020，44（1）：20-54.

[31] Eze N L, M Nordqvist, G Samara, et al. Different Strokes for Different Folks: The Roles of Religion and Tradition for Transgenerational Entrepreneurship in Family Businesses [J]. Entrepreneurship Theory and Practice, 2020, 45 (4): 792-837.

[32] Gagné M, C Marwick, S Brun de Pontet, et al. Family Business Succession: What's Motivation Got to Do with It [J]. Family Business Review, 2021, 34 (2): 154-167.

[33] Gimenez-Jimenez D, L F Edelman, T Minola, et al. An Intergeneration Solidarity Perspective on Succession Intentions in Family Firms [J]. Entrepreneurship Theory and Practice, 2021, 45 (4): 740-766.

[34] Goldberg A, S B Srivastava, V G Manian, et al. Fitting in or Standing Out? The Tradeoffs of Structural and Cultural Embeddedness [J]. American Sociological Review, 2016, 81 (6): 1190-1222.

[35] Gulati R, F Wohlgezogen, P Zhelyazkov. The Two Facets of Collaboration: Cooperation and Coordination in Strategic Alliances [J]. Academy of Management Annals, 2012, 6 (1): 531-583.

[36] Iden J, B Bygstad. The Social Interaction of Developers and IT Operations Staff in Software Development Projects [J]. International Journal of Project Management, 2018, 36 (3): 485-497.

[37] Nordqvist M, T M Zellweger. Transgenerational Entrepreneurship: Exploring Growth and Performance in Family Firms across Generations [M]. Cheltenham, UK: Edward Elgar, 2010.

[38] Prugl R, D I Spitzley. Responding to Digital Transformation by External Corporate Venturing: An Enterprising Family Identity and Communication Patterns Perspective [J]. Journal of Management Studies, 2021, 58 (1): 135-164.

[39] Sciaseia S, E Clinton, R S Nason, et al. Family Communication and Innovativeness in Family Firms [J]. Family Relations, 2013, 62 (3): 429-442.

[40] Soleimanof S, M W Rutherford, J W Webb. The Intersection of Family Firms and Institutional Contexts: A Review and Agenda for Future Research [J]. Family Business Review, 2018, 31 (1): 32-53.

[41] Steier L P, J J Chrisman, J H Chua. Governance Challenges in Family Businesses and Business Families [J]. Entrepreneurship Theory and Practice, 2015, 39（6）: 1265-1280.

[42] Swedberg R. Principles of Economic Sociology [M]. Princeton, NJ: Princeton University Press, 2003.

[43] Thiel C E, J Harvey, S Courtright, et al. What Doesn't Kill You Makes You Stronger: How Teams Rebound from Early-Stage Relationship Conflict [J]. Journal of Management, 2019, 45（4）: 1623-1659.

[44] Timasheff N S. The Basic Concepts of Sociology [J]. American Journal of Sociology, 1952, 58（2）: 176-186.

[45] Yim R K. Case Study Research: Design and Methods [M]. Thousand Oaks, CA: Sage, 2009.

[46] Zuppa D, S Olbina, R Issa. Perceptions of Trust in the US Construction Industry [J]. Engineering, Construction and Architectural Management, 2016, 23（2）: 211-236.

[47] Zukin S, P DiMaggio. Structures of Capital: The Social Organization of the Economy [M]. Cambridge, UK: Cambridge University Press, 1990.

多个家族所有者并存对企业研发投入的影响研究

严若森 李浩 陈静

摘要：本文以2009—2019年中国沪、深A股上市家族企业为研究样本，实证检验了多个家族所有者并存及其异质性对企业研发投入的影响。结果发现：多个家族所有者并存会促进企业研发投入。进一步来看，在多个家族所有者并存的企业中，当这些家族所有者之间的亲缘关系疏远时，企业研发投入水平会更高。机制研究表明，多个家族所有者并存会通过企业风险承担、融资约束两种机制影响企业研发投入。

关键词：多个家族所有者并存；企业研发投入；亲缘关系；企业风险承担；融资约束

来源：《软科学》2023年1月第37卷第1期（总第277期）

家族企业是世界范围内广泛存在的一种组织形式，提高家族企业的创新能力对于家族企业自身及国民经济的健康发展均具有非常重要的意义。鉴于家族所有权控制是家族企业的基本特征，家族所有权控制究竟如何影响企业研发投入一直是家族企业研究文献关注的重要问题。近年来社会情感财富理论成为家族企业研究中的主导解释框架，基于该理论的研究往往认为，维护社会情感财

---

① 基金项目：国家自然科学基金项目（71872136）；教育部人文社会科学研究规划基金项目（18YJA630126）。

② 严若森（1971—），男，湖南华容人，博士，教授，博士生导师，研究方向为公司治理、制度理论。武汉大学经济与管理学院。

③ 李浩（1989—），男，山西吕梁人，博士研究生，研究方向为家族企业治理（通讯作者）。武汉大学经济与管理学院。

④ 陈静（1990—），女，山东青岛人，博士研究生，研究方向为公司治理、创新管理。武汉大学经济与管理学院。

富是控股家族决策的重要参考点[1],而开展研发活动会使企业对外部资本、外来人员形成依赖,进而损害家族控制等社会情感财富,因此,控股家族往往倾向于规避风险与减少企业研发投入[2~4],并且家族所有权控制强度即家族整体持有的所有权比例越高,家族维护社会情感财富与风险规避的意愿越强,企业研发投入水平相应会越低[3,5]。

不难发现,在考察家族所有权控制对企业研发投入的影响时,已有文献大都将家族成员持有的所有权简单相加并视为一个整体,其潜在的假设为家族成员对社会情感财富的偏好程度是相同的,并且他们均是风险厌恶的。事实上,虽然社会情感财富是家族成员共有的禀赋,但是家族成员却会在社会情感财富目标与经济目标之间进行不同程度的取舍[6,7],从而使他们的风险偏好有所不同。鉴于此,在考察家族所有权控制对企业研发投入的影响时,不仅应该关注家族整体持有的所有权,而且需要进一步深入考察家族所有权在家族内部的配置方式。已有文献发现,约1/3的中国家族企业其家族所有权全部集中在单个家族成员手中,而大部分家族企业的家族所有权则同时配置给了多个家族成员[8],那么家族所有权配置方式不同的两类企业在研发投入方面是否存在显著差异?为了回答这一问题,本文以2009—2019年中国沪深两市A股上市家族企业为研究样本,实证检验了多个家族所有者并存对企业研发投入的影响。在此基础上,本文还进一步探究了多个家族所有者并存的异质性即这些家族所有者的亲缘关系对企业研发投入的影响。

本文的边际贡献体现在以下三个方面。①基于家族成员同质化的假设,已有研究大都仅考察了家族整体所有权比例对企业研发投入的影响,而本文关注了家族成员目标偏好与风险偏好的差异,并探究了多个家族所有者并存对企业研发投入的影响,从而丰富了家族企业研发投入前因变量的相关文献。②已有研究认为,与单个家族所有者的企业相比,多个家族所有者并存的企业绩效更好[9,10]。本文探究了多个家族所有者并存对企业研发投入的影响,丰富了多个家族所有者并存经济后果的相关文献,并为多个家族所有者并存的治理效应提供了研发投入方面的证据。③已有研究认为,家族企业中亲缘关系具有一定的治理效应,例如,它能够降低家族成员之间的目标冲突与代理成本[11],降低家族成员对薪酬契约的需求[12]。然而在多个家族所有者并存的企业中,家族所有者之间的亲缘关系越紧密,家族所有者越有可能"一荣俱荣、一损俱损",从而不利于企业开展研发等高风险活动，因此，本文的研究丰富了亲缘关系经济后果的相关文献。

一、理论分析与研究假设

（一）多个家族所有者并存与企业研发投入

已有文献发现，维护社会情感财富的动机深嵌在与企业密不可分的家族所有者心中，而开展研发活动却容易造成社会情感财富的损失。因此，为了维护社会情感财富，家族所有者往往会选择规避风险并减少企业研发投入[3, 13, 14]。然而，家族所有者对社会情感财富的偏好与风险偏好具有很强的异质性，家族企业中仅有单个家族所有者还是多个家族所有者并存，会影响家族所有者整体对社会情感财富的偏好程度，以及企业研发资源的获取，进而最终影响企业研发投入。

当企业仅有业主单个家族所有者时，家族所有权全部集中于业主手中，此时业主在企业中极具权威性，其目标偏好会对企业的研发决策产生重要影响。作为一家之长，业主希望维持家族对企业的控制以保障家族成员的长期福利[15]。与此同时，在仅有业主单个家族所有者的企业中，业主一般而言也是创始人[16]，而作为创始人的业主为公司的创建与成长投入了大量的时间、精力和资金，其对企业的依赖与认同最高[17]，并且维护社会情感财富的意愿最强[18]。虽然研发能够让家族企业获得更多的成长选择，但研发往往需要对现状进行变革，且研发过程引入外部人力资本、财务资本会危及家族控制等社会情感财富[3]，并且研发活动一旦失败会损害企业的声誉与形象[2]。因此，为了维护家族控制、企业的认同等社会情感财富，业主往往会趋于保守并缺乏开展研发活动的意愿。再加上当仅有业主单个家族所有者时，业主物质财富与企业高度相关，其承受的研发风险较高，这也会抑制业主的风险承担与研发意愿。此外，从研发资源的角度看，在我国转型经济的背景下，家族企业较难通过市场机制的正式渠道获取资源，而业主单独持有所有权又不利于企业调动与利用家族资本[9, 10]，这无疑会使企业比较缺乏研发所需的资源。

当多个家族所有者并存时，每个家族所有者都能够对家族决策产生影响[19]。

随着家族所有者人数的增加,在一部分家族成员心目中家族企业的重要性比较低。例如,对于非核心家族成员而言,他们对家族与企业的依恋感和认同感较弱,其更多地将企业视为赚钱的工具,保有社会情感财富甚至维持家族控制不是其决策关注的首要问题,相反,他们往往更加注重自身及其各自家庭的经济利益[7,20]。再如,与创始人相比,二代所有者对社会情感财富的重视程度较低[21],并且他们有动机通过开展研发活动树立自身权威[22,23]。因此,相较而言,当多个家族所有者并存时,家族所有者整体维护社会情感财富的意愿会降低,其风险承担与研发意愿则相应地会有所提升。再加上多个家族所有者并存会降低每个家族所有者承担的研发风险份额,这也会促进家族所有者的风险承担与研发意愿。此外,从研发资源的角度看,多个家族所有者并存有利于企业充分调动、利用家族资本[24],有助于企业通过家族网络这一非正式渠道缓解融资约束,并获取研发所需的资源。

综上所述,相较而言,多个家族所有者并存的企业,其风险承担意愿更高,并且其更容易从家族网络获取研发所需资源,据此,本文提出如下假设。

H1:多个家族所有者并存会促进企业的研发投入。

(二)家族所有者亲缘关系与企业研发投入

本文的前述分析认为,与仅有单个家族所有者的企业相比,多个家族所有者并存的企业研发投入水平更高。遵循上述逻辑,本文进一步分析认为,在多个家族所有者并存的企业中,当这些家族所有者之间的亲缘关系疏远时,企业研发投入水平会更高。其原因在于:当多个家族所有者之间的亲缘关系疏远,即这些家族所有者中存在非核心家族成员时,这意味着家族所有者来自不同的家庭,那么这些家族所有者之间的利他水平会较低,他们更加关心自身的经济利益而非家族社会情感财富[7,20]。再加上此时由于家族所有者来自不同的家庭,企业的研发风险能够在家族内部不同的家庭之间进行分散,因此,这些家族所有者的风险承担与研发意愿较强。此外,从研发资源的角度来看,来自不同家庭的亲缘关系疏远的家族所有者所掌握的资源与社会网络的异质性较强[10,25],这将有利于企业从家族获取各类研发所需的资源。

相反,当这些家族所有者之间的亲缘关系紧密,即这些家族所有者均为核心家族成员时,这意味着家族所有者往往来自同一个家庭。由于这些核心家族成员之间的利他水平较高,他们会将彼此的效用及家族利益纳入自身决策范畴[7, 20],并且他们的决策一致性较高[7, 26, 27],因此,此时这些家族所有者对家族社会情感财富的偏好比较强,这无疑会使企业的研发决策趋于保守。再加上此时由于这些家族所有者来自同一个家庭,紧密的亲缘关系会使家族所有者"一荣俱荣、一损俱损",从而不利于研发风险在不同的家庭之间进行分散,因此,此时家族所有者的风险承担与研发意愿较低。此外,从研发资源的角度看,亲缘关系紧密的家族所有者由于长期生活在一起,他们掌握的资源及其社会网络的同质性较强[10, 25],这将不利于企业从家族获取各类研发所需的资源。

综上所述,在多个家族所有者并存的企业中,当家族所有者亲缘关系疏远时,家族所有者的风险承担与研发意愿更强,并且企业能够从家族获取更多的异质性资源,据此,本文提出如下假设。

H2:在多个家族所有者并存的企业中,当家族所有者亲缘关系疏远时,企业研发投入水平会更高。

二、研究设计

(一)样本选择与数据来源

本文参考许静静等[28]的界定标准,将同时满足以下两个条件的企业视为家族企业:①企业的最终控制者可以追溯到某一自然人或家族,且自然人或家族整体持有的所有权比例大于或等于5%;②有两位及以上存在亲缘关系的家族成员持有企业所有权或在企业任职。按照上述定义,本文以2009—2019年中国沪深两市A股上市家族企业为研究样本,剔除金融保险业企业及在样本期间内曾被ST、*ST、PT的企业,剔除有关变量存在数据缺失的观测值,最终获得有效样本企业1321家,共计5980个企业—年度观测值。

本文涉及的家族所有者所有权比例数据、其他家族所有者与业主的亲缘关系数据,主要通过年报、招股说明书、上市公司公告与百度搜索引擎等渠道获得,其余数据均来自国泰安(CSMAR)数据库。

此外,本文对所涉及的主要连续变量均进行了1%水平上的Winsorize缩尾处理。

(二) 变量说明

1. 被解释变量

本文的被解释变量为企业研发投入（RD）。借鉴已有研究[6]，本文使用研发费用与主营业收入的比值作为企业研发投入的测度，为避免回归系数过小，本文将该比值乘以100。

2. 解释变量

本文的解释变量为以下几点。①多个家族所有者并存（Multi）。当存在多个家族成员持有企业所有权时，该变量取值为1，否则，取值为0。②家族所有者亲缘关系（Kinship）。在多个家族所有者并存的企业中，当这些家族所有者均为核心家族成员时，家族所有者亲缘关系紧密，该变量取值为1，而当这些家族所有者中存在非核心家族成员时，家族所有者亲缘关系疏远，该变量取值为0。参照已有研究[9]，本文将核心家族成员定义为业主及其父母、儿女、配偶、兄弟姐妹，而将业主的侄子（侄女）、儿媳、堂兄弟（姐妹）、女婿、兄弟姐妹的配偶、配偶的父母、配偶的兄弟姐妹、父母的兄弟姐妹、创业伙伴、亲信或好友（同乡、同学等）定义为非核心家族成员，其中，业主是指持有所有权比例最高的家族成员。

3. 控制变量

参考已有研究[22,29~31]，本文控制了企业年龄、负债比率、资产规模、资产报酬率、家族所有权比例、二代涉入、董事会规模、董事长身份、高管薪酬、总经理持股比例、机构持股比例、股权集中度的影响。此外，本文还控制了年份效应（Year）、行业效应（Ind）。

本文所涉及变量的相关说明，如表1所示。

表1 变量说明

变量类型	变量名称	变量代码	变量测度
因变量	企业研发投入	RD	（研发费用/主营业收入）×100
自变量	多个家族所有者并存	Multi	当存在多个家族成员持有企业所有权时，取值为1，否则，取值为0
	家族所有者亲缘关系	Kinship	在多个家族所有者并存的企业中，若这些家族所有者均为核心家族成员，则取值为1，否则，取值为0

续表

变量类型	变量名称	变量代码	变量测度
控制变量	企业年龄	Age	观测年度减去企业成立年份
	负债比率	Lev	总负债/总资产
	资产规模	Size	企业总资产的自然对数
	资产报酬率	ROA	税后净利润/总资产
	家族所有权比例	Ownership	家族整体持有的企业所有权比例
	二代涉入	Generation2	当业主的二代（包括儿子、女儿、儿媳和女婿）是公司的董事长或CEO时，取值为1，否则，取值为0
	董事会规模	Boardsize	董事会成员人数
	董事长身份	ChairmFam	当董事长为家族成员时，取值为1，否则，取值为0
	高管薪酬	Top3Salary	高管前三名薪酬总额取自然对数
	总经理持股比例	Hdirprop	总经理的持股比例
	机构持股比例	Insprop	机构投资者持股比例
	股权集中度	Shrz	企业第一大股东与第二大股东持股比例的比值
	年份虚拟变量	Year	年份虚拟变量，控制年份效应
	行业虚拟变量	Ind	行业虚拟变量，控制行业效应

（三）模型设定

为了验证 H1 与 H2，本文构建了下述模型（1）、（2）。为了控制可能存在的反向因果问题，多个家族所有者并存（$Multi$）、家族所有者亲缘关系（$Kinship$）及控制变量（$Controls$）均滞后一期。

$$RD_{t+1} = \alpha_0 + \alpha_1 \times Multi_t + \sum_j \alpha_j \times Controls_{j,t} + \mu_{it} \quad (1)$$

$$RD_{t+1} = \beta_0 + \beta_1 \times Kinship_t + \sum_j \beta_j \times Controls_{j,t} + \varepsilon_{it} \quad (2)$$

三、实证结果与分析

（一）描述性统计与相关性分析

表 2 为主要变量的描述性统计与相关性分析结果。表 2 结果显示：①企

业研发投入的均值为 4.686，方差为 3.936，这说明平均而言，样本企业的研发投入强度比较低，但其变异程度较大；②多个家族所有者并存的均值为 0.638，这说明约有 2/3 的样本家族企业存在多个家族所有者并存的现象，这与既有研究[8]结论一致；③家族所有者亲缘关系的均值为 0.591，即对于多个家族所有者并存的企业而言，约有 60% 的样本其家族所有者均为核心家族成员，这说明平均而言，家族所有者之间的亲缘关系比较紧密。

表 2 结果亦显示：①企业研发投入与多个家族所有者并存的相关系数为 0.046（$p < 0.01$），初步验证了 H1；②企业研发投入与家族所有者亲缘关系的相关系数为 -0.023（$p < 0.1$），初步验证了 H2。

表 2 变量的描述性统计与相关性分析

变量	RD	Multi	Kinship	Age	Lev	Size	ROA	Ownership
RD	1							
Multi	0.046***	1						
Kinship	-0.023*	0.448***	1					
Age	-0.086***	0.051***	0.077***	1				
Lev	-0.274***	-0.062***	-0.003	0.140***	1			
Size	-0.215***	-0.052***	-0.035**	0.181***	0.522***	1		
ROA	-0.059***	0.043***	-0.037***	-0.079***	-0.281***	-0.12***	1	
Ownership	-0.004	0.303***	-0.036**	-0.106***	-0.179***	-0.18***	0.198***	1
Generation2	-0.104***	0.094***	-0.021	0.146***	0.030	0.13***	-0.035***	-0.061***
Boardsize	-0.073***	-0.027**	-0.064***	-0.004	0.057***	0.16***	0.024**	-0.161***
ChairmFam	0.046***	0.018	-0.005	-0.099***	-0.093***	-0.13***	0.063***	0.194***
Top3Salary	0.026**	0.062***	-0.074***	0.192***	0.153***	0.45***	0.062***	-0.015
Hdirprop	0.113***	-0.022*	0.017	-0.078***	-0.162***	-0.22***	0.113***	0.289***
Insprop	0.009	-0.043***	-0.067***	-0.011	0.098***	0.28***	-0.008	-0.175***
Shrz	-0.081***	-0.158***	0.007	0.069***	0.095***	0.10***	-0.051***	0.048***
均值	4.686	0.638	0.591	15.994	0.342	21.647	0.016	40.743
标准差	3.936	0.481	0.492	5.497	0.182	0.966	0.021	15.971

续表

变量	Generation2	Boardsize	ChairmFam	Top3Salary	Hdirprop	Insprop	Shrz
Generation2	1						
Boardsize	0.034***	1					
ChairmFam	-0.384***	-0.028**	1				
Top3Salary	0.025**	0.064***	-0.052***	1			
Hdirprop	-0.187***	-0.096***	0.184***	-0.065***	1		
Insprop	0.025**	0.034***	-0.065***	0.127***	-0.068***	1	
Shrz	0.050***	-0.017	-0.067***	-0.004	-0.042***	-0.029**	1
均值	0.286	8.161	0.91	14.241	10.563	5.704	5.602
标准差	0.452	1.394	0.287	0.641	15.09	6.35	7.693

注：*、**、***分别表示在10%、5%、1%的显著性水平上显著；下表同。

此外，本文还进行了方差膨胀性因子（VIF）检验，VIF最大值为1.94，VIF均值为1.26，这进一步说明本文模型设定不存在严重的多重共线性问题。

（二）回归分析

本文在进行 OLS 回归时均使用稳健标准误，以控制异方差与自相关问题。企业研发投入对控制变量的回归结果如表3第（1）列所示，其中，家族整体所有权比例（Ownership）对企业研发投入的影响为负，系数为 -0.014（$p<0.01$），这与已有研究[3,5]的结论一致。

表3 多个家族所有者并存与企业研发投入回归结果

变量	（1）RD_{t+1}	（2）RD_{t+1}	（3）RD_{t+1}
Multi		0.458*** (4.297)	
Kinship			-0.328*** (-2.634)
Age	-0.058*** (-6.363)	-0.059*** (-6.501)	-0.068*** (-6.300)
Lev	-5.881*** (-15.748)	-5.883*** (-15.788)	-5.835*** (-12.787)
Size	-0.463*** (-6.676)	-0.447*** (-6.459)	-0.270*** (-3.070)
ROA	-20.988*** (-7.587)	-20.554*** (-7.437)	-14.303*** (-4.523)
Ownership	-0.014*** (-4.492)	-0.019*** (-5.702)	-0.016*** (-3.966)

续表

变量	（1）RD_{t+1}	（2）RD_{t+1}	（3）RD_{t+1}
$Generation2$	−0.591*** （−5.956）	−0.636*** （−6.323）	−0.514*** （−4.588）
$Boardsize$	−0.055 （−1.492）	−0.060 （−1.615）	−0.059 （−1.431）
$ChairmFam$	0.021 （0.113）	0.017 （0.094）	0.692*** （3.426）
$Top3Salary$	0.788*** （10.523）	0.772*** （10.304）	0.460*** （4.918）
$Hdirprop$	0.015*** （4.235）	0.016*** （4.675）	0.006 （1.374）
$Insprop$	0.026*** （3.237）	0.025*** （3.118）	0.026*** （2.791）
$Shrz$	−0.007 （−1.370）	−0.002 （−0.379）	−0.012* （−1.681）
$\_cons$	8.292*** （5.971）	8.062*** （5.801）	8.199*** （4.642）
年份效应	控制	控制	控制
行业效应	控制	控制	控制
N	5980	5980	3815
Adj_R^2	0.191	0.193	0.347

注：括号内为 t 值；下同。

模型（1）的回归结果如表 3 第（2）列所示，多个家族所有者并存（$Multi$）的回归系数为 0.458（$p < 0.01$），这说明虽然家族整体的所有权比例会抑制企业研发投入水平，但是与仅有单个家族所有者的企业相比，多个家族所有者并存的企业其研发投入水平更高，故 H1 得到了支持。

模型（2）的回归结果如表 3 第（3）列所示，家族所有者亲缘关系（$Kinship$）回归系数为 −0.328（$p < 0.01$），这说明在多个家族所有者并存的企业中，当这些家族所有者之间的亲缘关系疏远时，企业研发投入水平会更高，故 H2 得到了支持。

（三）稳健性检验[①]

1. H1 的稳健性检验

本文将被解释变量企业研发投入的测度更换为研发费用与企业总资产的比值并扩大 100 倍，实证结果表明 H1 仍然成立。

前文中家族企业样本的筛选标准之一为家族整体持有的所有权比例大于或

---

① 篇幅原因，稳健性检验结果作者备索。

等于5%，而本文将这一筛选标准依次更换为家族整体持有的所有权比例大于或等于10%、15%、20%、25%，实证结果表明H1仍然成立。

2. H2的稳健性检验

本文更换解释变量家族所有者亲缘系数的测度。参照已有研究[32]，本文将Hamilton亲缘系数作为两个个体之间亲缘关系的代理变量。其中，Hamilton亲缘系数是指生物学上有血缘关系的两个个体有多大比例的基因是相同的，例如，业主与父母、儿女、兄弟姐妹的Hamilton亲缘系数为0.5。业主的妻子（丈夫）与业主虽无血缘关系，但作为核心家庭成员，其与业主亲缘系数同样设置为0.5。以业主妻子（丈夫）为中介，可以计算业主与姻亲家庭成员的Hamilton亲缘系数，例如，业主与岳父的亲缘系数等于夫妻之间的亲缘系数（0.5）乘以妻子与岳父之间的亲缘系数（0.5），即0.25。事实上女婿又被称为"半子"，"女婿能顶半个儿"之类的俗语也从另一个侧面证实了这一计算方法的合理性。在依次求得业主与其余每个家族所有者的Hamilton亲缘系数后，本文求其算术平均值即可算出家族所有者整体的亲缘系数。在更换家族所有者亲缘系数的测度后，实证结果表明H2仍然成立。

本文将这一筛选标准依次更换为家族整体持有的所有权比例大于或等于10%、15%、20%、25%，实证结果表明H2仍然成立。

四、机制检验

本文前述的理论分析认为，多个家族所有者并存能够通过促进企业风险承担与缓解融资约束而增加企业研发投入。在这一部分，本文将进行企业风险承担机制检验和融资约束机制检验，进而为多个家族所有者并存影响企业研发投入的作用机制提供更加全面、直观的证据。

（一）企业风险承担机制检验

借鉴已有研究[33]，本文首先将企业年度个股回报率进行行业调整，然后计算调整后的企业年度个股回报率在$(t-1, t+1)$期间内的标准差，将该标准差作为第t年企业风险承担（$Risk$）的测度。表4第（1）列结果显示，多个家族所有者并存会促进企业研发投入，系数为0.425（$p<0.01$）。表4第（2）

列结果显示，多个家族所有者并存会促进企业风险承担（$Risk$），系数为 0.019（$p < 0.05$）。将多个家族所有者并存、企业风险承担同时加入模型，表 4 第（3）列结果显示，企业风险承担会促进企业研发投入，系数为 0.503（$p < 0.05$），而多个家族所有者并存仍然会显著促进企业研发投入，系数为 0.415（$p < 0.01$）。因此，经过中介效应三步法检验程序[34]及 Sobel 检验（Z 值为 1.715，$p < 0.1$），企业风险承担的部分中介效应成立。这些实证结果表明，多个家族所有者并存会通过促进企业风险承担而促进企业研发投入。

表 4 风险承担与融资约束机制检验结果

变量	（1）RD_{t+1}	（2）$Risk_{t+1}$	（3）RD_{t+1}	（4）SA_{t+1}	（5）RD_{t+1}
$Multit$	0.425*** (3.663)	0.019** (2.040)	0.415*** (3.596)	-0.022** (-2.076)	0.408*** (3.527)
$Risk_{t+1}$			0.503** (2.160)		
SA_{t+1}					-0.741*** (-3.875)
Controls	控制	控制	控制	控制	控制
_cons	8.158*** (5.172)	1.027*** (7.451)	7.641*** (4.783)	-18.354*** (-108.804)	-5.447 (-1.498)
Sobel Z			1.715*		2.592***
年份效应	控制	控制	控制	控制	控制
行业效应	控制	控制	控制	控制	控制
N	4629	4629	4629	4629	4629
Adj_R^2	0.211	0.102	0.212	0.163	0.214

（二）融资约束机制检验

借鉴已有研究[35]，本文构造融资约束 SA 指数来衡量企业面临的融资约束，其中，SA 指数越高，企业面临的融资约束程度越高。表 4 第（4）列结果显示，多个家族所有者并存会缓解融资约束，系数为 -0.022（$p < 0.05$）。将多个家族所有者并存与融资约束同时加入模型后，表 4 第（5）列结果显示，融资约束会

抑制企业研发投入，系数为 -0.741（$p < 0.01$），而多个家族所有者并存仍然会显著促进企业研发投入，系数为 0.408（$p < 0.01$）。因此，经过中介效应三步法检验程序[34]及 Sobel 检验（Z 值为 2.592，$p < 0.01$），融资约束的部分中介效应成立。这些实证结果表明，多个家族所有者并存会通过缓解融资约束而促进企业研发投入。

五、结论与启示

已有研究更多聚焦于家族企业与非家族企业的研发行为差异，对家族企业自身异质性的探讨还不够充分[6]。虽然有一些研究探究了家族所有权、管理权涉入对企业研发投入的影响，但是这些研究大都将家族视为一个整体，而忽视了家族内部权力配置对企业研发投入的影响。本文以 2009—2019 年中国沪深两市 A 股上市家族企业为研究样本，实证探讨了多个家族所有者并存及其异质性对企业研发投入的影响。研究发现，与仅有单一家族所有者的企业相比，多个家族所有者并存的企业研发投入水平会更高，且进一步来看，在多个家族所有者并存的企业中，当这些家族所有者之间的亲缘关系疏远时，家族企业的研发投入水平会更高。机制研究表明，多个家族所有者并存影响企业研发投入的机制在于促进企业风险承担与缓解融资约束。

本文的研究有助于进一步理解家族企业研发异质性，并且对完善家族内部治理机制具有一定的启示与借鉴意义。第一，"融资难、融资贵"一直是制约我国家族企业发展的重要因素，解决该问题的一个可行方案为多个家族成员共享企业所有权，这种做法能够通过家族社会网络这一非正式渠道为企业的研发等经营活动提供资源支持。第二，为了获取研发等经营活动所需的异质性资源并且提升企业风险承担水平，业主可以考虑超越核心家族圈子并将部分所有权配置给亲缘关系相对疏远的非核心家族成员（包括远亲、合作伙伴、老乡等），即进行泛家族化股权融资。然而，值得注意的是，这种做法可能会引发核心家族所有者与非核心家族所有者的冲突[11]，并对企业经营与企业价值产生负面影响。因此，在采取这种做法时业主需要保持足够的审慎，并且尽量选择那些具有较强信任基础与较强认同感的非核心家族成员。同时在将部分所有权配置给亲缘关系较远的非核心家族成员时，业主还可以借鉴法国穆里耶兹家族与中国香港李锦记李氏家族[36]的做法，设立家族治理结构和政策规则，如家族委员会、家族宪法（包括家族文化价值观、家族成员股权转让与继承、家族成员聘用等制度）以实现家族系统的有效治理，包括提高家族所有者的目标一致性，缓解、解决家族所有者尤其是核心家族所有者与非核心家族所有者可能出现的矛盾冲突。

参考文献

[1] 吴炳德，陈凌．社会情感财富与研发投资组合：家族治理的影响[J]．科学学研究，2014，32（8）：1233-1241．

[2] 陈凌，吴炳德．市场化水平、教育程度和家族企业研发投资[J]．科研管理，2014，35（7）：44-50．

[3] Gomez-Mejia L R, Campbell J T, Martin G, et al. Socioemotional Wealth as a Mixed Gamble: Revisiting Family Firm R&D Investments with the Behavioral Agency Model [J]. Entrepreneurship Theory and Practice, 2014, 8 (38): 1351-1374.

[4] 陈志军，闵亦杰，蔡地．家族涉入与企业技术创新：国际化战略与人力资本冗余的调节作用[J]．南方经济，2016（9）：61-76．

[5] 许永斌，万源星，谢会丽．家族控制权强度对企业科技创新行为影响研究[J]．科研管理，2020，41（6）：29-36．

[6] 许长新，赵梦琼．家族代际差异与企业创新投资决策的关系研究[J]．科研管理，2019，40（12）：282-291．

[7] 于晓东，刘小元．不同类型亲属关系如何影响家族企业治理——基于中外研究的文献回顾与理论归纳[J]．经济管理，2017，39（4）：195-208．

[8] 刘白璐，吕长江．中国家族企业家族所有权配置效应研究[J]．经济研究，2016，51（11）：140-152．

[9] 贺小刚，连燕玲，李婧，等．家族控制中的亲缘效应分析与检验[J]．中国工业经济，2010（1）：135-146．

[10] 连燕玲，贺小刚，张远飞．家族权威配置机理与功效——来自我国家族上市公司的经验证据[J]．管理世界，2011（11）：105-117．

[11] 贺小刚，李婧，陈蕾．家族成员组合与公司治理效率：基于家族上市公司的实证研究[J]．南开管理评论，2010，13（6）：149-160．

[12] 赵宜一, 吕长江. 亲缘还是利益？——家族企业亲缘关系对薪酬契约的影响 [J]. 会计研究, 2015 (8): 32-40.

[13] 严若森, 叶云龙. 家族所有权、家族管理涉入与企业 R&D 投入水平——基于社会情感财富的分析视角 [J]. 经济管理, 2014, 36 (12): 51-61.

[14] 梁强, 王博, 宋丽红, 等. 家族治理与企业战略导向：基于制度逻辑理论的实证研究 [J]. 南方经济, 2021 (1): 120-134.

[15] Lim E N K, Lubatkin M H, Wiseman R M. A Family Firm Variant of the Behavioral Agency Theory [J]. Strategic Entrepreneurship Journal, 2010, 4 (3): 197-211.

[16] De Massis A, Kotlar J, Campopiano G, et al. Dispersion of Family Ownership and the Performance of Small-to-Medium Size Private Family Firms [J]. Journal of Family Business Strategy, 2013, 4 (3): 166-175.

[17] Gomez-Mejia L R, Haynes K T, Nunez-Nickel M, et al. Socioemotional Wealth and Business Risks in Family-Controlled Firms: Evidence from Spanish Olive Oil Mills [J]. Administrative Science Quarterly, 2007, 52 (1): 106-137.

[18] Strike V M, Berrone P, Sapp S G, et al. A Socioemotional Wealth Approach to CEO Career Horizons in Family Firms [J]. Journal of Management Studies, 2015, 52 (4): 555-583.

[19] Goel S, He X, Karri R. Family Involvement in a Hierarchical Culture: Effect of Dispersion of Family Ownership Control and Family Member Tenure on Firm Performance in Chinese Family Owned Firms [J]. Journal of Family Business Strategy, 2011, 2 (4): 199-206.

[20] Miller D, Breton-Miller I L, Lester R H. Family Firm Governance, Strategic Conformity, and Performance: Institutional Vs. Strategic Perspectives [J]. Organization Science, 2013, 24 (1): 189-209.

[21] Villalonga B, Amit R. How Do Family Ownership, Control and Management Affect Firm Value? [J]. Journal of Financial Economics, 2006, 80 (2): 385-417.

[22] 黄海杰, 吕长江, 朱晓文. 二代介入与企业创新——来自中国家族上市公司的证据 [J]. 南开管理评论, 2018, 21 (1): 6-16.

[23] 黄珺, 胡卫. 家族企业代际传承对技术创新的影响 [J]. 软科学, 2020, 34 (12): 8-13.

[24] 贺小刚,李婧,张远飞,等.创业家族的共同治理有效还是无效?——基于中国家族上市公司的实证研究[J].管理评论,2016,28(6):150-161.

[25] Gupta V, Levenburg N. A Thematic Analysis of Cultural Variations in Family Businesses: The Case Project[J]. Family Business Review, 2010, 23(2): 155-169.

[26] Sanchez-Ruiz P, Daspit J J, Holt D T, et al. Family Social Capital in the Family Firm: A Taxonomic Classification, Relationships with Outcomes, and Directions for Advancement[J]. Family Business Review, 2019, 32(2): 131-153.

[27] Yu X, Stanley L, Li Y, et al. The Invisible Hand of Evolutionary Psychology: The Importance of Kinship in First-Generation Family Firms[J]. Entrepreneurship Theory and Practice, 2020, 44(1): 134-157.

[28] 许静静,吕长江.家族企业高管性质与盈余质量——来自中国上市公司的证据[J].管理世界,2011(1):112-120.

[29] Gomez-Mejia L R, Cruz C, Berrone P, et al. The Bind that Ties: Socioemotional Wealth Preservation in Family Firms[J]. The Academy of Management Annals, 2011, 5(1): 653-707.

[30] 杨建君,王婷,刘林波.股权集中度与企业自主创新行为:基于行为动机视角[J].管理科学,2015,28(2):1-11.

[31] 顾露露,蔡良,雷悦.家族治理、所有权变更与企业创新——基于中国家族企业的实证研究[J].管理科学,2017,30(2):39-53.

[32] 王明琳,徐萌娜,王河森.利他行为能够降低代理成本吗?——基于家族企业中亲缘利他行为的实证研究[J].经济研究,2014,49(3):144-157.

[33] 余明桂,李文贵,潘红波.管理者过度自信与企业风险承担[J].金融研究,2013(1):149-163.

[34] 温忠麟,张雷,侯杰泰,等.中介效应检验程序及其应用[J].心理学报,2004,36(5):614-620.

[35] 罗宏,秦际栋.国有股权参股对家族企业创新投入的影响[J].中国工业经济,2019(7):174-192.

[36] 莫顿·班纳德森,范博宏.家族企业规划图[M].陈密客,付兆琪,译.北京:东方出版社,2015.

民营企业家多元文化经历、企业家创新精神与企业创新投入[①]

郝盼盼[②]　白　茹[③]

摘要：基于手工搜集的民营企业家多元文化经历数据，选取2009—2019年在沪、深A股上市且研发创新具有代表性的制造业、信息技术业与科学研究和技术服务业民营企业为研究样本，采用面板回归、2SLS检验等方法研究民营企业家多元文化经历、企业家创新精神与企业创新投入之间的关系。结果发现：拥有多元文化经历的民营企业家会促进企业创新投入；风险偏好、企业家社会网络关系、机会识别、动态创新4个维度的企业家创新精神均起到了中介作用；多元文化经历广度和文化距离均会正向影响企业创新投入，且多元地域、多元企业及多元教育文化经历均对企业创新投入产生积极影响。

关键词：多元文化经历；企业家创新精神；企业创新投入

来源：《软科学》2022年12月第36卷第12期（总第276期）

一、引言

党的十九届五中全会将"坚持创新驱动发展，全面塑造发展新优势"列在"十四五"时期重点任务中的首位，强调创新在我国现代化建设全局中的核心地位。民营企业已成为技术创新的重要主体，而企业家在推进民营企业创新活动

[①] 基金项目：教育部人文社会科学基金项目（19YJC630050）；山西省软科学项目（2018041052-5）；山西省科技战略研究专项项目（202104031402063）；山西省高校哲学社会项目（2019W077）；山西省研究生教育创新项目（2020SY132）。

[②] 郝盼盼（1985—），女，山西晋城人，博士、副教授、硕士生导师，研究方向为研发创新管理。山西财经大学会计学院。

[③] 白茹（1994—），女，山西吕梁人，硕士研究生，研究方向为研发创新管理。山西财经大学会计学院。

中扮演着重要角色。但根植于我国传统儒家文化背景下的民营企业家仍存在着创新精神不足、创造力缺失等问题。如何才能激活民营企业家创新精神，激发其个体创造力，进而助推民企创新，这是亟待解决的新问题。

企业家创新精神的激活离不开多元化的思想，而多元化思想又根源于多元的文化经历。从古至今，承认文化多样性是人类发展进步的动力。古有林则徐"开眼看世界"，魏源"师夷长技以制夷"；今有"创新之神"乔布斯游历各国，融合多元文化激发设计灵感，越来越多的企业开始考虑多元文化发展战略，选聘具有多元文化经历的企业家，以期激发企业创新活力。那么，拥有多元文化经历的民营企业家是否会激发其创新精神进而促进企业创新？有待通过实证检验给予回答。

近期学术界掀起了对多元文化研究的热潮。心理学科着重从心理学角度分析多元文化经历提升创造力的作用机制，认为接触到多元文化的个体会不自觉地进行文化学习[1]，惯性思维被打破并重塑[2]，创造力被激活[3]；管理学科侧重于分析高管多元文化经历对企业经营状况的影响，实现了研究成果的实践性转化。有学者关注高管的移民背景和海归背景[4]，还有关注高管的职业经历[5,6]，特别是研发工作经历[7]。针对多元文化经历的研究并不多见，有且仅关注单一文化因素，缺乏来自地域、企业、教育等多因素的考察。此外，少有研究聚焦于民营企业家的多元文化经历，且其影响后果的研究多立足于对个体创造力的影响，是否及如何影响组织创新有待探讨。

创新精神被视为企业家精神的"灵魂"。首先，已有研究多通过研发投入、专利等间接刻画企业家创新精神[8,9]，偏离其内涵，有待考证；其次，向前延伸看企业家创新精神的影响因素，已有研究多关注经济[8]、制度[9]、文化[10]、个体特征等因素，很少立足于企业家个人经历视角；最后，向后延展看企业家创新精神的经济后果，已有研究多考察宏观经济发展[9]与区域创新效率[11,12]及微观企业绩效[13]，少有学者将研究拓展至企业创新。因此，有必要探究民营企业家多元文化经历是否通过激发其创新精神进而推动企业创新投入。

为解决上述问题，本文以民营企业家为研究对象，探究民营企业家多元文化经历是否影响企业创新投入，并揭示这一影响背后的作用机制。本研究为企业创新影响因素探究新要素，丰富企业创新相关理论；从多元文化层面提供新视角，完善管理者特质相关研究；结合心理学领域多元文化及管理学领域组织决策，推动了跨学科交叉研究。此外，本研究从非制度层面为激发民营企业家创新精神进而提升企业创新水平提供决策参考。

二、理论分析与研究假设

（一）民营企业家多元文化经历与企业创新投入

心理学中的文化动态建构理论认为文化会对个体的认知行为产生影响，个体参与多元文化会表现出更高的创造力[14]。第一，多元文化经历通过提升学习效应来提高创造力。个体若长期处于多重文化背景下，必须不断识别并整合相异的文化，在此过程中学到新想法和新概念，激发创造力。第二，多元文化经历通过提升适应效应提高创造力。并不是所有的多元文化经历都能提升创造力，当个体感到本土文化身份受威胁、核心价值观受冲击时，会对新文化产生反感和排斥，只有适应新文化并将其转化为持久的心理利益才能促使创造力的形成。因此，基于学习效应和适应效应，多元文化经历会驱动个体表现出更高的创造力，那么拥有多元文化经历的民营企业家会如何作用于企业创新？

一方面，多元文化经历促使文化参与者形成多元化的思维结构和管理视野，激发创新性想法的形成。基于学习效应和适应效应，具备多元文化背景的个体拥有多样的知识结构和思维方式，其思考和解决问题的方式多种多样，有利于组织创新。另一方面，拥有多元文化经历的个体往往并不惧怕失败，倾向于风险性活动。企业创新活动具有高风险性，而多元文化参与者会获取更丰富的知识经验，这增加了他们的从业机会，即使失败，也能在短时间内"东山再起"，提升了面对风险的勇气，对企业创新活动有利。此外，企业家拥有多元文化经历会享有更广泛的社会资源。广泛的人际网络与丰富的社会资源可帮助企业家及时捕捉行业研发信息，推动企业创新活动的开展。因此，本文提出以下假设。

H1：拥有多元文化经历的民营企业家将促进企业创新投入。

（二）基于企业家创新精神的影响机制检验

创新性地构建企业家创新精神钻石模型，如图 1 所示，分别从企业家的风险偏好、社会网络关系、机会识别和动态创新 4 个维度来实证检验企业家创新精神这一中间影响机制。

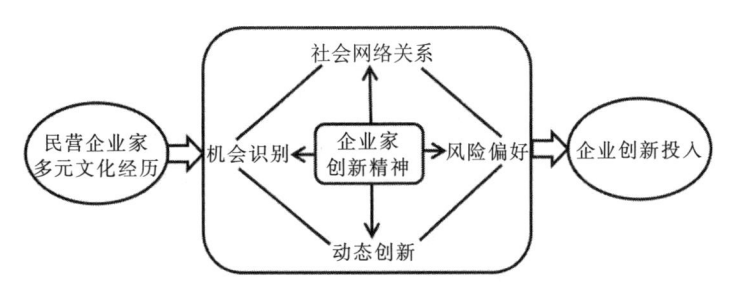

图 1　企业家创新精神钻石模型

1. 风险偏好影响机制

企业创新往往伴随着高风险，因此高管的风险承担意愿尤为关键。然而，高管的风险偏好受其早年经历影响，特别是早期跨文化经历[15]。一方面，从行为心理角度出发，流动性强的高管会提升自身适应能力以尽快融入不同文化，并在不同文化之间实现无障碍转化，因此在面对不同文化时更加开放包容，甚至倾向于挑战各类风险；另一方面，从业务能力角度出发，多元文化经历增加了企业家的"认知库存"和"技能经验"，这使他们有勇气面对失败，且丰富的职业经历使他们形成全新的认知体系，在进行创新战略选择时可参考先前经验。基于以上理论分析，本文提出以下假设。

H2：民营企业家多元文化经历通过提高其风险偏好进而提升企业创新投入。

2. 社会网络关系影响机制

我国上市公司获取信息的正式渠道狭窄，且长久以来在儒家注重群体文化的渲染下，企业家的社会关系网络将成为公司投资信息传递的桥梁[16]。社会网络理论认为个体所构建网络是获取知识和信息的主要来源，个体通过所获信息转化为自身经验，降低公司决策的风险和不确定性。拥有广泛的社会网络关系一方面有利于企业家在解决科技难题中融合各方面资源并采取最优策略，提高创新活动成功的概率；另一方面企业家是前沿信息学习的最佳个体，考虑到创新研发信息的高度私密性，其广阔的人际关系有助于其获取和学习行业领导者的研发信息，这有利于提高创新投资效率。基于以上理论分析，本文提出以下假设。

H3：民营企业家多元文化经历通过丰富其社会网络关系进而提升企业创新投入。

3. 机会识别影响机制

鉴于企业创新活动的高创造性，迅速感知和识别研发机会对企业家尤其重要。企业家在进行创新决策时，往往会参考行业领导者的优质信息，从而寻找研发机会。而拥有多元文化经历的企业家是机会识别的最佳人选。一方面，多元文化参与者在整合、适应不同文化中形成新的知识体系，对问题的看法和认知更深刻，善于将捕捉的信息迅速加工，识别信息中隐含的机会，当机立断提出创新策略；另一方面，拥有多元文化经历的企业家通过其网络圈将汇聚企业家机会识别的"信息库"，企业家可从中获取价值更高的研发信息，从而提高信息识别和利用机会。基于以上理论分析，本文提出以下假设。

H4：民营企业家多元文化经历通过提高其机会识别能力进而提升企业创新投入。

4. 动态创新影响机制

考虑到企业创新的高风险性、高创造性和长期性，将经历失败、突破、再失败、再突破的漫长过程。若企业创新活动不具有持续性，那前期投入会半途而废，损害企业利益。而企业家早期的多元文化经历有助于企业创新维持动态性。一方面，企业家多元文化的经历促使其形成了多元的知识体系和认知，这不仅能够产生新颖的想法，还会保证想法的实施和创新的持续；另一方面，拥有多元文化经历的企业家一般拥有多方面经验，这有利于处理各种技术难题，推动创新研发项目的持续进行。基于以上分析，本文提出以下假设。

H5：民营企业家多元文化经历通过促进动态创新进而提升企业创新投入。

三、研究设计

（一）样本选择与数据来源

本文以2009—2019年沪、深A股上市的民营企业且研发创新具有代表性的制造业、信息技术业与科学研究和技术服务业为样本，经剔除、补漏和缩尾处理，得到1569家样本的9550个观测值。多元文化经历数据通过手工搜索并整理CNRDS（中国研究数据服务平台）数据库披露的高管简历获取，其他财务数据均来自CSMAR（中国经济金融研究）数据库。

(二)变量定义与模型构建

1. 变量定义

(1)企业创新投入(RD)。参考魏浩等[17]的方法,考虑到企业规模存在差异,本文通过标准化后的研发支出来度量。

(2)企业家多元文化经历指数(ME)。学者们普遍认为个体接触多元地域文化[18]、多元企业文化[19]及多元教育文化[20]能够激发多样化的认知和思维方式,这对创新至关重要。因此,本文将多元文化经历指数(ME)刻画为多元地域文化、多元企业文化及多元教育文化指数之和。

ME_{RegCul}代表多元地域文化。考虑跨国文化差异和南北方地域差异,若企业家有国外学习、生活或工作的经历,$X1$取1,若企业家有跨南北方生活、学习或工作的经历,$X2$取1,ME_{RegCul}为$X1$与$X2$之和。

ME_{BusCul}代表多元企业文化。参考Custódio等[21]的方法,$Y1$为企业家所从事的职位数量;$Y2$为服务过的公司数量;$Y3$为所从事过的行业数量;若企业家担任过别的公司高管,$Y4$取1;若企业家在公司多个部门工作过,$Y5$取1。具体测算模型为

$$ME_{BusCul} = 0.268Y1 + 0.312Y2 + 0.309Y3 + 0.218Y4 + 0.153Y5 \quad (1)$$

ME_{EduCul}代表多元教育文化。通过企业家是否选修过双学位及是否硕士及以上学历来测算,若企业家选修过双学位,$Z1$取1;若企业家是硕士及以上学历,则$Z2$取1,ME_{EduCul}为$Z1$与$Z2$之和。

(3)控制变量:考虑到研发活动的滞后性,控制变量均滞后一期。变量定义及说明如表1所示。

表1 变量定义及说明

分类	含义	变量名	变量定义
因变量	企业创新投入	RD	标准化后的研发支出
自变量	多元文化经历	ME	$ME = ME_{RegCul} + ME_{BusCul} + ME_{EduCul}$
	现金流	CF	经营性现金流量净额
	销售收入	Sales	营业收入/资产总额
	销售增长率	Salesgrowth	营业收入增长率
	资产收益率	ROA	净利润/资产总额

续表

分类	含义	变量名	变量定义
控制变量	资产负债率	Bookleverage	长期债务与短期债务之和/资产总额
	资产密集度	PPE/EMP	固定资产净额/员工数
	托宾Q	Q	市场价值/资产重置成本
	企业家任期	Tenure	高管在其职位任职的时间
	企业家年龄	Age	高管年龄

2. 模型构建

为验证民营企业家多元文化经历对企业创新投入的影响，考虑到研发活动具有滞后性，将解释变量滞后一期，构建如下模型：

$$RD_{i,t} = \alpha_0 + \beta_0 ME_{i,t-1} + Controls + \delta_t + \upsilon_i + \varepsilon_{i,t} \quad (2)$$

通过观察 β_0 的显著性来检验假设。

四、实证分析

（一）描述性统计

表2展示了主要变量的描述性统计结果。企业创新投入的最大值为8.842，均值为0.902，最小值为0.016，可见，样本RD值存在较大差异。民营企业家多元文化经历ME的最大值为8.385，最小值为1.157，表明样本企业民营企业家的多元文化经历差异较大。因此，有必要通过实证研究检验不同程度多元文化经历的民营企业家对企业创新投入的影响。

表2 主要变量的描述性统计结果

变量	N	mean	min	max	sd
RD	9550	0.902	0.016	8.842	1.252
ME	9550	3.590	1.157	8.385	1.546

（二）回归结果分析

本文对模型（3）进行回归，以验证民营企业家多元文化经历对企业创新投入的影响，结果如表3所示（篇幅限制，仅给出主要变量的回归结果，以下类似）。列（1）表明企业家多元文化经历 ME 在1%的显著性水平下正向影响企业创新投入。列（2）表明控制了民营企业家任期和年龄后，结论依然成立。重新构建民营企业家多元文化经历指数 ME_New，ME 指数大于中位数时 ME_New 取1，否则取0。列（3）和列（4）为重新回归结果，与前述结论一致，假设H1通过检验。

表3 民营企业家多元文化经历对企业创新投入的回归结果

变量	（1）RD	（2）RD	（3）RD	（4）RD
ME	0.022*** (7.677)	0.017*** (6.014)		
ME_New			0.039*** (5.816)	0.033*** (4.879)
企业家任期和年龄	不控制	控制	不控制	控制
$Adj.R^2$	0.211	0.208	0.277	0.281

注：***、**和*分别表示1%、5%和10%的显著性水平；下同。

（三）基于企业家创新精神的影响机制检验

1. 风险偏好维度

考虑到当地员工竞争力会影响企业家的外部选择，企业所在地同行业企业越多，竞争越激烈，这时若拥有多元文化经历的企业家加大创新投入则说明其偏好风险，因此，参考许春提出的外部选择理论，通过企业所在城市同行业企业的数量来衡量当地员工竞争力，该值大于中位值时，风险偏好指标 RP 取1，否则取0。

参照温忠麟[22]的中介效应检验方法，结果如表4所示。列（1）显示民营企业家多元文化经历会显著促进企业创新投入；列（2）表明有广泛多元文化经历的民营企业家往往敢于承担风险；列（3）同时加入 ME 变量和 RP 变量进行检验，可见两个变量均与企业创新投入显著正相关，说明风险偏好起到部分中介作用，H2通过检验。

表 4　民营企业家风险偏好的中介效应检验结果

变量	（1）RD	（2）RP	（3）RD
ME	0.012***（6.327）	0.007**（2.186）	0.012***（6.266）
RP			0.017***（2.770）
R-squared	0.295	0.018	0.296

2. 社会网络关系维度

本文从多个方面测算企业家社会网络关系，用 NETWORK 表示，具体为：①金融关系，企业家曾在银行、信托等金融机构任职取 1，否则取 0；②学历关系，企业家学历在硕士及以上或攻读 EMBA/MBA 取 1，否则取 0；③年龄，企业家年龄大于样本均值取 1，否则取 0；④市场关系，企业家曾任职企业数量大于样本均值取 1，否则取 0；⑤网络声誉，企业家曾获得五一劳动奖章、优秀企业家等奖励取 1，否则取 0；⑥政治关系，企业家担任过人大代表、政协委员等职位取 1，否则取 0。

表 5 所示为民营企业家社会网络关系的中介效应检验结果。列（2）、列（4）及列（6）表明有广泛多元文化经历的企业家往往拥有丰富的社会网络关系；列（3）、列（5）及列（7）结果表明仅在滞后二期时两个变量与企业创新投入显著正相关，这是因为民营企业家社会网络关系作用的发挥具有滞后性。这说明企业家的社会网络关系起到部分中介作用，假设 H3 通过检验。

表 5　民营企业家社会网络关系的中介效应检验结果

变量	（1）	（2）	（3）	（4）	（5）	（6）	（7）
	当期			滞后一期		滞后二期	
	RD	NETWORK	RD	NETWORK	RD	NETWORK	RD
ME	0.020***（8.165）	0.076***（9.586）	0.020***（8.080）	0.045***（5.129）	0.022***（7.641）	0.017*（1.693）	0.021***（6.472）
NETWORK 当期			0.001（0.353）				
NETWORK 滞后一期					0.004（0.876）		

续表

变量	（1）	（2）	（3）	（4）	（5）	（6）	（7）
	\multicolumn{2}{c}{当期}	\multicolumn{2}{c}{滞后一期}	\multicolumn{2}{c}{滞后二期}	
	RD	*NETWORK*	*RD*	*NETWORK*	*RD*	*NETWORK*	*RD*
*NETWORK*_{滞后二期}							0.009** （1.989）
R-squared	0.203	0.019	0.203	0.009	0.190	0.003	0.183

3. 机会识别维度

鉴于很难捕捉企业家对研发机会的识别，本文通过企业家对所在行业主导者的研发信息是否追随进行间接刻画，分别根据企业的市场占有率和公司规模进行排序，位于前25%的公司视为行业主导者，变量 $RD_{行业主导者}$ 取1，否则取0。

表6所示为民营企业家机会识别的中介效应检验结果。不同刻画方式的回归结果均表明，ME 与 $RD_{行业主导者}$ 与企业创新投入显著正相关。可见，机会识别起到部分中介作用，假设H4通过检验。

表6 民营企业家机会识别的中介效应检验结果

变量	（1）	（2）	（3）	（4）	（5）
	\multicolumn{2}{c}{市场占有率}	\multicolumn{2}{c}{公司规模}	
	RD	$RD_{行业主导者-市场占有率}$	*RD*	$RD_{行业主导者-公司规模}$	*RD*
ME	0.012*** （6.327）	-0.003 （-1.126）	0.012*** （6.546）	-0.008*** （-2.752）	0.012*** （6.505）
$RD_{行业主导者-市场占有率}$			0.106*** （13.684）		
$RD_{行业主导者-公司规模}$					0.041*** （6.000）
R-squared	0.295	0.246	0.309	0.025	0.298

4. 动态创新维度

与已有调查问卷的方法不同，考虑到创新活动的长期性和动态性，本文选择超前一年的发明申请总量指标（$DI_{发明专利}$）及超前一年的研发强度指标

($DI_{研发强度}$)来测算动态创新。

表7所示为民营企业家创新动态的中介效应检验结果。列(3)和列(5)分别为用发明专利和研发强度衡量动态创新的回归结果,动态创新 DI 均与企业创新投入显著正相关。可见,动态创新起到部分中介作用,假设H5通过检验。

表7 民营企业家创新动态的中介效应检验结果

变量	(1) RD	(2) $DI_{发明专利}$	(3) 发明专利 RD	(4) $DI_{研发强度}$	(5) 研发强度 RD
ME	0.012*** (6.327)	0.085** (2.363)	0.012*** (4.983)	0.001*** (2.716)	0.011*** (5.291)
$DI_{发明专利}$			0.009*** (10.591)		
$DI_{研发强度}$					2.285*** (31.346)
R-squared	0.295	0.026	0.313	0.183	0.369

(四)进一步研究

1. 多元文化经历广度检验

并非所有接触新文化的个体都会提升其创造力,新观点转化需要一定的条件,已有研究表明广度是多元文化经历到创造力转化的条件之一[23]。多元文化经历广度是指个体所涉及的新文化的种类。丰富的多元文化经历一方面可以让个体获得解决同一问题的多种方法;另一方面增加了个体跨文化联系的桥梁,进而获取多元信息并产生新颖想法。因此,持有多重身份并积极参与多种文化的企业家更可能激发富有创造力的想法,从而促进企业创新投入。

为检验民营企业家多元文化经历广度的影响,构建了多元文化经历广度指数 ME_B。若民营企业家拥有多元地域、企业及教育文化,则该变量赋值为3,拥有其中两种经历则赋值为2,拥有一种则赋值为1,取值越高,表明企业家所涉及新文化的种类越多。表8列(1)回归结果说明民营企业家多元文化经历广度会促进企业创新投入。

表 8 进一步研究结果

变量	（1）广度检验 RD	（2）文化距离检验 RD	（3）异质性检验 RD	（4）异质性检验 RD	（5）异质性检验 RD
ME_B	0.027*** (4.234)				
ME_D		0.014** (2.314)			
ME_{RegCul}			0.036*** (3.973)		
ME_{BusCul}				0.018*** (4.851)	
ME_{EduCul}					0.026*** (3.101)
$Adj.R^2$	0.220	0.208	0.121	0.122	0.120

2. 文化距离检验

除广度外，文化距离也是影响创造力转化的条件之一[23]。文化距离是指个体所涉及新旧文化之间主流价值观、风俗特征的差异程度。若文化距离小，个体参与两种文化相对容易，不利于激发其创造力；相反，文化距离较大时，所呈现的社会行为和道德准则均存在巨大差异，甚至处于对立状态，在整合差异、包容对立的过程中，异文化参与者的惯性思维、价值观及认知体系被打破重塑，创造力被激发。

为检验文化距离对企业创新投入的影响，在原有测度基础上进一步区分企业家是否拥有跨东西方文化经历、跨行业任职经历、国企任职经历、跨文理科学习经历，据此构建文化距离指数 ME_D，回归结果见表 8 列（2），可见文化距离会促进企业创新投入。

3. 多元文化经历异质性检验

一方面，深度的国外生活或学习经历可以激发人的创造力，且我国地大物博，复杂的地形和气候形成各具特色的地域文化，潜移默化地激发了个体多样化的认知和思维方式；另一方面，企业独特的文化背景会影响员工的认知和判断，接触并吸收不同企业文化的员工有可能形成创新性想法。此外，已有研究表明高学历管理者具备更强的信息分析及处理能力，更容易接受技术变革与创新，且双学位制有助于激发个体创造力。

因此，本文进一步从多元地域、多元企业、多元教育文化经历 3 个层面考察多元文化经历异质性对企业创新投入的影响，回归结果见表 8 列（3）、列（4）、列（5）。列（3）表明企业家拥有多元化的地域文化经历可以激发其创造力从而促进企业创新投入；列（4）表明多元企业文化经历同样可以促进企业创新投入；列（5）表明高学历或拥有双学位的企业家在接触到多元化的教育体系后更容易激发其创造力从而促进企业创新投入。

五、内生性检验

由于创新投入较高的企业可能聘用多元文化经历丰富的企业家，存在内生性。本文选取外生工具变量以消除内生性，工具变量构建如下：

$$Instrumental\ Variable = (RD - RD均值) \times (ME - ME均值) \quad (3)$$

通过 2SLS 法对工具变量进行估计，结果如表 9 所示。可见第一阶段工具变量与 ME 存在显著正相关关系；第二阶段消除内生性后，民营企业家多元文化经历依旧显著正向影响企业创新投入，再次验证了本文结论。

表 9　工具变量回归结果

变量	（1）第一阶段 ME	（2）第二阶段 RD
ME		0.457**（2.312）
Instrumental Variable	0.123***（2.936）	
F 统计量	18.59	

六、稳健性检验

（一）多元文化经历指数的重新度量

本部分通过改变民营企业家多元文化经历的衡量方式验证结论是否稳健。已有文献表明，宗教影响个人行为和公司决策，拥有宗教信仰的企业家会提高责任感,放弃短视行为,专注于具有长远利益的创新活动。此外,宗教通常被视为社会规范或文化的替代变量,因此,本部分将企业家宗教信仰纳入多元文化经历指标的测算。参考杜兴强[24]的方法,统计企业家出生地方圆300千米内全国重点寺庙的个数,位于前1/3宗教信仰指数取1,否则取0,用 ME_R 表示。由于高管出生地信息缺失,仅选取披露高管出生地信息的样本进行稳健性检验,共得到2298个样本观测值。

替换民营企业家多元文化经历指数后的回归结果如表10列(1)所示,重新度量后的企业家多元文化经历指数 ME_R 在1%的显著性水平下正向影响企业创新投入,结论依然稳健。

表10 稳健性检验结果

变量	(1) RD	(2) 研发强度	(3) RD
ME_R	0.014*** (2.087)		
ME		0.001** (2.023)	0.010*** (7.396)
Adj.R²	0.347	0.137	0.288

(二)企业创新投入的重新度量

用研发强度替代企业创新投入,通过研发支出比营业收入来度量。表10列(2)报告了替换被解释变量后的回归结果,可见企业家多元文化经历依然正向影响企业创新投入,结论稳健。

(三)变量缩尾的再检验

为进一步验证前文结论的稳健性,参考陈强远的方法,进一步对相关变量进行5%分位上双边缩尾处理。表10列(3)报告了在5%分位上双边缩尾处理后的估计结果,结论依然稳健。

七、结论及启示

以2009—2019年在沪、深A股上市且研发创新具有代表性的制造业、信息技术业与科学研究和技术服务业民营企业为样本,考察民营企业家多元文化经历对企业创新投入的影响，研究发现如下几点。

第一，拥有多元文化经历的民营企业家会促进企业创新投入。多元文化经历能促使企业家形成多元化的思维结构和广阔的管理视野、敢于承担创新风险的胆识、广泛的人际网络与丰富的社会资源，因此会加大创新投入力度。

第二，风险偏好、社会网络关系、机会识别、动态创新4个维度的企业家创新精神均起到了中介作用。多元文化经历的企业家抵抗风险能力较强，敢于推动企业创新；广泛的社会网络关系有利于企业家融合各方面资源，提高创新投资效率；企业家拥有多元文化经历有利于第一时间获取最前沿、最有价值的研发信息，提高信息识别机会；具备多元文化背景的企业家拥有多方面经验，有利于处理各种技术难题，推动创新项目的持续进行。

第三，进一步研究发现个体涉及多种新文化或参与文化距离较大的多元文化有利于其创造力的激发。此外，多元地域、企业及教育等不同种类的文化经历均对企业创新投入产生积极影响。

本文的理论贡献如下。

第一，探索影响企业创新非制度层面的新要素，弥补了管理者特质与企业创新研究缺口。本文突破管理者爱好特征、职业经历等传统视角，从多元文化经历这一新视角出发检验其对企业创新投入的影响，从行为心理学视角为企业创新影响因素找到新证据，完善了企业创新理论和高阶梯队理论。

第二，立足多元文化经历研究的新热点，全新界定和测度民营企业家多元文化经历，深化了文化心理学理论研究。以往研究多关注单一因素，本文将多元地域、企业及教育文化经历纳入界定范畴，全新界定并测度民营企业家多元文化经历及广度、文化距离等多维度指标，完善了已有的多元文化理论体系。

第三，以民营企业家为纽带，连接管理学领域的企业创新理论与心理学领域的多元文化理论，推动了管理学和心理学跨学科交叉理论研究。管理学领域忽视了管理者个体文化背景的影响作用；心理学领域暂未将相关研究拓展至组织产出层面。本文以民营企业家为切入点，推动了管理学和心理学的跨学科交叉理论研究。

第四，全新测度企业家创新精神，揭开民营企业家多元文化经历影响企业创新投入背后的"黑箱"，丰富了企业家创新精神理论研究。本文创新性地通过风险偏好、社会网络关系、机会识别及动态创新4个维度构建企业家创新精神钻石模型来定量刻画企业家创新精神，并置于中介位置，剖析其影响机制作用，有助于从微观层面为激活企业家创新精神提供理论依据，并为后续实证研究提供支持。

本文有如下管理启示。

第一，在企业家层面，有利于企业家正视多元文化经历的作用，为培育和激活企业家创新精神提供非制度层面的建议。党和国家大力支持企业家精神的弘扬，本文有利于民营企业家从个体微观文化背景层面出发探寻培育创新精神的有效路径，主动为自身创造多元文化经历的机会，吸取不同文化精髓，提升自身的创新意识和风险承担意识，扩展社会网络关系，增强机会识别能力，维持动态创新，从而有效激活创新精神。

第二，在企业层面，为企业选聘高管提供了全新的考核角度，从人力资源层面为民营企业实现持续创新提供参考。本文将民营企业家个体微观文化背景作为影响企业创新投入的新要素，有利于民营企业在选聘高管时将其文化背景纳入考察依据，不仅注重其职业能力、学历背景及工作经验，更需要关注其是否拥有多元的文化背景，从而实现民营企业创新投资效率的持续提升。

第三，在社会层面，有利于我国正视并弘扬文化的重要性，为彰显文化自信、融合多元文化提供微观证据。文化的繁荣与发展是国家和人民社会经济发展的产物，又反过来对经济发展与社会进步起到推动作用，企业创新可以作为一种经济机制，而民营企业家丰富的多元文化经历通过激发自身创造力进而推动企业创新。因此，本文有助于为文化底蕴深厚的非移民国家提供微观层面的文化证据，有利于我国吸纳和储备具有多元文化背景的人才，培育包容开放的组织文化，彰显我国的文化自信。

参考文献

[1] Lu J G, Hafenbrack A C, Eastwick P W. Going Out of the Box: Close Intercultural Friendships and Romantic Relationships Spark Creativity, Workplace Innovation, and Entrepreneurship [J]. Journal of Applied Psychology, 2017, 102 (7): 1091-1108.

[2] 黄林洁琼, 刘慧瀛, 安蕾, 等. 多元文化经历促进创造力 [J]. 心理科学进展, 2018 (8): 1511-1520.

［3］ Florida R. The Rise of the Creative Class［J］. Washington Monthly，2002，35（5）：593-596.

［4］ 淦未宇，刘曼. 海归高管与企业创新：基于文化趋同的视角［J］. 上海财经大学学报，2022，24（1）：92-106.

［5］ 郝盼盼，张信东，贺亚楠. 多元化还是专一性更好——高管早年职业路径与企业创新关系研究［J］. 科技进步与对策，2019，36（18）：129-138.

［6］ 王文华，周立姚. 高管复合型职业经历、风险承担与企业创新投入［J］. 技术与创新管理，2022，43（2）：213-224.

［7］ 郝盼盼，张信东，贺亚楠. CEO研发工作经历对企业研发活动的影响研究［J］. 软科学，2019，236（8）：7-13.

［8］ 解维敏. 市场化进程对企业家创新精神的影响研究——基于我国非金融类上市公司的经验证据［J］. 财经问题研究，2016（12）：114-119.

［9］ 胡德状，刘双双，袁宗. 企业家创业过度、创新精神不足与"僵尸企业"——基于"中国企业—劳动力匹配调查"（CEES）的实证研究［J］. 宏观质量研究，2019（4）：64-79.

［10］ 韩书成，梅心怡，杨兰品. 营商环境、企业家精神与技术创新关系研究［J/OL］. http：//kns.cnki.net/kcms/detail/42.1224.G3.20211019.1131.002.html，2022-04-18.

［11］ 宛群超，袁凌. 空间集聚、企业家精神与区域创新效率［J］. 软科学，2019，33（8）：32-38.

［12］ 陈亮，冉茂盛. 企业家精神如何影响区域创新效率？——基于企业家精神的多维视角研究［J］. 软科学，2021，255（3）：89-95.

［13］ 卜美文，张俊民. 企业家精神、审计治理与公司价值——基于中国上市公司的经验证据［J］. 中央财经大学学报，2021（3）：74-87.

［14］ 胡晓檬，韩雨芳，喻丰，等. 多元文化经历的双刃剑效应：心理后果与边界条件［J］. 应用心理学，2021，27（1）：1-9+19.

［15］ Efraim B，Carola F. Military CEOs［J］. Journal of Financial Economics，2015，117（1）：43-59.

［16］ 黄宇虹，捷梦吟. 关系、社会资本与小微企业创新［J］. 科研管理，2018，39（11）：27-39.

[17] 魏浩，连慧君，巫俊. 中美贸易摩擦、美国进口冲击与中国企业创新[J]. 统计研究，2019，36（8）：46-59.

[18] Qian H，Stough R. The Effect of Social Diversity on Regional Innovation：Measures and Empirical Evidence[J]. International Journal of Foresight and Innovation Policy，2011，7（1）：142-157.

[19] Carrel N A. Short History of Migration[J]. Geographica Helvetica，2013，68（1）：69-71.

[20] Wally S，Baum J R. Personal and Structural Determinants of the Pace of Strategic Decision Making[J]. The Academy of Management Journal，1994，37（4）：932-956.

[21] Custodio C，Ferreira M，Matos P. Do General Managerial Skills Spur Innovation？[J]. Management Science，2019，65（2）：459-954.

[22] 温忠麟，张雷，侯杰泰，等. 中介效应检验程序及其应用[J]. 心理学报，2004（5）：614-620.

[23] Gocłowska M A，Crisp R J. How Dual-Identity Processes Foster Creativity[J]. Review of General Psychology，2014，18（3）：216-236.

[24] 杜兴强，赛薇，曾泉，等. 宗教影响、控股股东与过度投资：基于中国佛教的经验证据[J]. 会计研究，2016（8）：50-57+97.

家族所有权与家族企业国际化[①]
——基于中国东西部家族企业的实证研究

周立新[②]

摘要：利用东西部家族企业问卷调查数据，实证分析了家族法律所有权、家族心理所有权对家族企业国际化的影响，并探究了企业家年龄、家族管理权对上述影响关系的调节效应。结果发现：家族法律所有权、家族心理所有权对家族企业国际化深度和国际化广度具有显著促进作用；企业家年龄显著地强化了家族心理所有权对家族企业国际化深度和国际化广度的促进作用；家族管理权显著地强化了家族心理所有权对家族企业国际化广度的促进作用。

关键词：家族企业；家族法律所有权；家族心理所有权；国际化深度；国际化广度

来源：《软科学》2022年4月第36卷第4期（总第268期）

改革开放40多年以来，家族企业已成为推动中国经济发展和促进劳动力就业的重要力量。近年来，在"走出去"战略及"一带一路"倡议等引领下，越来越多的中国家族企业加快了国际化经营步伐。例如，陈凌和窦军生指出，2015年中国上市家族企业的海外业务收入总额是2009年海外业务收入总额的近4倍[1]。根据普华永道发布的《2016年全球家族企业调研报告》，近80%的中国内地家族企业出口产品或服务，未来5年参与国际销售的家族企业占比将升至88%。理论与实践已表明，国际化是全球化背景下家族企业长期生存与持续

[①] 基金项目：国家社会科学基金项目（19BGL077）。

[②] 周立新（1966—），女，重庆涪陵人，博士，研究员，博士研究生导师，研究方向为战略管理、区域经济理论与政策。重庆工商大学，长江上游经济研究中心。

成长的重要路径，也是新兴经济体国家中的后发企业实现创新追赶的重要战略，家族企业"走出去"对于中国经济高质量发展意义重大。

家族所有权涉入是家族企业区别于非家族企业最关键的特征。目前，学界有关家族所有权对家族企业国际化影响的研究成果较为丰富，但这些研究聚焦于家族法律所有权的影响[2-4]，尚未有文献关注控股家族成员心理所有权对家族企业国际化的作用。所有权是一个多维度的构念，除了法律所有权或正式所有权之外，也包括心理所有权。心理所有权主要指个体感觉到目标物或目标物的一部分属于自己的心理状态，其形成途径受到个体对目标物的控制、亲密接触和投入的影响[5]。Ljungkvist和Boers认为，创始人心理所有权对中小企业的战略行为具有重要作用[6]。Rau等进一步指出，家族法律所有权确立了控股家族成员对企业战略施加影响的权利，家族心理所有权则解释了控股家族成员对企业战略施加影响的动机[7]。Pittino等发现，家族心理所有权对家族企业创业导向战略具有积极影响[8]。Pittino等认为，心理所有权能够激发个体对组织的管家意识和管家行为[8]。Zahra[2]、Sciascia等[4]指出，家族所有者的管家行为将促使家族企业识别和开发国际机会，加速家族企业国际化进程，提高家族企业国际市场销售额。

中国家族企业以中小企业为主体，控股家族成员掌握大部分的企业法律所有权或财产所有权，控股家族成员对家族企业也存在强烈的心理所有权[9]。在中国经济转型时期，家族法律所有权、家族心理所有权是否会影响家族企业国际化战略决策？同时，由于家族企业是企业家控制型企业，不同年龄的企业家对家族企业具有不同的心理所有权，因此，不同年龄的企业家的心理所有权对家族企业国际化的影响不同。此外，由于家族管理权涉入差异决定着家族企业治理机制的差异性[10]，在不同治理机制下，家族成员个体的心理所有权对家族企业国际化影响存在一定的差异性。为此，本文将运用我国东西部地区家族企业问卷调查数据，探讨家族法律所有权和家族心理所有权对家族企业国际化战略决策的影响，并分析企业家年龄、家族管理权对上述影响关系的调节效应，以弥补现有研究的不足，并为中国家族企业国际化战略提供决策参考。

一、理论与假设

（一）家族所有权对家族企业国际化的影响

1. 家族法律所有权对家族企业国际化的影响

家族法律所有权对家族企业国际化的影响主要通过资源与能力积累、代理与管家行为、社会情感财富保护、关系/网络构建等机制发挥作用[11]。资源观视角的研究认为，具有较高家族法律所有权的家族企业通常缺少国际化经营活动所需的财务资源[3]，不利于家族企业国际化扩张。代理理论和社会情感财富理论视角的研究认为，较高的家族法律所有权意味着家族委托人大部分的财富与企业相联系且不容易分散资产组合风险，且家族企业更加强调保护社会情感财富，因此，具有较高家族法律所有权的家族企业会较少选择高风险的国际化战略[12]。多数实证研究支持了家族法律所有权对国际化的负向影响关系[3, 13]。但是，较高的家族法律所有权也意味着家族企业的长期导向特征和灵活决策等，导致家族法律所有权对国际化产生积极影响[2, 14]。还有学者指出二者之间存在曲线影响关系[4]。

本研究认为，在中国经济转型时期，家族法律所有权对家族企业国际化具有正面影响。第一，家族法律所有权作为一种特殊类型的资源，能够为中国家族企业国际化经营活动提供资源支持。资源观的国际化理论认为，家族成员的人力资本、社会资本、生存资本、耐心资本等家族资源[15]是家族企业国际化经营活动的重要资源基础。比如，拥有耐心资本和生存资本的家族企业具有寻求国际市场机会的战略灵活性，借助于战略灵活性，家族企业能够将其业务拓展至海外市场[16]。在低社会信任背景等因素影响下，以中小企业为主体的中国家族企业更可能会动员和利用家族资源开展国际化经营活动。第二，中国家族企业的基本特征是家族所有者掌握着大部分的企业法律所有权或财产所有权。较高的家族法律所有权提高了家族所有者决策的灵活性，有助于家族企业快速决策以降低国际任务复杂性和不确定性的冲击；同时，较高的家族法律所有权意味着家族所有者在战略决策中拥有更高的话语权，更有能力通过董事会行使对管理层的控制，以降低由于国际任务复杂性和不确定性带来的监督困难和监督管理成本；此外，较高的家族法律所有权有效缓解了家族企业国际化经营中家族股东与非家族股东之间的第二类代理问题。因此，提出以下假设。

H1a：家族法律所有权对家族企业国际化具有显著促进作用。

2.家族心理所有权对家族企业国际化的影响

在家族企业中，控股家族成员对家族企业具有较强的心理所有权[9]。管家理论认为，心理所有权能够激发个体对组织的管家意识和管家行为[8]。Miller等指出，家族企业的管家行为通常采取3种形式，即持续性、员工和顾客管家行为[17]。持续性管家行为会引导家族企业的长期导向特征[18]，如果国际化与家族企业长期生存有关，家族所有者愿意选择高风险的国际化战略；持续性管家行为也促使家族企业注重组织声誉的建立，组织声誉是家族企业进入国际新市场的关键资源。对员工的管家行为有助于家族企业建立积极和忠诚的员工队伍，对顾客的管家行为则有助于家族企业与顾客建立长期稳定的合作关系。积极的员工队伍和长期稳定的合作关系有助于家族企业识别和开发国际创业机会、加速家族企业国际化进程[4]。代理理论认为，心理所有权能够协调家族企业代理人与委托人之间的利益冲突[19]，降低家族企业国际化经营中股东与管理层之间的第一类代理问题。社会情感财富理论认为，保护社会情感财富是家族企业战略决策的重要参照点。社会情感财富指控股家族追求的非财务收益，可以划分为约束型社会情感财富（如家族控制）和延伸型社会情感财富（如家族代际传承意愿）两类[20]。当控股家族成员对企业的心理所有权较强时，控股家族跨代传承企业的意愿增强，这会引导家族企业选择国际化等长期发展战略。因此，提出以下假设。

H1b：家族心理所有权对家族企业国际化具有显著促进作用。

（二）企业家年龄对家族心理所有权与家族企业国际化关系的调节效应

家族心理所有权对家族企业国际化的影响会随着企业家年龄不同而发生变化。第一，家族企业是典型的企业家控制型企业，因此，企业家个人的态度和行为会影响家族企业国际化战略决策。年龄越大的家族企业家，对家族企业的控制程度越强、亲密接触越多及在时间和资金等方面投入越多，因此他们对家族企业的心理所有权越强烈，即使他们退出家族企业，对家族企业的心理所有权也将长期存在[6]。因此，年龄越大的家族企业家，决策者个体的心理所有权对家族企业国际化战略决策的影响越大。第二，企业家年龄越大的中国家族企业更可能由"创一代"企业家掌控，此类家族企业中以信任和关系契约等形式存在的关系治理机制更加普遍和重要[21]。关系治理机制能够激发家族企业中控股家族成员个体对组织的管家态度和管家行为[8]，增大控股家族成员个体的心理所有权对家族企业国际化的影响。因此，提出以下假设。

H2：企业家年龄会强化家族心理所有权对家族企业国际化的促进作用，即随着企业家年龄的增长，家族心理所有权对国际化的促进作用更强。

（三）家族管理权对家族心理所有权与家族企业国际化关系的调节效应

家族管理权影响家族心理所有权对家族企业国际化的作用。家族管理权涉入差异代表家族控制和参与企业经营管理的程度存在差异性，同时也决定着家族企业治理机制的差异性。在具有较高家族管理权涉入的家族企业中，组织规则和程序的正规化程度较低[10]，关系治理机制在家族企业治理中发挥着更加重要的作用。在关系治理机制下，家族企业决策者个体的心理所有权对家族企业国际化战略决策的影响更大。相反，具有较低家族管理权涉入的家族企业中，组织规则和程序的正规化程度较高，即正式治理机制更加普遍和重要[10]，决策程序也更加规范和科学，从而有效抑制了控股家族成员个体的心理所有权对家族企业国际化的作用。因此，提出以下假设。

H3：家族管理权会强化家族心理所有权对家族企业国际化的促进作用，即随着家族管理权的增加，家族心理所有权对家族企业国际化的促进作用更强。综上所述，本文的研究模型如图1所示。

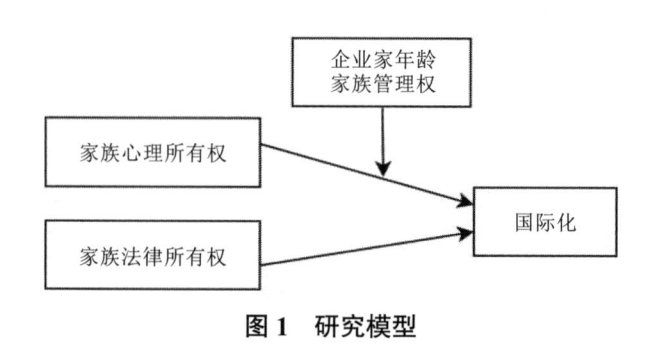

图1 研究模型

二、研究设计

（一）研究样本

本文以浙江、重庆等东西部8个省份的民营企业为调查对象，发放问卷350份，回收问卷342份。对家族企业样本的筛选，本研究采用了家族保持多数控股权这一指标（即家族持股比例为50%以上）[22]，剔除不符合客观事实和数据缺失过多的样本后，获得274个家族企业样本。

（二）变量测量

（1）因变量。对国际化的测量，选择了国际化深度和国际化广度两类指标[22]。其中：①国际化深度（DEPT），为企业出口收入占销售收入的份额；②国际化广度（BREA），为企业产品出口和境外投资涉及的国家数量，取自然对数。

（2）自变量。①家族法律所有权（FO），定义为企业主及其所在家族持有的股权比例；②家族心理所有权（FPO），量表主要来自Avey等[23]的研究，包括"家族成员将家族企业的成功视为自己的成功"等4个题项，采用从"1完全不同意"到"5完全同意"的李克特五点量表度量。探索性因子分析显示，KMO为0.704，变量的累计解释量为61.815%，信度系数Cronbach α 为0.794，表明量表具有较好效度和信度。

（3）调节变量。①企业家年龄（EAGE），35岁以下定义为1，36～46岁定义为2，46～55岁定义为3，56岁以上定义为4；②家族管理权（FM），总经理由企业主或其家人担任定义为1，否则为0。

（4）控制变量。借鉴前期文献[2~4, 12]，本文选择的控制变量包括企业规模（SIZE）、企业年限（FAGE）、产业（INDU）、企业前期绩效（PERF）、国际化经验（EIE）、制度环境（IE）。其中：企业前期绩效包括利润、销售额、市场份额增长及总资产回报情况4个题项，采用从"1很差"到"5很好"的李克特五点量表度量。探索性因子分析显示，KMO为0.820，变量的累计解释量为72.775%，信度系数Cronbach α 为0.874，表明量表具有较好效度和信度；制度环境（IE），选取王小鲁等[24]构建的中国分省份市场化指数来刻画不同地区的制度环境。

三、实证结果

(一)描述性统计和相关性分析

表1报告了主要变量的均值、标准差和相关系数。可以看出,家族企业国际化深度与家族法律所有权、家族心理所有权、家族管理权显著正相关($p < 0.05$),家族企业国际化深度与企业家年龄显著负相关($p < 0.10$);家族企业国际化广度与家族法律所有权、家族心理所有权、家族管理权显著正相关($p < 0.01$)。

(二)回归分析

1. 家族法律所有权对家族企业国际化的影响

表2模型2、表3模型2报告了家族法律所有权对家族企业国际化深度和广度影响的实证结果。结果显示,家族法律所有权对国际化深度和广度有显著正向影响($\beta = 0.272$,$p < 0.05$;$\beta = 0.718$,$p < 0.05$)。在考虑企业家年龄、家族管理权的调节效应之后,正向影响关系依然显著存在。H1a得到实证支持。

2. 家族心理所有权对家族企业国际化的影响

表2模型2、表3模型2报告了家族心理所有权对家族企业国际化深度和广度影响的实证结果。结果显示,家族心理所有权对国际化深度和广度有显著正向影响($\beta = 0.052$,$p < 0.05$;$\beta = 0.151$,$p < 0.05$)。在考虑了企业家年龄、家族管理权的调节效应之后,正向影响关系依然显著存在。H1b得到实证支持。

3. 企业家年龄对家族心理所有权与家族企业国际化关系的调节效应

引入企业家年龄与家族心理所有权的交互项(FPO×EAGE),通过估计交互项系数来验证企业家年龄的调节效应。表2模型3和模型5显示,企业家年龄与家族心理所有权的交互项系数为正且在5%的水平上显著($\beta = 0.057$,$p < 0.05$;$\beta = 0.058$,$p < 0.05$);表3模型3和模型5显示,企业家年龄与家族心理所有权的交互项系数为正且在1%的水平上显著($\beta = 0.235$,$p < 0.01$;$\beta = 0.219$,$p < 0.01$)。表明企业家年龄显著地强化了家族心理所有权对家族企业国际化深度、广度的促进作用。H2得到实证支持。

表 1 描述性统计分析与相关系数

变量	均值	标准差	1	2	3	4	5	6	7	8	9	10	11
DEPT	0.462	0.384	1										
BREA	1.243	0.977	0.296***	1									
FO	0.851	0.185	0.245***	0.163**	1								
FPO	3.713	0.804	0.146*	0.205**	0.105+	1							
EAGE	2.398	1.012	−0.109+	0.053	−0.031	0.055	1						
FM	0.756	0.431	0.197**	0.219***	0.150*	0.122*	0.132*	1					
SIZE	4.163	1.575	−0.330***	0.075	−0.255***	0.084	0.258***	−0.218***	1				
FAGE	2.259	0.694	−0.041	0.220***	0.057	0.069	0.221***	−0.029	0.376***	1			
INDU	0.774	0.419	0.009	0.122*	−0.099	0.062	0.040	−0.064	0.239***	0.070	1		
PERF	3.295	0.749	0.100	0.164**	0.009	0.077	0.003	−0.040	0.105+	−0.043	0.026	1	
EIE	0.735	0.442	0.035	0.137*	−0.067	−0.002	0.071	−0.087	0.071	0.129*	0.007	0.144**	1
IE	8.120	2.061	0.338***	0.142*	0.090	0.108+	−0.189**	0.134*	−0.259***	−0.046	0.187**	0.088	−0.041

注：+ $p<0.10$，* $p<0.05$，** $p<0.01$，*** $p<0.001$；$N=274$。

表2　家族所有权对家族企业国际化深度的影响

变量	模型1	模型2	模型3	模型4	模型5
$Constant$	-0.006 （0.160）	-0.370[+] （0.196）	-0.362[+] （0.196）	-0.364[+] （0.197）	-0.353[+] （0.196）
$SIZE$	-0.070*** （0.016）	-0.064*** （0.017）	-0.061*** （0.017）	-0.064*** （0.017）	-0.062*** （0.017）
$FAGE$	0.045 （0.034）	0.030 （0.034）	0.035 （0.033）	0.030 （0.034）	0.035 （0.033）
$INDU$	0.032 （0.055）	0.038 （0.054）	0.042 （0.054）	0.036 （0.054）	0.040 （0.054）
$PERF$	0.060* （0.029）	0.052[+] （0.029）	0.051[+] （0.029）	0.052[+] （0.029）	0.051[+] （0.029）
EIE	0.041 （0.049）	0.049 （0.048）	0.056 （0.048）	0.047 （0.049）	0.053 （0.048）
IE	0.043*** （0.011）	0.040*** （0.011）	0.038** （0.011）	0.040*** （0.011）	0.039** （0.011）
$EAGE$	-0.010 （0.022）	-0.011 （0.022）	-0.032 （0.024）	-0.010 （0.022）	-0.031 （0.024）
FM	0.109* （0.052）	0.090[+] （0.052）	0.097[+] （0.052）	0.086[+] （0.053）	0.093[+] （0.052）
FO		0.272* （0.121）	0.272* （0.120）	0.269* （0.122）	0.267* （0.121）
FPO		0.052* （0.027）	0.060* （0.027）	0.051[+] （0.027）	0.059* （0.027）
$FPO \times EAGE$			0.057* （0.027）		0.058* （0.027）
$FPO \times FM$				-0.021 （0.059）	-0.030 （0.059）
R^2	0.209	0.239	0.251	0.239	0.252
$Adjusted\ R^2$	0.185	0.209	0.219	0.207	0.217
F	8.658***	8.149***	7.903***	7.396***	7.244***
N	271	271	271	271	271

注：[+] $p<0.10$，* $p<0.05$，** $p<0.01$，*** $p<0.001$；括号中数字为标准误；表3同。

表 3　家族所有权对家族企业国际化广度的影响

变量	模型 1	模型 2	模型 3	模型 4	模型 5
Constant	−1.245** （0.429）	−2.213*** （0.521）	−2.191*** （0.571）	−2.320*** （0.515）	−2.289*** （0.506）
SIZE	0.023 （0.044）	0.041 （0.045）	0.048 （0.044）	0.047 （0.044）	0.054 （0.044）
FAGE	0.309** （0.094）	0.257** （0.095）	0.283** （0.093）	0.264** （0.093）	0.288** （0.092）
INDU	0.198 （0.146）	0.210 （0.077）	0.230 （0.141）	0.248+ （0.143）	0.263+ （0.140）
PERF	0.197* （0.077）	0.174* （0.076）	0.168* （0.075）	0.174* （0.075）	0.168* （0.074）
EIE	0.236+ （0.130）	0.260* （0.128）	0.287* （0.126）	0.300* （0.127）	0.322* （0.125）
IE	0.044 （0.030）	0.035 （0.030）	0.027 （0.029）	0.019 （0.030）	0.013 （0.029）
EAGE	−0.026 （0.059）	−0.030 （0.058）	−0.120+ （0.063）	−0.047 （0.058）	−0.129* （0.063）
FM	0.553*** （0.142）	0.511*** （0.140）	0.546*** （0.138）	0.577*** （0.140）	0.604*** （0.138）
FO		0.718* （0.325）	0.708* （0.318）	0.771* （0.321）	0.757* （0.315）
FPO		0.151* （0.071）	0.183* （0.071）	0.168* （0.071）	0.196** （0.070）
FPO × EAGE			0.235** （0.071）		0.219** （0.071）
FPO × FM				0.450** （0.159）	0.410** （0.156）
R^2	0.164	0.198	0.232	0.224	0.253
Adjusted R^2	0.137	0.166	0.198	0.189	0.217
F	8.094***	6.083***	6.738***	6.421***	6.897***
N	257	257	257	257	257

4. 家族管理权对家族心理所有权与家族企业国际化关系的调节效应

引入家族管理权与家族心理所有权的交互项（$FPO \times FM$），通过估计交互项系数来验证家族管理权的调节效应。表2模型4和模型5显示，家族管理权与家族心理所有权的交互项系数为负但不显著（$\beta = -0.021$，$p > 0.10$；$\beta = -0.030$，$p > 0.10$）；表3模型4和模型5显示，家族管理权与家族心理所有权的交互项系数为正且在1%的水平上显著（$\beta = 0.450$，$p < 0.01$；$\beta = 0.410$，$p < 0.01$）。表明家族管理权显著地强化了家族心理所有权对家族企业国际化广度的促进作用。H3得到部分实证支持。

（三）稳健性检验

首先，重新定义家族企业，即将同时满足以下两个条件作为家族企业的筛选条件：一是控股家族持股占比在50%以上；二是企业高层管理团队中至少有一名家族成员。检验结果与前文结论一致（见表4和表5）。其次，更换家族心理所有权的测量方法，即将家族心理所有权大于均值设为1，否则设为0。检验结果仍然支持前文结论（表略）。因此，本文研究结论具有较好的稳健性。

表4 家族所有权对家族企业国际化深度的影响（重新定义家族企业）

变量	模型1	模型2	模型3	模型4	模型5
Constant	−0.020 （0.177）	−0.398$^+$ （0.212）	−0.376$^+$ （0.211）	−0.399$^+$ （0.212）	−0.377$^+$ （0.211）
SIZE	−0.073*** （0.017）	−0.066*** （0.018）	−0.064*** （0.018）	−0.067*** （0.018）	−0.064*** （0.018）
FAGE	0.054 （0.036）	0.040 （0.035）	0.049 （0.035）	0.040 （0.035）	0.049 （0.035）
INDU	0.043 （0.058）	0.051 （0.057）	0.042 （0.054）	0.048 （0.057）	0.047 （0.056）
PERF	0.064* （0.021）	0.055$^+$ （0.031）	0.050 （0.056）	0.056$^+$ （0.031）	0.051$^+$ （0.031）
EIE	0.036 （0.052）	0.046 （0.051）	0.051 （0.051）	0.043 （0.051）	0.048 （0.051）
IE	0.041** （0.012）	0.036** （0.012）	0.035** （0.012）	0.037** （0.012）	0.036** （0.012）

续表

变量	模型1	模型2	模型3	模型4	模型5
EAGE	−0.006 (0.024)	−0.009 (0.024)	−0.036 (0.026)	−0.008 (0.024)	−0.035 (0.026)
FM	0.106+ (0.060)	0.086 (0.059)	0.093 (0.059)	0.081 (0.060)	0.088 (0.058)
FO		0.278* (0.127)	0.273* (0.126)	0.272* (0.128)	0.266* (0.127)
FPO		0.059* (0.029)	0.068* (0.029)	0.060* (0.029)	0.069* (0.029)
FPO × EAGE			0.066* (0.029)		0.067* (0.029)
FPO × FM				−0.042 (0.069)	−0.050 (0.069)
R^2	0.197	0.229	0.245	0.231	0.247
Adjusted R^2	0.170	0.197	0.210	0.195	0.209
F	7.347***	7.082**	7.010***	6.455***	6.457***
N	249	249	249	249	249

表5 家族所有权对家族企业国际化广度的影响（重新定义家族企业）

变量	模型1	模型2	模型3	模型4	模型5
Constant	−1.273** (0.464)	−2.289** (0.548)	−2.228** (0.537)	−2.274** (0.540)	−2.217*** (0.530)
SIZE	0.001 (0.046)	0.022 (0.046)	0.030 (0.045)	0.023 (0.048)	0.030 (0.045)
FAGE	0.323** (0.098)	0.272** (0.098)	0.315** (0.096)	0.282** (0.096)	0.322** (0.095)
INDU	0.176 (0.151)	0.199 (0.148)	0.199 (0.145)	0.233 (0.147)	0.229 (0.144)
PERF	0.160* (0.081)	0.133* (0.080)	0.115 (0.078)	0.133+ (0.079)	0.115 (0.077)
EIE	0.249+ (0.135)	0.280* (0.133)	0.300* (0.130)	0.313* (0.131)	0.329* (0.129)

续表

变量	模型 1	模型 2	模型 3	模型 4	模型 5
IE	0.058 （0.032）	0.044 （0.032）	0.039 （0.031）	0.030 （0.032）	0.027 （0.031）
$EAGE$	0.016 （0.062）	0.007 （0.061）	-0.098 （0.067）	-0.003 （0.060）	-0.100 （0.067）
FM	0.541** （0.159）	0.495** （0.156）	0.532** （0.153）	0.543** （0.155）	0.573*** （0.152）
FO		0.773* （0.332）	0.747* （0.325）	0.833* （0.328）	0.804* （0.322）
FPO		0.165* （0.075）	0.199** （0.074）	0.149* （0.074）	0.183** （0.074）
$FPO \times EAGE$			0.251** （0.076）		0.236** （0.075）
$FPO \times FM$				0.512** （0.181）	0.471** （0.178）
R^2	0.163	0.203	0.240	0.230	0.263
Adjusted R^2	0.133	0.167	0.203	0.192	0.233
F	5.541***	5.745***	6.450***	6.109***	6.651***
N	237	237	237	237	237

四、结论与讨论

（一）研究结论

本文研究家族法律所有权和家族心理所有权对家族企业国际化的影响，并引入企业家年龄、家族管理权作为情境要素，分析这两个情境要素对上述影响关系的调节效应。实证研究得出如下结论。第一，家族法律所有权、家族心理所有权对家族企业国际化深度和广度有显著促进作用，即具有高家族法律所有权和家族心理所有权的家族企业倾向于深度和广泛嵌入国际市场；第二，企业家年龄显著地强化了家族心理所有权对家族企业国际化深度、广度的促进作用，即随着企业家年龄的增加，家族心理所有权对家族企业国际化深度、广度的促进作用更强；第三，家族管理权显著地强化了家族心理所有权对家族企业国际化广度的促进作用,即随着家族管理权的增加,家族心理所有权对家族企业国际化广度的促进作用更强。

(二) 理论贡献

第一,拓展了家族所有权与家族企业国际化关系的研究。已有的研究聚焦于家族法律所有权的影响[11],忽视了家族心理所有权的作用。本文同时考察了家族法律所有权、家族心理所有权对家族企业国际化的影响,研究结果表明这两类家族所有权对家族企业国际化有积极作用,从而拓展和丰富了家族所有权与家族企业国际化关系的研究。

第二,丰富了家族企业心理所有权研究成果。已有的研究聚焦于领导风格对非家族员工工作及组织心理所有权的影响、心理所有权对家族企业创新和创业导向的影响[7,8]。本文率先探讨了家族心理所有权对家族企业国际化的作用,这为家族心理所有权影响企业战略决策提供了新的经验证据[7],也丰富和发展了家族企业心理所有权研究成果。

第三,深化了对家族企业异质性的理解。家族所有权程度是家族企业异质性的重要来源。根据高/低家族法律所有权、高/低家族心理所有权,家族企业可划分为4种类型:高家族法律所有权-高家族心理所有权企业、高家族法律所有权-低家族心理所有权企业、低家族法律所有权-高家族心理所有权企业、低家族法律所有权-低家族心理所有权企业。不同类型家族企业的国际化战略不同:高家族法律所有权-高家族心理所有权的家族企业倾向于深度和广泛嵌入国际市场,低家族法律所有权-低家族心理所有权的家族企业不会选择上述国际化战略。因此,本研究也进一步深化了对家族企业异质性的理解。

(三) 管理启示

第一,家族企业应谨慎推进股权结构和公司治理结构改革。本研究发现,家族法律所有权对家族企业国际化深度和广度有积极影响,家族管理权强化了家族心理所有权对家族企业国际化广度的积极作用。因此,现阶段家族法律所有权和家族管理权仍然是一种有利于推动中国家族企业国际化的内部治理机制。家族企业应致力于构建科学合理的治理结构,把握适度原则,避免过早或过度稀释家族法律所有权和引入职业经理人参与家族企业经营管理。

第二，家族企业应重视控股家族成员心理所有权的重要价值。家族企业应分析家族成员心理所有权的发展动态；引导家族成员参与企业决策，增强家族成员对企业的深入了解和持续投入，从而增强家族成员对家族企业的心理所有权；引导家族成员心理所有权在家族企业国际化经营活动中发挥积极作用。

参考文献

［1］ 陈凌，窦军生. 2017 中国家族企业健康发展报告［M］. 杭州：浙江大学出版社，2017.

［2］ Zahra S A. International Expansion of US Manufacturing Family Business: The Effect of Ownership and Involvement［J］. Journal of Business Venturing，2003，18（4）：495-512.

［3］ Fernández Z, Nieto M J. Internationalization Strategy of Small and Medium-Sized Family Business: Some Influential Factors［J］. Family Business Review，2005，18（1）：77-89.

［4］ Sciascia S, Mazzola P, Astrachan J H, et al. The Role of Family Ownership in International Entrepreneurship: Exploring Nonlinear Effects［J］. Small Business Economics，2012，38（1）：15-31.

［5］ Pierce J L, Kostova T, Dirks K T. Toward a Theory of Psychological Ownership in Organizations［J］. Academy of Management Review，2001，26（2）：298-310.

［6］ Ljungkvist T, Boers B. The Founder's Psychological Ownership and Its Strategic Implications［J］. Journal of Small Business and Enterprise Development，2020，27（1）：85-102.

［7］ Rau S B, Werner A, Schell S. Psychological Ownership as a Driving Factor of Innovation in Older Family Firms［J］. Journal of Family Business Strategy，2019，10（4）：100246.

［8］ Pittinoa D, Martinezb A B, Chirico F, et al. Psychological Ownership, Knowledge Sharing and Entrepreneurial Orientation in Family Firms: The Moderating Role of Governance Heterogeneity［J］. Journal of Business Research，2018，84：312-326.

[9] Lee K, Makri M, Scandura T. The Effect of Psychological Ownership on Corporate Entrepreneurship: Comparisons between Family and Non Family Top Management Team Members [J]. Family Business Review, 2019, 32 (1): 10-30.

[10] Casillas J C, Moreno A M, Barbero J L. A Configurational Approach of the Relationship Between Entrepreneurial Orientation and Growth of Family Firms [J]. Family Business Review, 2010, 23 (1): 27-44.

[11] Pukall T J, Calabrò A. The Internationalization of Family Firms: A Critical Review and Integrative Model [J]. Family Business Review, 2014, 27 (2): 103-125.

[12] Gómez-Mejía L R, Makri M, Larraza-Kintana M. Diversification Decisions in Family-Controlled Firms [J]. Journal of Management Studies, 2010, 47 (2): 223-252.

[13] Ray S, Mondal A, Ramachandran K. How does Family Involvement Affect a Firms' Internationalization? An Investigation of Indian Family Firms [J]. Global Strategy Journal, 2018, 8 (1): 73-105.

[14] Fang H, Kotlar J, Memili E, et al. The Pursuit of International Opportunities in Family Firms: Generational Differences and the Role of Knowledge-Based Resources [J]. Global Strategy Journal, 2018, 8 (1): 136-157.

[15] Sirmon D G, Hitt M A. Managing Resources: Linking Unique Resources, Management, and Wealth Creation in Family Firms [J]. Entrepreneurship Theory and Practice, 2003, 27 (4): 339-358.

[16] Segaro E. Internationalization of Family SMEs: The Impact of Ownership, Governance, and Top Management Team [J]. Journal of Management & Governance, 2012, 16 (1): 147-169.

[17] Miller D, Le Breton-Miller I, Scholnick B. Stewardship vs Stagnation: An Empirical Comparison of Small Family and Non-Family Businesses [J]. Journal of Management Studies, 2008, 45 (1): 51-78.

[18] Casson M. The Economics of the Family Firm [J]. Scandinavian Economics History Review, 1999, 47 (1): 10-23.

[19] Sieger P, Zellweger T, Aquino K. Turning Agents into Psychological Principals: Aligning Interests of Non-Owners through Psychological Ownership [J]. Journal of Management Studies, 2013, 50 (3): 361-388.

[20] Miller D, Le Breton-Miller I. Deconstructing Socioemotional Wealth [J]. Entrepreneurship Theory and Practice, 2014, 38 (4): 713-720.

[21] Mustakllio M, Autio E, Zahra S A. Relational and Contractual Governance in Family Firms: Effects on Strategic Decision Making [J]. Family Business Review, 2002, 15 (3): 205-222.

[22] 周立新, 靳丽遥. 家族企业国际化与创新能力——家族控制与代际传承意愿的调节作用 [J]. 软科学, 2018, 32 (12): 55-59.

[23] Avey J B, Avolio B J, Crossley C D, et al. Psychological Ownership: Theoretical Extensions, Measurement and Relation to Work Outcomes [J]. Journal of Organizational Behavior, 2009, 30 (2): 173-191.

[24] 王小鲁, 樊纲, 余静文. 中国分省份市场化指数报告 (2016) [M]. 北京: 社会科学文献出版社, 2017.

《易经》《道德经》视角下企业组织结构演进规律解析

贾利军[①] 王 宏[②] 贺达豪[③]

摘要：《易经》和《道德经》作为我国历史"文"阶段与"字"阶段思想的杰出代表，是不同时期我国智者根据天地大道总结而成的事物演化共通逻辑，它揭示的是事物从孕育，即"道生一"或"易有太极"；到产生，即"一生二"或"是生两仪"；再到发展，即"二生三，三生万物"或"两仪生四象，四象生八卦"等必然经历的阶段与内在逻辑。企业组织作为人类社会实践的重要产物，自然也是符合易、道思想所言的事物共通演化逻辑。因此，运用中华传统易、道思维能够从根本上把握企业生产发展的走向，更好地理解企业的社会与历史作用，更好地实现企业管理。

关键词：文阶段；字阶段；《易经》；《道德经》；企业组织

来源：《中国文化与管理》

一、导言：易、道溯源

就文化溯源而言，从信息记录工具的角度出发，中国的文化谱系大致可分为两个大阶段："文"阶段和"字"阶段。今天的汉语"文字"一词，特指与语言搭配使用的符号工具，其意思更接近古人所谓的"字"的含义，而今人对"文"较为陌生。理论上，"文"阶段从伏羲一画开天开始到黄帝命仓颉造字结束；"字"阶段从黄帝命仓颉造字直到今天。实际上，二者有交叉重叠。二者之

[①] 贾利军，华东师范大学经济与管理学部教授，博士研究生导师。
[②] 王宏，华东师范大学经济与管理学部博士研究生。
[③] 贺达豪，华东师范大学经济与管理学部博士研究生。

间的交叉阶段就是夏、商、周。这也是夏、商、周断代困难的重要原因，因为"文"阶段和"字"阶段的文明特征杂糅在一起，扑朔迷离。

所谓"文"阶段指的是整个社会的科学认知主要以"道本无言，圣人强言之"的文系统呈现，其中最典型的就是易经符号系统。《黄帝内经》对这个时代的人有相关的描述："余闻上古有真人者，提挈天地，把握阴阳……此其道生。中古之时，有至人者，淳德全道，和于阴阳，调于四时……亦归于真人。其次有圣人者，处天地之和，从八风之理……精神不散，亦可以百数。其次有贤人者，法则天地，象似日月，辨列星辰，逆从阴阳，分别四时，将从上古合同于道，亦可使益寿而有极时。"①与"真人""至人"与"圣人"天人合一的生存状态相比，"贤人"时期，人类只能借助"法则天地、象似日月、辨列星辰、逆从阴阳"②等天文观测的手段理解宇宙法则进而与自然宇宙进行沟通以指导生活实践。针对这一现象，《易经·系辞》关于伏羲设立八卦符号系统的记载正好反映了这一时期人类沟通天地的方法："古者包牺氏之王天下也，仰则观象于天，俯则观法于地，观鸟兽之文与地之宜，近取诸身，远取诸物，于是始作八卦，以通神明之德，以类万物之情。"③除了以易经为代表的符号记事体系之外，华夏先祖还发明了另外一套记事系统，即结绳记事系统。关于结绳记事系统，老子也曾说："小国寡民。使有什伯之器而不用，使民重死而不远徙；虽有舟舆，无所乘之；虽有甲兵，无所陈之。使民复结绳而用之……"④除此之外，庄子指出："昔者容成氏、大庭氏、伯皇氏、中央氏、栗陆氏、骊畜氏、轩辕氏、赫胥氏、尊卢氏、祝融氏、伏羲氏、神农氏，当是时也，民结绳而用之……"⑤从老庄的记载可以得知，结绳并非只是望文生义地以绳子打结记录事件的意思，而是与老庄所推崇的上古"至德之世"相联系，与国家和社会治理高度相关。《易经·系辞》中记载："上古结绳而治，后世圣人易之以书契，百官以治，万民以察，盖取诸《夬》。"⑥可见，"结绳"是上古时期重要的记事手段，而书契是在其后出现的记事工具。孔安国对此评论："古者伏羲氏之王天下也，始画八卦、造书契，以代

---

①《黄帝内经·素问》(上古天真论篇第一)。
②《黄帝内经·素问》(上古天真论篇第一)。
③《易经·系辞下》(第二章)。
④《道德经》(第八十章)。
⑤《庄子·胠箧》。
⑥《易经·系辞下》(第二章)。

结绳之政,由是文籍生焉。"①可见,八卦符号系统和书契文籍系统晚于结绳记事系统而生。

简而言之,"文"系统由最初的结绳记事开始,经过后世贤人智者设立的八卦和书契最终成型。这个时代,整个社会的管理主要由掌握"文"系统的智者集团和整个社会的世俗管理层共同实施。这些智者在中国文化中成为"太史"或"天师",寓意他们是从上天获得智慧的人群。所以,智者集团负责智慧的获取和传播,世俗管理层负责在智慧的指引下进行社会治理。二者各司其职,各专其能。关于天师集团负责传道和守道的记载,在《吕氏春秋》中有详细的记载:"夏太史令终古出其图法,执而泣之。夏桀迷惑,暴乱愈甚。太史令终古乃出奔如商……殷内史向挚见纣之愈乱迷惑也,于是载其图法,出亡之周……"②从本段文字可知:第一,图法是王朝统治合法性和治理理论的来源;第二,天师集团负责以图法交接为载体的守道与传道活动,为华夏文明的延续而负责,并非为某个朝代或统治集团的延续而负责。"文"阶段的这种社会治理模式一直延续到"字"阶段的周朝,即周朝依然是天师集团和世俗管理层二者分工合力管理社会的模式。但是到周朝末期,由于周王室内乱,这种模式被破坏,孔子称之为礼崩乐坏的时期。这个阶段,天师集团掌握的智慧系统即《易经》开始散落到民间,不同的人理解不同的部分而形成相较于《易经》更低层次的但更有针对性的知识体系,"百家争鸣"由此开始。庄子对这一事件有过这样的评论:"其明而在数度者,旧法、世传之史尚多有之;其在于《诗》《书》《礼》《乐》者……其数散于天下而设于中国者,百家之学时或称而道之。天下大乱,贤圣不明,道德不一。天下多得一察焉以自好……犹百家众技也,皆有所长,时有所用……天下之人各为其所欲焉以自为方……百家往而不反,必不合矣!后世之学者,不幸不见天地之纯、古人之大体。道术将为天下裂。"③

周朝末期的大乱世,老子作为周朝的天师系统传人,同样肩负着守道与传道的重任,老子也曾效仿历史上夏太史令终古或殷内史向挚一般,携带图法离开行将就木的周朝并扶植新的王朝崛起,但最终没能像预期那样成功,这个历

---

① [汉]孔安国、[唐]孔颖达:《十三经注疏》(尚书注疏卷第一·尚书序)。
② [战国]吕不韦:《吕氏春秋》(先识览·先识),北方文艺出版社,2013年版,第212页。
③ [春秋]李耳、[战国]庄周:《老子庄子》(庄子·杂篇·天下),北方文艺出版社,2013年版,第314页。

史事件史称"王子朝奔楚"①。据《史记》记载,"老子……居周久之,见周之衰,乃遂去。至关,关令尹喜曰:'子将隐矣,强为我著书。'于是老子乃著书上下篇,言道德之意五千余言而去,莫知其所终"。②以上史料结合可见,由于王子朝携带的大量周王室典籍散落民间,老子作为最后一任天师也不愿意"文"系统就此失传,才会在关令尹喜的要求下写下《道德经》,但老子始终秉持着"道本无言,圣人强言之"的态度,所以老子在《道德经》的开篇便明言:"道可道,非常道。"③

发轫于伏羲时期的"文"系统是用来传播大道的符号系统,即文以载道。而黄帝命仓颉造的字是用以指向世俗生活的符号系统。虽然字由文孳乳而生,但二者功能和智慧含量是悬殊的。老子以天师的智慧,以字传文,字以载道,而作文言文中的典范——《道德经》。文言文兼具传播真理和指向世俗生活两种功能。所以,这种文本信息含量是普通白话文不能望其项背的。故而,仅仅5000多字的《道德经》被人们学习了几千年,至今无人敢说彻底读懂了《道德经》,就是这个原因。

简而言之,老子及其代表的道家可以看作"文"阶段天师集团的最后代表,最后的纯粹的天师集团传人。而后世的一些遗存,比如太史令(秦、汉)、太师曹(隋)、太史局(唐)、司天监(宋)、太史院(元)、司天监(明)、钦天监(清)都或多或少保留了最初天师集团的某些功能。而《道德经》可以看作通俗版的《易经》。后世的诸子百家都是在《易经》或《道德经》的基础上发展了自己的学说。这就是"天下文化皆出于易(道)"的民谚由来。

因此,孔子曾问道于老子,受教之后感慨万分,对弟子说:"鸟,吾知其能飞;鱼,吾知其能游;兽,吾知其能走。走者可以为罔,游者可以为纶,飞者可以为矰。至于龙,吾不能知,其乘风云而上天。吾今日见老子,其犹龙邪!"④这是因为,老子就是天师,而道家就是上古天师集团的遗存。

在了解了华夏文明"文"系统与"字"系统的起源与分别的基础上,不难得出,《易经》和《道德经》本质而言是同一个知识体系的不同时代的具体表现。

---

① [战国]左丘明著、[晋]杜预注:《左传》(昭公二十六年)。
② [西汉]司马迁:《史记·老子韩非列传》。
③ 《道德经》(第一章)。
④ [西汉]司马迁:《史记·老子韩非列传》。

二、事物演化的共通逻辑①

众所周知，人类社会正处于"百年未有之大变局"的阶段。这个变局之大囊括了人类生活的方方面面，其本质是人与自然的关系和人与社会的关系发生了巨变。

具体到人类科学的认知层面，则是近代以来因工业革命的发生而长期占领人类科研认知话语权的西方认知方法不可避免地暴露了解决问题的系统性失灵弊端。基于这种认知方法而产生的遍及全球的西式分科教育，根本无法承担应对"百年未有之大变局"下人类文明的根本危机。这是因为，传统的西式分科教育在世界观上属于原子论，在方法论上属于机械还原论。这种治学方式的优点是能够在最短的时间里批量生产出特定领域的"专家"。本质上，这种培养方式是和工业文明早期的机器大工业化生产相匹配的。这是因为，在人类工业文明早期，人类社会面临的问题往往是相对简单的线性问题。但是这种"分科治学"的缺点也是明显的。这种分科教育越深入就越会让学习者陷入中国佛家所谓的"知见障"状态，即知识量的累积和"无知"边界的扩大呈现正相关的态势。西方哲学家芝诺曾经这样形象地比喻：他画了一个圆圈，圆圈内是已掌握的知识，圆圈外是浩瀚无边的未知世界，知识越多，圆圈越大，圆周自然也越长，这样它的边沿与外界空白的接触面也越大，因此未知部分当然显得就更多了。近现代西方世界也认识到了这个认知层面上的危机，历史学家、哲学家威尔·杜兰特曾在其所著的《哲学的故事》中幽默地评价：科学家戴着眼罩工作，为了将与研究主旨无关的一切排除在外，只专注于眼睛下方鼻尖上方的一个小点儿。这样一来，他们得到的仅仅是成批堆积却又相互孤立的事实，失去了综观全局的眼光……每一门学科、每一个哲学流派都在发展中逐渐形成了各自面向"圈内人"的术语体系。于是，随着人们对世界的了解不断增加，向同样受过良好教育的"圈外人"介绍和解释自己所从事和奉献的行业变得愈加困难，横亘在人生与知识之间的沟壑也愈加宽广：统治者无法理解智者的思考，求知者无法理解智者的观点。

与此同时，已进入后工业化时代的人类文明，其所面临的问题日益复杂，星际旅行、生态可持续发展乃至人类基因组等，从宏观到中观再到微观无一不

---

① 贾利军：《从传统文化的角度谈"新文科"的意义》，新华网，2021年9月10日。

是非线性的复杂性问题。我们面对的这些复杂性问题迫切需要将人类过往的认知整合起来，这种整合不是简单相加，不是简单组合，而是要用整体、有机的视角审视任何一个看似独立的问题。唯有如此，我们才能防止人类文明发展进程中的"蝴蝶效应"，才不会让人类的文明长堤落得"毁于蚁穴"的结局。

（一）道、象、器视角下的人类规律性认知

中国台湾学者方东美认识到东西方的思维方式的不同，他认为："中国哲学表达了一种以综合的整体为核心的有机主义……在多种经验当中，我们能够发现如此的有机整体乃是实有的统一、存在的统一、生命的统一和价值的统一。所有这些复杂的统一体均可被交织成相互依存、本质相关和互利互惠的紧密整体。"[1] 樊宝英认为西方思维是"一分为二"的，其表现形式往往是天人相分、主客对立、非此即彼、难以转化，而中国思维的特点则是天人合一、主客统一、互融互摄的"一分为三"，将两种思维的特点落在关于"天人关系"的看法之上。[2] 和西方的分科规律认知不同，传统中国人的规律性认知是一种建立在有机整体论之上的分层认知，即分别从道、象、器3个层次上对客观世界进行认知。

以"道、象、器"为特征的分层认知方法源自《易经》。《易经》记载："夫《易》，开物成务，冒天下之道……一阖一辟谓之变，往来不穷谓之通，见乃谓之象，形乃谓之器……"[3] 这段话说明"道、象、器"之间的联系，《易经》的认知方法是从事物的整体出发，从而实现"开物成务"和"冒天下之道"的效果，即通晓事物演化的规律，这种事物的变化形式，《易经》描述其通过"一阖一辟"得以实现，这种对事物的认知从整体出发把握事物演化规律的观点被总结为以道为核心的科研整体观。[4]

从"见乃谓之象，形乃谓之器"不难看出，"象"的第一层含义："象"是天道或者自然规律的"显像"。贾利军认为，这种"象"并非自然规律本身，而

---

[1] 方东美：《中国哲学精神及其发展》，孙智燊译，中华书局，2012年版，第16页。
[2] 樊宝英：《道－象－器：形式话语的本体阐释》，《中国文学批评》2019年第3期，第94—101页、第158—159页。
[3]《易经·系辞上》（第十一章）。
[4] 贾利军、徐韵：《东方科研范式解读：基于易文化的视角》，《南京社会科学》2012年第9期，第130—136页。

仅是其表象，故称为"见乃谓之象"。庞朴认为，"象"之为物，不在形之上，亦不在形之下。它可以是道的具象，也可以是物的抽象。①另外，"象"还包含着另一层含义，《易经》认为，"圣人有以见天下之赜，而拟诸其形容，象其物宜，是故谓之象"②，象即圣人用以描摹事物背后玄妙规律的工具，通常以卦象的形式实现。《易经》所使用的卦象正是对世间万物抽象和具象的统一——如果事物的外象与其蕴含的内在规律相统一，便直接取象表征这个事物，否则取内在规律表达应有之象。③而《易经》思想所言之"器"，则与"象"有着更加密切的关系，《易经》有"《易》有圣人之道四焉……以制器者尚其象"④的记载，"器"可以理解为世间能够成为人执用的万物，人类可以根据"道"所现之"象"进行"制器"。庞朴将"道、象、器"的关系进行了高度凝练的概括：道是超乎象的"大象"，"无物之象"，但道能在自身运动变化中创生万物，所以又"其中有象""其中有（器）物"⑤。

由以上关于"道、象、器"的关系可以推至人类规律性认知的内容。基于"器"的认知类似于当下的分科教育，它所探究的是"一事一物之理"。这种认知的缺点在于对规律性认知仅仅局限于某一个具体问题或领域；基于象的认知相对于前者更显通约一些，它所探究的是"一类问题之理"，也即纷繁复杂的具体问题有可能是属于同一个大类，而基于象的认知就是探究这一大类问题背后共通遵循的规律是什么；而基于道的认知则是探究万事万物背后共通规律的学习和实践。《易经》所言的"《易》与天地准，故能弥纶天地之道"⑥，便是对基于道的规律性认知的总结。

本文的企业组织架构的内在演化逻辑特指这样一种规律性认知，它是超越具体企业（器的逻辑）、具体行业（象的逻辑）的所有企业共通遵循的逻辑（道的逻辑）。

---

① 庞朴：《一分为三——中国传统思想考释》，深圳海天出版社，1995年版，第235页。
② 《易经·系辞上》（第八章）。
③ 贾利军、徐韵、贺达豪：《从形而下的大数据到形而上的易经：谈科研范式的殊途与同归》，《科学与管理》2022年第4期，第66—73页。
④ 《易传·系辞上》（第十章）。
⑤ 庞朴：《一分为三——中国传统思想考释》，海天出版社，1995年版，第238页。
⑥ 《易经·系辞上》（第四章）。

（二）易、道整合视角下的事物演化的共通逻辑

如前文所述，易、道是一个一以贯之的认知体系，它们的区别仅在于不同历史时空下表述形式上的不同。关于事物的发展演化逻辑在《易经》体系和《道德经》体系中有两种"异名同谓"的具体表述。

在《道德经》体系中，万事万物共通的演化逻辑是这样表述的："道生一，一生二，二生三，三生万物。"① 所谓"道生一"指的是事物从无到有的过程，刚刚出生的事物混沌未开，所以用"一"来表征。在中国文化中，一的本初意义是阴爻和阳爻的重叠，即混沌。"一生二"指的是事物从混沌中分化出两种基本力量。这两种基本力量的互动，可以推动事物发展。"二生三"说的是这两种基本力量开始交合，它们不仅相互独立而且"互根""互生"，形成了一个稳定的系统态。"三生万物"指的是这个稳定的系统内部，每一个构成要素都可以展开上述的"一生二，二生三"的过程，无限细分、无穷无尽，所以生万物。在传统中国社会，伏羲女娲规矩图就是"三生万物"的世俗表达。图1所示为1967年吐鲁番市阿斯塔那76号墓出土的伏羲女娲图。图中用男（伏羲）女（女娲）表征阳、阴，用蛇交尾的方式表征阴阳交合。整幅图其实就是"二生三，三生万物"的视觉表达。这也是传统中国社会"以具象描摹抽象"的典型做法。这即前人所说"道本无言，圣人强言之"的真实写照。也正是因为这个初衷，伏羲女娲规矩图广泛存在于传统中国社会的时空中，图2所示为考古发掘出的来自不同时期、不同地点的伏羲女娲规矩图。

图1 伏羲女娲规矩图

---

① 《道德经》（第四十二章）。

图 2　时空长河中的伏羲女娲规矩图

也正是因为这个寓意，1983 年，联合国教科文组织在其《国际社会科学》杂志试刊中，把伏羲女娲规矩图和人类的 DNA 结构放在一起，作为其首页的插图（见图3），并将这张图命名为化生万物。

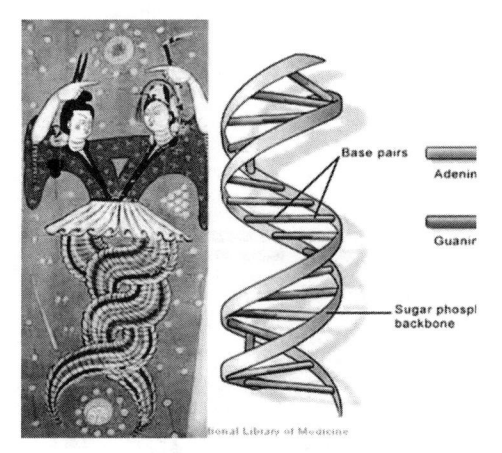

图 3　化生万物图

在《易经》体系中，关于万事万物共通遵循的演化逻辑，是这样描述的："《易》有太极，是生两仪，两仪生四象，四象生八卦，八卦定吉凶，吉凶生大业。"[①] 比对之下，部分内容的对应关系是显而易见的。如"易有太极"对应于"道生一"，即太极就是一；"是生两仪"对应"一生二"，即两仪就是二。但是，"两仪生四象，四象生八卦"与"二生三，三生万物"之间的关系又如何解读呢？

事实上"两仪生四象，四象生八卦"隐含了两种基本逻辑。

首先，它是"二"的逻辑的细分，即这两种基本力量此消彼长的 4 种形态，

---

①《易经·系辞上》（第十一章）。

即四象（见图4），这样一种逻辑可以看作事物发展的时间逻辑：事物的发展均遵循阴阳消长的发展规律，既可以是太阴－少阳－少阴－太阳的"阳长阴消"的发展规律，也可以是太阳－少阴－少阳－太阴的"阴长阳消"的发展规律。

⚏ 太阴　⚎ 少阳　⚍ 少阴　⚌ 太阳

图4　四象往复图

四季的变化，即春夏秋冬的季节更替，从夏季到冬季的转化即体现"阴长阳消"的过程，而冬季到夏季的转化则体现"阳长阴消"的规律。四象进一步细分就是先天八卦（见图5），先天八卦同样蕴含着阴阳消长的逻辑：其中，乾卦→兑卦→离卦→震卦→巽卦→坎卦→艮卦→坤卦表示"阴长阳消"，而坤卦→艮卦→坎卦→巽卦→震卦→离卦→兑卦→乾卦表示"阳长阴消"。

图5　时间逻辑：四象与先天八卦

其次，它包含了"二生三"的逻辑，即五行的逻辑。《说文》中说："五，五行也。从二，阴阳在天地间交午也。"所以，五行又被称为"午行"。也就是说,"五"字的原义并不是现在的数字 5 的意思,而是指阴阳交合。①

贾利军等发现四象更迭,其"五行"机制(见图6)在于木生火、火生土(燥土)、土生金、金生水、水润土而生木,然后再进入下一个周期,其中,土具有双向调节作用,它既是一个系统高潮时的平复机制,也是该系统低潮时的激发机制。②

图 6 阴阳交合示意图

"三"或"五行"也即后天八卦(见图7)的逻辑本质上是事物发展的空间逻辑关系。《春秋繁露·五行篇》中把"两仪生四象"包含的这两种关系说得非常清楚:"天地之气,合而为一,分为阴阳,判为四时,列为五行。"③因为这种规律既揭示了时间逻辑又揭示了空间逻辑。

图 7 空间逻辑:后天八卦

---

① 贾利军、张萌、李琦、赵庆杰:《五行正义及其营销意蕴》,《管理学报》2020年第1期,第105～110页。
② 贾利军、张萌、李琦、赵庆杰:《五行正义及其营销意蕴》,《管理学报》2020年第1期,第105～110页。
③ [汉]董仲舒:《春秋繁露》(五行相生第五十八)。

因为本文主要探讨的是企业组织架构的内在演化逻辑，它属于空间演化逻辑，所以我们这里主要解析一下"二生三，三生万物"的"三"，也就是"五行"或者说后天八卦系统对于企业组织结构演化的指示意义。

三、易、道整合视角下的企业组织结构演化

（一）企业组织演化的"道生一"或"易有太极"

企业组织诞生于社会的需求中。老子说"有无相生"，对于企业的诞生而言，这个"无"就是社会需求。因此，在具体的时空条件下分析，企业组织演化进程中的"道"或"易"就是社会需求。因为有了社会需求，所以才会出现满足这种需求的企业，如表1所示。而"道生一"的"一"及"易有太极"的"太极"就是对应某种社会需求的企业组织的初级形态。这种初级形态在人类历史的场合中最初是以一种手工作坊的形式出现的。

表1　企业组织的起源

视角	《道德经》体系	《易经》体系	企业的诞生	图示
无	易	社会需求	
有	太极	企业组织	易经有太极

伴随着生产力的发展，它的具体形态也在发生着改变。但是无论怎样改变，处于"一"或"太极"阶段的企业组织最大的特征就是"混沌"，抑或也可以称为全能。即这个时期的企业组织是各种功能混杂、融合在一起的，这个时期的企业从业人员可能既是生产人员又是销售人员等。整个企业并没有清晰的功能模块及其组合关系，它只是以一种粗放的组织形态对应着相应的社会需求。

（二）企业组织演化的"一生二"或"是生两仪"

一个混沌态的企业组织对于相应社会需求的响应往往也是"混沌"的。这个时候，企业会从更好地满足社会需求的角度出发，生发出分工合作的功能模

块。这些功能模块的出现其实就是企业组织功能分化的部门显化。从"一"到"二"的过程是一个共通的过程,即混沌态的企业组织分化出生产模块和销售模块。之所以是所有企业的一个共通过程,是因为企业组织的本质在于对应社会需求,这种对应的直接表现就在于需求和产品的最终吻合。而这个最终的吻合则包含了产品的生产和产品的送达,这就如同出生的婴儿从第一声啼哭分化出呼与吸之后才成就了一个鲜活的生命一样。所以,我们可以把企业的混沌态比拟成子宫中的婴儿,而这个阶段的企业组织就是可以自主呼吸的小生命。至此,我们就可以勾勒出一个企业组织的基本演化层次(见表2)。

表2 企业组织演化的"一生二"

视角	《道德经》体系	《易经》体系	企业的诞生
	一	太极	混沌态
	二	两仪	生产模块与销售模块
图示	混沌态企业组织(太极) 销售模块(阳) 生产模块(阴)		

(三)企业组织的"二生三"或"两仪生四象"

当混沌态企业组织内部分化出生产组织和销售组织的时候,企业的演化就进入了"二"即阴阳两仪的阶段。因为生产相较于需求的满足还是一个孕育的阶段,所以它在阴阳两仪中为"阴";而销售对于需求的达成则是一个直接显像的过程,所以在"二"阶段的企业组织中它属于"阳"。当企业进入"二"的阶段以后,企业内部的生产组织和销售组织如果不能很好地交融,就会走向消亡。而企业组织如果能很好地融合,就会发生我们所说的"二生三"或"两仪生四象"的过程。企业组织的发展过程也正好符合这个阶段的特征,在组织分化出销售与生产两个功能板块以顺应社会需求之后,随着社会需求的进一步提升，早期的"销售-生产型"的组织架构不再能够适应新阶段的社会需求，继而企业必将进行下一步的分工细化，企业组织在注重其所制造与销售的产品与社会需求相匹配的同时，也发现企业自身管理水平的提高能够带来生产与销售效率的提高继而使企业满足社会需求。由于组织从横向管理来看可以简单划分为"人的活动"与"财物的活动"，因此，为了管理二者，人力资源部门与财务部门应运而生。这两个部门的出现，本质上是把生产、销售原本就包含的人、财活动经过交融后瓜熟蒂落成为独立的部门，这就使生产组织和销售组织的功能更加聚焦，有利于提升它们各自的效率，这正是"二生三"或"两仪生四象"的奥秘。这个时候，企业组织就呈现表3所示的"四象-五行图"。由生产和销售阴阳两仪相交，"二生三"就生发出了人力资源部门和财务部门。而在显像的4个部门背后还隐含着一个功能模块——总经理。这样4个显像的部门和一个隐含的功能模块总经理，就构成了企业组织结构演化第三个阶段的组织结构。其中，隐含的总经理功能模块在企业发展到一定规模之后会显像成为总经理（办）这样的职能部门。这个时候，组织架构就从四象-五行结构发展成为五行结构。

表3 企业组织结构演化的"二生三"

视角	《道德经》体系	《易经》体系	企业的诞生
	二	两仪	生产模块与销售模块
	三	四象	增加财务部门和人力资源部门
图示			企业组织结构演化"二生三"图（"四象-五行图"）

在这样一个五行结构中[①]，总经理（办）五行属土，总体管控协调生产部门、人力资源部门、销售部门和财务部门。根本而言，五行之土的总经理（办）的五行功能分为两个基本部分：指向生产的艮土功能和指向销售的坤土功能。其中，生产部门五行属水，水经艮土——总经理（办）指向生产的功能，从而生木。即生产部门发展到一定阶段以后用人需求扩大、用人质量提高，会进一步促进人力资源部门的发展。人力资源部门五行属木，木生火。人力资源部门发展壮大提高效率后，无疑会给销售部门提供更好的服务，这就进一步促进了销售部门的发展。销售部门五行属火，火经坤土生金。即销售部门发展到一定阶段之后，经由总经理（办）指向销售的功能会进一步促进财务部门的发展。财务部门五行属金，金生水。即财务部门的壮大能够给生产部门提供支持，进一步促进生产部门的发展。如此，循环往复就构成了一个完整的企业组织架构。

（四）企业组织结构发展的"三生万物"或"四象生八卦"

所谓"三生万物"或"四象生八卦"指的是在事物发展到"四象－五行"阶段之后，各个构成要素的内部又会产生"道生一，一生二，二生三"或"易有太极，是生两仪，两仪生四象"的进程。

以人力资源部门为例，我们从阴阳两仪的角度进行分析，人力资源部门的两个基本功能是人员招聘和人员安置（包含转岗和辞退）。只有通过这样的新陈代谢才能保证企业组织的健康发展。当人员招聘和人员安置阴阳交合"二生三"就会生发出培训和绩效两大功能模块，这样就构成了人力资源部门的"四象－五行图"（见图8）。

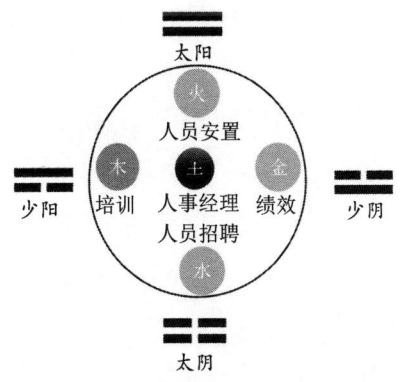

图8 人力资源部门"四象－五行图"

[①] 贾利军、张萌、李琦、赵庆杰：《五行正义及其营销意蕴》，《管理学报》2020年第1期，第105～110页。

在人力资源部门的"四象－五行图"中，人员招聘和人员安置是人力资源部门的两个基本功能，从员工和人力资源部门的关系来讲，人员招聘描述的是员工来到人力资源部门与人力资源部门发生联系，而人员安置描述的是员工离开人力资源部门进入任职部门或离开企业减少与人力资源部门的联系，在五行中他们分别属于水、火。对于通过人力资源部门考核拟聘的员工，接下来，应对其进行培训，使员工与企业以及工作的岗位契合，这个阶段即水生木。当员工经过培训，便面临着员工安置的问题，顺利通过培训的员工将被配置进入对应的工作岗位，而未能通过培训的员工将面临被辞退的结局，这个阶段即木生火。员工进入相应的工作岗位之后，将面临来自人力资源部门的考核以及对应的薪酬调整，人事经理在这段关系中起着联系员工与其绩效和薪酬的重要作用，员工为企业创造的价值，经过人事经理考核以及薪酬设计是员工劳动成果的体现，这个阶段即火经（坤）土而生金。一个企业整体的绩效和薪酬水平又直接关乎企业对人员的需求，若人员绩效好、薪酬水平合理，则公司经营顺利，面临扩展的需求，对人员的需求也对应增长，这个阶段即金生水。由于企业在上一轮经营中绩效良好，新一轮经营所需求的员工结构将发生改变，新一轮招聘的人员也将面临人事经理为应对新变化所设计的新培训方式以适应变化。如此，螺旋式的人事变动构成了企业人力资源管理的过程。

四、结语

《易经》与《道德经》作为我国传统文化的瑰宝，分别从"文"系统与"字"系统对宇宙大道进行阐述，是我国智者用以把握天地大道的重要思想工具。"道生一"或"易有太极"解释万事万物"从无到有"的原因；"一生二"或"是（太极）生两仪"解释万事万物在混沌中分化出对立又统一的两种力量并成为推动事物演化的力量；"二生三"或"两仪生四象"解释了万事万物由"二"的运动进一步发展的过程，其中暗含时间逻辑上的"四象"以及空间逻辑上的"五行逻辑"；"三生万物"或"四象生八卦"解释了事物发展到"四象－五行"阶段后，内部要素进一步根据"道生一，一生二，二生三"或"易有太极，是生两仪，两仪生四象"的演进逻辑进行演化。中华文化讲的"至大无外，至小无内"的宇宙观，也正好从侧面印证了《易经》与《道德经》所言万物生成与发展这种结构上的层层嵌套的特点。企业组织的发展作为人类社会的重要实践，其发展逻辑自然符合《易经》与《道德经》所言万物生化的基本规律。因此，运用中华传统易、道思维能够从根本上把握企业生产发展的走向，更好地理解企业的社会与历史作用，从而更好地实现企业管理。

精神文化符号学的认知模式与主体有无之境

陈 中[①]

摘要：从符号认知视角，《庄子》中的"吾丧我"以及"至人用心若镜"等思想，强调了在符号意义阐释的过程中，不应把主观世界与客观世界分离，而应努力把符号认知的主客体关系转变成主体间性的联系，以追求"主体有无之境"的理想境界。通过探讨"吾丧我"在符号主体活动中的状态，可以使我们认识到"吾丧我"并非要彻底消解主体，而是要达到"心物合一"的境界，其对符号感知活动的意义在于追求"道"；"吾丧我"的目的是要从"自我"中解放出来，以获得至高的主体人格；精神文化符号学是还符号以自由，认知模式是在"吾丧我"和"用心若镜"的状态中释放符号意义。还符号以自由是精神文化符号学所追求的目标。

关键词：精神文化符号学；心物合一；吾丧我；用心若镜

来源：《江海学刊》2022 年 3 月

长期以来，人类与自然的关系被视为主体与客体之间的活动。在人类征服自然的过程中，主体的积极作用得到了充分的肯定。然而，这种以主体为中心的二分法，把人与所要认知的世界分割开来，不可避免地导致人类社会文明的危机，即生态危机和孤独感，可谓"宇宙不曾限隔人，人自限隔宇宙"。[②]

在符号学看来，世界是符号的世界，符号不仅是人类（主体）对客体的表征，即所指与能指的对应（索绪尔），而且还是阐释者（主体）对符号表征的阐释，即符号三元关系中解释项的引入（皮尔斯）。显然，符号活动是基于人的主

[①] 陈中，扬州大学商学院副教授。
[②] 陆九渊：《陆九渊集》，钟哲点校，中华书局 1980 年版，第 483 页。

体的一种行为，与心理学有密切的关系。

精神文化符号学对符号活动的认知，明显迥异于西方符号学界，把符号活动视为主体间性的行为，即符号表征的客体也是具有生命的主体，是"个性"而并非"个体"。精神文化符号学提倡走出主客体间性的羁绊，将符号学研究的任务不再局限于符号的表征或意义的感知，而是在符号阐释的过程中提升人的认知能力，拓展认知路径，能够自由、多元地解读宇宙天地间各种符号，包括人类的语言及非语言符号。

其实，在中国古代哲学思想中，对符号的认知就表现出独特性。战国时期《庄子》中提出的"吾丧我"[①]"至人用心若镜"[②]等观点，就是在强调一种独特的主体间性。具体说来，认知主体只有在放弃自我的主观意识，在"用心若镜"的状态下，才能够与认知对象进行主体间性的交流。"吾丧我"就是在追求主体既有又无的境况，这种主体有无之境接近先秦哲人的崇高理想——"道"。

本文主要从什么是庄子无主体状态、庄子为什么追求无主体状态、无主体后之主体是什么等方面，立足于《庄子》中"吾丧我"以及"至人用心若镜"等哲理，去探寻庄子关于"主体有无之境"的思想，以期构建精神文化符号学的认知模式，从而实现释放符号意义、还符号以自由的学术理想和追求。

一、"吾丧我"与符号活动的无主体状态

人处于无主体状态中还能感知世界吗？答案是肯定的。拉康认为，儿童早期没有主客体之分，新生婴儿虽然是独立的个体，但并没有主体意识，这时候处于主客未曾分离的混沌状态。拉康提出了"镜子阶段"的概念，"自我"在意识确立之前并不存在，所谓意识的确立是指人具有了自我的概念。[③]随着儿童的成长，开始逐步有了主观意识，主体性越来越清晰，对每一件事都有自己的"看法"。因此才会产生这样的说法，1000个人看《哈姆雷特》，会有1000个哈姆雷特，因为每一个人对哈姆雷特阐释的主体意识是不一样的。

拉康的"镜子阶段"说明无主体是一种真实存在，而并非一个概念。艾柯

---

① 陈鼓应：《庄子今注今译》，中华书局2020年版，第37页。
② 陈鼓应：《庄子今注今译》，第234页。
③ [日]福原泰平：《拉康：镜像阶段》，王小峰译，河北教育出版社2002年版，第10页。

用"照相阶段"（photograph stage）也说明了这种状态，艾柯的角度与拉康是一样的，只是照片与镜子对婴幼儿的刺激不一样，所以婴幼儿相对于照片的无主体状态要更持久一些，艾柯理论同样佐证了无主体状态的真实存在。

显然，在西方学者那里，无论是"镜子"还是"照相"，都是指儿童早期尚未形成主体性意识的状态。然而，在中国古典哲学中，无主体状态则形成于成年人中，甚至是成年人中的"至人"才能够达到的状态。庄子就用"镜子"对无主体状态进行了描述，他说"至人之用心若镜，不将不迎，应而不藏，故能胜物而不伤"。① 这里的"至人"就是超越普通成年人的"智者"。拉康通过"镜子"反衬出儿童早期存在无主体的感知时期，而庄子主要是由"若镜"反映出智者排除杂念的一种心理状态。镜子既能够清晰照见外物，又不会留下任何主观的痕迹。心就像一面镜子，对于外物是来者不挡、去者不留，应外物而不藏外物，所以能够反映外物而又不因此损心劳神。对于这种无主体状态的感知，老子的"涤除玄鉴"也有类似的寓意，高亨在《老子正诂》中解释："鉴者，镜也"，所以"能察照万物"。②

以老庄为代表的道家哲学思想也引起了西方学者的高度关注。荣格认为，处于道家无主体状态时，人虽然无主体意识，但对外物的映照却非常清晰。荣格仔细研究了道家《太乙金华宗旨》中的无主体状态，并特别关注到该书把无主体状态描述成"昏沉而知"。荣格说："这部经典论及昏沉时说，'昏沉而不知，与昏沉而知，相去何啻千里'。这一说法完全适用于潜意识对我们的影响。"③ 他引用的这段道家经典的后文是"不知之昏沉，真昏沉也；知之昏沉，非全昏沉也，清明在是矣"。④ 由此可见，荣格深知这种"昏沉而知"无主体状态（即"用心若镜"状态）的重要性。

赵毅衡先生曾指出："符号是携带意义的感知。"⑤ 婴幼儿尚未形成"感知"的无意识活动，就不应该属于符号学研究的范围，只有"用心"的感知，才是符号学研究的主要对象。东方哲人希望成年人对世界的感知能够返回到排除杂念的婴幼儿状态，成为"至人"。老子反复赞叹婴儿的状态，他曾感叹："能婴儿

---

① 陈鼓应：《庄子今注今译》，第234页。
② 李存山：《老子》，中州古籍出版社2018年版，第59页。
③ [德]卫礼贤、[瑞士]荣格：《金华的秘密》，邓小松译，黄山书社2011年版，第31页。
④ [德]卫礼贤、[瑞士]荣格：《金华的秘密》，第148页。
⑤ 赵毅衡：《符号学原理与推演》，南京大学出版社2011年版，第1页。

乎？"[1]

究竟应该怎样才能达到"用心若镜"的境界，庄子提出要用"吾丧我"的方法。"吾丧我"才是庄子"用心若镜"思想的关键，否则"用心若镜"对于成年人只能是一种理想的期盼。"吾丧我"一语出自《齐物论》，庄子借得"道"之人南郭子綦的话提出了"吾丧我"的理念。子綦曰："今者吾丧我，汝知之乎？"[2]晋朝郭象注："吾丧我，我自忘矣。我自忘矣，天下有何物足识哉！"[3]唐朝成玄英对于"吾丧我"的理解与郭象差不多，其将"丧"单独解读为"丧，犹忘矣"。[4]章太炎在《齐物论释》中也表达了相似观念，孟琢在研究《齐物论释》时进一步指出："在'吾'和'我'的关系中，'丧'不是对'我'的否定。否定了'我'，'吾'又将何以独存呢？"[5]当代陈鼓应把"吾"与"我"分开来，他认为"吾"指真我，《庄子今注今译》："'丧我'的'我'，指偏执的我。'吾'，指真我。"陈鼓应认为，"吾丧我：摒弃我见。由'丧我'而达到忘我、臻于万物一体的境界"。[6]

除了"丧我"，在庄子的其他论述中，还有类似的"无己""忘己"等。《逍遥游》就有"至人无己"，[7]《天地》中有"忘己之人，是之谓入于天"。[8]《齐物论》中还有"莫若以明"[9]一词，"以明"有"止明""去明""弃明""不用明"的意思。显然，庄子是希望主体意识很强的成年人，通过"吾丧我"的方法，达到"用心若镜"的无主体状态，"圣人之心静乎，天地之鉴也，万物之镜也"！[10]

道家虽然直接提出了"吾丧我"思想，但儒家、佛家的学说中同样也存在类似的说法。孔子即提出"毋意，毋必，毋固，毋我"；儒家四书之一的《大

---

[1] 王弼注，楼宇烈校释：《老子道德经注》，中华书局2011年版，第25页。
[2] 郭象注，成玄英疏：《庄子注疏》，中华书局2011年版，第24页。
[3] 郭象注，成玄英疏：《庄子注疏》，第24页。
[4] 郭象注，成玄英疏：《庄子注疏》，第24页。
[5] 孟琢：《齐物论释疏证》，上海人民出版社2019年版，第13页。
[6] 陈鼓应：《庄子今注今译》，第40页。
[7] 郭象注，成玄英疏：《庄子注疏》，第12页。
[8] 郭象注，成玄英疏：《庄子注疏》，第232页。
[9] 郭象注，成玄英疏：《庄子注疏》，第248页。
[10] 郭象注，成玄英疏：《庄子注疏》，第248页。

学》，在其首章说"知止而后有定"，①这里的"止"字就有停止杂念的"吾丧我"过程；孟子推崇的"不虑而知"，②"不虑"即"丧我"。禅宗惠能的著名偈语"本来无一物，何处惹尘埃"，是非常明显的去主体化，希冀通过无主体状态获得更高层次的智慧。

"吾丧我"与西方结构主义的"去中心化"（Decentering）不一样。"吾丧我"并非彻底"消解主体"，"丧我"只是"丧"与客体对立意义上的主体，"吾"还在，庄子不是"吾丧吾"，不是结构主义哲学家福柯所说的"人的死亡"。"丧我"有些类似于胡塞尔的"现象学的悬置"（Phenomenological Epoche），胡塞尔推崇直觉，而把非直觉的认知"悬置"起来，虽然"丧我"与"悬置"有共同之处，但庄子的目标是心物合一，而不是在主体意识上寻真知，只是在追求胡塞尔所说的"本真的表象"（Genuine Presentation）方面有相通的寓意。

荣格表现出对东方哲学的浓厚兴趣。他认为："西方基督教所表现的更多是意识层面的对峙和紧张，东方则表现为对无意识的重视，重视无意识是东方人格保持均衡与完满的重要基础。"③荣格认为与"意识"层相对的是"无意识"层，这是一片更为广阔的心灵空间，"无意识"决定"意识"。而"集体无意识"则是在人们心中拥有的超越文化和意识的共同基底。荣格正是在"无意识"尤其是"集体无意识"层面上论说道家的这种无主体状态，也就是庄子的"吾丧我"状态。

以老庄为代表的"吾丧我"思想，即无主体状态，是精神文化符号学所坚持的符号感知活动的理想途径之一。

二、"吾丧我"对符号感知活动的意义

人类认知能力的提升是一个从无意识到有意识、意识能力不断进化的过程。然而，"吾丧我"的思维方式则以丧失主体意识、回归无意识状态为目的。这是否为一种感知方式的"倒退"？为什么古人即便知晓成人无法回归婴幼儿状态，还要反复强调呢？"吾丧我"对于符号感知活动的意义究竟何在？

---

① 胡平生译注：《礼记》，中华书局2017年版，第1161页。
② 朱熹集注：《孟子》，上海古籍出版社2013年版，第186页。
③ ［瑞士］荣格：《荣格文集》第3卷，长春出版社2014年版，第87页。

庄子对此早有解答，他在《知北游》中借黄帝之口说："无思无虑始知道。"①"无思无虑"就是无主体状态，先哲追求婴幼儿那种"无思无虑"，目的就是"道"。庄子"吾丧我"的原因也是为了得"道"。中国古代先哲非常注重知"道"、得"道"或成"道"，荣格就敏锐发现了这一点。他在评述道家经典《太乙金华宗旨》时说："向西方人解释这一经典和与其相类似的内容所面临的最大的困难是中国的大师们一上来就以中心思想作为开篇，就是我们说的目标，他一上来谈论的就是他想要达到的终极境界。"②这个"终极境界"就是"道"。

荣格进而探讨了"吾丧我"与得"道"之间的关系。他指出，在人的心理活动中，"意识"层下更大空间的"无意识"中存在着深层的"集体无意识"。可以从这一层面上去体会东方哲人推崇无主体状态的原因。实际上，"丧我"就是为了让"吾"进入"无意识"状态，达到无主体化境界，从而直觉感知"集体无意识"，即"道"。荣格认为"道"是"自觉的道路"，③这种"自觉"是对"无意识"领域的自觉。

在符号感知活动中，西方人偏重"理"，而东方人偏重"道"。中国先哲认为，万事万物都是"道"的载体，得"道"是一切活动的首要方向。从认识论的角度看，得"道"的人可以极大提高人的"能知"力。老子所说的"为学日益"④是在"所知"上提升人，而"为道日损"⑤是在"能知"方面帮助人，老子很显然更重视"为道日损"，"为道日损"的过程就是"吾丧我"的过程。

"丧我"是为了去掉阻碍人得"道"的那些主观意识，庄子用了各种名称来说明这种意识，比如"成心"⑥"机心"⑦"滑心"⑧等。这些"心"都脱离本真之心，远离了人的本性，会对人的认知产生负面作用。较庄子更远时代的《列子·说符》中的寓言"邻人窃斧"就说明了这一道理。列子认为，认知主体很容易被自己的偏见所蒙蔽，因此才会误以为邻居偷斧。如果主客体高度分离，主体具有主动性，而客体是被动的，主体很容易将主观意识强加给客体。如果

---

① 郭象注，成玄英疏：《庄子注疏》，第389页。
② [德]卫礼贤、[瑞士]荣格：《金华的秘密》，第36页。
③ [德]卫礼贤、[瑞士]荣格：《金华的秘密》，第37页。
④ 王弼注，楼宇烈校释：《老子道德经注》，第132页。
⑤ 王弼注，楼宇烈校释：《老子道德经注》，第132页。
⑥ 陈鼓应：《庄子今注今译》，第55页。
⑦ 陈鼓应：《庄子今注今译》，第329页。
⑧ 陈鼓应：《庄子今注今译》，第343页。

借"镜子"来比拟这种认知,那么成年人的主体如同凹凸镜,一不小心就会夸大或缩小映照物。

"丧我"也是为了解决"是亦一无穷,非亦一无穷也"①这个困境,是与非本来就是相对的,如果无休止地陷于是与非之中就会失去对真知的关注。不去纠结是非,就是不局限于是非,超然之上才能感悟"道"的存在。主客体二分法容易产生对立而过于注重区别并争执是非,人的行为与精神活动被定理、规律等各种符号简化概括。庄子则通过"吾丧我"超越这种简单的是非观,进入"道"的层面。庄子曰:"有以为未始有物者,至矣,尽矣,不可以加矣。其次以为有物矣,而未始有封也。其次,以为有封焉,而未始有是非也。是非之彰也,道之所以亏也。"②张岱年解释说:"最高的知,是见道不见物,没有物我的区别。其次分别物我,而对于物尚不更加区分。又次则对于物亦加区划,而尚无所是非取舍于其间。分别是非,就不能认识道了。"③

庄子的"吾丧我"不仅能够帮助人得"道",还能有利于人们感知非符号,无主体产生的"心物一体"状态,有助于获得非符号。因明学"论境"颂云:"境从体性分物与无物、有为与无为、常住与无常。"④非符号就是指那些"无物""无为""无常"之境。《道德经》首章也提出了"无名"的概念,"无名天地之始",⑤把"无名"放在极高的境界。佛祖"拈花微笑",⑥这里的"花"不是佛所要传递的符号,"笑"也不是佛祖弟子摩诃迦叶所要传递的符号,是"花"与"笑"背后的非符号,只有在"吾丧我"的状态中,彼此的心才能相通这种非符号。当人们需要大量研究"空符号""无符号""虚符号"这些非符号之符号时,庄子的"吾丧我"可以提供有力的思想支撑。

"道"是不可说的,老子曰:"道可道,非常道。"⑦"道"不等同于"共通感",但"道"与每个古老民族之间的"共通感"一定相关。"共通感概念在康德之前就已有悠久的历史和丰富的含义。在古希腊哲学、古罗马哲学、中世纪

---

① 陈鼓应:《庄子今注今译》,第60页。
② 陈鼓应:《庄子今注今译》,第72页。
③ 张岱年:《中国哲学大纲》,江苏教育出版社2005年版,第480页。
④ 杨化群:《藏传因明学》,中华书局2009年版,第158页。
⑤ 王弼注,楼宇烈校释:《老子道德经注》,第2页。
⑥ 陈继生:《禅宗公案》,天津古籍出版社2008年版,第3页。
⑦ 王弼注,楼宇烈校释:《老子道德经注》,第2页。

哲学、苏格兰哲学和德国古典哲学中这个概念都有出现。"[1]如果一种"感觉"在每个民族都有，那么其意义一定很大，中文中的"共通感"的概念是研究康德的《判断力批判》时才开始运用，但先秦哲学中几乎各门各派都有"共通感"的概念，只是没有用"共通感"这个词语。比如，孟子曰："恻隐之心人皆有之。"[2]"人皆有之"就是"共通感"。而且先秦哲人关注的"共通感"主要是在特殊状态中的"共通感"，庄子的"吾丧我"就是这种状态之一。真正理解庄子，可以用庄子的"吾丧我"的具体方式实修，就能产生与庄子类似的"共通感"。

中国古代哲人所追求的"道"很明显具有主体间性特质，先哲没有给"道"一个详细清晰的定义，但主体间性有明确的定义。"在胡塞尔那里，主体间性指的是在自我和经验意识之间的本质结构中，自我同他人是联系在一起的，因此为我的世界不仅是为我个人的，也是为他人的，是我与他人共同构成的。胡塞尔认为，自我间先验的相互关系是我们认识的对象世界的前提，构成世界的先验主体本身包括了他人的存在。"[3]主体间性消解了"纯客观的"或者"纯主观的"的界限，揭示了不同心灵或主体之间的彼此可进入性，而这种互动和沟通是超语言符号式的交流，是基于不同心灵之间的共同特征。这种人类彼此之间心灵乃至于与自然万物的共同性和共享性就是主体间性。解释"道"时用上主体间性，"道"仿佛变得可道了。

庄子的"吾丧我"不是完全虚无的无主体，而是有明确的目标，即追求得"道"。人在得"道"后，将极大提高自身在符号活动中的各种感知能力。

三、"吾丧我"之后的主体有无之境

"吾"丧"我"后之"吾"是"至人"，是"用心若镜"的"至人"。"至人"是有主体人格的得"道"之人。庄子强调"吾"丧"我"，而非"吾"丧"吾"，显然他希望成年人要成为"至人"。

庄子有时也用"真人"（"有真人方有真知"[4]）或"神人"（"神人无功"[5]）这

---

[1] 周黄正蜜：《康德共通感理论研究》，商务印书馆2018年版，第5页。
[2] 朱熹集注：《孟子》，第153页。
[3] 张玉能：《文艺学的反思与建构》，复旦大学出版社2016年版，第252页。
[4] 郭象注，成玄英疏：《庄子注疏》，第126页。
[5] 郭象注，成玄英疏：《庄子注疏》，第12页。

样的名称，"真人"或"神人"与"至人"只是层次有差别，但都属于得"道"的人。这种人不是整天处于无主体状态，而是游刃于有无主体状态。从符号活动的角度来看，"至人""真人"或"神人"是能正确领悟天地间各种符号意义的人。"吾丧我"毕竟是个比较难以用语言描述清楚的命题，所以道家后来运用"识神"与"元神"来说明，无主体状态就是隐藏了"识神"，隐藏了"识神"就可以发挥"元神"的作用。"元神"出后，"识神"同样也能发挥作用，但是出"元神"的过程必须先去掉"识神"。

在西方哲学家中，荣格就很关注道家的"识神"与"元神"。荣格的集体无意识理论中有两个非常重要的原型，即阿尼玛（anima）和阿尼姆斯（animus）。荣格把这两个原型与道家的魂魄相呼应，而魂魄属于"元神"。无主体化是暂时去掉了"意识"这个"识神"，这样"个体无意识""集体无意识"就显现出来。荣格是从"集体无意识"来理解道家"元神"的。庄子的"吾丧我"，如果用荣格关于自性（self）与自我（ego）的学说阐释，就较容易理解。荣格说："如果潜意识也能像意识那样，作为可以影响人的能量而得到认可，一个人个性与人格的重心会出现转移。重心会离开意识的中心——自我，来到意识与潜意识之间。这个点可以被称为自性。这样一个变换成功的结果，就是不再需要神秘参与。换句话说，一个在低层次受苦受难的人格成长到了忧喜不侵从而无忧恐怖的更高层次。"[①] 荣格强调，恢复"自性"这个过程不需要外力，不需要"神"的帮助，自己就可以摆脱漂浮不定的自我意识干扰。

"吾丧我"是真正的人性解放，从"神"那里解放出来，从"自我"中解放出来。荣格认为人有自性与自我，自我仅是意识的主体，而自性是包括无意识在内的精神世界整体。按照荣格思想，得"道"的过程是一个人就可以完成的，这个过程是"意识与潜意识的再次统一"。"再次统一的目的是获得'意识的生命'（慧命），或者用中国的术语来说，就是要'成道'。"[②] 按照荣格的这种理论去推论庄子的"吾丧我"，"吾丧我"中的"吾"是"自性"，"吾丧我"中的"我"是"自我"，丧"自我"后"自性"将复苏，成为"至人"。也就是说，庄子并不否定主体的存在，这个主体就是"自性"。

这里借用禅宗的理念来对应庄子的主体有无之境。《禅宗公案》中一位高僧

---

① [德]卫礼贤、[瑞士]荣格：《金华的秘密》，第63页。
② [德]卫礼贤、[瑞士]荣格：《金华的秘密》，第38页。

在回答"得道"与"砍柴担水做饭"之间的关系时说:"得道前,砍柴时惦记着挑水,挑水时惦记着做饭;得道后,砍柴即砍柴,担水即担水,做饭即做饭。"显然,"得道"前的主体是"自我","自我"由漂浮不定的意识和念头构成,所以"砍柴时惦记着挑水""挑水时惦记着做饭";得道后的主体是"自性","自性"则安定从容,活在当下,所以有"神通并妙用,运水及搬柴"这样的偈子。① 同样的人,做同样的事,但境界不一样了。庄子称这样的主体性为"真宰","真宰"的主体为"真君"。②

可见,无主体的"丧我"目标是去掉伪主体,伪主体去掉后,才能让真主体出现。这里与笛卡尔的"我思故我在"恰恰相反,先去掉"我思"会发觉"我在",也就是说存在与认知之间的关系是首先应该找到存在,通过主客体性发觉的存在是伪存在,去掉主客体性后的存在才是真存在,"我在"后才有"我思"。借用笛卡尔的话说,"我不思故我在,我在故我思"。如果笛卡尔的"我思"是主体,那么庄子的"我在"是主体。

庄子的"吾丧我"不是简单的无主体,而是处于有无主体之境,"至人"不是虚无主义者,"至人"拥有至高的主体人格。

四、庄子"吾丧我"与精神文化符号学

精神文化符号学的任务是走出主客体间性的羁绊走向主体间性,客体也是有生命的,研究对象是"个性"而不是"个体"。庄子的"吾丧我"突破了"自我"为主体的局限性,进入了"自性"为主体,而万物的本性是相通的。

《秋水》中曾有一段庄子与惠子关于水中鱼的对话。庄子在"丧我"中,与水中鱼建立了主体间性的关系,即"共通感",所以庄子"知鱼之乐"。惠子则认为庄子不可能知道鱼是否乐。③ 西方哲学家海德格尔曾指出,如果仅仅在主体与客体对立的领域去寻找正确认识是不足的。他提醒人们不要忽视主体与客体融为一体之后的认知状态,因而提出"澄明"状态。④ 庄子"知鱼之乐",一定是在这种"澄明"状态,而不是用主客体的关系进行分析,因为主体意识永

---

① 陈继生:《禅宗公案》,第 226 页。
② 陈鼓应:《庄子今注今译》,第 51 页。
③ 郭象注,成玄英疏:《庄子注疏》,第 329 页。
④ [德]海德格尔:《存在与时间》,陈嘉映译,生活·读书·新知三联书店 2014 年版,第 155 页。

远不可能真正进入客体身体。精神文化符号学的认知模式就是要建立在庄子的"吾丧我"主体间性的基础之上。

精神文化符号学倡导意义释放，突围权力话语的制约，追求无本质的本质论。从整体上看，本质是变化的、多维的、不确定的，因此是"无"；从局部上看，本质又是存在的，是相对确定的，取决于视角与方法。在"吾丧我"的"用心若镜"状态中，释放符号意义是精神文化符号学追求的目标。

孟子曰："尽信《书》，不如无《书》。"① 庄子的"吾丧我"可以帮助人摆脱仅从概念上演绎文本的固定思维模式，因为概念思维只能解决人类符号活动中的部分问题，不能解决根本问题。庄子在《齐物论》中用了很多对仗式的语言来说明概念思维的局限性，他不是希望把问题复杂化，而是指出人不应该纠结于概念思维不能自拔，更重要的是要悟出"道"。庄子提出的"吾丧我"就是寻找"道"的学问。他反对过分依靠语言文本，因为语言的作用是有限的，"夫言非吹也，言者有言。其所言者，特未定也。果有言邪？其未尝有言邪？其以为异于鷇音，亦有辩乎？其无辩乎"？②

精神文化符号学从主体间性的维度，重点揭示符号之间的精神联系。世界上的万事万物都处于变化之中，处于变化的时空体之中。精神文化符号学将探索如何变化的过程，揭示变化的缘由。庄子的"吾丧我"不是研究"庄子丧庄子"的学问，而是符号接受人"自己丧自己"然后体知"吾丧我"的过程。庄子不仅希望从认识层面上理解"吾丧我"，还希望从身体的角度实证"吾丧我"，庄子有"坐忘""心斋"等"吾丧我"的方法。这种方式，古人有个统一的名称叫"近取诸身"。③ 孟子非常善于运用这种方式，孟子提出"良知"是"不虑而知"，是与生俱来，与学习知识无关。孟子让人在自己身体上实证，去寻找自己的"良知"。

庄子的"吾丧我"是进入无主体状态，进入无主体状态的人会产生"用心若镜"的感知，在无主体状态中，人消解了主体自我意识，而非意识层面的"真君"同样可以感知到世界，这种境界有助于人们获得"道"，而"道"可以极大地推动人的符号活动，这种无主体又有主体的符号活动过程可称为符号活

---

① 朱熹集注：《孟子》，第 204 页。
② 郭象注，成玄英疏：《庄子注疏》，第 33 页。
③ 王弼注，楼宇烈校释：《周易注校释》，中华书局 2012 年版，第 247 页。

动者的主体有无之境。

庄子曰:"天地与我并生,而万物与我为一。既已为一矣,且得有言乎? 既已谓之一矣,且得无言乎? 一与言为二,二与一为三。"[1] 庄子表述了符号认知过程与阐述者解读过程可能会产生的偏差,他认为,如果万物本来是"一",通过语言符号表述成了"二",再与本来的"一"相加后就变成了"三"。说"一"即成"三"。重温庄子的"吾丧我",游刃于主体有无之境,成为一名"至人",达到"用心若镜"的符号认知状态,可以"抱一守全"而得"道",以达成精神文化符号学还符号以自由的理想认知模式。

---

[1] 陈鼓应:《庄子今注今译》,第78页。

第三篇 中国商业伦理与企业社会责任

ESG 报告基本假设初探

黄世忠[①] 叶丰滢[②]

摘要：会计主体假设、持续经营假设、会计分期假设和货币计量假设这四大会计假设构成了财务会计的基石，对于确认、计量和报告意义重大，但也存在不容小觑的局限性，突出表现为会计主体假设回避了企业经营的外部性，持续经营假设忽略了企业对环境和社会的适应性，会计分期假设制约了财务信息的前瞻性，货币计量假设限制了计量上的多元性。四大会计假设的局限性导致以此为基础的财务报告不能满足投资者和其他利益相关者日益增长的多元信息需求，促使学术界和实务界寻找救赎之道。经过不懈探索，ESG 报告脱颖而出，有望在相当程度上弥补四大会计假设引发的财务报告缺陷，与财务报告共同形成相互补充、相得益彰的公司报告体系。本文系统论述四大会计假设的局限性，并尝试根据互补原则及对经济环境和国际财务报告可持续披露准则和欧洲可持续报告准则的观察分析，归纳提出 ESG 报告的四大基本假设：外部性假设、适应性假设、前瞻性假设和多重性假设。本文的研究旨在为 ESG 报告概念框架的发展和 ESG 报告准则的制定提供理论指导，使 ESG 报告披露的信息有助于投资者和其他利益相关者更加全面准确地评估企业对环境和社会的影响以及环境和社会因素对企业发展前景的影响。

关键词：会计假设；ESG 报告；外部性假设；适应性假设；前瞻性假设；多重性假设

来源：《会计研究》2023 年 5 月

[①] 黄世忠，厦门国家会计学院，361005。
[②] 叶丰滢，通讯作者，yefengying@xnai.edu.cn。厦门国家会计学院，361005。

一、问题的提出

20世纪70年代以来，以会计目标为起点、以概念框架为基础的会计准则制订模式日益成为主流，以会计假设为起点、以会计原则为基础的会计准则制订模式日渐式微，但这并不意味着会计假设无关紧要，恰恰相反，会计假设[①]（特别是国际公认的四大会计假设——会计主体假设、持续经营假设、会计分期假设和货币计量假设）以明示或隐含的方式将财务会计的环境特征嵌入概念框架和根据概念框架制订的会计准则中，构成确认、计量的前提和基础，堪称财务会计和财务报告的理论根基[②]。离开四大会计假设的支撑，财务报告的高楼大厦将分崩离析，不复存在。

一个不容忽视的事实是，数十年来，尽管以美国财务会计准则委员会（FASB）和国际会计准则理事会（IASB）为代表的准则制订机构不遗余力地修订会计准则和概念框架，财务会计和财务报告仍存在诸多问题。例如，一项资产只有当其预期盈利能力下降至出现损失时，财务会计和财务报告才会考虑对其计提减值，以反映资产盈利能力下降的风险。在减值计提之前，存在许多潜在的盈利能力下降的阶段，尽管对投资者和其他报告使用者而言这可能是极有价值的信息，但财务会计和财务报告并没有考虑这些阶段的情况[③]。又如，企业有时可以确定某些业务风险的存在且判断其一旦发生极可能对企业价值产生重大负面影响，但由于该风险发生的可能性很小或发生概率、定量影响难以评估，

[①] 在英文学术文献中，假设最常用的表述是 Postulate 和 Assumption，在中文里一般翻译成假设或假定。Postulate 的英文解释是：a proposition that is accepted as true in order to provide a basis for logical reasoning，即为逻辑推理提供基础的、被接受为真的主张。Assumption 的英文解释是：a statement that is assumed to be true and from which a conclusion can be drawn，即被假定为真并可据此得出结论的声明。葛家澍教授将 Postulate 翻译为假设，而将 Assumption 翻译为假定，但英文文献并没有对这两个术语做严格的区分。例如，Paton（1922）在"Accounting Theory: With Special Reference to Corporate Enterprises"中首次提出会计假设时用的是 Postulate，但 Paton 和 Littleton（1940）在"An Introduction to Corporate Accounting Standards"中探讨会计假设时又改用 Assumption。又如，Moonitz（1961）在第1号会计研究文集"The Basic Postulates of Accounting"中，引用了 AICPA 研究项目特别委员会对 Postulate 的定义：Postulates are few in number and are the basic assumptions on which principles rest，即假设是为数不多且构成原则基础的基本假设。本文对 Postulate 和 Assumption 不作区分，按惯例均翻译为假设。

[②] "会计基本假设构成了财务会计与报告的基础，高度概括了财务会计（会计核算）的环境特征。"（葛家澍，2002）

[③] 这种情况一直到金融工具准则要求采用预期信用损失模型计提减值才得到局部改进，一般经营性资产的减值计提仍然遵循前述逻辑。

财务会计和财务报告会因其并非一种现时义务而选择无视[1]。再如，企业内部创造的无形资产（如由人力资本、关系资本和组织资本构成的智慧资本）已成为知识经济时代企业价值创造的关键驱动因素，它们往往代表企业价值的主要部分，甚至远远超过财务报告体现的净资产价值，但因为不符合确认和计量标准而无法被确认为资产和资本。正因为如此，财务报告披露的信息对投资者决策的有用性和相关性在过去半个多世纪里快速且持续地恶化，近20年还有加速恶化的迹象（Lev and Gu，2016）。

对上述现象的溯源研究大多指向一个共同的原因——大量影响企业价值和投资者决策的事项无法或尚未被财务报告严密的概念体系和确认、计量标准所捕捉（EFRAG，2021），这构成了财务报告难以克服的先天不足。若为弥补这些不足贸然对基本概念做重大改革，如超出主体可辨认和可控制的范畴确认资产，或超出主体的承诺确认负债，或扩大公允价值的使用范围，都会给财务报告增加大量的不确定性，并在报告使用者对报告内容和对现金流量的理解之间制造鸿沟。即便不通过确认和计量，单纯增加财务报表附注的内容，过载的信息披露也可能混淆报表为尊的基本逻辑，从而模糊财务报告的目标。在这种情况下，探索通过其他报告体系弥补财务报告的不足成为最为合理的选择。

经过学术界和实务界的不懈探索，包括整合报告、无形资源报告、ESG（环境、社会、治理）报告或可持续发展报告[2]（以下简称 ESG 报告）等补充报告形式应运而生。其中，ESG 报告包括企业 ESG 相关问题重要影响、风险和机遇的信息，旨在反映企业对环境和社会的重要影响以及环境和社会问题对企业发展、财务业绩和财务状况的重要影响。2023 年 6 月，国际可持续准则理事会（ISSB）和欧盟（EC）相继发布 ESG 相关披露准则，从目前的态势看，ESG 报告已然从众多补充报告中脱颖而出，有望与财务报告共同形成相互补充、相得益彰的公司报告体系[3]。

---

[1] 例如，在现阶段企业免费或廉价地使用自然资本不会使其承担负债，因为没有或只有有限的现金流出，但在未来可能转变为高昂的进入成本或无法获得自然资本的结果，这属于可能对企业价值产生重大负面影响的可持续发展风险，财务会计和财务报告对此却没有考虑。

[2] 目前国际上主流的可持续披露准则制订机构对可持续信息披露的概念界定并不相同，而 ESG 报告（ESG Report）或可持续发展报告（Sustainability Report）是学界和业界泛用的有关这类信息披露的名称，它们从概念上并没有被严格地区分，广义上都是指有助于利益相关者了解和评估企业可持续发展前景的报告体系。

[3] 完全指望通过 ESG 报告弥补财务报告的所有缺陷并不现实，因此整合报告、无形资源报告等其他形式的报告仍有存在的价值，有待继续探索。

从财务报告发展历程看，一个报告体系要想有生命力地存续，需要一套连贯、协调且内在一致的理论体系作为指导。财务报告理论体系由财务报告准则、财务报告概念框架和作为这两者根基的会计基本假设组成。同理，ESG报告的发展也需要一套类似的理论体系，其中最根本的便是基本假设。鉴于编制ESG报告的使命是弥补财务报告的不足，本文尝试从支撑财务报告的四大会计假设出发，分析其导致的财务报告的不足之处，进而根据互补原则及对经济环境和ESG报告准则与实务的观察与归纳，探索支撑ESG报告的基本假设。本文所研究的ESG报告基本假设构成指导ESG报告概念框架与ESG报告准则制订的逻辑标准，为评价ESG报告的信息质量提供基本尺度。

二、会计主体假设的不足与外部性假设的提出

会计主体假设（Accounting Entity Assumption）的雏形可以追溯至14世纪，但真正形成是在19世纪80年代（利特尔顿，1933[①]）。中世纪合伙企业的簿记就已经把合伙人的事务与合伙企业的事务区分开来，以明确不同合伙人之间的权利和义务。基于会计主体假设的簿记和会计，为入伙和退伙提供了必要的财务信息。佩顿和利特尔顿在《公司会计准则导论》中指出，会计主体假设将企业视为具有单独权利并且与其资本提供者区隔开来的主体或机构，账户和报表是会计主体而不是业主、合伙人、投资者或其他相关当事方或集团的账户和报表。他们主张，不论是公司制企业还是非公司制企业均应强调会计主体假设。出于管理需要和权益保护的考虑，即使企业业主或合伙人不需要采取正式的法律行动即可将企业收益据为所有，也应将经营收益视为企业的收益（佩顿和利特尔顿，1940）。

会计主体假设真正被普遍接受和应用，应归功于股份公司这种先进企业组织形式的出现。得益于可转让股份（Transferrable Shares）的创新设计，股份公司的所有权分散化成为常态，这反过来促使经营权与所有权的分离，会计主体假设的重要性更加凸显。股份公司本身具有独立的主体地位，享有自己的权利，

[①] 引自《1900年前会计的演进》（Accounting Evolution to 1900），该书系利特尔顿根据其博士学位论文修改扩充而成，1933年由美国会计师协会（AIA）出版。本文引用的是宋小明等翻译的立信会计出版社在2014年出版的中文版。

承担自己的义务,在宣布发放股利之前,股份公司的收益并不会自动等同于股东的收益,只有宣布发放股利时,股份公司才需要确认股东对这部分收益的要求权。基于会计主体假设的考虑,佩顿和利特尔顿建议从企业资产的角度定义资产、负债、净资产、收入、成本、利润、利得和损失:资产是企业待摊销的成本[①];负债是企业的负资产;净资产是资产减去负债后的余额;收入代表企业的经营成果,是按可望从客户处收取的金额计量的新增资产;成本代表企业的经营努力,是对企业资产的摊销;经营成果减去经营努力等于企业的利润;利得和损失是企业资产的变动,而不是业主、合伙人和股东资产的变动(佩顿和利特尔顿,1940)。

佩顿和利特尔顿将会计主体假设视为财务会计基本假设的基石,在四大会计假设中居于首位。本文认为,会计主体假设的重要性可以从宏观和微观两个层面诠释。宏观层面,会计主体假设界定了财务会计和财务报告的空间范围,将会计主体与市场、其他主体及主体的所有者严格区分开来,为明晰产权关系、强化经管责任奠定了前提基础。微观层面,会计主体假设明确了资产、负债、所有者权益、收入、费用、净收益等财务会计基本要素的空间归属,使会计核算、报表编制和信息披露聚焦于特定主体,使投资者、债权人和其他外部信息使用者能够获取用于评价企业财务状况与经营成果和现金流量的、有意义的财务信息,据此做出投资、信贷和其他决策,并使董事会和管理层等内部信息使用者能够获取用于评价企业经营效益和财务风险的、有意义的财务信息,据此做出管控、奖惩和其他管理决策。

在肯定会计主体假设积极作用的同时,我们也应认识到会计主体假设导致的财务报告的不足,最典型的便是未能反映企业经营活动所派生的外部性(Externality)。

1890年,阿尔弗雷德·马歇尔(Alfred Marshall)在其著作《经济学原理》中提出了外部经济的概念,分析外部因素对企业的影响,这构成外部性理论的雏形。1920年,马歇尔的嫡传弟子阿瑟·塞西尔·庇古(Arthur Cecil Pigou)出版了《福利经济学》,在外部经济的基础上正式提出了外部性,将外部性问题的研究从外部因素对企业的影响效果转向企业或居民对其他企业或居民的影响效果(沈满洪和何灵巧,2022)。庇古认为,边际私人(包括个人和企业)成本

---

① 这里的资产应是指生产性资产,非生产性资产特别是金融资产显然不属于企业待摊销的成本。

小于边际社会成本时，就会存在负外部性，即其他社会主体承担了本应由私人承担的成本；边际私人收益小于边际社会效益时，就会存在正外部性，即其他社会主体无偿享受了本应由私人独享的收益（黄世忠，2021）。

可见，早期的外部性研究侧重于分析外部因素对企业的影响，而后期的外部性研究则主要关注企业对外部的影响。会计主体假设将会计核算和报表编制的范围限定在特定会计主体之内，固然提高了财务会计和财务报告的可操作性，但却回避了企业经营活动（包括企业自身的经营活动和在价值链上下游的活动，下同）的外部性。从外部因素对企业影响的角度讲，那些具有环境和社会重要性的外部因素可能一开始对企业只是未知的风险，而后演变为某种道德困境，继而进化为可见的风险（或机遇），最后才通过会计要素的定义及严格的确认计量标准逐步转变为或有资产和或有负债、预计负债，直至资产和负债。从本质上看，这是一个外部性内部化的过程，但这一过程一方面可能时间漫长，另一方面难免存在信息漏斗效应，即相当一部分环境和社会因素对企业的影响因无法通过确认和计量标准而被排除在会计主体的财务报告之外。从企业对外部影响的角度看，特别是企业对环境和社会的影响，囿于会计主体假设的限制，除非相关事项满足要素定义和确认计量标准，否则全然不在财务报告的反映范围之内。

外部性不仅影响了企业的可持续发展，而且影响了环境和社会的可持续发展。回避外部性问题的财务报告所提供的信息既不利于投资者和债权人等资本提供者评估企业的可持续发展前景，也不利于监管部门、客户、供应商、员工和环保团体等利益相关者评估企业对环境和社会的有利或不利影响。投资者和其他利益相关者对这两方面的信息需求，客观上催生了ESG报告。

为此，本文认为，为弥补会计主体假设导致的财务报告外部性反映不足的问题，ESG报告必须建立在外部性假设（Externality Assumption）的基础上。外部性假设是对企业既受外部因素影响又对外部产生影响这一客观事实的高度概括。外部性假设要求企业将正外部性和负外部性作为ESG报告的对象（Subject Matter），与财务报告以对经济资源的权利和义务及其变动作为对象形成鲜明的对比。基于外部性假设，ESG报告可以打破会计主体假设把报告范围限定在会计主体范围之内的桎梏，将报告边界从会计主体延伸至企业的价值链（Value Chain），以反映企业经营活动受环境和社会等外部因素的影响及企业经营活动对环境和社会等外部因素的影响[①]。

从ESG报告披露准则和披露实践观察，影响（包括积极影响和消极影响）已然成为ESG报告的关键词，凸显ESG报告对外部性问题的高度关注。ISSB 2023年6月发布的国际财务报告可持续披露准则（以下简称ISSB准则）基于财务重要性原则，将识别、评估和管理可持续发展相关风险和机遇（Sustainability-related Risks and Opportunities）作为准则的关键点，要求企业披露环境和社会因素及其应对企业当期与预期（包括短期、中期和长期）的财务影响。比如，《可持续相关财务信息披露一般要求》（IFRS S1）要求企业披露所有重要可持续相关风险和机遇对企业发展前景（集中体现为现金流量、融资渠道和资本成本）的影响，《气候相关披露》（IFRS S2）要求企业披露所有重要气候相关风险和机遇对企业发展前景的影响。可见，ISSB要求企业的ESG报告侧重反映外部环境因素和社会因素对企业的影响[②]（ISSB，2023）。

EC在对欧洲财务报告咨询组（EFRAG）起草制订的欧洲可持续报告准则（ESRS）审查修改[③]后于2023年7月发布了第一批12个ESRS，基于双重重要性原则的ESRS要求企业识别可持续发展相关影响、风险和机遇（Sustainability-related Impacts, Risks and Opportunities），实质上是要求企业披露企业对环境和社会的当期与预期（包括短期、中期和长期）影响以及环境和社会因素对企业的当期与预期财务（包括短期、中期和长期）影响。比如，《气候变化》（ESRS E1）要求企业披露的信息应有助于利益相关者了解企业对气候变化的积极和消极的实际或预期的重要影响，以及源自企业对气候变化的影响和依赖的重要风险与机遇对企业短期、中期、长期的财务影响。《污染》（ESRS E2）要求企

---

① 必须说明的是，会计主体假设最初只涉及法人主体，后来逐步扩大到合并主体。无论是法人主体还是合并主体，在界定财务报告边界时主要是基于控制权（包括经营控制权和财务控制权）的理念。而建立外部性假设的意义在于，企业在界定ESG报告边界时，不仅应考虑控制权，还应考虑业务关系，以便报告边界既包括法人主体或合并主体，又涵盖基于业务关系而不是控制关系的价值链上下游主体，全面综合地反映企业经营活动所产生的所有外部性问题，便于使用者评估企业与环境和社会相关的风险（如物理风险和转型风险）与机遇。

② IFRS S2提出企业应披露其自身经营活动产生的范围1、范围2温室气体排放，以及参与价值链上下游活动产生的范围3温室气体排放（包括企业在上游购买原材料和固定资产产生的排放，以及在下游销售商品和该商品在使用、退出、回收与处置环节产生的温室气体排放），这又明显涉及企业经营对外部（生态环境）的影响。

③ 根据《公司可持续发展报告指令》（CSRD）的规定，EC授权非官方机构EFRAG起草制订ESRS，但EFRAG无权发布ESRS，必须将其起草制订的ESRS提交EC审查和发布。

披露的信息应有助于利益相关者了解企业对空气、水、土壤污染的积极和消极的实际或预期重要影响，以及源自企业对污染的影响和依赖的重要风险与机遇对企业短期、中期、长期的财务影响。《水和海洋资源》（ESRS E3）要求企业披露的信息应有助于利益相关者了解企业对水和海洋资源的积极与消极的实际或预期的重要影响，以及源自企业对水和海洋资源的影响、依赖的重要风险与机遇对企业短期、中期、长期的财务影响。《生物多样性和生态系统》（ESRS E4）要求企业披露的信息应有助于利益相关者了解企业对生物多样性和生态系统产生的积极与消极的实际或预期的重要影响，包括其对生物多样性丧失和生态系统退化的影响程度，以及源自企业对生物多样性和生态系统的影响、依赖的重要风险与机遇对企业短期、中期、长期的财务影响。《资源利用与循环经济》（ESRS E5）要求企业披露的信息应有助于利益相关者了解对资源利用产生的积极和消极的实际与预期的重要影响，包括资源效率、避免资源耗竭、可持续资源采购和可再生资源利用，以及源自企业对资源利用与循环经济的影响、依赖的重要风险和机遇对企业短期、中期、长期的财务影响。《自己的劳动力》（ESRS S1）要求企业披露的信息应有助于利益相关者了解企业对自己的劳动力产生的积极和消极的实际或预期的重要影响，以及源自企业对自己的劳动力的影响、依赖的重要风险和机遇对企业短期、中期、长期的财务影响。《价值链中的工人》（ESRS S2）要求企业披露的信息应有助于利益相关者了解企业对其价值链中的工人产生的积极和消极的实际或预期的重要影响，以及源自对价值链中的工人的影响、依赖的重要风险和机遇对企业短期、中期、长期的财务影响。《受影响的社区》（ESRS S3）要求企业披露的信息应有助于利益相关者了解企业对最有可能出现和最重要的社区产生的积极与消极的实际或预期的重要影响，以及源自企业对受影响社区的影响和依赖的重大风险与机遇对企业短期、中期、长期的财务影响。《消费者和终端用户》（ESRS S4）要求企业披露的信息应有助于利益相关者了解企业对消费者和终端用户产生的积极与消极的实际或预期的重要影响，以及源自企业对消费者和终端用户的影响、依赖的重要风险与机遇对企业短期、中期、长期的财务影响（EC，2023）。

整体来看，外部性是 ISSB 准则和 ESRS 最主要的反映对象，ISSB 准则和 ESRS 对影响（不论是财务重要性的影响还是影响重要性的影响）的关注，有助于企业的业绩观从专注内部经济效益拓展至关注外部环境效益和社会效益，也有助于投资者和其他利益相关者更加全面、客观地评价企业的业绩。尤其是 ESRS 的 5 个环境主题准则和 4 个社会主题准则的大部分披露条款都涉及企业自身经营活动和价值链上下游活动对环境和社会的影响，明确将 ESG 报告的边界从会计主体拓展至价值链，充分彰显了外部性假设在 ESG 报告中的核心地位。

三、持续经营假设的不足与适应性假设的提出

作为财务会计和财务报告的第二个基本假设，持续经营假设（Going-concern Assumption）产生的时代背景可追溯至 17 世纪英国的大型贸易公司（Littleton and Zimmerman, 1962）。1600 年，兰开斯特爵士（Sr. James Lancaster）与其他伦敦商人获得伊丽莎白一世的皇家特许，成立东印度公司。东印度公司后来发展成集贸易、政治、军事、司法于一体的残酷殖民组织，也是鸦片战争幕后的罪魁祸首，但却在会计发展进程中为持续经营假设的提出做出了独特的贡献。

在东印度公司成立之前，企业曾被视为可根据其业主或合伙人的意愿随时终止的商业冒险，但东印度公司的出现打破了这种认知。东印度公司拥有大量的码头和船只等永久性资产（Permanent Assets），这些资产体量巨大，独资或合伙的企业组织形式已无法为其提供充足的融资支持，东印度公司因此采用了联合股份公司（Join-stock Company）的组织形式。但是，早期的东印度公司虽名为联合股份公司，发行的却是可终止股份（Terminable Shares），它会在一次商业冒险或航海后进行分红和退股，在下一次冒险和航海前再重新募集股份，每一次的投资者都不尽相同。而为了将永久性资产在新老投资者之间进行转让，必须经常对其进行估值，频繁发生股份交易和重估值使东印度公司饱受困扰。直至 1657 年东印度公司获得发行可转让股份（Transferable Shares）的特许，这种困境才得到解决。该特许权要求东印度公司在股份发行满 7 年后进行重估值，随后每 3 年年末再估值一次，以此估值为基础，任何一位股东都有权将自己的位置转让给另一位想加入公司的人（利特尔顿，1933）。至此，可终止股份开始被可转让股份取代。后来，联合股份公司因受南海泡沫事件的影响在 100 多年里停滞不前，直到工业革命后才起死回生。1844 年，英国通过了《联合股份公司法》（The Joint Stock Companies Act），正式确立了股份可自由转让的制度，发

行可转让股份不再需要获得特许。可转让股份的制度设计解决了股份公司资产永久性与股权短期性的矛盾，促使企业经营从合伙制思维转向公司制思维，企业不再被视为因所有者变动而必须终止的主体，而是被视为不受所有者变动影响的持续经营主体，持续经营假设应运而生。

佩顿和利特尔顿认为，尽管企业破产、清算时有发生，但清算并非常态，持续经营才是常态。因此，除非存在相反的证据，否则会计人员应当假设企业将持续经营下去。

持续经营假设对于会计核算和报表编制至关重要。如果持续经营假设成立，则表明企业持有的资产（特别是固定资产）将用于正常的生产经营活动，而不是为了出售，负债也将在正常经营活动中陆续到期、有序清偿，而不是集中到期、全部清偿。在这种情况下，资产和负债按历史成本计量合乎逻辑。此外，待摊和预提、存货成本分期结转、固定资产定期折旧、无形资产定期摊销，以及流动资产（负债）与非流动资产（负债）划分等，也都离不开持续经营假设的支持。

持续经营假设高度概括了企业经营的特征，在大多数情况下与企业的实际情况相吻合，但这并不等于报表的编制和审计可以不对企业的持续经营能力进行评估。在现行会计实务中，对企业持续经营能力的评估通常从财务角度出发，极少从战略与商业模式对环境和社会因素适应性的角度进行评估，这可能造成严重的评估结果偏差。历史上就存在许多企业因不适应新的环境和社会政策变化、技术变革、市场变化等而倒闭的前车之鉴。1962年，卡尔森（Rachel Carson）出版了震动美国政界和商界的科普小说《寂静的春天》，极大推动了美国的环保立法。到了20世纪70年代，随着美国环保法规的实施，很多适应不了新环保法规的中小采矿企业纷纷倒闭。这些过去发生的不适应新的环境和社会政策的企业倒闭事件，将来有可能重演。2015年通过的《巴黎协定》提出1.5℃的控温目标后，各国纷纷制定在2050年实现净零排放的环境目标。为了适应全球向净零排放经济转型，2022年6月，欧盟27国的环境部部长就欧洲议会提出的燃油车禁售规定达成共识，欧洲议会遂于2023年2月以340票赞成、279票反对和21票弃权通过了2035年起在欧盟境内禁售燃油车的议案。此项新规一旦付诸实施，奔驰、宝马、雷诺等汽车生产厂商如果不能调整其战略和商业模式以适应新的环境政策，将无法持续经营。此外，更具环保和公平意识的

"Z世代"正在迅速崛起，在战略和商业模式上不能适应绿色低碳发展、生物多样性与生态系统保护的企业，以及不能秉持DEI（多样性、公正性、包容性）原则公平对待种族、性别、供应商、客户和社区的企业，其产品或将受到"Z世代"的抵制，遭受巨大的市场风险和声誉风险，从而危及其持续经营能力。

简言之，时至今日，企业能否持续经营并不完全取决于财务因素，而是日益受到环境和社会因素尤其是政策因素的影响。因此，本文认为适应性假设（Resilience Assumption）是ESG报告蕴含的另一个基本假设。这里的适应性假设是指ESG报告应披露企业的战略与商业模式对不断变化的环境和社会因素的适应性。在绿色低碳转型和社会公平正义转型的时代背景下，适应性假设的提出意义重大。基于适应性假设的ESG报告可以弥补财务报告忽视环境和社会风险与机遇的不足，企业只有因应环境和社会转型的需要，适时调整其经营战略和商业模式，在价值创造过程中统筹兼顾ESE（经济、社会、环境）价值，才能在不断变化的外部环境下保持其持续经营能力。ESG报告披露适应性信息有助于投资者和其他利益相关者评估企业是否采取适当措施促使其经营战略与商业模式适应社会公众、监管部门对气候变化、污染防治、水和海洋资源利用、生物多样性和生态环境保护、循环经济、员工权益、消费者和社区关系管理等主题的关切和要求，在财务视角之外，从环境和社会视角进一步审视和评估企业的可持续发展前景。

适应性假设在ISSB发布的IFRS S1、IFRS S2中得到明显的体现。IFRS S1第41段要求："主体应披露信息，使通用目的财务报告使用者了解主体适应可持续发展相关风险产生的不确定性的能力。主体应披露其战略和商业模式对可持续发展相关风险适应性的定性与定量（如适用）分析，包括分析的方式和时间范围。提供定量信息时，主体可披露单一数字或区间范围。"第42段进一步提出："其他可持续披露准则可具体规定企业应当提供的特定可持续相关风险适应性信息类别以及如何对此做出披露，包括是否需要开展情景分析。"IFRS S2第22段要求："主体应考虑已识别的气候相关风险和机遇，披露有助于通用目的财务报告使用者了解主体的战略和商业模式对气候相关变化、发展或不确定性的适应性的信息。主体应采用与其具体情况相称的气候相关情景分析评估气候适应性。提供定量信息时，主体可提供单一金额或金额区间。具体地说，主体应披露：（1）对报告日气候适应性的评估，该评估应有助于通用目的财务报告使用者了解企业的适应性评估对战略和商业模式的影响，包括企业如何应对气候相关情景分析识别的影响、主体评估气候适应性时考虑的重大不确定性领域，以及主体在短期、中期、长期调整或使其战略和商业模式适应气候变化的能力，包括主体现有财务资源应对气候相关情景分析所识别影响（含应对气候相关风险和利用气候相关机遇）的可获性和灵活性，主体重新配置、重新购买、更新或退役现有资产的能力，主体当前或计划的投资对气候适应性所做出相关缓释、适应和利用气候相关机遇的影响；（2）是否以及如何开展气候相关情景分析。"

适应性假设在 EC 发布的第一批 ESRS 中同样得到体现。《一般披露》（ESRS 2）第 48 段要求企业披露其战略与商业模式在应对重要可持续发展风险和利用重要可持续发展机遇方面的适应性。企业应披露定性和定量（如适用）的适应性分析情况，包括适应性分析是如何开展的、涵盖的时间范围等。以定量方式开展适应性分析时，影响金额可以按单一金额或区间金额表示。根据 ESRS 2 的总体要求，其他 ESRS 也提出了相应的披露要求，较为详细的如 ESRS E1 第 19 段要求企业披露其战略和商业模式应对气候相关风险的适应性，包括适应性分析的范围、适应性分析如何及何时开展，以及适应性分析的结果（含运用气候情景分析的结果）。又如 ESRS E4 第 12 段要求企业披露的信息应有助于使用者了解企业的战略与商业模式对生物多样和生态系统的适应性，以及企业的战略与商业模式是否与生物多样性和生态系统所在地、所在国及全球目标相容（Compatibility）；第 13 段进一步要求企业描述其战略与商业模式对生物多样性和生态系统的适应性，包括：现行商业模式与战略对生物多样性和生态系统相关物理风险、转型风险、系统性风险的适应性评估；企业针对经营活动开展适应性分析的范围；适应性分析所做的假设；适应性分析涵盖的时间范围；适应性分析的结果；利益相关者的参与情况；等等。

ISSB 准则和 ESRS 的上述披露要求都是适应性假设在 ESG 报告准则中具体应用的体现。企业开展适应性评估并披露与此相关的信息，对于使用者了解企业的战略与商业模式能否适应气候变化、生物多样性和生态系统保护等环境政策至关重要，对于使用者评估企业的可持续发展前景进而评估企业的持续经营能力必不可少，对单纯从财务层面评估企业的持续经营能力形成了必要的补充，拓展了持续经营能力评估的范围和内涵。

四、会计分期假设的不足与前瞻性假设的提出

地球围绕太阳公转一周,不仅导致季节变化,而且慢慢使人类养成按年结算的习惯,财政年度和会计年度就是例证。但是,会计分期的理念并非完全自然产生,而是与人类经济活动的复杂性和企业组织形式的嬗变有关。西方中世纪出现合伙企业后,为了便于入伙和退伙,对合伙企业的账务进行期末调整的惯例逐渐形成,与会计分期假设(Accounting Period Assumption)相关的应计和递延项目随之产生。利特尔顿和齐默尔曼在《会计理论:延续与变革》中指出一些应计和递延项目最早出现的时间:预付租金(1299年);未付雇员薪资(1304年);未付税收负债(1324年);应计利息(1466年);预估分支机构利润(1466年);预计坏账(1494年)。但是,他们认为,真正促进会计分期假设发展的重要因素是永久性资本、可转让股份制度和持续经营的性质。哥伦布发现新大陆后,西班牙、葡萄牙、荷兰和英国涌现出大量的合伙贸易企业,这些企业拥有船队和码头等永久性资产,客观上需要与之相适应的永久性资本。前述东印度公司于1657年率先发行的可转让股份到1844年被《联合股份公司法》合法化和制度化,企业不仅能够筹措到永久性资本,而且不必因为所有者的变动而终止,促使持续经营常态化。为方便持续经营企业的所有者定期了解企业的财务状况和经营业绩,会计分期的需求开始出现。因此,佩顿、利特尔顿、穆尼兹、葛家澍等学者都认为会计分期假设是持续经营假设的衍生假设。如果持续经营假设不成立,会计分期假设将不复存在。正因为将企业视为持续经营的主体,才有必要按月度、季度和年度等时间单元将企业的持续经营长河截取若干会计期间,以便投资者、债权人等信息使用者及时了解企业在特定报告期间的经营业绩、现金流量和特定期报告期末的财务状况(黄世忠,2020)。

会计分期假设的出现促使传统的现金收付制向现代的权责发生制转变。为便于业绩评价和利润分配,收益确定逐渐成为财务会计的重心,资本性支出与收益性支出的划分、待摊和预提的应用、长期资产的折旧和摊销、收入的实现、收入与成本的配比、资本与收益的区分、定期财务报告的披露等日益成为财务会计的关注点,由此也引发了估计和判断的应用和滥用、相关性与可靠性的争论等问题。为了解决这些问题,会计界制定了与此相关的大量且烦琐的确认、计量和报告规则并不断加以修订。可以说,财务会计和会计准则的复杂性很大

程度上源自会计分期。

除复杂性外，会计分期假设造成的更大问题是限制了财务信息的前瞻性。虽然一定期间内的确认、计量和报告必须考虑期后事项的影响，但对期后事项涵盖的时间跨度十分有限，这使财务报告回溯历史的成分远大于展望前景的成分。会计准则要求对未来现金流量进行预估的那些节点，如资产减值测算中有关可收回金额的估计、预计负债的重估等，是财务会计为数不多的利用前瞻性信息证实或修改初始确认计量的资产和负债的领域。然而，对投资者和其他利益相关者而言，在评估企业的可持续发展前景时，既需要历史性信息，更需要前瞻性信息。而会计分期假设，加上严格的确认、计量和报告规则，导致财务报告无法提供投资者和其他利益相关者所需要的、充足的前瞻性信息，这对肩负弥补财务报告不足使命的 ESG 报告提出了相应的要求。

因此，本文认为，ESG 报告蕴含了前瞻性假设（Forward-looking Assumption），这无疑是 ESG 报告区别于财务报告的又一个显著特征。所谓前瞻性假设，是指 ESG 报告必须披露有助于投资者和其他利益相关者评估重要的可持续发展相关风险与机遇在短期、中期、长期对企业发展前景产生影响的前瞻性信息。按照 EC 发布的《一般要求》（ESRS 1）第 77 段的规定，短期指财务报表涵盖的期间，中期指财务报告期结束后至 5 年，长期指 5 年以上。ISSB 发布的 IFRS S1 虽然没有对短期、中期和长期进行定义，但要求企业在 ESG 报告中说明其如何定义短期、中期和长期，并鼓励企业在披露短期、中期、长期的影响时能够与 2030 年及 2050 年缓解气候变化、保护生物多样性和生态环境的里程碑目标相互联系在一起。

综观 ISSB 准则和 ESRS，可以发现前瞻性假设已经得到广泛应用。ISSB 发布的 IFRS S1 第 34 段要求，"主体应披露有助于使用者了解下列两方面的信息：（1）可持续相关风险和机遇对主体报告期的财务状况、财务业绩与现金流量的影响（当期财务影响）；（2）可持续相关风险和机遇在短期、中期、长期对主体的财务状况、财务业绩与现金流量的预期影响，并考虑如何将可持续相关风险和机遇纳入主体的财务规划中（预期财务影响）"。对于预期财务影响，IFRS S1 第 35 段进一步要求主体披露预期财务状况影响，包括投资和处置计划（如资本支出、重大收购和撤资、合营、业务转型、创新、新业务领域和资产报废等的计划）和实施战略的计划资金来源，以及预期财务业绩影响。同样地，ISSB 在

IFRS S2 也提出几乎一模一样的披露要求，唯一的差别是把"可持续相关重大风险和机遇"的表述替换为"气候相关重大风险和机遇"。

EC 发布的第一批 ESRS 同样要求企业披露前瞻性信息，典型如 5 个环境主题准则。ESRS E1 在第 64～67 段要求企业披露有助于使用者了解重要物理风险和转型风险如何在短期、中期、长期对其财务状况、经营业绩与现金流量产生影响的信息，以及如何在财务上受益于气候相关重要机遇的信息，包括在不考虑气候变化适应和减缓行动的情况下，短期、中期、长期暴露于重大物理风险和转型风险之下的资产金额及其比例；气候变化适应与减缓行动解决的暴露于重大物理风险和转型风险之下的资产比例；暴露于重大物理风险之下的重要资产的地理位置；按能源效率等级分类的不动产类资产账面价值；短期、中期、长期暴露于重大物理风险之下的业务活动净收入的金额和比例等。ESRS E2 在第 36～41 段要求企业披露对源自污染相关影响和依赖的重要风险与机遇的预期财务影响，包括在短期、中期、长期对企业财务状况、财务业绩和现金流量可能产生的影响，具体包括包含环保关注物质（Substances of Concern）和高关注物质（Substances of Very High Concern）的产品或服务净收入占比、报告期发生的与重大事故有关的经营和资本性支出、计提的环境保护和补救费负债等。ESRS E3 在第 30～33 段要求企业披露其对源自水与海洋资源相关影响和依赖的重要风险、机遇的预期财务影响，包括在短期、中期、长期对企业财务状况、财务业绩和现金流量可能产生的影响。ESRS E4 第 42～45 段要求企业披露其对源自生物多样性和生态系统相关影响与依赖的重要风险、机遇的预期财务影响，包括在短期、中期、长期对企业财务状况、财务业绩和现金流量可能产生的影响。ESRS E5 第 41～43 段要求企业披露其对源自资源利用和循环经济相关影响与依赖的重要风险、机遇的预期财务影响，包括在短期、中期、长期对企业财务状况、财务业绩和现金流量可能产生的影响[①]。值得一提的是，ESRS 之所以要求披露气候变化、污染、水与海洋资源、生物多样性和生态系统、资源利用和循环经济在短期、中期和长期的预期财务影响，主要是考虑到这些预期财务影响在报告日可能不符合财务报表的确认标准而未能在财务报告中得到反

---

① 此外，IFRS S2 与 ESRS E1 这两个气候主题准则均要求企业开展气候情景分析以识别气候相关风险和机遇，评估经营战略和商业模式的气候适应性与预期财务影响。气候情景通常时间跨度极长，所采用的模型具有十分明显的前瞻性，能够帮助生成前预期财务影响信息，以弥补企业仅提供当期财务影响信息的不足。

映，披露这些信息可以对《欧盟分类法》所要求提供的信息加以补充，以弥补财务信息对环境影响反映严重滞后的不足。这也彰显了 ESG 报告作为财务报告补充报告的使命，充分体现前瞻性假设在 ESRS 中的具体应用。这是因为：除非对现行会计准则进行颠覆性修改，否则环境和社会对企业的预期影响不可能反映在企业的财务报告中、在这种情况下，以不受确认、计量和报告规则限制的 ESG 报告反映这类预期影响，不失为现实可行的解决方案。

五、货币计量假设的不足与多重性假设的提出

在我国，货币有近 5000 年的历史。在西方，公元前 630 年希腊城邦也开始使用铸币，但直至中世纪交换经济（Exchange Economy）得到长足发展后货币才被会计广泛用作计量单位。利特尔顿认为，书写艺术、算术、私有财产、货币（货币经济）、信用、商业、资本共同构成了复式簿记产生的前提条件，但在将所有财产及产权交易按货币这一相同因素予以简化之前，簿记是不必要的（利特尔顿，1933）。可见，货币计量作为会计计量的共同尺度，是交换经济发展到一定阶段的产物。在交换经济中，企业生产的商品不是为了自己使用，而是为了交换。为了提高商品交换的效率，降低交易成本，人们将货币作为交换媒介和"价值标准"或"价值尺度"，货币结算成为商品交换的常态，对商品交换的对价进行货币计量，遂成为会计的一项重要职能。"会计人员必须对特定企业的经济活动提供相关信息，而这些经济活动主要由与其他企业的交换交易组成，因此，会计的基本对象是交换活动涉及的计量对价（Measured Consideration），特别是与获取服务（成本、费用）和提供服务（收入、收益）相关的计量对价"（佩顿和利特尔顿，1940）。

从理论上说，除了货币计量外，还存在许多非货币计量，但建立在复式簿记基础之上以反映交换活动为主要职能的会计，只能以货币作为主要计量尺度。试想，如果会计不是以货币而是以实物作为计量尺度，复式簿记的平衡机制将难以建立，不同性质的交易、事项和情况将难以汇总、分解、对比、分析，据此提供的信息的可比性和有用性将大打折扣。因此，货币计量是会计信息区别于其他信息的显著特征。"尽管其他种类的数据（如生产报告数据和市场统计数据）也被管理层使用，但会计与其他内部数据提供职能的区别在于，会计数据

主要按货币方式表述，而其他数据主要按定量方式表述"（Moonitz，1961）。

货币计量假设（Monetary Measurement Assumption）包含两层含义：一是会计以货币作为主要计量尺度；二是作为计量尺度的货币币值保持稳定。以货币作为会计主要计量尺度的优点是可以对不同性质的交易、事项和情况进行加减、分解、比较，缺点是一些对企业价值创造或环境及社会产生重大影响的经济活动因无法采用货币计量而未能在财务报告中得到反映，而这些方面的信息对于投资者和其他利益相关者评估企业的核心竞争力与可持续发展前景却至关重要。假定币值稳定的优点是会计核算和报表编制无须考虑物价变动的影响，易于操作，缺点是币值稳定是一种理想化的状态，受利率、税率和汇率及物价变动等诸多宏观因素的影响，币值不稳定往往比币值稳定更加符合客观事实。

为克服货币计量假设的上述缺点，ESG 报告有必要突破货币计量的限制，采用多重计量尺度。因此，本文认为，多重性假设（Multiplicity Assumption）是 ESG 报告蕴含的第四个基本假设。所谓多重性假设，是指企业在编制和披露 ESG 报告时，既可以货币作为计量尺度，也可以非货币作为计量尺度，甚至定性描述也可以采用，关键看企业习惯如何表达 ESG 相关影响、风险和机遇，如何确定影响、风险、机遇评估所需的精度水平和输出值。只要能够如实、贴切地反映企业对环境和社会的影响及环境与社会对企业的影响，包括货币计量、非货币计量和定性描述在内的记述语言都是可以接受的。如温室气体排放以吨二氧化碳当量作为计量单位，能源消耗以千瓦时、度或清洁能源占比等作为计量单位，因为采用这些计量尺度计量的信息能够满足 ESG 报告信息使用者的需求。另有一些环境主题，如生物多样性和生态系统保护，采用实物计量比采用货币计量更有意义。比如，对大熊猫等稀有物种的保护成果，就不能也不应该采用货币计量。再有一些社会主题，如员工权益保护的成果（包括工作场所的安全和健康保障、公平对待不同性别和种族的员工等）、社区关系、客户权益和个人隐私等，也不宜采用货币计量，只能采用实物计量等非货币性计量方式。

值得说明的是，多重性假设并不排斥在 ESG 报告中采用货币计量。理论界和实务界都不乏将企业的环境影响和社会影响予以货币化的尝试。哈佛大学塞拉芬教授（George Serafeim）带领的团队已经在构建影响力加权财务账户（Impact-weighted Financial Accounts）方面取得不小进展。台积电根据 ISO 14008《环境影响及相关环境因素的货币价值评估》，基于福利经济学中的支付意愿、受偿意愿、货币时间价值、价值转移等概念，编制并披露了"环境损益分析报告"，将其经营活动（包括价值链活动）所产生的温室气体排放、水资源耗用、空气污染和废弃物等环境外部性货币化为财务影响（黄世忠，2022）。这些尝试值得肯定和鼓励。可以说，在 ESG 报告中没有最好的计量方式，只有最适合描述某个特定可持续发展相关风险和机遇及其影响的计量方式。唯有多重计量才能提高 ESG 报告的信息含量并以最大限度满足利益相关者评估环境和社会因素对企业可持续发展前景产生影响的信息需求[①]。

多重性假设在 ISSB 准则和 ESRS 中均得到广泛运用。首先，不论是 ISSB 发布的 IFRS S2 还是 EC 发布的环境主题准则，均要求企业披露与《巴黎协定》相适应的转型计划，而转型计划涉及的指标如温室气体减排主要采用非货币计量。其次，EC 发布的社会主题准则提出的披露要求以定性信息为主、定量信息为辅，且绝大部分的定量信息以非货币计量。比如，ESRS S1 第 2 段要求企业披露：（1）工作条件，包括有保障就业、工作时间、适当的工资、社会对话、结社自由、集体谈判、工作与生活平衡、健康与安全等；（2）平等待遇和机会，包括性别平等和同工同酬、培训与技能开发、残障人员雇佣与包容、工作场所暴力和骚扰抑制举措、多样性等；（3）其他工作相关权利，包括禁用童工、提供住房、保护隐私等。ESRS S1 第 48～52 段要求企业披露雇员特征，包括员工总数的性别和国别构成、按性别划分的固定工、临时工及无保障小时工的员工比例、全职和兼职员工比例、报告期离职人数和离职率等。ESRS S2 第 2 段也提出类似的披露要求。最后，EC 发布的治理主题准则要求披露的信息也以非货币计量为主。比如，《商业操守》（ESRS G1）第 22～26 段要求企业披露报告期因腐败或贿赂被定罪的人数和罚款金额，以及企业反腐败、反贿赂的具体举措，可以披露报告期已确认的腐败或贿赂事件的数量和性质、已确认的自己的工人因腐败或贿赂事件而被解雇或纪律处分的事件数量、已确认的合作伙伴因腐败或贿赂事件而终止合同或未续签合同的事件数量、企业或自己的工人遭到腐败或贿赂指控的案件的具体细节和结果等。与此相似，ESRS G1 第 27～第

---

① 值得一提的是，国际整合报告理事会（IIRC）和世界经济论坛（WEF）下设的国际工商理事会（IBC）等组织还建议将难以用货币计量因而不符合会计确认和计量标准的价值创造驱动因素（如创意设计、品牌影响、数字资源、创新能力、团队合作、企业文化、人力资本、结构资本和关系资本等）也纳入 ESG 报告的披露范围，以弥补财务报告的不足。本文认为，这方面的建议值得可持续披露准则制订机构关注和重视。当然，这属于可持续披露准则主题选择的范畴，本文不做详细阐述。

30 段要求企业披露其发挥政治影响包括参与游说活动等方面的信息。ESRS G1 第 31～33 段要求企业披露支付惯例方面的信息,特别是对中小企业逾期付款的信息。

上述 ESG 主题的披露要求中,非货币计量的信息占据绝大部分。非货币计量在可持续披露准则的广泛应用,表明兼顾货币计量和非货币计量的多重性假设是对 ESG 报告计量事实的客观描述。基于多重计量假设形成的 ESG 报告信息,有助于使用者从多重计量视角了解企业对环境和社会的影响以及企业受环境与社会的影响,是对财务报告信息的有益补充和提升。

六、结论与启示

经过工业革命和交换经济的洗礼,根植于股份公司的沃土,复式簿记逐渐进化为现代财务会计。一方面,以会计假设和概念框架为理论指导、以权责发生制和会计准则为实务基础的财务报告体系,为资源配置决策、受托责任评价和经济利益分配提供了相关、可靠、可比的财务信息,是市场经济不可或缺的制度安排,其有用性和重要性毋庸置疑;另一方面,囿于四大会计假设及严格的确认和计量标准,财务报告确实存在诸多被使用者诟病的问题,会计准则的持续修订与发展或许能够解决其中的一部分问题,剩下的问题则属于财务报告的先天不足。鉴于财务报告已经发展到一个相对稳定的阶段并被广为接受,通过其自我革新突破性疗愈先天不足的概率不高,探索补充报告形式遂成为务实之选。

在投资者和其他利益相关者的呼吁下,在企业对各种补充报告不断试错之后,ESG 报告脱颖而出,肩负起弥补财务报告先天不足之使命,也正因如此,财务报告与 ESG 报告存在着紧密的关联性(Connectivity)。既然是补充报告,对 ESG 报告的定位应是与财务报告相互补充、相得益彰的报告体系,不可与财务报告混淆在一起,损害财务报告本体的独立性和完整性,这一点必须在 ESG 报告准则及其概念框架的制订过程中严格遵守。目前来看,在世界范围内启动统一的 ESG 报告准则制订工作的几个主流机构中,只有 EFRAG 和 EC 明确采取上述立场[①]。EFRAG 的工作人员在题为"关于财务重要性的方法"(Approach to Financial Materiality)的研究报告中指出,"财务报告没能捕捉或尚未捕捉的

---

① 相比之下,ISSB 将可持续发展相关财务信息披露作为财务报告的组成部分,这种做法本文并不认同。

财务相关信息应归入可持续发展相关披露的范畴。主体实施可持续发展相关披露的潜在目标是促成财务报告和可持续发展报告相互结合从而形成无缝且全面的财务相关公司报告。""财务报告信息质量的提升应通过提供明确的内容'锚点',创造一个将财务报告与可持续发展报告无缝对接的信息双向传输通道"(EFRAG,2021)。上述观点被 EFRAG 充分吸收并在其后拟定 ESRS 的过程中严格遵守。对此,本文完全赞同。

明确 ESG 报告的定位后,另外一个关键的问题是,作为一个报告体系要想长久、有生命力地发展,必须有一套理论体系对其进行支撑。参考现行财务报告理论体系,ESG 报告理论体系的上层也应是报告准则,下层是概念框架,底层则是隐性支撑概念框架和报告准则的基本假设。对于 ESG 报告准则,目前还处于制订的初级阶段。会计界为了完善会计核算和报表编制积累了丰富的财务报告准则制订经验,可供新生的 ISSB、EFRAG 等 ESG 报告准则制订机构借鉴。对于概念框架,EFRAG 截至目前的动作意图比较明显,已经发布了《双重重要性》(ESRG 1)、《信息质量特征》(ESRG 2)、《时间范围》(ESRG 3)、《报告边界与层级》(ESGR 4)、《欧盟与国际一致性》(ESRG 5)和《关联性》(ESRG 5)等 5 份概念指引讨论稿,拟在此基础上制订 ESG 报告概念框架,这种做法值得赞赏[①]。至于基本假设,出于 ESG 报告作为财务报告补充报告的性质判断,基本假设应能为这种互补关系提供概念原点,以便其延伸和拓展,从而有力托起概念框架和报告准则。

依从上述思路,本文从识别财务会计基本假设导致的财务报告的不足出发,根据互补原理及对经济环境和 ESG 报告准则与实务的观察、归纳,相应提出 ESG 报告的四大基本假设:外部性假设、适应性假设、前瞻性假设和多重性假设。本文的研究表明,上述四大基本假设已经明确地体现在 ISSB 和 EC 业已发布的 ISSB 准则和 ESRS 之中。对其进行识别、归纳和总结,有助于为 ESG 报告概念框架的发展和 ESG 报告准则的制订提供理论指导,使 ESG 报告披露的信

---

① 相比之下,ISSB 是否制订 ESG 报告概念框架尚不明确,但 ISSB 发布 IFRS S1 时在附件 C 列举了"有用可持续发展相关财务信息"的质量特征,包括由相关性、重要性、如实反映构成的基础性质量特征,以及由可比性、可验证性、及时性、可理解性构成的提升性质量特征。这些质量特征绝大部分照搬财务报告概念框架,显然与 ISSB 将可持续发展信息定位财务报告组成部分的立场有关。本文认为,ESG 报告毕竟不同于财务报告,包含大量未经会计确认和计量的前瞻性信息和定性信息,将财务报告概念框架中的信息质量特征套用到 ESG 报告的做法值得商榷。

息有助于投资者和其他利益相关者更加全面、准确地评估企业对环境与社会的影响，以及环境因素和社会因素对企业发展前景的影响。

ESG报告的编制和披露实践方兴未艾。开展由基本假设、概念框架和主题准则所组成的ESG报告基础理论研究，对于提高ESG报告信息质量、厘清财务报告与ESG报告的相互关系至关重要。本文通过系统剖析四大会计基本假设的不足，提出可望弥补这些不足的ESG报告四大基本假设，为构建ESG报告概念框架和制订ESG报告准则提供理论基础，也填补了这一领域的研究空白。

参考文献

[1] 葛家澍.关于财务会计基本假设的重新思考［J］.会计研究，2002（1）：5-10.

[2] 黄世忠.新经济对财务会计的影响分析［J］.财会月刊，2020（7）：3-9.

[3] 黄世忠.支撑ESG的三大理论支柱［J］.财会月刊，2021（19）：3-11.

[4] 黄世忠.台积电的绩优与隐忧——ESG视角下的业绩观［J］.财会月刊，2022（18）：3-8.

[5] 黄世忠，叶丰滢.可持续发展报告与财务报告的关联性分析［J］.财会月刊，2023（5）：3-9.

[6] 利特尔顿.1900年前会计的演进［M］.宋小明，等译.上海：立信会计出版社，2014.

[7] 沈满洪，何灵巧.外部性的分类及外部性理论的演化［J］.浙江大学学报（人文社会科学版），2022（1）：152-160.

[8] Lev B，F Gu. The End of Accounting and the Path forward for Investors and Managers［M］. John Wiley & Sons，Inc，2016.

[9] A C Littleton，V K Zimmerman. Accounting Theory：Continuity and Change［M］. Prentice-Hall，Inc，1962.

[10] M Moonitz. The Basic Postulates of Accounting［M］. American Institute of Certified Public Accountants，1961.

[11] W A Paton. Accounting Theory：With Special Reference to the Corporate Enterprise［M］. Scholars Book Co，1922.

[12] W A Paton，A C Littleton. An Introduction to Corporate Accounting Standards［M］. American Accounting Association，1940.

从企业社会责任（CSR）到企业可持续商业（CSB）：反思与未来

贾 明 向 翼 王鹤丽 张 喆

摘要：企业在追求经济利益的同时也会给社会、环境带来负面影响。企业社会责任理念作为降低企业行为负面影响的工具，已成为企业战略的重要组成部分。然而，现有理论与实务基于"股东至上"这一商业理念来构建企业社会责任战略，导致了一系列社会责任扭曲的问题从而偏离于社会责任理念的本质，也不适用于企业高质量发展。据此，本研究在对企业社会责任相关文献进行系统回顾的基础上，提出未来企业社会责任理论与实践的关键问题，并融合中国情境构建企业从传统社会责任升级到可持续商业的关键路径，以期为构建中国特色的可持续商业战略提供理论借鉴。

关键词：企业社会责任；企业可持续商业；股东至上；利益相关者

来源：《管理评论》2023年5月第35卷第5期

一、引言

现有关于企业社会责任的理论是建立在"股东至上"的前提条件之下，即企业采取合作行为与利益相关者建立合作关系的前提条件是这样做能提高投资者的利益，导致企业社会责任功利化而被视为企业实现股东利益最大化的工具。

---

① 基金项目：国家社会科学基金重大项目（21&ZD137）；国家自然科学基金重点项目（71932007）；国家自然科学基金面上项目（72172119）；教育部人文社会科学规划基金一般项目（21XJA630010）。
② 贾明，通讯作者，西北工业大学管理学院教授，博士研究生导师，博士。
③ 向翼，西北工业大学管理学院博士研究生。
④ 王鹤丽，新加坡管理大学李光前商学院教授，博士研究生导师，博士。
⑤ 张喆，西安交通大学管理学院教授，博士研究生导师，博士。

从企业社会责任（CSR）到企业可持续商业（CSB）：反思与未来

这必然导致企业履行社会责任偏离于"责任"的本质，从而出现各种社会责任行为扭曲的问题，其结果不仅不会增进社会福利，反而还可能导致企业与社会群体之间关系的恶化而加剧社会矛盾。此外，随着学术界和实务界的不断反思，大家越来越注重商业与社会的共存，并强调共益的概念，即企业将与利益相关者的共同利益最大化作为行动目标。在这种背景下，为了构建更为稳健和可持续的企业与社会、环境之间的关系，就必须抛弃"股东至上"的逻辑，而转向以利益相关者为中心，强调企业与广泛的利益相关者之间建立起共益共生的关系，最终实现企业的可持续发展。本文将这一新的企业社会责任体系称为"企业可持续商业"，并指出其实现的关键路径。

二、"股东至上"及其弊端

以股份制为代表的现代企业制度催生了委托代理问题[1]，而"股东至上"成为以美国为代表的西方资本主义国家中构建公司治理体系、解决委托—代理冲突的指导思想，并在全世界广泛传播，被大量国家采纳，成为当下全球公司治理的信条。"股东至上"强调企业的经营目标在于实现股东利益最大化。特别地，Friedman[2]提出企业的社会责任只有一种，那就是在公开自由竞争、不欺骗、不欺诈的情况下，利用自身的资源从事旨在增加利润的活动。因此，企业的社会责任就是创造更多的利润。

如果企业的生产行为不存在任何负外部性，即不会损害其他利益相关者的利益，那么，企业追求股东利益最大化的同时也可以实现社会福利最大化。然而，企业的利润与产品价格、产量以及成本直接相关，这就使企业在追求利润最大化的同时带来了严重的负外部性，从而损害了股东之外其他利益相关者的利益。例如，企业为了削减成本，就会克扣员工工资、延长工作时长，导致员工利益受到侵害；企业为了垄断定价，就会利用市场地位制订不合理价格，进而剥削消费者和供应商；企业生产不合格的产品，导致产品质量降低。

因此，在股东利益最大化的驱动下，企业的经营活动也会给社会带来巨大的负外部性，从而产生不公平对待员工、环境污染、违法等行为。第一，市场竞争加剧了企业为获得竞争优势和更大的利润而采取危害其他利益相关者利益的行为。例如，产品竞争力越强的企业为了追求经济利益和获得竞争优势而忽视消费者对绿色产品的关注，进而环境信息披露的质量较低[3]。第二，即便当企业经济效益较好时，为了继续维持现有高绩效表现，企业也更倾向于采取违法行为，进而损害了其他利益相关者的利益[4, 5]。第三，为了实现"股东至上"而构建的现代公司治理体系中也存在委托代理问题，这也会导致经理层为了追求自身利益最大化从而产生一系列损害投资者利益的问题[6]，如在职消费[7, 8]、资产转移[9, 10]等；同时，薪酬水平较高的高管也更可能通过财务欺诈的方式维持自己的薪酬水平[11]。

三、企业社会责任的兴起

在"股东至上"理念之下，企业的经营行为给社会带来一系列广泛的负面影响，如破坏自然环境、违反社会道德底线、触犯国家法律法规等，从而激化社会矛盾和引起公众不满。在这一现实背景下，强调企业的社会责任就成为资本主义商业社会自我救赎的手段，以降低商业活动给社会带来的种种负面影响。

（一）企业社会责任理念的形成

20世纪70年代以后，关于企业社会责任的认识飞速发展，其中以美国经济发展委员会提出的"三个中心圈"理论为代表，指出内圈是企业的基本责任，中间圈是企业在发展经济的同时对可能会影响的社会和环境承担责任，外圈是企业要促进社会的进步、消除贫困。

进入20世纪80年代，Freeman[12]提出的利益相关者理论不仅为企业社会责任的研究提供了理论基础，而且成了经久不衰的企业社会责任研究主流理论。利益相关者理论认为，企业本质上是各利益相关者缔结的"一组契约"，企业不单是股东的企业，而且是各利益相关者的利益共同体，企业发展的物质基础是各利益相关者投入的资本（资源），不仅包括股东投入的股权资本，还有债权人投入的债务资本、员工投入的人力资本、供应商和客户投入的市场资本、政府投入的公共环境资本（如制定公共制度、提供信息指导和维护生态环境等）以及社区提供的经营环境等。因此，企业不仅要对股东负责，还应该对债权人、员工、供应商和客户、政府、社区以及环境负责。特别地，Carroll[13]进一步强调企业社会责任是社会寄希望于企业履行的义务，社会不仅要求企业实现其经济上的使命，而且期望其能够遵法度、重伦理、行公益，进而构建了包含经济责任、法律责任、伦理责任以及企业自愿执行的责任4个逐层递进的社会责任金字塔模型，从而明确了企业社会责任的边界，在学术界产生了广泛而深远的影响，为后来者研究企业社会责任奠定了理论基础。

（二）功利主义视角下的企业社会责任

按照西方主流文献的观点，企业社会责任是企业承担的超出股东利益范围内对社会有益的活动，如慈善捐赠、环境保护、员工福利、社区公益等。同时，学术界也开始积极呼吁企业履行社会责任。然而，在信奉"股东至上"的社会中，如何说服企业的管理层和投资者接受企业社会责任理念则是学术界面临的巨大挑战。为此，相关研究聚焦于探究企业社会绩效（Corporate Social Performance，简称CSP）与企业财务绩效（Corporate Financial Performance，简称CFP）之间的关系而为说服企业经理人、投资者提供依据。特别地，说服经理人和投资者接受企业社会责任理念的关键在于使他们相信企业履行社会责任不仅不会损害投资者利益，还有利于提升企业绩效。

1. 企业社会绩效与财务绩效的关系

功利主义的利益相关者理论认为企业通过履行社会责任能与利益相关者之间建立起互惠关系，从而得到利益相关者的支持和宝贵资源，进而有利于企业建立竞争优势和获得更好的绩效[14-17]。因此，这一理论为企业社会绩效与财务绩效之间的关系提供了理论基础。大量研究也的确找到了实证证据表明企业社会责任能促进财务绩效的提升。例如，Margolis和Walsh[18]通过对109项有关企业社会绩效和企业财务绩效的研究发现，有54项研究证明它们之间存在正相关关系。Margolis等[19]通过对251项相关研究结果进行分析发现，大多数研究证明企业社会绩效与企业财务绩效之间存在正相关关系。进一步，Peloza[20]通过对128项相关研究结果进行分析发现，59%的研究表明企业社会绩效与财务绩效之间存在正相关关系。

尽管大部分学者认为企业社会绩效与财务绩效之间存在显著的正相关关系，但是不得不承认的是，仍然有许多学者发现企业社会绩效与财务绩效之间存在负相关、不相关甚至U形关系。例如，Margolis和Walsh[18]的综述性文章里指出有7项研究证明它们之间存在负相关关系、28项研究证明它们之间不存在关系。Peloza[20]研究发现，14%的研究表明企业社会绩效和财务绩效之间存在负相关关系，27%的研究表明它们之间存在混合关系。特别地，Wang等[21]对817家美国标准普尔上市公司持续10年的数据分析发现，企业慈善行为与财务绩效之间呈倒U形关系，即随着慈善捐赠的增加，企业能够获得利益相关者的支持进而提升财务绩效，但是当慈善捐赠水平达到一定程度后，慈善捐赠带来的直接成本和代理成本将逐渐增加，反而不利于财务绩效的提升。

2. 企业社会责任研究的转向

显然，企业社会责任与企业财务绩效之间的关系并不明确，在学术界难以达成共识，更不用说据此说服实务界接受"履行企业社会责任有利于提升企业财务绩效"这一观念。这里主要有两个原因。第一，企业社会责任（CSR）包含许多不同维度的责任，这就使学者们进行实证分析时对CSR的量化缺乏全面统一的标准（例如，在衡量企业社会责任表现时会用到KLD指数、慈善捐赠、环境绩效等不同指标），使研究结论之间缺乏可比性[22]。第二，由于缺乏坚实的理论基础，CSR与CSP之间的关系无法得出一致的结论[23]。特别地，Mcwilliams和Siegel[24]还明确指出，对研发投资（R&D）这一关键变量的遗漏也是现有结论不一致的重要原因，并进一步指出未来研究需要转向探讨影响CSR与CFP之间关系的中间机制和情境因素。

从中间机制探索CSR与CFP之间的关系，其基本逻辑是：CSR能够帮助公司获得利益相关者的支持，而利益相关者的支持反过来有利于企业财务绩效的提升。虽然这是此前研究CSR与CFP之间直接关系的理论基础，但是鲜有研究直接关注CSR如何对利益相关者行为产生影响。而这一研究的转向也符合Felin等[25]所倡导的研究应该关注于微观机制。因此，CSR和CFP作为企业组织层面的行为和绩效表现，其产生的微观原因究竟是什么？回答这一问题就需要探究CSR如何影响利益相关者的行为和反应。

相关研究在21世纪初开始兴起。学者们开始从利益相关者层面分析企业履行社会责任的后果，即开始关注于所产生的非财务绩效影响。一系列研究发现，企业社会责任能够对利益相关者产生广泛且正面的影响，如提高企业品牌形象和声誉[26—28]（对消费者）、获得政治合法性[29,30]（对政府）、培养客户满意度[31,32]（对客户）、提高员工工作满意度[33]（对员工）、获得银行贷款[34]（对银行)等。这些研究也为说服经理人和投资者支持企业社会责任理念提供了直接证据,进而促进了企业社会责任的推广。

3. 企业社会责任的保险效应

以上开展的一系列研究旨在为在"股东至上"的框架下推行企业社会责任提供证据,其根本出发点还是强调企业履行社会责任能够为企业带来经济利益。除此以外,学者们还进一步提出,除了在正常的经济环境中企业社会责任对企业财务绩效提升有诸多好处以外,在企业发生危机的情况下,事前积极履行社会责任的企业还能较少受到危机的不利影响[35]。

基于此,Godfrey[36]提出企业履行社会责任能在利益相关者中间产生道德资本(Moral Capital),即让利益相关者认为企业本质上是具有责任感的企业,一旦这样的企业被曝光有不道德或者违法行为发生,企业通过履行社会责任所积累的道德资本就能发挥类似于保险的作用,从而降低利益相关者对企业负面事件的反应。毕竟,企业在经营过程中难免会因为各种不道德、违法行为给企业带来生存危机,而经理人和投资者都非常关注如何降低和化解此类危机带来的不利影响。因此,这一观点对企业经理人和投资者而言具有相当大的吸引力。

随后,为了增强这一理论的说服力,学者们聚焦于CSR的保险效应开展了一系列实证研究,并发现当企业发生负面事件后,履行社会责任的企业的价值损失比未履行社会责任的企业更少[37]。进一步地,Luo等[38]通过构建模型并以美国石油行业为样本进行了实证分析,研究发现慈善捐赠具有保险效应,使发生石油泄漏的公司股价降低更少,但是,捐赠越多的公司随后发生石油泄漏的事故也更多。然而,也有一些研究指出,CSR的保险效应取决于企业是否获得了认知合法性(Pragmatic Legitimacy)和道德合法性(Moral Legitimacy),尽管CSR对于诉讼风险较高的企业而言具有显著的保险效应,但是当企业面临财务困境或者所属行业有争议(如酒、烟草、枪支、赌博等行业)时,CSR带来的保险效应相对较弱[39]。进一步地,当企业发生负面事件后,尽管CSR能够起到保险作用,且长期CSR的保险作用更强,但是,当企业再次发生负面事件后,CSR的保险效应逐渐消失[40]。因此,CSR能起到的保险作用也是有条件的。

无论是有关企业社会责任对利益相关者直接影响的研究，还是有关企业社会责任保险作用的研究，都没有否定企业社会责任的经济价值，即都是有利于实现企业"股东至上"目标的战略手段。这就成为说服经理人和投资者接受这一理念而推行企业社会责任的重要依据。然而，企业通过履行社会责任缓和了许多一度被激化的社会矛盾的同时，这种功利化的社会责任观也必然导致企业社会责任行为的扭曲，即偏离于企业社会责任的本质。

四、企业社会责任的扭曲

随着利益相关者对企业的重要性日益突出，企业越来越关注如何满足多方利益相关者的诉求以及缓和利益相关者之间的诉求冲突[41]。然而，为了实现股东财富最大化，经理人在决定投入多少资源给利益相关者时，所考量的标准就是是否有利于提高企业绩效。这使经理人仅承担能使企业价值最大化的社会责任，导致能用于投入社会责任行为的资源是有限的。因此，企业往往不能同时满足各方利益相关者的诉求，而仅满足某一利益相关者的诉求，必然导致其他利益相关者的不满。这样，企业利用有限的资源管理利益相关者关系，极容易导致企业社会责任的扭曲，出现诸如企业社会责任脱钩（Decoupling）、漂绿（Greenwashing）、印象操纵（Impression Manipulation）等行为。

（一）企业社会责任脱钩

为了在有限资源投入的前提下维护与多维利益相关者的关系，企业会利用与利益相关者之间的信息不对称，对不同利益相关者的诉求采取不同的回应方式[42,43]，即会对利益相关者所承诺的社会责任说（Talk of CSR）与所实施的社会责任做（Walk of CSR）进行分离——只说不做，从而扭曲了社会责任的真诚性。基于此，Tashman 等[44]从组织成本和公司规模的角度出发，在理论上解释了大公司更倾向于象征性进行社会责任沟通而实质参与较少、小公司则更倾向于进行实质性参与而沟通较少。大量学者就此开展研究并提供了诸多实证证据。例如，由于发达国家对来源于新兴市场的跨国企业在经营合法性方面存在负面感知，进而使新兴市场的跨国企业倾向于通过 CSR 报告的方式向东道国传递一种正面信号，从而克服合法性威胁。但是，这种正面信号很可能是一种脱钩行为，因此应该加强对跨国企业 CSR 行为的审查[45]。类似地，ISO14001 作为对企业环境管理体系的一种认证，能够显著提升企业在环境方面的合法性，但是部分企业仍然采取脱钩策略，表面上符合 ISO14001 标准体系，而实质上其员工对该体系的认知依旧模糊[46]。

（二）漂绿

与"只说不做"不同，有的企业为了凸显其在社会责任方面的投入，会在对外宣传时故意夸大。这一现象在企业履行环境责任方面特别突出。当企业以利润最大化为目标时[2]，企业承担环境方面的责任必然导致成本的急剧增加。这就使得环保绩效较差的企业为了回应利益相关者对企业环保的强烈诉求和不满，进而夸大企业在环保方面的成就，即采取漂绿行为[47—49]。具体而言，随着利益相关者对企业社会责任的期望和要求不断增加，成长型企业受制于利益相关者的压力，要求它们在生产和运营中采取最优的社会责任行为，这就使得企业在应对外部社会压力和内部运营效率之间面临冲突，特别是成长型企业在扩张过程中由于需要得到利益相关者的认可和支持，进而增加了它们采取漂绿行为的动机[50]。然而，对环境危害更大的企业由于更容易受到利益相关者的关注，使企业的环保行为被曝光而不太可能进行漂绿行为[51]。

（三）印象操纵

在现实中，利益相关者很可能不能完全了解企业如何实施社会责任行为。其中包含多方面的原因。其一，企业社会责任的成效在短期内难以表现出来。例如，企业参与慈善活动、支持社区改善环境等的成效就需要时间才能逐步显现出来。其二，利益相关者没有渠道获取有关企业社会责任投入的第一手资料。实际上，企业对社会责任的投入，一方面是企业的内部信息；另一方面，除了货币化的资源以外，社会责任投入还包括一些非货币的资源（人力、精力等），如关爱员工、与员工谈心减轻员工的精神压力、组织员工参与社区服务等非货币性资源就很难量化其投入的水平。其三，社会责任投入水平的判断和成效评价缺乏普遍公认的标准，从而难以形成统一的评判标准。例如，一家公司对外捐款 100 万元，有的利益相关者会认为这家公司捐款多，积极承担了社会责任；而有的利益相关者却会认为公司捐款太少，没有积极承担社会责任。

正是由于利益相关者不能完全掌握有关企业社会责任投入方面的情况，以及其对企业社会责任表现的评价又会受到利益相关者自身认知、判断的影响，故而在企业社会责任实践中，企业社会责任沟通（企业通过恰当的方式将有关其社会责任表现的信息传递给利益相关者的行为）就显得非常重要。然而，也有企业会利用这一点对利益相关者对企业社会责任表现的判断进行操纵。印象管理强调组织有目的的设计去改变受众对组织的看法而形成印象的过程[52—54]。特别地，企业有选择性地披露筛选之后的信息能够帮助企业获得收益[55]（例如，游戏公司回避有关未成年人保护的话题），而回应利益相关者诉求以及夸大社会责任投入能够强化企业的公众形象。因此，企业不仅可以通过漂绿行为粉饰企业社会责任行为，而且可以通过有选择性地披露 CSR 信息的方式进行印象操纵。例如，企业社会责任报告作为企业对外沟通 CSR 行为的重要方式，经理人利用利益相关者的有限认知能力和注意力，通过改变报告的披露语言、内容等来维持利益相关者对公司的认同[56—58]。但是，这一行为也具有很大的危险性。当企业对不同利益相关者的行为表现出不一致时，极容易让公众认为企业的社会责任是伪善的。因此，如果企业在环保方面面临较高的声誉威胁时，即使企业获得了有关可持续发展方面的认证资格，企业也不会进行宣传而更倾向于保持沉默[59]。进一步地，Vergne 等[60]研究发现企业积极慈善捐赠的同时又给高管较高的工资，就会降低公众对企业的认可。

（四）经济效率与企业合法性的取舍

如果说企业采取印象操纵的手段旨在借助于社会责任信息沟通来管理与利益相关者之间的关系，那么企业也同样可以通过实质性改变社会责任投入水平来达到"股东至上"的目的。

企业履行社会责任的目的在于获取合法性和利益相关者的支持和认可，其根本目的还是最大化企业的经济效益。然而，过高的社会投入虽然能够赢得利益相关者的支持和好感，但是可能会降低企业的经济效益。因此，企业在履行社会责任时往往面临着合法性和经济效率之间的冲突，进而使企业需要在不损害效率的前提下用最小的社会投入去维护企业合法性[61]。当利益相关者对企业社会绩效的期望水平与企业实际社会绩效水平差异较大时，企业就会采取不同的操纵手段来调控利益相关者的预期，实现企业合法性和经济效率的平衡。例如，当企业社会绩效低于期望水平时，企业会受到合法性威胁，进而使企业通过实质性的社会责任投入进行回应来缓和利益相关者的不满；而当企业社会绩效高于期望水平时，企业会受到经济效率威胁，进而使企业通过象征性的途径转移利益相关者的注意力来缓和利益相关者对企业社会责任水平不断增长的预期[62]。

五、企业社会责任在中国

我国所构建的现代公司治理体系借鉴了西方的公司治理模式，强调"股东至上"的逻辑。由于我国企业在追求股东利益最大化的过程中忽视了社会责任的重要性，也产生了一系列社会问题，如环境污染、产品质量低劣、财务造假等。2008年以来，我国政府、企业和民众都开始广泛意识到企业社会责任的重要性。同时，政府部门也颁布了一系列涉及企业社会责任标准的法律法规，这使企业参与慈善活动的意识显著增强，捐款额度大幅增加。

（一）我国企业社会责任的兴起

我国政府从2006年至今发布了许多有关企业社会责任的指导文件，旨在促进企业积极履行社会责任。例如，2006年10月，党的十六届六中全会审议并通过了《中共中央关于构建社会主义和谐社会若干重大问题的决定》，把构建社会主义和谐社会摆在更加突出的地位，并进一步指出要着眼于增强公民、企业、各种组织的社会责任。深圳证券交易所于2006年发布了《上市公司社会责任指引》，上海证券交易所于2008年发布了《上海证券交易所关于加强上市公司社会责任承担工作暨发布〈上海证券交易所上市公司环境信息披露指引〉的通知》，明确指出，企业应该充分关注包括公司员工、债权人、客户、消费者及社区在内的利益相关者的共同利益。

党的十八大以来，一系列政策使企业社会责任的重要性更加凸显。例如，2012年，党的十八大报告中首次提出"努力建设美丽中国"，把生态文明建设放在突出地位；2013年，习近平总书记首次提出了精准扶贫重要思想，号召全社会力量积极参与；2015年，党的十八届五中全会将绿色发展与创新、协调、开放、共享等发展理念统一起来构成五大发展理念；2017年，党的十九大报告中首次提出坚决打赢防范化解重大风险、精准脱贫、污染防治的攻坚战；2020年，党的十九届五中全会指出全面推进乡村振兴、推动绿色发展。在国家大政方针的指引和政策持续推动下，我国企业通过各种方式积极承担社会责任，极大促进了我国社会责任事业的发展。

以慈善捐赠为例，图1所示为我国2007—2018年社会慈善捐赠总额的情况。从社会捐款总额的变化来看，2008年是一个分水岭。2007年，我国社会参与捐款总额为309亿元，虽然比2006年的社会捐赠水平翻了两番，但整体水平仍然较低。由于受2008年汶川地震和2010年玉树地震及洪灾的影响，我国慈善捐赠水平显著提高，这极大增强了我国社会的慈善捐赠意识，使我国慈善捐赠水平显著提升。同时，2016年我国正式颁布了《中华人民共和国慈善法》，使我国慈善捐赠的增长率达到20%，进一步促进了我国慈善事业的发展。

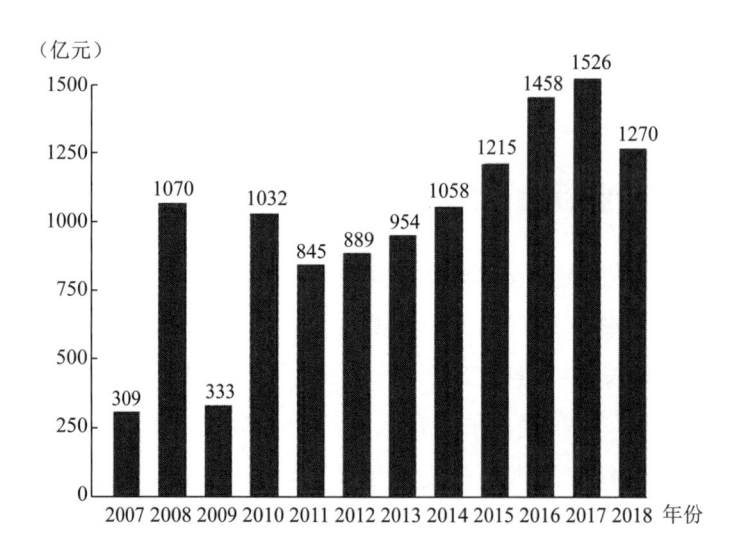

资料来源：中国慈善捐赠发展报告。

图1　2007—2018年社会慈善捐赠总额

从上市公司履行社会责任的情况来看，我国企业的社会责任体系也逐渐成熟，且定期发布企业社会责任报告的企业逐年增加（见图2），对投资者、政府、供应商、员工、社区、环境等多方面的社会责任日益增多。

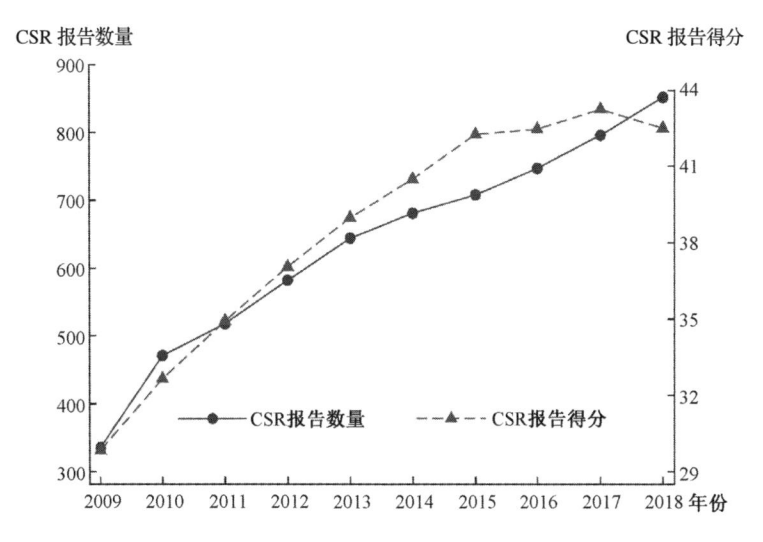

资料来源：润灵环球责任评级（RKS）数据库。

图 2　2009—2018 年我国上市公司社会责任报告分析

（二）我国企业社会责任的功利化作用

尽管我国企业社会责任研究起步较晚，但以我国为背景开展企业社会责任方面的研究已经成为当前学术界关注的重点话题之一。中国期刊网的统计显示，2008 年之后每年发表的相关论文就达上千篇。王晶晶等[63]围绕企业社会责任这一主题对发表在中文期刊的相关研究进行了系统分析。进一步地，尹珏林等[64]通过搜集整理 2000 年以来国际顶级期刊上涉及中国情境下 CSR 的相关文章，系统性地从制度、组织和个体 3 个层面分析了中国情境下 CSR 的前因、后果、调节以及中介因素。从作者单位的分布上来看，不仅是中国学者，很多国外学者，如美国和欧洲等国家的学者都对我国企业社会责任相关研究有极大的兴趣。

然而，现有关于我国企业社会责任的研究依旧运用西方理论开展研究，旨在进一步强化 CSR 的功利主义观。例如，基于中国的数据研究发现，CSR 能够帮助企业获得政治合法性[29,65]、改善财务绩效[27,66,67]、获取政治资源[68]、降低信贷成本[69]、提高员工幸福感[70]、促进组织公民行为[71]等。在这些研究中，学者们也特别关注一些中国因素，如企业性质、区域市场化水平、政商关系等因素的作用。

（三）我国企业社会责任的不足

过去 10 多年来，企业社会责任事业在我国得到长足发展的同时，由于依然延续在"股东至上"的信条之下制订企业社会责任战略，从而不可避免地出现了一系列社会责任问题。

首先，企业的社会责任行为（如慈善捐赠）缺少连续性。通过对我国上市公司慈善捐赠数据进行分析发现，截至 2019 年，在某一年进行慈善捐赠之后连续两年均不捐赠的企业达 1383 家，连续 3 年均不捐赠的企业达 786 家，连续 4 年均不捐赠的企业达 571 家。这说明我国企业并没有将企业参与慈善活动作为一项需要长期坚持的事业，而是与企业的经济利益进行挂钩，是权衡取舍所做出的"最优化"策略。

其次，脱钩问题依然突出。我国企业在面对利益相关者之间的诉求冲突时也会采取"只说不做"的应对策略。例如，尽管我国中央政府对企业社会责任的重视程度显著增加，但部分地方政府仍然更倾向于追求地方经济水平的增长，这就使地方国有企业需要在履行社会责任和追求经济利益之间进行权衡。因此，为了能够有效平衡中央政府和地方政府之间的诉求冲突，国有企业会快速发布低质量的社会责任报告[29]。然而，在受到监控的情况下，高管曾经担任政府官员的公司以及总部位于经济发展水平更高地区的公司也更有可能采取实质性的企业社会责任行为，即发布高质量的社会责任报告[65]。特别地，我国企业在国际化进程中面临着母国和东道国制度环境上的差异，使企业会在母国社会责任报告的披露中夸大其实际履责表现，最终呈现较低的反应性社会责任脱钩以及较高的战略性社会责任脱钩[72]。

再次，沉默捐赠（Silent Giving）问题突出。慈善捐赠作为企业承担社会责任的一种常见方式，获得了社会的广泛认可与支持。但是，从现实来看，许多企业虽然进行了慈善捐赠却依旧保持沉默。通过对我国企业年报中披露的捐赠金额和 CSR 报告中披露的捐赠金额对比发现，我国约有 70% 的上市公司没有在 CSR 报告中披露它们的慈善捐赠金额。企业为什么进行慈善捐赠之后却保持沉默？基于此，Wang 等[73]以中国上市公司为样本进行分析，研究发现，当企业给员工的工资或者投资者的分红低于行业平均水平的同时却又积极进行慈善捐赠，为了降低员工和投资者的不满进而避免合法性威胁，企业会在社会责任报告中不披露捐赠信息。

最后，印象操纵问题凸显。Wang 等[74]通过对 CSR 报告中社会部分的图片进行分析发现，企业在披露 CSR 报告时会基于自身的捐赠水平进行印象操纵。当企业实际的慈善捐赠水平高于社会期望水平时，利益相关者会给予企业更高的期望，导致企业经济效率的损失。此时，企业有动机降低利益相关者对慈善捐赠水平的感知，从而在 CSR 报告中使用更少的图片。相反地，当企业实际的慈善捐赠水平低于社会期望水平时，利益相关者会认为企业没有达到预期导致企业合法性受到威胁。此时，企业有动机提高利益相关者对慈善捐赠水平的感知，从而在 CSR 报告中使用更多的图片。同时，当企业出现负面事件后，企业会更加积极承担社会责任来进行印象管理，进而改善企业的负面形象[75]。

六、企业社会责任不足的原因

企业社会责任问题的根源在于企业经营坚持"股东至上"的信条，过于强调投资者对公司的重要性[76]，导致企业将经济利益与社会责任割裂和对立。

第一，将企业的目标锁定在经济利益至上而不认可企业创造的社会价值。企业社会责任强调除了对投资者的责任之外还包含对债权人、员工、供应商和客户、政府、社区及环境的责任，这些企业活动在提升社会福利、促进社会公平等方面有着显著的积极作用，从而产生巨大的社会价值。但是，坚持"股东至上"信条的经理人和投资者并没有将这些社会价值纳入其所追求的目标之内，其在评判一项社会活动是否值得企业投入资源时，判断的标准是这样做能否得到足够的回馈而提升企业的经济价值。故而，"股东至上"必然导致对 CSR 的功利化认识，从而使企业将社会价值排除在企业的目标之外，进而将投资者与其他利益相关者割裂开来形成不同的利益群体，并给予投资者最高的地位。这也导致对涉及伦理、社会问题等方面的 CSR 持怀疑态度，因为这些 CSR 活动的经济价值并不明显[77]。

第二，过于强调投资者对企业的重要性而不认可其他利益相关者的投入。支持"股东至上"信条的理由在于投资者投入资金并承担企业经营的风险，故而投资者拥有对企业所创造价值的索取权。只有赋予投资者对企业价值的索取权，才能有效激励投资者投入资金、补偿投资者所承担的投资风险。然而，这一理论完全忽视了企业经营所需要的资源不仅仅是资金，还需要其他许多利益相关者所掌握的资源，如人力资本、政策支持、社区保障等。并且，这些利益相关者同样承担企业经营行为所带来的风险。例如，对员工而言，其加入一家企业必然会进行专用性投资，而企业发展的好与坏将直接影响员工的生活、幸福感和未来；对当地社区的居民而言，需要承受企业生产给其生活带来的各种影响，如果企业追求经济利益最大化而污染当地环境，将极大影响当地居民的幸福指数。

实际上，投资者对企业的生存和发展固然十分重要，但投资者以外的其他利益相关者的资源投入也不容忽视[41]。企业创造的价值不仅仅是股东回报[78]，尤其是企业履行社会责任带来的社会效益不容忽视，如更好的劳工关系、更高的社会包容度、更环保的生产方式和技术进步等。这就使企业需要抛弃"股东至上"的理念，从更全面、更开放的角度考虑企业应该如何构建与利益相关者之间的关系，进而实现长期可持续发展。

七、从企业社会责任到企业可持续商业

随着企业在履行社会责任过程中暴露的一系列新的问题日益突出，新的社会矛盾不断涌现，越来越多的经营者、投资者和学者逐渐意识到"股东至上"的观点不再适用于当前所处的社会和环境，需要构建新的企业经营的逻辑起点和新的社会责任模式。

（一）对"股东至上"信条的批判

第一，学术界的觉醒。尽管"股东至上"的观点使许多学者认为企业在进行商业决策时可以忽略利益相关者的非经济利益[2,79]，但是越来越多的学者开始批判这一观点[80-82]，并且认为忽视利益相关者的非经济利益将导致企业价值的损失[83,84]。特别地，Mitnick等[77]通过对经济价值为导向的CSR和社会价值为导向的CSR进行比较分析，指出未来的CSR不应局限于服务于企业的经济价值最大化和"股东至上"的功利主义观。同时，Amis等[85]也指出传统的公司治理模式仅仅关注股东财富最大化，使企业社会责任无法有效解决利益相关者之间的诉求冲突问题。因此，投资者的利益最大化不应该是企业追求的唯一目标。

第二,西方企业的反思。2015年,联合国正式发布了17个可持续发展目标,旨在解决世界范围内的经济、社会和环境这3个方面的问题,从而推动全球经济转向可持续发展道路。特别地,2019年8月,全球181家顶级公司的CEO在美国华盛顿商业圆桌论坛上重新定义了公司的宗旨并认为企业不再局限于仅仅为股东服务,更应该为所有的利益相关者服务[86]。在该次论坛上发布的《公司宗旨宣言书》中,这些CEO一致认为应该不再强调"股东至上"的原则,转而强调作为一个具有社会责任意识的企业,公司领导团队应该致力于达成以下几个目标:①向客户传递企业价值;②通过雇用不同群体并提供公平的待遇来回报员工;③与供应商交易时遵守商业道德;④积极投身社会事业;⑤注重可持续发展;⑥最后才是为股东创造长期价值。

第三,中国企业的觉醒。尽管中国企业社会责任起步较晚,但是,随着我国经济社会在高速发展过程中快速暴露出一系列社会问题,以及我国中央政府强有力的政策引导,我国企业逐渐认识到超越"股东至上"信条去践行企业社会责任的重要性。例如,在汶川地震后,我国企业利用自身优势和资源积极参与解决社会问题,表现出极强的社会责任感。特别地,共同富裕是社会主义的本质要求,是人民群众的共同期盼。党的十九届五中全会将"全体人民共同富裕取得更为明显的实质性进展"和"扎实推动共同富裕"等表述写入党的文件,"共同富裕"的指导方针为企业经营方式的转变指明了方向、提出了新的要求。这一思想使我国企业必须抛弃传统"股东至上"的观念,而更加关注利益相关者的利益。

实际上,随着技术和商业模式的不断创新,由"经济-社会-环境"构建起的可持续生态系统逐渐形成,企业不仅需要面临创造长期经济价值的问题,而且也面临着如何在自身所处的社会和环境中创造多重利益相关者价值的问题,如回应政府、员工、供应商、消费者、社区、媒体、环境等的诉求。这就使企业需要认可其他利益相关者的资本或资源投入和在企业经营中所承担的风险并需要给予补偿,从而通过更全面的社会责任方式将更广泛的利益相关者群体的利益纳入企业战略决策之中,进而构建企业可持续商业模式。

(二)商业向善

从"股东至上"到"利益相关者至上",这一理念逐渐深入人心,这也使企业社会责任战略（Corporate Social Responsibility，CSR）要向企业可持续商业战略（Corporate Sustainable Business，CSB）演变[87]。其中，企业可持续商业战略强调企业需要与利益相关者之间建立互利互惠的关系[88—90]，充分融合企业对可持续发展的贡献、对各方利益相关者和社会负责任的要求，进而创造出包含经济、社会和环境的综合价值[91]。如图3所示，从CSR到CSB，企业经营理念发生了根本变化，从以往强调股东作为公司唯一的资源投入者和风险承担者的观念，转向强调企业是各方利益相关者交互作用而创造价值的平台。企业既要关注经济价值，也要关注社会及其环境价值，将经济利益与社会环境利益统一起来，强调与利益相关者的共生，并实现企业与利益相关者的共益。这样就能够把企业从传统意义上与人和社会割裂开来的生产型组织转变为与人和社会、环境相互交互、融合的共益共生平台。

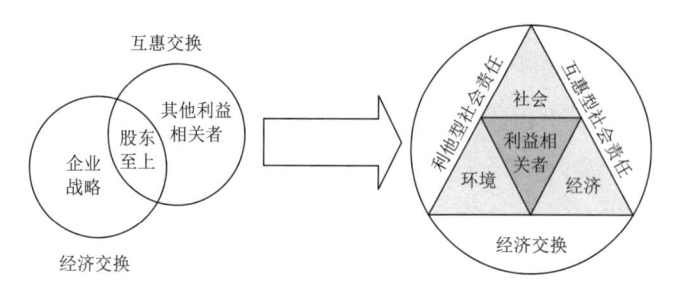

图3 从企业社会责任战略转换到企业可持续商业战略

与传统的企业社会责任战略相比，可持续商业战略有以下3个方面的转变。

其一，从"股东至上"转向"利益相关者至上"。在"股东至上"信条之下，企业经理人会人为地将投资者与其他利益相关者割裂开来，认为企业与其他利益相关者之间的关系是为投资者的利益最大化服务的。因此，企业社会责任能够产生道德资本进而最终促进股东利益最大化[36]。而在可持续商业战略下，更强调的是"共益"，也就是将各方利益相关者的利益视为一个整体，企业经营的目标是实现整体利益的最大化，投资者的利益只是其中一个维度，其他利益相关者的非经济利益也十分重要[77,85]，从而实现企业的经营活动与更广泛的利益相关者群体共存，实现共同获益。因此，"利益相关者至上"的理念是企业转向可持续商业战略的第一步，聚焦于企业的付出。

其二，从"人人为我，我为人人"转向"我为人人，人人为我"。这一转变本质上是企业价值观的转变,强调的是"共生"的经营理念。在"股东至上"信条之下,企业经营者更为看重的是利益相关者能够为企业最大化投资者利益提供什么(以"人人为我"为起点),从而出于功利化的考量去采取适当的社会责任行为[37]。这一模式带来的危害在前文已经详细说明。而在可持续商业战略之下,企业经营者更为看重的是自身能为利益相关者主动创造的价值(以"我为人人"为起点),而后通过这种主动的社会行为激发广泛的利益相关者支持企业的发展,为企业提供资源,建立起可持续的利益相关者关系,从而实现"人人为我",最终实现企业与利益相关者的"共生"。因此,"我为人人,人人为我"的价值观是企业转向可持续商业战略的第二步,聚焦于企业的回报而实现可持续性。

其三,从专注于"直接互惠"转向开拓"间接互惠"。在"股东至上"信条之下,企业处理与利益相关者之间的关系是基于直接互惠的社会交换逻辑,即企业给予利益相关者好处(如企业的社会投入)是建立在利益相关者会给企业有价值的回馈的前提下而形成直接互惠关系。一旦企业认为利益相关者的回馈价值不足,那么就会放弃这一交换关系(如终止社会投入)。因此,在"股东至上"信条之下,企业与利益相关者之间的互惠交换关系抗风险的能力很弱且不具备韧性。然而,在可持续商业战略中,企业更关注的是承担对社会、环境的责任,这部分责任在短期来看是见不到回报的,不符合传统意义上的"功利化"社会责任的范畴。并且,Dmytriyev等[14]同样认为,如果企业对外履行社会责任的对象超出了能够给企业带来直接经济回报的利益相关者的范围,那么就不应该履行。但是,间接互惠强调企业在满足一方利益相关者的诉求之后,能从第三方获得支持与帮助[92]。广泛的利益相关者分布在一个社会交互影响的网络之中,企业履行"非功利化"的或者利他型社会责任虽然无法建立起直接互惠的交换关系,但能激发广泛的间接互惠交换关系,这是构建企业长期可持续发展的核心能力。

因此,在可持续商业战略下,企业抛弃"股东至上"的观念,将企业的经济利益和社会责任统一起来。从"经济-社会-环境"相互融合的角度出发,围绕各方利益相关者的诉求,在承担经济责任和互惠型社会责任的同时,广泛履行利他型社会责任,进而实现企业与各方利益相关者以及更广泛的社会群体之间的共益共生。这一模式的核心在于构建其可持续的利益相关者关系,能够提升组织对抗风险的能力,形成组织韧性。

(三)可持续商业战略与组织韧性

面对社会、环境、经济甚至全球环境的多变和动荡,企业为了保持其稳定性和灵活性,需要提升自己在危机中生存下来并且能够进一步获得持续增长的能力,即组织韧性[93]。特别地,有韧性的组织在面临突发性危机事件时能够保持其核心能力不受影响,并且能够重构组织资源和关系进而使得组织快速从危机中恢复过来[93,94],实现逆势增长[95]。

贾明等[92]对功利化社会责任的弊端以及利他型社会责任为何能够构建组织韧性进行了详细阐述。虽然企业社会责任能够在一定程度上提高组织韧性[96,97],但是功利化企业社会责任聚焦于企业通过履行社会责任建立与多维利益相关者之间的直接互惠关系而存在一系列弊端,不利于组织韧性的形成。主要体现在以下3个方面:第一,功利化、企业行为的不一致和伪善导致互惠关系容易破裂;第二,企业固定的互惠交换对象无法应对系统性危机;第三,功利化社会责任将企业绑定在与固定的利益相关者建立的交换网络中而挤非关联利益相关者的支持。

间接互惠关系强调第三方在看到第一方帮助另一方时会主动加入这一互动之中去帮助第一方[98]。因此,如果企业基于利他动机持续承担各项社会责任,不仅可能会从其他直接相关的社会群体获得支持(直接互惠),更为重要的是还会从其他无关的第三方社会群体获得支持与回报(间接互惠)。贾明等[92]指出,对比直接互惠关系,间接互惠关系下施惠方所能得到的帮助是不确定的(不确定帮助从何而来,而不是不确定会不会得到帮助)。这种帮助的不确定性反而是构成韧性的最核心来源。应对系统性风险,企业最需要的就是掌握得到不确定性帮助的核心能力。因此,在间接互惠机制下,企业能够激活更广泛的社会资源网络、释放不计回报的支持以及保证利益相关者资源投入的可持续性[92]。

正如王鹤丽和童立[41]所指出的,企业履行社会责任需要满足不同利益相关者的诉求,并且能够让利益相关者感受到真诚。因此,构建间接互惠关系、履行利他型社会责任需要从以下两方面出发:一是对内真诚,即对内社会责任强调对待直接利益相关者(如员工、消费者)要真诚且可持续,淡化功利化的思想,保持行动的一致性;二是对外利他,即对外社会责任要强调公益性、利他性,不求回报。

八、构建中国特色的可持续商业模式

构建企业可持续商业模式,关键在于企业抛弃"股东至上"的观念,树立以"利益相关者"为核心的经营理念,广泛履行利他型企业社会责任活动,激活更广泛的间接互惠网络关系,建立起以各方利益相关者价值创造为中心的共益共生平台,这将极大提升组织的韧性和可持续发展能力,最终实现商业和社会的共益共生。

为了推行可持续商业模式,就需要将可持续商业理念整合到公司治理中,通过董事会改革、可持续商业信息披露、经理层长期激励等方式保障可持续商业模式的实施(见图4)。其中,非阴影部分为传统公司治理路径,阴影部分为可持续商业战略下公司治理的新内容。然而,由于传统企业社会责任模式过于强调投资者的重要性而忽略了其他利益相关者的利益,进而使得公司治理设置完全围绕投资者来构建,这就导致将其他利益相关者被排除在外。故而,在传统"股东至上"的公司治理体系中,企业社会责任的履行不可能影响公司治理体系的根本调整。在这个方面,我国具有天然的优势而能够独辟蹊径,克服障碍,引领发展。习近平总书记在2020年7月的企业家座谈会上也指出:"任何企

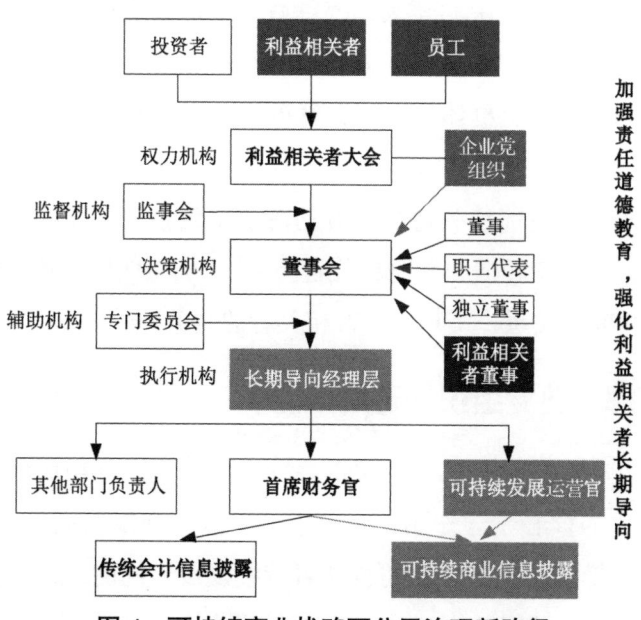

图4 可持续商业战略下公司治理新路径

业存在于社会之中,都是社会的企业。社会是企业家施展才华的舞台。只有真诚回报社会、切实履行社会责任的企业家,才能真正得到社会认可,才是符合时代要求的企业家。"特别地,利他、向善的思想根植于中国的传统文化之中,独特的中国文化背景以及中国企业社会责任的动态演变,使中国企业社会责任区别于西方发达国家[41],这一点需要更好地融入商业。同时,中国的传统文化中蕴含丰富的利他、共益思想,这为企业履行利他型社会责任、转向共益共生提供了广泛的思想支撑[92]。

(一)推进股东大会、董事会改革

既然"经济—社会—环境"的相互融合使得企业在实现经济价值的同时也需要关注社会责任,这就要求企业将可持续商业理念转化成企业的内生需求。特别地,利益相关者理论强调企业应该注重各方利益相关者的诉求,这为企业的董事会改革提供了理论支撑。基于此,企业需要对现行公司治理结构进行相应调整。首先,抛弃"股东至上"信条,就需要改变股东大会作为公司最高的权力机构,转而设置利益相关者大会,使得投资者之外的其他利益相关者也能参加公司重要决策,进而促进企业能更加全面了解各方利益相关者诉求并且将其纳入公司决策的范围之中。其次,改革后的董事会成员中需要相应地将股东之外的关键利益相关者代表纳入进来,新增利益相关者董事。例如,要想真正体现员工这一利益相关者群体的诉求,就可能需要设置职工董事。

通过对公司治理结构的改变,不仅能促进企业有效了解投资者之外其他利益相关者的诉求,而且能使利益相关者的诉求得到企业高度的重视,促进企业由"股东至上"的理念转向"利益相关者至上",从而促使企业有效权衡经济利益与社会利益之间的关系,实现与利益相关者的共益共生。

(二)发挥企业党组织的治理效能

构建中国特色公司治理体系的关键之一在于将企业党组织融入公司治理之中,通过发挥党的核心领导作用,将董事会、监事会以及高管层凝聚在一起,以集体智慧与力量推动我国企业的长期可持续发展。同时,推进实现企业与利益相关者之间的共益共生,这也与中国共产党的初心和使命一脉相承。因此,企业应在公司治理中贯彻执行党的宗旨,考虑在董事会中设立与企业党组织相兼容的职务，充分发挥企业党组织的治理效能。

在这个过程中，我国的国有企业改革成效显著。中央全面深化改革委员会第十七次会议指出，中央企业党委（党组）是党的组织体系的重要组成部分，发挥把方向、管大局、促落实的领导作用。要完善体制机制，明确党委（党组）在决策、执行、监督各环节的权责和工作方式，正确处理党委（党组）和董事会、经理层等治理主体的关系，坚持权责法定、权责透明、协调运转、有效制衡的公司治理机制，推动制度优势更好转化为治理效能。

因此，基于利益相关者理论，企业党组织作为公司治理的重要组成部分，作为人民群众利益的代表，能够更有效地推动企业将经济利益与社会利益协调统一起来，坚持以利益相关者为中心，摒弃"股东至上"理念，进而转向"利益相关者至上"，推进企业的高质量可持续发展。同时，中国共产党能够代表广大人民的根本利益，其宗旨为"全心全意为人民服务"，充分发挥企业党组织的治理效能，也将促使企业更好地实现"我为人人，人人为我"的价值观，促进企业从直接互惠的行为方式转向间接互惠的行为方式。我国的国有企业，如国家电网、中国电信等大型央企在这方面做出了表率。

（三）树立经理层的长期价值导向

可持续商业正在成为全社会普遍关注的问题。在这一模式下，需要将社会和环境目标融入商业活动和商业核心目标，为社会中更多的群体创造价值，同时又能促进企业长期可持续发展。树立经理层的长期价值导向将促使企业更好地实现"我为人人，人人为我"的价值观。因此，基于制度理论和社会交换理论，加强经理人的责任道德教育，强调关注利益相关者诉求和树立长期价值导向，能促使企业满足合法性诉求，承担更多的利他型社会责任，从而实现间接互惠。特别地，在高管层设置企业可持续发展运营官（Corporate Sulstaintable Office，简称CSO），不仅需要其基于社会需求提出促进企业利润增长和可持续发展的战略，而且需要负责管理利益相关者关系、教育员工，并在企业内部培养可持续发展的文化[99]。因此，CSO能够作为企业有效引导管理层关注企业社会绩效等相关问题的一个载体，显著提高企业履行社会责任的积极性，促进长期可持续发展[100]。

同时，党的十八大以来，习近平总书记在多个场合中谈到我国传统文化，提出"增强文化自觉和文化自信,是坚定道路自信、理论自信、制度自信的题中应有之义"。特别地,我国的传统文化中蕴含着丰富的利他、共益思想,例如,"君子贵人贱己,先人而后己""善人者,人亦善之"等。因此,基于传统文化培养经理人的长期价值导向和利他精神,能极大提高企业走可持续商业发展道路的自觉性。

(四)强化可持续商业信息披露

尽管企业也意识到社会责任信息披露的重要性,但是以往企业主要基于社会责任报告、新闻等载体,通过事实陈述、材料堆积等方式描述企业社会责任活动,导致社会责任信息的定量化披露不足,缺乏与利益相关者之间的深入沟通,不能有效呈现企业所创造的社会价值。与之形成对比的是,会计信息披露使企业将重要的财务信息以规范的方式披露给信息使用者,能极大降低企业与投资者之间的信息不对称性,为投资者评估企业价值提供了直接依据。

实际上,企业可持续商业信息反映企业创造的社会价值,也可以采用类似于财务信息披露的方式对外披露而提高信息的可获得性和信息质量。通过可持续商业信息的披露,利益相关者能够通过定量化的指标看到企业可持续商业战略实施情况,进一步促进企业构建更加完善的可持续商业战略。基于利益相关者理论和制度理论,强化可持续商业信息披露能有效满足各方利益相关者诉求,从而实现经济效率和合法性的平衡。为此,企业应该重点考虑如何将社会绩效通过社会资产以及社会负债等适用于定量化披露的方式展现出来,从而建立一套与各方利益相关者有效沟通的渠道。例如,可持续投资回报率分析法能衡量企业进行可持续投资时的财务回报[101]。参考该方法,企业可以构建与各方利益相关者之间建立的可持续关系的价值评估体系,并进一步计算由此所创造的社会价值(如参考 ESG 评估),从而将社会价值定量化能够通过传统的财务信息披露方式进行呈现。据此,就能够构建利益相关者报表,从而作为三大财务报表之外的又一个重要报表提供给利益相关者。

总之,商业的未来就是共益共生,而企业可持续商业战略是实现商业与社会共益共生的有效途径。沿着这条路径,就需要抛弃"股东至上"的信条,树立"利益相关者至上"的理念,改变企业的治理结构、树立经理层的长期经营理念和利他精神，强化可持续商业信息的披露对于企业价值评估的重要性，从而有效引导企业转型。

参考文献

[1] Jensen M C, Meckling W H. Theory of the Firm: Managerial Behavior, Agency Costs and Ownership Structure [J]. Journal of Financial Economics, 1976, 3（4）: 305-360.

[2] Friedman M. The Social Responsibility of Business is to Increase its Profits [N]. The New York Times Magazine, 1970-09-13.

[3] 孔慧阁, 唐伟. 利益相关者视角下环境信息披露质量的影响因素 [J]. 管理评论, 2016, 28（9）: 182-193.

[4] Mishina Y, Dykes B J, Block E S, et al. Why "Good" Firms do Bad Things: The Effects of High Aspirations, High Expectations, and Prominence on the Incidence of Corporate Illegality [J]. Academy of Management Journal, 2010, 53（4）: 701-722.

[5] 贾明, 童立, 张喆. 高管激励影响公司环境污染行为吗? [J]. 管理评论, 2016, 28（2）: 149-165.

[6] 冯根福. 双重委托代理理论: 上市公司治理的另一种分析框架——兼论进一步完善中国上市公司治理的新思路 [J]. 经济研究, 2004（12）: 16-25.

[7] 王曾, 符国群, 黄丹阳, 等. 国有企业 CEO "政治晋升" 与 "在职消费" 关系研究 [J]. 管理世界, 2014,（5）: 157-171.

[8] 罗宏, 黄文华. 国企分红、在职消费与公司业绩 [J]. 管理世界, 2008（9）: 139-148.

[9] 张祥建, 徐晋. 股权再融资与大股东控制的 "隧道效应" ——对上市公司股权再融资偏好的再解释 [J]. 管理世界, 2005（11）: 127-136.

[10] 刘俏, 陆洲. 公司资源的 "隧道效应" ——来自中国上市公司的证据 [J]. 经济学（季刊）, 2004, 3（2）: 437-456.

[11] Harris J, Bromiley P. Incentives to Cheat: The Influence of Executive Compensation and Firm Performance on Financial Misrepresentation [J]. Organization Science, 2007, 18（3）: 350-367.

[12] Freeman R E. Strategic Management: A Stakeholder Approach [M]. Boston: Pitman, 1984.

[13] Carroll A B. The Pyramid of Corporate Social Responsibility: Toward the Moral Management of Organizational Stakeholders [J]. Business Horizons, 1991, 34 (4): 39-48.

[14] Dmytriyev S D, Freeman R E, Hirisch J. The Relationship between Stakeholder Theory and Corporate Social Responsibility: Differences, Similarities, and Implications for Social Issues in Management [J]. Journal of Management Studies, 2021, 58 (6): 1441-1470.

[15] Phillips R A. Stakeholder Theory: Impact and Prospects [M]. Cheltenham: Edward Elgar Pub, 2011.

[16] Freeman R E, Kujala J, Sachs S. Stakeholder Engagement: Clinical Research Cases [M]. Cham: Springer International Publishing AG, 2017.

[17] Jones T M, Harrison J S, Felps W. How Applying Instrumental Stakeholder Theory can Provide Sustainable Competitive Advantage [J]. Academy of Management Review, 2018, 43 (3): 371-391.

[18] Margolis J D, Walsh J P. Misery Loves Companies: Rethinking Social Initiatives by Bulsiness [J]. Administrative Science Quarterly, 2003, 48 (2): 268-305.

[19] Margolis J D, Elfenbein H A, Walsh J. Does It Pay to Be Good ... and does It Matter? A Meta-Analysis of the Relationship Between Corporate Social and Financial Performance [J]. SSRN Electronic Journal, 2009.

[20] Peloza J. The Challenge of Measuring Financial Impacts from Investments in Corporate Social Performance [J]. Journal of Management, 2009, 35 (6): 1518-1541.

[21] Wang H, Choi J, Li J. Too Little or Too Much? Untangling the Relationship between Corporate Philanthropy and Firm Financial Performance [J]. Organization Science, 2008, 19 (1): 143-159.

[22] Griffin J J, Mahon J F. The Corporate Social Performance and Corporate Financial Performance Debate: Twenty-five years of Incomparable Research [J]. Business & Society, 1997, 36 (1): 5-31.

[23] Rulf B M, Muralidhar K, Brown R M, et al. An Empirical Investigation of the Relationship between Change in Corporate Social Performance and Financial Performance: A Stakeholder Theory Perspective [J]. Journal of Business Ethics, 2001, 32 (2): 143-156.

[24] Mcwilliams A, Siegel D. Corporate Social Responsibility and Financial Performance: Correlation or Misspecification? [J]. Strategic Management Journal, 2000, 21 (5): 603-609.

[25] Felin T, Foss N J, Ployhart R E. The Microfoundations Movement in Strategy and Organization Theory [J]. Academy of Management Annals, 2015, 9 (1): 575-632.

[26] Brammer S J, Pavelin S. Corporate Reputation and Social Performance: The Importance of Fit [J]. Journal of Management Studies, 2006, 43 (3): 435-455.

[27] Wang H, Qian C. Corporate Philanthropy and Corporate Financial Performance: The Roles of Stakeholder Response and Political Access [J]. Academy of Management Journal, 2011, 54 (6): 1159-1181.

[28] 李海芹, 张子刚. CSR 对企业声誉及顾客忠诚影响的实证研究 [J]. 南开管理评论, 2010, 13 (1): 90-98.

[29] Luo X R, Wang D, Zhang J. Whose Call to Answer: Institutional Complexity and Firms' CSR Reporting [J]. Academy of Management Journal, 2017, 60 (1): 321-344.

[30] Zhang J, Marquis C, Qiao K. Do Political Connections Buffer Firms from or Bind Firms to the Government? A Study of Corporate Charitable Donations of Chinese Firms [J]. Organization Science, 2016, 27 (5): 1307-1324.

[31] Lev B, Petrovits C, Radhakrishnan S. Is Doing Good Good for You? How Corporate Charitable Contributions Enhance Revenue Growth [J]. Strategic Management Journal, 2010, 31 (2): 182-200.

[32] Luo X, Bhattacharya C B. Corporate Social Responsibility, Customer Satisfaction, and Market Value [J]. Journal of Marketing, 2006, 70 (4): 1-18.

[33] Jones D A, Willness C R, Madey S. Why Are Job Seekers Attracted by Corporate Social Performance? Experimental and Field Tests of Three Signal-Based Mechanisms [J]. Academy of Management Journal, 2014, 57 (2): 383-404.

[34] Cheng B, Ioannou I, Serafeim G. Corporate Social Responsibility and Access to Finance [J]. Strategic Management Journal, 2014, 35 (1): 1-23.

[35] 吴华, 张爱卿, 唐擎. 企业社会责任行为会促进组织污名管理吗?——基于归因理论视角 [J]. 管理评论, 2018, 30 (7): 218-230.

[36] Godfrey P C. The Relationship between Corporate Philanthropy and Shareholder Wealth: A Risk Management Perspective [J]. Academy of Management Review, 2005, 30 (4): 777-798.

[37] Godfrey P C, Merrill C B, Hansen J M. The Relationship Between Corporate Social Responsibility and Shareholder Value: An Empirical Test of the Risk Management Hypothesis [J]. Strategic Management Journal, 2009, 30 (4): 425-445.

[38] Luo J, Kaul A, Seo H. Winning Us with Tifles: Adverse Selection in the Use of Philanthropy as lnsurance [J]. Strategic Management Journal, 2018, 39 (10): 2591-2617.

[39] Koh P S, Qian C, Wang H. Firm Litigation Risk and the Insurance Value of Corporate Social Performance [J]. Strategic Management Journal, 2014, 35 (10): 1464-1482.

[40] Shiu Y M, Yang S L. Does Engagement in Corporate Social Responsibility Provide Strategic Insurance-like Effects? [J]. Strategic Management Journal, 2017, 38 (2): 455-470.

[41] 王鹤丽, 童立. 企业社会责任: 研究综述以及对未来研究的启示 [J]. 管理学 (季刊), 2020, 5 (3): 1-15.

[42] Crilly D, Zollo M, Hansen M T. Faking It or Muddling Through? Under standing Decoupling in Response to Stakeholder Pressures [J]. Academy of Management Journal, 2012, 55 (6): 1429-1448.

[43] Mever J W, Rowan B. Institutionalized Organizations: Formal Structure as Myth and Ceremony [J]. American Journal of Sociology, 1977, 83 (2): 340-363.

[44] Tashman P, Marano V, Kostova T. Walking the Walk or Talking the Talk? Corporate Social Responsibility Decoupling in Emerging Market Multinationals [J]. Journal of International Business Studies, 2019, 50 (2): 153-171.

[45] Marano V, Tashman P, Kostova T. Escaping the Iron Cage: Liabilities of Origin and CSR Reporting of Emerging Market Multinational Enterprises [J]. Journal of International Business Studies, 2017, 48 (3): 386-408.

[46] Boiral O. Corporate Greening through ISO 14001: A Rational Myth? [J]. Organization Science, 2007, 18 (1): 127-146.

[47] Delmas M A, Burbano V C. The Drivers of Green Washing [J]. California Management Review, 2011, 54 (1): 64-87.

[48] Marquis C, Toffel M W. When do Firms Green Wash? Corporate Visibility, Civil Society Scrutiny, and Environmental Disclosure [M]. Boston, MA: Harvard Business School, 2012.

[49] Bowen F. After Greenwashing: Symbolic Corporate Environmentalism and Society [M]. Cambridge, UK: Cambridge University Press, 2014.

[50] Kim E H, Lyon T P. Green Wash vs. Brown Wash: Exaggeration and Undue Modesty in Corporate Sustainability Disclosure [J]. Organization Science, 2015, 26 (3): 705-723.

[51] Marquis C, Toffel M W, Zhou Y. Scrutiny, Norms, and Selective Disclosure: A Global Study of Greenwashing [J]. Organization Science, 2016, 27 (2): 483-504.

[52] Bansal P, Clelland I. Talking Trash: Legitimacy, Impression Management, and Unsystematic Risk in the Context of the Natural Environment [J]. Academy of Management Journal, 2004, 47 (1): 93-103.

[53] Elsbach K D, Sutton R I, Principe K E. Averting Expected Challenges Through Anticipatory Impression Management: A Study of Hospital Billing [J]. Organization Science, 1998, 9 (1): 68-86.

[54] Leary M R, Kowalski R M. Impression Management: A Literature Review and Two Component Model [J]. Psychological Bulletin, 1990, 107 (1): 34-47.

[55] Abbott W F, Monsen R J. On the Measurement of Corporate Social Responsibility: Self Reported Disclosures as a Method of Measuring Corporate Social Involvement [J]. Academy of Management Journal, 1979, 22(3): 501-515.

[56] Hooghiemstra R. Corporate Communication and Impression Management: New Perspectives Why Companies Engage in Corporate Social Reporting [J]. Journal of Business Ethics, 2000, 27(1): 55-68.

[57] Perez-Batres L A, Doh J P, Miller V V, et al. Stakeholder Pressures as Determinants of CSR Strategic Choice: Why do Firms Choose Symbolic versus Substantive Self-Regulatory Codes of Conduct? [J]. Journal of Business Ethics, 2012, 110(2): 157-172.

[58] Tata J, Prasad S. CSR Communication: An Impression Management Perspective [J]. Journal of Business Ethics, 2015, 132(4): 765-778.

[59] Carlos W C, Lewis B W. Strategic Silence: Withholding Certification Status as a Hypocrisy Avoidance Tactic [J]. Administrative Science Quarterly, 2018, 63(1): 130-169.

[60] Vergne J P, Wernicke G, Brenner S. Signal Incongruence and Its Con sequences: A Study of Media Disapproval and CEO Overcompensation [J]. Organization Science, 2018, 29(5): 796-817.

[61] Jeong Y C, Kim T Y. Between Legitimacy and Efficiency: An Institutional Theory of Corporate Giving [J]. Academy of Management Journal, 2019, 62(5): 1583-1608.

[62] Nason R S, Bacq S, Gras D. A Behavioral Theory of Social Performance: Social Identity and Stakeholder Expectations [J]. Academy of Management Review, 2018, 43(2): 259-283.

[63] 王晶晶, 杨洁珊, 胡成宝. 企业社会责任的研究现状及未来研究展望——基于CSSCI来源期刊中经济学、管理学类期刊上文章的分析 [J]. 管理评论, 2010, 22(8): 96-102.

[64] 尹珏林, 胡又心, 骆南峰, 等. 企业社会责任研究: 基于中国情境的文献分析与启示 [J]. 管理学(季刊), 2020, 5(3): 40-56.

[65] Marqulis C, Qian C. Corporate Social Responsibility Reporting in China: Symbol or Sulbstance? [J]. Organization Science, 2014, 25 (1): 127-148.

[66] 温素彬, 方苑. 企业社会责任与财务绩效关系的实证研究——利益相关者视角的面板数据分析 [J]. 中国工业经济, 2008 (10): 150-160.

[67] 张兆国, 靳小翠, 李庚秦. 企业社会责任与财务绩效之间交互跨期影响实证研究 [J]. 会计研究, 2013, (8): 32-39.

[68] Jia M, Xiang Y, Zhang Z. Indirect Reciprocity and Corporate Philanthropic Giving: How Visiting Officials Influence Investment in Privately Owned Chinese Firms [J]. Journal of Management Stuldies, 2019, 56 (2): 372-407.

[69] 李四海, 陈旋, 宋献中. 穷人的慷慨: 一个战略性动机的研究 [J]. 管理世界, 2016 (5): 116-127.

[70] Wisse B, van Eijbergen R, Rietzschel E F, et al. Catering to the Needs of an Aging Workforce: The Role of Employee Age in the Relationship between Corporate Social Responsibility and Employee Satisfaction [J]. Journal of Business Ethics, 2018, 147: 875-888.

[71] Gullifor D P, Petrenko O V, Chandler J A, et al. Employee Reactions to Perceived CSR: The Influence of the Ethical Environment on OCB Engagement and Individual Performance [J]. Journal of Business Research, 2023, 161: 113835.

[72] 王益民, 王友春. 国际化会促进母国社会责任脱耦吗?——基于制度逻辑视角的研究 [J]. 管理评论, 2022, 34 (6): 268-279.

[73] Wang H, Jia M, Zhang Z. Good Deeds Done in Silence: Stakeholder Management and Quliet Giving by Chinese Firms [J]. Organization Science, 2021, 32 (3): 649-674.

[74] Wang H, Jia M, Xiang Y, et al. Social Performance Feedback and Firm Communication Strategy [J]. Journal of Management, 2022, 48 (8): 2382-2420.

[75] 李征仁, 王砚羽, 石文华. 亡羊补牢: 负面记录对企业社会责任的影响及绩效分析 [J]. 管理评论, 2020, 32 (9): 239-250.

[76] Lazzarini S. Capitalism and Management Research: The Worst of Times, the Best of Times [J]. Academy of Management Review, 2021, 46 (3): 613-622.

［77］Mitnick B M，Windsor D，Wood D. CSR：Under Theorized or Essentially Contested？［J］. Academy of Management Review，2021，46（3）：623-629.

［78］Barney J B. Why Resource-based Theory's Model of Profit Appropriation Must Incorporate a Stakeholder Perspective［J］. Strategic Management Journal，2018，39（13）：3305-3325.

［79］Black B，Kraakman R. A Self-enforcing Model of Corporate Law［J］. Harvard Law Review，1996，109（8）：1911-1982.

［80］Henderson R. Reimagining Capitalism in a World on Fire［M］. New York：Publicaffairs，2020.

［81］Kaplan S. The 360 Corporation：From Stakeholder Trade-offs to Transformation［M］. Stanford，CA：Stanford University Press，2019.

［82］Rangan S. Capitalism Beyond Mutuality？：Perspectives Integrating Philosophy and Social Science［M］. Oxford：Oxford University Press，2018.

［83］Richard O C. Racial Diversity，Business Strategy，and Firm Performance：A Resource-based View［J］. Academy of Management Journal，2000，43（2）：164-177.

［84］Shan L，Fu S，Zheng L. Corporate Sexual Equality and Firm Performance［J］. Strategic Management Journal，2017，38（9）：1812-1826.

［85］Amis J，Barney J，Mahoney J T，et al. From the Editors——Why We Need a Theory of Stakeholder Governance——and Why This Is a Hard Problem［J］. Academy of Management Review，2020，45（3）：499-503.

［86］Gartenberg C，Serafeim G. 181 Top CEOs Have Realized Companies Need a Purpose Beyond Profit［J］. Harvard Business Review，2019，15（2）：227-261.

［87］Moratis L，Melissen F，Idowu S O. Sustainable Business Models：Principles，Promise，and Practice［M］. London：Springer International Publishing，2018.

［88］Doh J P，Littell B，Quigley N R. CSR and Sustainability in Emerging Markets：Societal，Institutional，and Organizational Influences［J］. Organizational Dynamics，2015，2（44）：112-120.

[89] Boons F, Lüdeke-Freund F. Business Models for Sustainable Innovation: State-of-the-art and Steps Towards a Research Agenda [J]. Journal of Cleaner Production, 2013, 45: 9-19.

[90] Ausrød V L, Sinha V, Widding Ø. Business Model Design at the Base of the Pyramid [J]. Journal of Cleaner Production, 2017, 162: 982-996.

[91] 肖红军, 阳镇. 可持续性商业模式创新: 研究回顾与展望 [J]. 外国经济与管理, 2020, 42 (9): 3-18.

[92] 贾明, 向翼, 张喆. 企业社会责任与组织韧性 [J]. 管理学（季刊）, 2020, 5 (3): 25-39.

[93] Ortiz-De-Mandojana N, Bansal P. The Long-Term Benefits of Organizational Resilience Through Sustainable Business Practices [J]. Strategic Management Journal, 2016, 37 (8): 1615-1631.

[94] Gunderson L H. Resilience and the Behavior of Large-scale Systems [M]. Washington DC: Island Press, 2002.

[95] 曹仰峰. 组织韧性: 如何穿越危机持续增长 [M]. 北京: 中信出版集团, 2020.

[96] Desjardine M, Bansal P, Yang Y. Bouncing Back: Building Resilience through Social and Environmental Practices in the Context of the 2008 Global Financial Crisis [J]. Journal of Management, 2019, 45 (4): 1434-1460.

[97] Sajko M, Boone C, Buyl T. CEO Greed, Corporate Social Responsibility, and Organizational Resilience to Systemic Shocks [J]. Journal of Manage ment, 2020, 47 (4): 957-992.

[98] Simpson B, Willer R. Altruism and Indirect Reciprocity: The Interaction of Person and Situation in Prosocial Behavior [J]. Social Psychology Quarterly, 2008, 71 (1): 37-52.

[99] Henderson R, Gulati R, Tushman M. Leading Sustainable Change: An Organizational Perspective [M]. Oxford: Oxford University Press, 2015.

[100] Fu R, Tang Y, Chen G. Chief Sustainability Officers and Corporate Social (Ir) Responsibility [J]. Strategic Management Journal, 2020, 41 (4): 656-680.

[101] Whelan T, Douglas E. How to Talk to Your CFO about Sustainability [J]. Harvard Business Review, 2021, 99 (1): 86-93.

企业 ESG 表现与创新
——来自 A 股上市公司的证据

方先明　胡　丁[②]

摘要：近年来，随着可持续发展意识的增强，企业的 ESG 表现逐渐受到了投资者的广泛关注，并对企业长期经营产生持续影响。在新发展阶段，ESG 表现能否促进企业创新值得深入研究。本文基于利益相关者理论分析了 ESG 表现对企业创新可能的影响及机制，利用 2009—2020 年 A 股上市公司的专利数据，实证检验了企业 ESG 表现的创新效应。研究表明：ESG 表现可以显著提高企业创新产出，这一促进作用在大型企业和国有企业中更为显著；机制分析发现，ESG 表现主要通过缓解融资约束、提高员工创新效率和风险承担水平等机制促进企业创新。进一步研究发现：ESG 表现不仅提高企业创新产出数量，还有助于提升企业创新质量，但随着 ESG 评级不确定性程度的提高，ESG 表现对企业创新水平的促进作用相对减弱。为此，应进一步鼓励企业加强 ESG 建设，加快构建 ESG 信息标准化和强制披露制度，提高企业 ESG 信息披露质量，推动企业创新，助力企业高质量发展。

关键词：ESG 表现；企业创新；融资约束；创新效率

来源：《经济研究》2023 年第 2 期

一、引言

近年来，诸如气候变化、贫富差距、公共卫生事件等涉及可持续发展的社会性问题已日益成为全人类共同面临的生存、发展危机，吸引了各国社会的广

[①] 本研究得到江苏高校哲学社会科学研究重大项目（2020SJZDA049）的资助。作者感谢匿名审稿专家提出的宝贵意见，文责自负。

[②] 方先明，胡丁，通讯作者，huding@smail.nju.edu.cn。南京大学商学院，210093。

泛关注，可持续发展所引致的社会责任需求也在进一步重塑各国的发展理念。2020年9月，习近平主席在第七十五届联合国大会一般性辩论上发表重要讲话，提出我国二氧化碳排放力争于2030年前达到峰值、努力争取2060年前实现碳中和。党的二十大报告中指出，大自然是人类赖以生存发展的基本条件。尊重自然、顺应自然、保护自然，是全面建设社会主义现代化国家的内在要求。必须牢固树立和践行绿水青山就是金山银山的理念，站在人与自然和谐共生的高度谋划发展。为实现这一发展理念，将环境（Environment，E）、社会（Social，S）和治理（Governance，G）因素纳入投资决策中，既是从微观层面解决全球性社会问题的必要，也是实现我国经济转型、促进经济高质量发展的有效手段。截至2021年10月底，我国共有19家公募基金签署负责任投资原则，可统计的泛ESG公募基金数量达344只，规模达5492亿元，绿色债券发行总量约16500亿元。[①] 基于此，国家也不断强化上市公司ESG信息披露制度，鼓励上市公司披露有关环境与社会责任信息。2017年12月，中国证监会要求，属于环境保护部门公布的重点排污单位或其重要子公司应当根据相关法律法规披露其主要环境信息。2021年5月，生态环境部在《关于印发〈环境信息依法披露制度改革方案〉的通知》中提出到2025年环境信息强制披露制度基本形成的工作目标。2021年6月，中国证监会在修订的上市公司年报与半年报格式与内容准则中要求增设"环境与社会责任"一节。

愈加受重视的ESG因素也对企业经营产生了重要影响。尽管新古典理论认为，ESG表现并不促进企业的经营绩效，反而因为其较强的外部性影响企业价值最大化目标的实现（Benabou and Tirole，2010）。然而，近年来的研究发现，在信息不对称的环境下，企业ESG表现有助于企业赢得金融机构、供应商、客户等利益关联者的信任，从而降低企业经营成本，提高企业经营效率（Houston and Shan，2022）。也有学者认为，随着各国对环境和其他社会问题重视程度的提高，ESG优势可以让企业更好地克服在企业投资中的安全审查或环境保护等隐形壁垒（谢红军和吕雪，2022）。这些研究多探讨ESG表现与企业日常经营的关系，对于ESG是否影响企业创新尚无清晰的回答。通常认为，可持续性发展需求引致的环境规制压力迫使企业不得不参与到创新中来，以改变传统的高污染高能耗的生产方式。在这一过程中，政府也多以财政补贴或税收减免等政

---

① 数据来源于《中国责任投资年度报告2021》。

策支持企业的绿色创新；同时，ESG自身的外部性影响也可能导致创新投资的无效率。ESG与企业创新的关系究竟如何？这种关系是否随企业特质体现异质性？其影响机制是什么？进一步地，当企业ESG表现存在不确定性时，ESG对企业创新的影响是否存在变化？厘清这些问题，有助于提高企业的长期价值，推动企业经济价值与社会价值相协调，促进经济高质量发展。

基于利益相关者理论与信号传递理论，本文重点分析了企业ESG表现对其创新的影响和理论机制。在此基础上，选择A股上市公司专利数据与华证ESG评级数据分析企业ESG表现与其创新产出的关系。进一步地，本文还从融资约束、员工创新效率和企业风险承担3个角度检验了潜在的影响机制。实证检验发现，ESG可以促进企业创新产出数量的增加，尤其是在大型企业和国有企业中这一关系尤为突出。其背后的机制在于，ESG建设可以降低企业融资约束，提高员工创新效率和企业风险承担水平。进一步的研究还发现，ESG表现有助于提高创新质量，但随着ESG不确定性增加，其创新效应有所减弱。

本文研究的边际贡献在于以下几点。第一，基于利益相关者理论探讨了企业ESG优势对企业创新的影响，这不仅从理论上拓展了企业创新动力的影响因素，也是对ESG与企业经营相关文献的补充。既有研究发现利益相关者可能影响企业的创新资源约束和风险承担（蔡庆丰等，2020；陈德球等，2021），也有文献探讨了ESG对企业融资约束、企业投资、市场价值等的影响（Houston & Shan，2022；谢红军和吕雪，2022；王双进等，2022），但有关ESG创新效应的研究尚待深入。基于A股上市公司的专利数据与华证ESG评级对这一问题展开讨论，拓展了利益相关者对企业创新影响及ESG经济后果的相关研究。第二，本文从融资约束、员工创新效率和企业风险承担3个角度深入揭示了ESG对企业创新产出的影响机制。一般认为，由于创新项目的高风险性，创新投资较物质资本投资更容易受到融资约束的限制，已有文献初步探讨了ESG对企业融资约束的影响（Christensen et al.，2022），但尚未有研究涉及ESG通过影响员工创新效率、企业风险承担行为促进企业创新的相关分析，本文从全新角度分析了ESG促进企业创新的作用机制，拓展了相关文献的研究视角。第三，由于ESG信息披露的自由裁量权和相关监管的缺乏，企业的ESG表现存在一定的不确定性，表现为不同评估机构对同一企业的ESG评级存在较大差异，ESG不确定性是否引发外界对企业社会责任形象的评估，进而促进或阻碍企业创新。

尽管已有研究表明 ESG 不确定性可能影响投资者对股票的投资偏好（Avramov et al., 2022），但尚未有文献讨论 ESG 不确定性是否影响企业创新。基于华证、Bloomberg、商道融绿、MSCI、Wind 5 个 ESG 评级数据库，对 ESG 评级、ESG 不确定性和企业创新的关系展开探讨，有助于拓展相关研究。

二、理论分析与研究假说

（一）ESG 优势与企业创新

在传统经济学观点中，企业的唯一经营目标为企业价值最大化。其中，创新是延长企业生命周期，获得超额经济利润的主要手段之一。然而，在两权分离的现代管理机制下，由于信息不对称等，所有者与管理者之间存在不同程度的委托代理问题。例如，创新项目通常具有周期长、成本及不确定性高等特点，管理者出于自身声誉或以短期利润为核心的绩效考核等考虑，往往更倾向于风险规避的常规投资，而对于有助于企业长期发展，但风险较大的创新项目缺乏足够激励（郑志刚等，2021）。类似地，在信息不对称条件下，投资者和金融机构无法形成对大股东或管理层的有效监督，对企业的风险容忍度也较为缺乏，从而更倾向于投资周期短、风险低的常规项目（Amore et al., 2013）。

ESG 理念为突破这一困境提供了新的思路。随着近年来社会问题的频发，公众逐渐开始注重企业经济价值与社会价值的平衡，以 ESG 为代表的可持续性发展理念日益受到重视。同时，可持续性发展需求也日益体现在一般公众的投资、消费决策中。政府及公众的环境规制压力迫使企业淘汰现有高能耗、高污染的生产技术和落后产能，创新是实现这一目标的重要手段。在此过程中，具有 ESG 优势的企业也可以得到包括税收优惠、财政补贴等政策在内的制度倾斜，降低企业创新成本，提高创新水平（马文杰和胡玥，2022）。

此外，ESG 建设本身存在一定成本和外部性，ESG 投资是否与企业经济利益冲突？区别于新古典学派"ESG 阻碍企业价值最大化"的观点，利益相关者理论认为，ESG 建设将企业目标由企业价值最大化逐渐转移到兼顾经济价值和社会价值，可以较好地实现所有者、管理者、员工、供应商、消费者和一般社会公众的利益平衡，实质上是对企业关系网络和发展资源的重新整合，有助于提高创新水平（Donaldson & Preston，1995）。其根源在于以下两点。第一，ESG发展理念将企业价值最大化目标转为兼顾经济、社会价值，有助于在不确定性环境下凝聚信任。一方面，Zuo et al.（2021）提出企业的社会责任形象有助于满足员工的自我价值实现需求，这不仅吸引了有创造力的员工加入，还有助于提高企业内部的信任度和分工协作效率，形成内外部资源的良性循环，进一步促进企业创新；另一方面，ESG传递的社会责任理念也为企业积累社会资本和建立商业合作网络提供了便利，从而减少企业面临的商业风险，缓解企业创新过程中的资源约束（Zhang & Lucey，2022）。第二，ESG优势可以缓解企业的委托代理问题，提高利益相关者对企业风险承担的容忍度。如前文所述，受限于创新项目的高风险性和以短期利润为核心的绩效考核，管理者投资创新项目的激励不足。ESG通过良好的公司治理制度，促进管理者和股东的利益相协调，提升管理者的风险承担意愿。同时，由于企业ESG优势传递的社会责任信号，外部人更可能将创新或其他企业经营的失败归因于不可控因素，而非内部人对企业的掏空行为，更高的信任和风险容忍有助于激励企业的风险承担，促进企业创新。因此，本文提出以下假说。

假说1：ESG优势可以有效提高企业创新产出。

（二）企业ESG优势、融资约束与企业创新

融资约束是企业创新的主要阻碍因素之一。与常规投资相比，创新投资风险高、回收周期长、沉没成本高，对资金投入的稳定性具有更高要求。同时，企业与资金供给者之间存在有关创新项目的信息不对称问题，降低了金融机构的借贷意愿。Kim et al.（2016）的研究也表明，创新投资更适合采用以股权融资为代表的直接融资形式。然而，在我国目前资本市场发展不够健全的现实情况下，股权融资难以满足诸多企业，尤其是作为创新主体的中小企业的融资需求。如何缓解企业的融资约束问题，是促进企业创新必须面对的主要问题。

企业的ESG优势为解决这一问题提供了新的可行方案。既有研究发现ESG有助于提高企业信息透明度，降低企业与外部投资者、金融机构间的信息不对称问题。一个可能的解释是：信号传递理论认为企业传递不同类型的信号具有一致性时，其信号可信度更高。例如，企业尝试采用ESG建设构建负责任的企

业形象和声誉，则必然提高其财务信息的披露质量。同时，由于ESG建设本身具有一定的外部性和代价，在进行ESG建设的同时披露更高质量的财务信息，也向外界传递了企业经营状况良好的积极信号（Huang，2022）。Rezaee and Tuo（2019）认为，ESG信息披露可以有效降低管理层的盈余管理和财务披露中的机会主义行为。

如前文所述，随着可持续发展理念的日渐深入，具有ESG优势的企业更容易借助其负责任的社会形象赢得关联利益方的信任，并获得诸如投资者、债权人提供的融资便利或来自供应商的商业信用支持，缓解创新中的融资约束。相反，ESG表现不佳的企业则可能面临消费者抵制和更强的政府规制风险，这些风险将进一步引发企业财务危机。因此，即便金融机构或投资者更关注企业的财务绩效而非社会形象，企业的ESG表现也必然影响金融机构和投资者的投资意愿，具有ESG优势的企业更容易通过这一考察。因此，本文提出以下假说。

假说2：ESG优势可以通过缓解融资约束促进企业创新。

（三）企业ESG优势、员工创新效率与企业创新

作为企业知识的主要载体，人力资本在企业创新能力积累和创意开发中具有核心地位。企业创新成功与否，很大程度上依赖于核心员工的知识水平和创新能力。然而，随着企业规模的扩大，其内部沟通成本提高，灵活性下降，冗余的雇员结构造成员工平均素质和创新效率低下，其中尤以国有企业为典型。一方面，国有企业员工具有"经济人"和"政治人"的双重属性，往往机械地完成上级任务，创新积极性不高；另一方面，国有企业面临较严重的多重代理问题。尽管以研发人员为主的员工承担了企业创新的关键任务，但无法分享创新带来的超额利润，还可能承担创新失败带来的额外政治风险，这也一定程度上弱化了员工的创新意识。如何激励员工的创新积极性，提高员工的创新效率，是提高企业创新水平的关键问题。

首先，ESG理念将传统观点中企业对股东的忠诚义务延伸至各方关联利益者，可以在发展面临瓶颈时增进信任、获得支持，有助于企业长期发展目标的实现（Huang，2022）。具体到本文的研究问题上，将社会责任标准纳入企业建设可以向公众传递履行社会责任的积极信号，有助于提高关联利益方的风险容

忍度，为企业创新营造一个更宽容的环境。较为宽容的创新环境和负责任的社会形象有利于满足员工的自我价值实现需求，激励员工突破现有思维框架并取得突破性成果。高水平的企业认同也有助于提高企业内部的分工协作效率，提升企业人力资本水平（Tsang et al.，2021）。其次，ESG为缓解企业间的委托代理问题提供了新思路。建立更加公平的薪酬制度，提升员工福利和满意度是ESG建设的关键一环。具有ESG优势的企业多借助各种员工持股计划或其他激励手段，使员工得以分享创新带来的超额收益，也推动了员工与企业的利益趋向一致，可以提升员工的创新积极性（Chang et al.，2015；孟庆斌等，2019）。尽管有研究认为，非激励员工因薪酬不公可能产生消极怠工的态度（郝项超和梁琪，2022），但总体而言，具有ESG优势的企业更可能提高员工的创新意愿和创新效率。因此，本文提出以下假说。

假说3：ESG优势可以通过提高员工创新效率促进企业创新。

（四）企业ESG优势、风险承担与企业创新

企业的风险承担意愿也是决定创新投资水平的关键因素。风险承担不足根源于企业的委托代理问题。由于企业所有者多借助股权激励或其他以短期利润为核心的激励手段弥合所有者与管理者之间的利益差异，出于维护自身声誉和绩效等私人目的，管理者更倾向于现金流稳定、短期风险较低的常规投资，而对有利于企业长期增长的风险项目投资意愿不足。即便初创企业出于开拓市场或生存问题具有较高的风险承担意愿，然而随着市场份额和现金流趋于稳定，其风险承担意愿也随之下降。此外，由于外部人对企业运营缺乏有效监管，外部人也更倾向于督促企业投资于现金流稳定的短期项目，进一步降低了企业的风险承担意愿（Guo et al.，2022）。

借助ESG建设，有助于企业缓解所有者与管理者、内部人与外部人之间的委托代理冲突。第一，在管理层激励计划中嵌入社会责任标准，有助于改善所有者与管理者之间的委托代理问题。既有研究认为，与财务标准相比，社会责任信息可以更好地反映管理层是否关注于企业的长期发展目标和价值创造（Banker et al.，2000）。第二，ESG建设不仅将传统观点中企业对股东的忠诚义务延伸至各方关联利益者，还向外传递了企业经营目标的长期导向（Flammer，2018）。这些均有助于建立长期稳定的商业合作关系，提高外部人对企业的信任

和风险容忍度。相应地，外部人也更愿意将企业投资尤其是创新投资的失败归因于不可预测的外界因素，而非企业的机会主义行为，为企业创新提供更包容的创新环境，提升企业的风险承担意愿，促进企业创新。因此，本文提出以下假说。

假说4：ESG优势可以通过提升企业的风险承担促进企业创新。

三、实证策略与样本描述性统计

（一）数据来源与样本选择

由于ESG与企业专利数据的限制，本文以2009—2020年沪深A股上市公司为研究样本。为保证数据的准确性，剔除了较为特殊的金融与保险行业、"特殊处理"类（ST）企业以及部分年份观测值较少的行业，最终共获得27026个企业–年度观测值。[①]

参考方先明和那晋领（2020）、陈德球等（2021）采用专利数据作为企业创新水平的衡量指标，企业专利数据取自中国研究数据服务平台（CNRDS）。此外，综合考虑各ESG评级适用期间与覆盖范围，采用华证ESG评级作为企业ESG表现的代理变量。华证指数自2009年开始对A股及发债主体等证券发行人进行ESG表现评估，目前已覆盖全部A股上市公司，该指数已得到业界与学界的广泛认可（谢红军和吕雪，2022），华证ESG数据来自Wind资讯金融终端，其余公司层面的财务数据和行业特征数据均来自CSMAR数据库。

（二）模型设定

为考察ESG表现对企业创新水平的影响，本文构建以下模型：

$$Innovation_{i,t+1} = \beta_0 + \beta_1 ESG_{i,t} + \beta_2 Control_{i,t} + INDUSTRY + YEAR + \varepsilon_{i,t} \tag{1}$$

其中，下标i和t分别表示样本个体和年份，被解释变量$Innovation$表示企业创新水平。将上市公司独立申请的发明专利、实用新型专利和外观设计专利

[①] 考虑到部分异常值的特殊性本身具有一定经济意义，本文基准结果未对原始数据做缩尾处理，但为保证结论不受异常值干扰，仍将全部连续变量缩尾后对全文结果进行了检验，读者可向作者索取相关结果。

3种类型专利数量之和加1的自然对数（Patent）作为企业创新水平的第一种衡量指标。一般认为，发明专利在3种专利类型中原创性最高，因此选择发明专利申请数量（Invention1）和最终获得授予的发明专利数量（Invention2）加1的自然对数，作为企业创新的其他衡量指标。本文将被解释变量前置一期以控制ESG对企业创新的滞后影响和逆向因果导致的内生性。解释变量ESG为华证ESG评级，该指标包含C、CC、CCC、B、BB、BBB、A、AA、AAA共9个等级，将上市公司ESG等级从低到高分别赋值为1至9。此外，本文还考虑使用彭博（Bloomberg）ESG评级和商道融绿ESG评级作为稳健性检验。

Control表示公司、行业层面的控制变量，参考蔡庆丰等（2020）、Tsang et al.（2021），本文控制了以下变量：对数化企业年龄（Age）、股权集中度（Big1）、现金持有（Cash）、两职合一（Duality）、董事长与总经理是否存在兼任情况、固定资产比例（FixRatio）、企业增长率（Growth）、行业竞争度（HHI）及其平方项（HHI_sq）、独立董事占比（IndependentDirector）、杠杆率（Leverage）、高管持股比例（ManagerHolding）、账面市值比（MTB）、盈利能力（ROA）、企业规模（Size）、产权属性（SOE）。为控制行业和宏观经济情况等因素对企业创新水平的影响，本文还控制了行业（INDUSTRY）和年份（YEAR）固定效应，ε表示随机误差项。表1为主要变量的描述性统计。

表1 主要变量的描述性统计

变量	观测值	均值	标准差	最小值	最大值
Patent	27026	1.486	1.580	0.000	9.270
Invention1	27026	1.004	1.273	0.000	8.693
Invention2	27026	1.812	1.595	0.000	9.087
ESG	27026	4.133	1.077	1.000	8.000
Age	27026	17.509	5.848	0.750	62.917
Big1	27026	34.762	14.800	2.197	89.990
Cash	27026	2.726	4.213	0.0257	204.742
Duality	27026	1.716	0.451	1.000	2.000
FixRatio	27026	0.211	0.162	0.000	0.954
Growth	27026	5.830	823.793	-1.309	134607.100

续表

变量	观测值	均值	标准差	最小值	最大值
HHI	27026	0.115	0.108	0.0143	0.897
HHI_sq	27026	0.0250	0.0674	0.000253	0.804
IndependentDirector	27026	0.381	0.0729	0.167	0.800
Leverage	27026	0.422	0.211	0.00708	2.529
ManagerHolding	27026	0.0787	0.147	0.000	0.843
MTB	27026	0.615	0.244	0.00140	1.484
ROA	27026	0.0436	0.0735	−1.859	0.880
Size	27026	7.614	1.268	1.946	12.785
SOE	27026	0.360	0.480	0.000	1.000

四、基准检验结果及稳健性分析

（一）基准回归结果

表2报告了ESG对企业创新水平影响的基准回归结果，所有回归均控制了企业层面特质及行业和年份固定效应。表2中，（1）这一列显示ESG系数为0.185，且在1%水平上显著，表明企业ESG评级提高使下一年发明专利、实用新型专利和外观设计专利申请数量平均提高约18.5%，这也为本文的理论假说提供了初步的经验证据。将被解释变量替换为发明专利申请数量（$Invention1$）或最终获得授权的发明专利数量（$Invention2$）后，ESG系数绝对值略有减小（降低至0.153和0.114），但均在1%的水平上显著。由此可见，ESG表现对企业创新水平的影响主要来自发明专利。可以认为，ESG优势促进了企业实质性创新水平的提高。

表2 基准回归结果

变量	（1） *Patent*	（2） *Invention1*	（3） *Invention2*
ESG	0.185***（0.00941）	0.153***（0.00802）	0.114***（0.00852）

续表

变量	(1) Patent	(2) Invention1	(3) Invention2
Age	-0.0179*** (0.00189)	-0.0114*** (0.00156)	-0.00582*** (0.00168)
Big1	-0.000968 (0.000650)	-0.00198*** (0.000551)	-0.00114* (0.000613)
Cash	-0.000486 (0.00204)	0.00405** (0.00192)	0.00076 (0.00210)
Duality	0.0362 (0.0239)	0.00291 (0.0205)	-0.0404* (0.0211)
FixRatio	-0.180** (0.0725)	-0.304*** (0.0600)	-1.243*** (0.0700)
Growth	0.0000781 (0.0000823)	0.0000479 (0.0000638)	-0.000664*** (0.000163)
HHI	1.069** (0.496)	1.165*** (0.419)	0.913* (0.472)
HHI_sq	-1.793*** (0.654)	-1.944*** (0.562)	-1.148* (0.638)
IndependentDirector	0.0978 (0.130)	0.00793 (0.110)	0.0139 (0.119)
Leverage	-0.0982 (0.0609)	0.137*** (0.0508)	0.149*** (0.0576)
ManagerHolding	0.437*** (0.0791)	0.288*** (0.0665)	-0.051 (0.0684)
MTB	-0.117** (0.0519)	-0.177*** (0.0439)	-0.0818* (0.0484)
ROA	1.853*** (0.184)	1.474*** (0.154)	1.420*** (0.173)
Size	0.244*** (0.0102)	0.204*** (0.00895)	0.516*** (0.00961)
SOE	0.00969 (0.0231)	0.101*** (0.0199)	0.236*** (0.0215)
Constant	-2.216*** (0.160)	-2.027*** (0.133)	-3.230*** (0.210)
Year	YES	YES	YES
Industry	YES	YES	YES
N	22088	22088	22088
Adj R^2	0.327	0.262	0.441

注：括号内表示稳健标准差；*、**、***分别表示在10%、5%、1%水平上显著，表3同。

在控制变量中，企业年龄（Age）对企业专利申请数量存在负向影响，表明随着企业年龄增长，可能因日趋稳定的现金流、规模增长导致的机构和人员冗余而缺乏创新积极性，从而影响创新产出。固定资产比例（FixRatio）系数表明常规资本投资对创新投资产生了挤出效应，不利于企业创新水平的提高。除企业年龄和固定资产比例外，账面市值比（MTB）也对企业专利申请数量存在消极影响，这也与虞义华等（2018）的研究类似。而盈利能力（ROA）、企业规模（*Size*）则对企业专利申请数量存在积极影响，这与企业盈利能力越强、规模越大，创新投入和产出规模也越高的猜想一致。行业竞争度（*HHI*）系数显著为正，其平方项（*HHI_sq*）系数显著为负，说明行业竞争度与企业创新水平存在倒"U"形关系，适度竞争有助于提高企业创新积极性，而过度竞争则可能扼杀创新活力。

（二）内生性问题

基准回归将被解释变量前置一期，一定程度上可以解决逆向因果带来的内生性。为进一步解决模型中可能存在的内生性问题，本文尝试构建工具变量。以往研究多采用行业或地区平均ESG表现作为企业ESG评级的工具变量（Breuer et al., 2018; 宋科等, 2022），然而这种方法可能存在排他性原则无法满足的问题（Gormley and Matas, 2014; 谢红军和吕雪, 2022）。在本文的研究中，受行业特质和区域发展水平影响，企业创新通常具有高度的行业异质性和区域差异，行业或区域平均ESG表现不仅可能直接影响到企业的ESG评级，还可能存在其他与行业、区域相关的共同影响因素。参考谢红军和吕雪（2022）的做法，利用ESG基金持股数据作为企业ESG表现的工具变量。[①] 该做法主要出于以下几方面考虑。

首先，作为重要的机构投资者，ESG基金可以采用"用脚投票"和持续督导的方式来影响公司经营（He et al., 2019）。ESG基金也必然将其投资理念带入公司经营中，改善上市公司的ESG表现，因此满足相关性原则。其次，ESG基金不太可能直接影响到上市公司的创新投资。原因在于：ESG基金较少直接干涉上市公司的日常经营，而是采取与上市公司高管的私人接触等方式改善ESG表现，其投资理念的实现也主要依赖于基金经理的选股等决策（参见《中国责任投资年度报告2020》）。同时，企业创新较大程度上依赖于参与者在某一领域的科学知识或工程技术水平，这超出了对基金投资从业人员的一般素质要求，因此满足排他性要求。

工具变量回归的第一阶段模型为：

[①] 为进一步控制企业规模、产权属性等企业特征对ESG表现和企业创新的共同影响，本文还将ESG基金的首次持股作为外生冲击，在此基础上采用PSM-DID方法进行内生性检验，结果仍然稳健。受篇幅限制结果未予报告，读者可向作者索取。

$$ESG_{i,t} = \beta_0 + \beta_1 FundNum_{i,t} + \beta_2 Control_{i,t} + INDUSTRY + YEAR + \varepsilon_{i,t} \tag{2}$$

其中，$ESG_{i,t}$ 为上市公司 i 在 t 年的 ESG 评级，$FundNum_{i,t}$ 为在 t 年持有上市公司 i 股票的 ESG 基金数量，其余变量与模型（1）相同。在工具变量回归的第二阶段，采用 ESG 评级的拟合值作为被解释变量估计模型（1），表 3 给出了两阶段工具变量回归的结果。与基准回归中的做法一样，将企业专利申请数量前置一期，以避免 ESG 对企业创新影响的滞后效应。表 3 中，（1）这列显示第一阶段回归的结果，$FundNum$ 系数显著为正，这也证实了工具变量的相关性，Cragg-Donald Wald F 统计量和 Sargan 统计量表明不存在弱工具变量和过度识别等问题。表 3 中，（2）、（3）、（4）这 3 列显示了第二阶段的回归结果与基准结果一致，因此认为，ESG 评级提高可以促进企业创新能力的提升。

表 3　工具变量回归

变量	（1）	（2）	（3）	（5）
	ESG	*Patent*	*Invention*1	*Invention*2
ESG		0.857***（0.154）	0.806***（0.135）	1.660***（0.201）
FundNum	0.326***（0.0328）			
控制变量	YES	YES	YES	YES
Year	YES	YES	YES	YES
Industry	YES	YES	YES	YES
Cragg-Donald Wald F 统计量	99.053			
Sargan 统计量	0.000			
N	22088	22088	22088	22088

（三）稳健性检验

1. 替换关键解释变量

如前文所述，ESG 建设有助于构建负责任的社会形象，为上市公司赢得社会公众的信任。因此，上市公司也有动机夸大 ESG 表现，为其自利行为赢得便利。相应地，评级机构可能被其误导而给出不同评级。为避免 ESG 披露质量导致对 ESG 表现的误判，进一步采用彭博 ESG 评分和商道融绿 ESG 评级数据作为关键解释变量，重新估计模型（1），结论保持不变。

2. 专利申请方式

在基准回归中，被解释变量为上市公司独立申请的专利数量。然而，ESG 表现的提高不仅有助于提升上市公司自身的创新能力，还可以提高其资源整合能力，协调内外部资源展开联合创新。为验证这一可能，采用上市公司联合申请的专利数量作为被解释变量。结论与基准回归一致。

3. 样本选择问题

由于企业的创新决策或创新难度等，样本中存在相当比例的上市公司专利申请数量为 0，如果简单剔除这一部分样本，则无法估计 ESG 表现是否提高企业研发成功概率，实现专利产出从 0 到有的突破。相关文献的常见做法是将专利数量加 1 后取对数（陈德球等，2021；黄远浙等，2021），这一做法仍未解决被解释变量在 0 上集中分布的问题。本文采用 Heckman 样本选择模型，具体来说，估计以下模型：

$$\begin{cases} P(y_{i,t+1}=1) = F(\alpha_0 + \alpha_1 ESG_{i,t} + \alpha_2 Control_{i,t}) \\ Innovation_{i,t+1} = \beta_0 + \beta_1 ESG_{i,t} + \beta_2 Control_{i,t} + INDUSTRY \\ \qquad\qquad\qquad + YEAR + \varepsilon_{i,t}, y_{i,t+1}=1 \end{cases} \quad (3)$$

其中，$y_{i,\,t+1}$ 表示上市公司在 $t+1$ 年是否存在创新产出，分别设置 3 个虚拟变量 *Patent_D*、*Invention*1_*D*、*Invention*2_*D*，以此表示模型（1）中引入的 3 个被解释变量 *Patent*、*Invention*1、*Invention*2 是否为 0。$F(\cdot)$ 表示概率分布函数。为保证估计效率，应在第一阶段回归的控制变量中引入至少一个不包含在第二阶段回归中的变量，因此在第一阶段回归加入上市公司是否存在 R&D 支出的虚拟变量（*RD*）。结果表明 ESG 的系数无论是在第一阶段回归还是在第二阶段回归均显著为正，表明 ESG 不仅有助于提高企业的创新产出水平，还可以提高企业研发成功的概率。

4. 重新考虑滞后效应

在基准回归中，被解释变量为前置一期的企业专利申请数量。然而，不排除有部分进度更快或更慢的创新项目，ESG 对不同项目的影响也存在差异。进

一步将第 t 年与 $t+1$ 年和 $t+2$ 年的专利申请数据分别取权重 0.3、0.4、0.3，求加权平均后加 1 再取自然对数作为被解释变量，并重新估计模型（1），结论保持不变。①

五、异质性检验

（一）关于企业规模的异质性

企业规模是影响企业创新能力的重要因素。大企业具有资金、人员、技术储备等优势，创新能力较强，但也存在机构、人员冗余等问题，创新积极性和创新效率较低。而中小企业创新则更多受制于融资约束。尽管具有较高的创新意愿和效率，然而由于融资难等，中小企业普遍研发投入不足。ESG 水平的提升，一方面，有助于改善中小企业的融资约束水平；另一方面，也有助于吸引有社会责任的创新型人才，改善大型企业的人力资本结构，提高创新效率。将企业规模最小的 30% 的上市公司定义为小型企业，将企业规模最大的 30% 的上市公司定义为大型企业，重新估计模型（1）。结果显示：当被解释变量为 3 种专利数量之和时，小型企业 ESG 系数为 0.143，大型企业 ESG 系数为 0.217，且均在 1% 的水平上显著。被解释变量替换为发明专利申请数量、被最终授权的发明专利数量时，这一差异仍然显著。因此，我们认为随着企业规模的提升，ESG 对企业创新能力的促进作用变得更加明显。

一个可能的解释是，受上市条件的限制，满足 A 股上市条件的公司本身至少具有一定规模，且具有较好的盈利能力和现金流。相较于一般中小型企业，此类上市公司具备综合利用多种融资渠道的条件，受融资约束的可能性较小。相应地，ESG 建设则可以缓解大型企业的委托代理问题，通过 ESG 激发员工的组织认同感和满意度，可以让员工更加积极地投入到企业创新中。借助 ESG 建立的负责任的社会形象，上市公司也得以吸引一批有责任意识的高素质人才，改善人力资本结构，提升企业创新效率。

---

① 所有稳健性检验结果因篇幅所限未在文中汇报，读者可向作者索取。

（二）关于产权属性的异质性

企业产权属性也可能对 ESG 与企业创新的关系产生影响。基于政治视角，国有企业普遍受到严格的政府管控，并承担相当的社会责任，具有经济与政治双重属性。随着可持续发展需求日益受到重视，国有企业也成为政府推动高质量发展的重要工具。因此，与民营企业相比，国有企业可能会受到更严格的环境规制压力和市场监督，本文进一步探讨产权属性对 ESG 和企业创新关系的影响。不同于民营企业，得益于政府的隐性担保，国有企业在企业创新中较少遇到融资约束等问题，ESG 对国有企业财务状况的影响有限。然而，国有企业普遍存在更严重的委托代理问题，创新项目具有较高的沉没成本和研发失败的可能性，出于自身晋升压力和政治因素等考虑，管理层承担创新风险的意愿不强。ESG 可以改善国有企业治理结构，提高管理层的风险承担意愿。同时，作为对公众绿色发展需求的回应，近年来，对政府工作人员的考核也由经济发展这一单一目标逐渐转变为经济社会发展的综合考量。国有企业的 ESG 表现提高，一定程度上有助于冲抵创新失败带来的经济影响，为国有企业营造一个更为宽松的创新环境。

按照实际控制人的产权属性，将样本企业划分为国有企业和民营企业，并重新估计基准模型。结果显示：当被解释变量为 3 种专利申请数量之和时，国有企业的 ESG 系数显著高于民营企业（0.196 vs. 0.172），且在将被解释变量替换为发明专利申请数量和最终被授予的发明专利申请数量后，这一差异仍然显著。因此认为，ESG 对国有企业的创新水平具有更显著的促进作用。可能的解释是，面对激烈的市场竞争，为维持竞争优势，民营企业本身具有较高的创新意愿（Lin et al., 2021）。而区别于一般中小民营企业，A 股上市公司也可以综合利用股权和债券融资等方式获得必要的资金支持，ESG 对民营上市公司创新水平的影响有限。相对地，ESG 可以改善国有企业的委托代理问题。尤其是近年来，对政府官员的考核由经济发展这一单一标准逐渐转为综合考虑经济社会发展。国有企业的 ESG 表现提高，可以为国有企业营造一个宽松的创新环境，促进国有企业创新。[①]

[①] 受篇幅限制，全部异质性检验结果未予显示，读者可向作者索取。

六、机制检验

（一）融资约束机制

融资约束是企业创新的关键阻碍因素之一。ESG 建设本质上是将企业经营目标由经济利润最大化转移到兼顾经济与社会价值，有助于上市公司赢得金融机构等的信任，获得企业创新必需的金融资源。参考 Hadlock & Pierce（2010）、鞠晓生等（2013），采用 SA 指数作为融资约束的代理指标（SA）。此外，融资成本直接反映了企业是否面临融资难、融资贵等问题，同时采用企业财务费用/总负债（$Interest$）作为融资约束程度的替代变量，分析 ESG 对企业融资约束的影响。

已有大量文献验证了融资约束对于企业创新的影响（Brown and Floros，2012；Amore et al.，2013），因此，本文仅报告 ESG 对融资约束的影响。结果如表 4 所示，当被解释变量为 SA 指数时，ESG 系数在 1% 水平上显著为负；将 SA 指数前置一期，结果不变。将被解释变量替换为融资成本后，这一结论仍未改变，假说 2 得到验证。

表 4 机制检验：融资约束机制

变量	（1）SA_t	（2）SA_{t+1}	（3）$Interest_t$	（4）$Interest_{t+1}$
ESG	−0.00520*** (0.000639)	−0.00517*** (0.000728)	−0.000610** (0.000301)	−0.000685** (0.000320)
控制变量	YES	YES	YES	YES
Year	YES	YES	YES	YES
Industry	YES	YES	YES	YES
N	27026	22088	27026	22088
Adj R^2	0.829	0.824	0.501	0.436

（二）创新效率机制

缓解上市公司委托代理问题，提高员工福利和创新积极性，从而提高企业创新效率是 ESG 推动企业创新的又一重要影响机制。依托 ESG 构建社会责任形象，企业可以吸引一批具有公共意识的高素质人才，提高企业的人力资本水平。在异质性分析中，发现尽管大规模企业和国有企业面临融资约束的可能性相对较小，ESG 仍有效提高此类企业的创新水平，创新效率机制可能在其中发挥了关键作用，本文进一步分析 ESG 对企业创新效率的影响。

由于创新效率对最终创新产出规模的影响显而易见，表 5 仅报告了 ESG 对创新效率的结果。表 5 中，(1)、(2)、(3) 这 3 列参考 Tsang et al.（2021）采用 3 种专利申请数量之和，发明专利申请数量和被授权的发明专利申请数量除以公司员工数量（单位：千人）作为创新效率的代理变量（$Patent\_P$，$Invention1\_P$，$Invention2\_P$）。为避免简单创新投入增加导致的创新产出增加，进一步控制了企业对数化 R&D 支出。表 5 中，(1) 这一列显示 ESG 系数在 1% 水平上显著为正。尽管企业创新需要各部门的协调配合，然而创新主要依赖于企业的研发人员素质，进一步采用 3 种专利数据除以公司研发人员数量（$Patent\_R\&D$，$Invention1\_R\&D$，$Invention2\_R\&D$），结论保持不变，说明 ESG 可以有效提高企业创新效率，假说 3 得到验证。

表 5 机制检验：创新效率机制

变量	(1) $Patent\_P$	(2) $Invention1\_P$	(3) $Invention2\_P$	(4) $Patent\_R\&D$	(5) $Invention1\_R\&D$	(6) $Invention2\_R\&D$
ESG	0.478*** (0.183)	0.293*** (0.079)	0.366 (0.310)	7.590*** (1.455)	4.576*** (0.546)	8.017*** (2.867)
控制变量	YES	YES	YES	YES	YES	YES
Year	YES	YES	YES	YES	YES	YES
Industry	YES	YES	YES	YES	YES	YES
N	17407	17407	14235	10776	10776	8577
$Adj\ R^2$	0.0962	0.103	0.0783	0.0716	0.0599	0.0853

（三）风险承担机制

ESG 建设有助于缓解企业所有者与管理者、内部人与外部人之间的委托代理关系，为企业创造一个更为宽松的创新环境，提高企业的风险承担意愿，从而促进企业创新。异质性检验中，ESG 对国有企业创新促进效应更为显著，也一定程度上验证了这一可能。国有企业管理层自身具有较为浓厚的政治属性，为避免创新失败可能带来的政治影响和晋升壁垒，管理层涉足高风险的创新项目意愿不足。ESG 可能在解决这一问题中发挥效应，随着可持续发展需求日益受到重视，对政府官员的考核也逐渐由单一的经济标准逐渐转变为经济、社会协调发展的多重考量。ESG 建设一定程度上可冲抵创新失败带来的政治、经济影响，相应地，管理层也得以借助创新等风险投资实现较为长期的发展目标，实现经济、社会价值的统一。本文进一步探讨 ESG 对企业风险承担水平的影响。

既有文献中多采用会计盈利或股票收益波动率来衡量企业风险承担水平（沈昊旻等，2021；郑志刚等，2022），其内在逻辑为：当企业风险承担水平较高时，反映在财务指标上，则表现为较高的盈利或股票收益波动性。然而，这一逻辑在本文的研究问题上并不成立，其原因在于：ESG 建设有助于企业赢得利益相关者的信任，构建长期稳定的商业合作关系并降低商业风险。因此，即使 ESG 提高了企业的风险承担水平，也并不必然带来更高的盈余或股价波动性。借鉴朱焱和王广（2017），分别采用企业 R&D 支出占总资产百分比（*RiskTake*1），对数化人均 R&D 支出（*RiskTake*2）和研发人员占总职工人数比例（*RiskTake*3）衡量企业对风险项目的投入水平，表 6 显示 ESG 系数均显著为正，因此认为，ESG 提高了企业的风险承担水平，假说 4 得到验证。

表 6 机制检验：风险承担机制

变量	（1） *RiskTake*1	（2） *RiskTake*2	（3） *RiskTake*3
ESG	0.0271*（0.0144）	0.0880***（0.00826）	0.332***（0.105）
控制变量	YES	YES	YES
Year	YES	YES	YES
Industry	YES	YES	YES
N	18113	18107	8720
Adj R²	0.295	0.394	0.489

七、拓展分析

（一）ESG 与企业创新质量

一般认为，发明专利较其他专利具有更高的原创性和创新质量，因此在基准回归中单独使用了发明专利申请数量初步考察了 ESG 与企业创新质量的关系。然而，专利数量并不等同于创新质量，发明专利数量无法将突破式创新从一般意义的"增量创新"中区分出来。部分突破性的专利不仅可能给企业的长期发展带来重大机遇，还可能对市场结构、消费方式产生深远影响，并引发相关行业的深度变革。因此，相较于创新数量，ESG 与创新质量的关系是更加重要的问题。借鉴 Mao and Zhang（2018），本文首先采用公司当年申请的专利引用数量（$Citation1$）来衡量创新质量。表 7 所示的 PanelA 中的 $Citation1$ 这一列给出了这一结果，可以看到 ESG 系数为 24.059，且在 1% 的水平上显著，初步证明了 ESG 对企业创新质量的促进作用。

值得强调的是，专利引用数量存在"截断"问题（Tsang et al.，2021），即授权年份越早的专利引用数量越可能偏大。为解决这些问题，采取以下两种办法。第一种办法，将上市公司专利引用数量扣除当年行业平均后，除以行业均值进行去量纲化处理，得到标准化的引用数量（$Citation2$）作为被解释变量。第二种办法，借鉴 Akcigit et al.（2016），采用知识宽度（$Width$）作为创新质量的代理变量。具体地，国家专利产权局 IPC 分类号的格式为"部－大类－小类－大组－小组"，同一专利可以有多个分类号。本文采用大组层面的赫芬达尔－赫希曼指数作为专利知识宽度（$Width$），该指标越大说明专利包含的学科知识领域范围越大越复杂。在此基础上，计算当年申请发明专利的知识宽度均值。表 7 中的相关结果显示 ESG 系数仍然显著为正，因此可以认为 ESG 有效提升了企业的创新质量。

表 7　拓展分析

Panel A: ESG 与创新质量			
变量	$Citation1$	$Citation2$	$Width$
ESG	24.059*** (7.497)	0.148*** (0.0233)	0.00255* (0.00150)

续表

Panel B: ESG 不确定性与企业创新			
变量	*Patent*	*Invention*1	*Invention*2
ESG × *ESG_Std*	-0.395*** (0.0720)	-0.276*** (0.0619)	0.00124 (0.0650)
ESG	0.305*** (15.056)	0.236*** (13.558)	0.0994*** (5.430)
ESG_Std	1.870*** (5.831)	1.260*** (4.668)	-0.0901 (-0.311)

（二）ESG 不确定性与企业创新

近年来，越来越多的上市公司开始披露 ESG 信息。然而，由于缺少标准化、强制性 ESG 披露制度，ESG 信息披露内容和口径尚未有统一标准，相关市场监管的缺位导致部分企业有可能夸大自身的 ESG 表现。部分评级机构也可能不同程度地被误导，从而给出有差异的评级，导致上市公司 ESG 评级存在不确定性。Avramov et al.（2022）指出，ESG 评级不确定性将导致投资者对绿色证券的投资需求和风险容忍度降低，风险溢价上升，并对公司的日常经营产生影响。ESG 对上市公司创新水平的促进作用是否受其不确定性影响？本文对这一问题展开进一步分析。

研究过程中尝试用华证、Bloomberg、商道融绿、MSCI 和 Wind 5 个 ESG 评级数据构建 ESG 不确定性指标。由于不同评级数据存在量纲和覆盖范围的差异，为在保证样本量的同时保持不同评级间的可比性，参考 Avramov et al.（2022）的方法完成指标构建。首先，选择两组评级数据，并筛选出共同覆盖的上市公司，按照不同年份排序，同时计算其在当年样本中的分位数。其次，计算同一公司在不同评级下的分位数标准差。最后，重复步骤一和步骤二，依次计算 5 组评级数据共 10 个组合的标准差，求平均数后得到 ESG 不确定性指标（*ESG_Std*）。由此，建立计量模型如下：

$$Innovation_{i,t+1} = \beta_0 + \beta_1 ESG \times ESG\_Std_{i,t} + \beta_2 ESG\_Std_{i,t} + \beta_3 Control_{i,t} + INDUSTRY + YEAR + \varepsilon_{i,t} \tag{4}$$

表 7 所示的 Panel B 显示，当被解释变量为上述 3 种专利申请数量之和时，*ESG* 与 *ESG_Std* 交乘项的系数为 -0.395，且在 1% 的水平上显著，表明 ESG 不确定性将削弱 ESG 对上市公司创新水平的促进作用，且在被解释变量替换为发明专利申请、授权数量时仍保持不变。

八、结论与政策建议

近年来，随着可持续发展需求日益受到重视，公司的 ESG 表现也吸引了包括政府、公众和其他关联利益方的广泛关注，并对企业的日常经营产生了不可忽略的影响。企业 ESG 表现是否影响企业创新水平？这种影响是否随企业特征不同而体现出异质性？基于 2009—2020 年 A 股上市公司专利数据，本文探讨了企业 ESG 表现与创新产出的关系及相应影响机制。研究发现有以下几点。首先，ESG 可以有效提高上市公司创新产出水平，这一促进作用在大型企业和国有企业中更加显著。其次，ESG 建设主要通过缓解上市公司融资约束、提升员工创新效率和企业风险承担 3 种机制影响企业创新水平，其原因在于 ESG 建设向利益相关者传递了负责任的社会形象信息，有助于增进信任、化解关联利益网络中的委托代理冲突、获得支持企业创新的关键资源。再次，ESG 不仅可以推动上市公司创新产出数量的增加，还有效提高了创新质量，即对上市公司创新起到"增量提质"的双重作用。最后，ESG 不确定性会削弱 ESG 对上市公司创新的促进作用。基于这些结论，特提出以下建议。

第一，鼓励企业承担社会责任，积极引导上市公司 ESG 投资。近年来，随着可持续发展需求日益受到重视，企业 ESG 投资行为也成为投资者关注的焦点问题。研究表明，ESG 建设有助于构建负责任的社会形象，在困境中凝聚信任，推动企业创新。加强企业社会责任承担和信息披露，既是企业整合内外部资源、助力企业高质量发展的需要，也是对于公众日益增长的可持续发展需求的回应。为实现这一目标，监管部门应将 ESG 纳入推动企业履行社会责任投资的重点工作，将 ESG 原则纳入国有企业考核标准，构建多元化的评价标准，允许甚至鼓励企业，尤其是国有企业在承担社会责任的同时进行适当的风险承担，进一步释放 ESG 的创新效能，形成以国有企业为引领、民营资本广泛参与的发展动能，助力经济高质量、可持续发展。

第二，鼓励对具有 ESG 优势的企业进行适当政策倾斜，化解企业融资、人才等资源约束，引导企业转社会责任优势为创新优势，推动企业创新"增量提质"。由于创新项目投资周期长、沉没成本和风险高等特点，利益相关者对企业的风险容忍度有限，创新企业通常面临较严重的融资约束和风险承担不足问题。同时，企业创新高度依赖于核心员工的专业知识水平和创新能力，由于信息不对称和不完美合同等问题的存在，如何激励员工创新积极性是企业创新成功与否的关键因素。为缓解企业融资、人才资源约束，可以推动金融机构对具有ESG优势的企业进行适当倾斜，鼓励开发绿色债券、可持续债券等支持绿色企业和项目融资，构建资本市场发展新生态，为企业风险承担解决资源约束；进一步优化绿色企业创新导向减税政策，降低绿色企业人工成本，加速人力资本积累，转绿色优势为人才优势。

第三，加快构建ESG信息披露的标准化和强制披露制度，加强行业监管，提高上市公司ESG披露信息质量。目前对上市公司的ESG信息披露要求多以自愿为主，且在披露内容、口径等方面缺乏统一标准，ESG报告真实性和时效性也无法保障。尽管越来越多的上市公司开始披露ESG信息，然而上市公司有动机夸大自身的ESG表现，或进行虚假陈述，企业ESG表现存在较大不确定性，表现在不同评级机构对上市公司ESG评级无法达成统一意见。研究发现，评级不确定性将削弱ESG对企业创新的促进作用。一方面，加快构建ESG信息强制披露制度，加强市场监管，引入公正权威的评级机构，是对投资者绿色偏好的回应；另一方面，完善的披露制度和行业监管也可以为企业的ESG信息披露质量背书，进一步释放ESG红利，是改善资本市场信息环境、提高资本市场资源配置效率、促进上市公司高质量发展的必要手段。

参考文献

[1] 陈德球，孙颖，王丹. 关系网络嵌入、联合创业投资与企业创新效率[J]. 经济研究，2021（11）.

[2] 蔡庆丰，陈熠辉，林焜. 信贷资源可得性与企业创新：激励还是抑制？——基于银行网点数据和金融地理结构的微观证据[J]. 经济研究，2020（10）.

[3] 方先明，那晋领. 创业板上市公司绿色创新溢酬研究[J]. 经济研究，2020（10）.

[4] 郝项超，梁琪.《非高管股权激励与企业创新：公平理论视角[J]. 金融研究，2022（3）.

[5] 黄远浙，钟昌标，叶劲松，等. 跨国投资与创新绩效——基于对外投资广度和深度视角的分析[J]. 经济研究，2021（1）.

[6] 鞠晓生，卢荻，虞义华.融资约束、营运资本管理与企业创新可持续性［J］.经济研究，2013（1）.

[7] 孟庆斌，李昕宇，张鹏.员工持股计划能够促进企业创新吗？——基于企业员工视角的经验证据［J］.管理世界，2019（11）.

[8] 马文杰，胡玥.地区碳达峰压力与企业绿色技术创新——基于碳排放增速的研究［J］.会计与经济研究，2022（4）.

[9] 沈昊旻，程小可，宛晴.对华反倾销抑制了企业创新行为吗［J］.财贸经济，2021（4）.

[10] 宋科，徐蕾，李振，等.ESG投资能够促进银行创造流动性吗？——兼论经济政策不确定性的调节效应［J］.金融研究，2022（2）.

[11] 王双进，田原，党莉莉.工业企业ESG责任履行、竞争战略与财务绩效［J］.会计研究，2022（3）.

[12] 谢红军，吕雪.负责任的国际投资：ESG与中国OFDI［J］.经济研究，2022（3）.

[13] 虞义华，赵奇锋，鞠晓生.发明家高管与企业创新［J］.中国工业经济，2018（3）.

[14] 朱焱，王广.技术型高管权力与非技术型高管权力对企业绩效的影响——来自中国A股上市高新技术企业的实证检验［J］.会计研究，2017（12）.

[15] 郑志刚，李邈，金天，等.有限合伙协议构架与上市公司治理［J］.管理世界，2022（7）.

[16] 郑志刚，朱光顺，李倩，等.双重股权结构、日落条款与企业创新——来自美国中概股企业的证据［J］.经济研究，2021（12）.

[17] Avramov D, S Cheng, A Lioui, and A Tarelli. Sustainable Investing with ESG Rating Uncertainty［J］. Journal of Financial Economics, 2022, 145（2）, 642–667.

[18] Amore M D, C Schneider, and A Zaldokas. Credit Supply and Corporate Innovation［J］. Journal of Financial Economics, 2013, 109（3）, 835–855.

[19] Akcigit U, S Baslandze, and S Stantcheva. Taxation and the International Mobility of Inventors［J］. American Economic Review, 2016, 106（10）, 2930–2981.

[20] Brown J R, and I V Floros. Access to Private Equity and Real Firm Activity: Evidence from PIPEs［J］. Journal of Corporate Finance, 2012, 18（1）, 151–165.

[21] Benabou R, and J Tirole. Individual and Corporate Social Responsibility [J]. Economica, 2010, 77 (305), 1-19.

[22] Banker R D, S Y Lee, G Potter, and D Srinivasan. An Empirical Analysis of Continuing Improvements following the Implementation of a Performance based Compensation Plan [J]. Journal of Account and Economics, 2000, 30 (3), 315-350.

[23] Breuer W, T Müller, D Rosenbach, and A Salzmann. Corporate Social Responsibility, Investor Protection, and Cost of Equity: A Cross-country Comparison [J]. Journal of Banking & Finance, 2018, 96, 34-55.

[24] Christensen D M, G Serafeim, and A Sikochi. Why is Corporate Virtue in the Eye of the Beholder? The Case of ESG Ratings [J]. Accounting Review, 2022, 97 (1), 147-175.

[25] Chang X, K K Fu, A Low, and W R Zhang. Non-executive Employee Stock Options and Corporate Innovation [J]. Journal of Financial Economics, 2015, 115 (1), 168-188.

[26] Donaldson T, and L Preston. The Stakeholder Theory of Corporation: Concepts, Evidence, and Implications [J]. Academy of Management Review, 1995, 20, 65-91.

[27] Flammer C. Competing for Government Procurement Contracts: The Role of Corporate Social Responsibility [J]. Strategic Management Journal, 2018, 39 (5), 1299-1324.

[28] Guo C, W H Su, X B Song, and X X Hu. Heterogeneous Debt Financing and Environmental Research & Development: Evidence from China [J]. International Review of Economics & Finance, 2022, 82, 65-81.

[29] Gormley T A, and D A Matas. Common Errors: How to (and Not to) Control for Unobserved Heterogeneity [J]. Review of Financial Studies, 2014, 27 (2), 617-661.

[30] Hadlock C J, and J R Pierce. New Evidence on Measuring Financial Constraints: Moving Beyond the KZ Index [J]. Review of Financial Studies, 2010, 23 (5), 1909-1940.

[31] Huang D Z X. Environmental, Social and Governance Factors and Assessing Firm Value: Valuation, Signaling and Stakeholder Perspectives [J]. Accounting and Finance, 2022, 62, 1983-2010.

[32] Houston J F, and H Y Shan. Corporate ESG Profiles and Banking Relationships [J]. Review of Finance, 2022, 35 (7), 3373-3417.

[33] He J, J K Huang, and S Zhao. Internalizing Governance Externalities: The Role of Institutional Cross-ownership [J]. Journal of Financial Economics, 2019, 134 (2), 400-418.

[34] Kim S, H Lee, and J Kim. Divergent Effects of External Financing on Technology Innovation Activity: Korean Evidence [J]. Technological Forecasting and Social Change, 2016, 106, 22-30.

[35] Lin Y J, X Q Fu, and X L Fu. Varieties in State Capitalism and Corporate Innovation: Evidence from an Emerging Economy [J]. Journal of Corporate Finance, 2021, 67, 101919.

[36] Mao C X, and C Zhang. Managerial Risk-Taking Incentive and Firm Innovation: Evidence from FAS 123R [J]. Journal of Financial and Quantitative Analysis, 2018, 53 (2), 867-898.

[37] Rezaee Z, and L Tuo. Are the Quantity and Quality of Sustainability Disclosures Associated with the Innate and Discretionary Earnings Quality? [J]. Journal of Business Ethics, 2019, 155 (3), 763-786.

[38] Tsang A, K T Wang, S M Liu, and L Yu. Integrating Corporate Social Responsibility Criteria into Executive Compensation and Firm Innovation: International Evidence [J]. Journal of Corporate Finance, 2021, 70, 102070.

[39] Zhang D Y, and B M Lucey. Sustainable Behaviors and Firm Performance: The Role of Financial Constraints' Alleviation [J]. Economic Analysis and Policy, 2022, 74, 220-233.

[40] Zuo Y, S Y Jiang, and J Wei. Can Corporate Social Responsibility Mitigate the Liability of Newness? Evidence from China [J]. Small Business Economics, 2022, 59, 573-592.

企业社会责任报告特质信息含量的信号效应研究[1]
——基于自然语言处理技术的分析

李四海[2]　李震[3]

摘要：社会责任报告是企业宣示自身社会价值的主要渠道，但其决策价值尚未受到投资者的足够重视。本文结合自然语言处理技术，从中提取出衡量企业社会责任关注和行动情况的客观指标——特质信息含量，特质信息含量越高的社会责任报告意味着披露主体更积极关注社会责任并付诸具体行动。在自愿性选择情境下，当前对社会责任非生产经营性活动的关注可能反映出企业内部对生产性活动具有的乐观预期。研究发现，社会责任报告特质信息含量越高的企业未来经营业绩越好，验证了社会责任报告特质信息含量具有的信号效应。基于以上结论，以社会责任报告特质信息含量构建的若干对冲组合均获得了显著的超额回报。进一步研究发现，定性特质信息与定量特质信息的比例适当匹配时，特质信息含量对未来业绩有更强的信号效应。同时，本文针对社会责任报告"报喜不报忧"这一鲜明特征进行分析，发现积极的语调没有传递出未来积极的业绩信号；相反，语调可能成为管理层廉价的操纵工具。本文从信号效应视角丰富了社会责任报告信息含量的研究，提供了

---

[1] 基金项目：国家自然科学基金面上项目"高管职场晋升经历与企业决策行为：基于行为经济学跨期选择理论研究"（72072183）；教育部人文社会科学研究青年项目"CEO职场晋升经历与跨期财务决策——基于行为经济学跨期选择理论研究"（20YJC630063）；中央高校基本科研业务费跨学科交叉融通创新研究项目"碳排放交易对我国乡村振兴的影响机理、效应及对策研究"（2722023AK003）。

[2] 李四海，中南财经政法大学会计学院教授，滇西应用技术大学管理学院特聘教授，管理学博士，博士研究生导师。

[3] 李震，中南财经政法大学会计学院硕士研究生。

新的投资策略，拓展了社会责任报告决策有用性研究，有助于提升资本市场的资源配置效率，对当前社会责任信息披露制度建设具有启示意义。

关键词：企业社会责任报告；信号效应；特质信息；陈词滥调

来源：《中国工业经济》2023年第1期

一、引言

企业作为社会生产的主要组织形式，其合规性与社会责任承担愈加受到社会各界的关注。在政府及非营利性社会组织的持续催化作用下，越来越多企业披露独立的社会责任报告且其内容量也日渐丰富。作为典型的非财务信息，社会责任报告能够传达企业在公司治理、员工权益、产品质量、环境保护和社区贡献等多方面的信息，起到与财务信息补充、接合和交叉验证的作用。但是，与财务报告信息披露显著不同，企业社会责任报告缺少统一执行的披露框架和审计监督等有效的制度约束。尽管我国存在强制性披露规定，但政策未设置必要的报告要素或最低的社会责任支出门槛。就披露内容而言，企业仍保留较大的自由裁量权。从披露的实际情况看，企业社会责任报告出现了严重同质化等问题，导致其决策价值并未随着数量的增长得到投资者的足够重视。已有文献研究表明，企业社会责任报告可以起到改善资本市场信息环境（王艳艳等，2014）、获得权益融资机会并降低融资成本（何贤杰等，2012；李姝等，2013）等作用，但也可能成为掩盖企业经营问题的工具（黄艺翔和姚铮，2016），强化管理层的"捂盘"行为进而增大股价崩盘风险（田利辉和王可第，2017），说明社会责任信息披露决策具有复杂性和多变性的特点。尽管如此，目前少有研究为企业社会责任报告文本的信息解读和投资者决策利用提供具体的分析思路。

合法性是处于特定制度环境下的组织行为被认为是适当或可取的状态（Suchman，1995）。在一定社会环境中，政府作为公众利益的代表能够赋予某一组织合法性，而政府出台的各项法律法规规定着组织获得合法性的行为方式（Dai et al.，2018）。因此，社会责任报告不仅仅是企业对报告期社会责任承担情况的自我总结，还关乎企业的合法性和合规性身份。另外，社会责任信息披露具有较大的自由裁量权，社会责任行动薄弱的企业可以通过披露理念性内容或各种口号规避合法性风险和应规成本（Chen and Roberts，2010）。然而，这种披露内容具有普遍适用性，难以向外界提供企业承担社会责任的细节信息和量化指标，这也就解释了为何企业社会责任报告出现同质化倾向。基于社会责任实践的客观叙述体现出企业对社会责任的关注和实际践行，这类信息是适用于企业自身的特质信息，包括行动具体的时间、地点、参与组织和人物以及量化指标等，其他企业难以低成本模仿。因此，社会责任报告中关于企业与各利益相关者互动的特质性信息可能构成判断企业在报告期内对社会责任关注与实践情况的重要参考标准。基于这一思路，本文应用自然语言处理技术从企业社会责任报告中提取出反映披露主体社会责任参与的客观指标——特质信息含量，对其包含的信息含量和投资决策价值展开分析。

不同于生产经营性投资，社会责任活动与核心经营业务并不直接相关，允许管理层根据实际情况调整投资水平。在自愿性选择情景下，企业作为理性经济组织，积极关注社会责任之类的非生产活动并付诸行动本身可能就是企业内部对自身生产经营性活动前景乐观的一种释放。企业社会责任具体行动越丰富，社会责任报告特质信息含量越高，可能反映出企业未来生产经营相关的内部信息。本文实证检验发现，社会责任报告特质信息含量与企业未来经营业绩显著正相关，可以作为企业未来经营业绩乐观的积极信号。该结论在经过稳健性检验和内生性处理后依然保持稳健。此外，该信号效应具有现金分红和管理层业绩预告以外的增量信息。特别地，本文还针对社会责任报告的同质化现象设计出陈词滥调程度指标。陈词滥调程度越高，表示企业对社会责任信息披露的规避性态度越强烈，从而对反映实际行动的特质信息产生更强的挤出效应（Christensen et al., 2021）。实证分析发现，陈词滥调程度与特质信息含量存在显著的负相关关系，而且陈词滥调程度与未来的经营绩效呈显著负相关，侧面印证了本文的分析逻辑。本文基于特质信息含量构造的对冲策略可获得显著为正的超额回报，并且在财务信息质量较低时可以获得的超额回报更高。该结果说明，市场并未充分理解企业社会责任报告的决策价值，而且非财务的社会责任信息可以在财务信息质量不佳时为投资者提供更多决策支持。同时，本文研究了企业社会责任报告特质信息类型与信号效应强度的关系，发现当定性特质信息（包括文本形式的时间、地点、参与组织和人物信息）与定量特质信息（各类量化指标）的比例适当匹配时，特质信息含量对未来业绩具有更强的信号效应。此外，针对"报喜不报忧"这一企业社会责任报告的鲜明特征，本文对报告情感的信息含量进行分析。研究发现，积极的报告情感并没有传递出未来积极的经营业绩，特质信息含量高的报告情感更平和，反而是同质化的报告情感更加积极，从侧面反映社会责任报告语调在一定程度上受到管理层的操纵，企业社会责任报告文本信息的理解依然需要坚持"内容为王"原则。

  本文的边际贡献可能体现在以下几个方面。①企业社会责任行动缺少权威的统一性指标进行界定和度量，以往研究大多以第三方评级机构的主观评分为研究基础（顾雷雷等，2020），而已有关于社会责任报告的研究也局限于文本特征和呈报风格等方面（Muslu et al.，2019；Du and Yu，2021；Wang et al.，2021），缺乏从报告的叙述性特征中挖掘企业社会责任具体行动信息的研究。本文结合自然语言处理技术从社会责任报告中提取出度量企业社会责任具体行动情况的客观指标——特质信息含量，发现社会责任报告特质信息含量可以作为企业未来业绩的信号，并且该信号具有现金分红和管理层业绩预告以外的增量信息价值，丰富拓展了企业社会责任报告信息含量的相关研究。②基于社会责任报告特质信息含量提供了新的投资策略，并发现市场参与者未充分理解社会责任报告所包含的信息及其决策价值，研究结论对于降低投资者的信息成本、提高市场资源配置效率具有重要的现实意义。③研究表明，企业社会责任报告中的定性特质信息与定量特质信息的比例结构对信息价值具有影响，单纯地披露更多"陈年旧事"或者无叙事情景的量化指标都可能影响信息质量，比例结构适中的两类特质信息能够更好地反映企业对社会责任事业的关注与投入。④证实了企业社会责任报告的解读应坚持"内容为王"原则，报告的积极语调并没有传递出积极的信号，语调可能沦为内部人操纵社会责任信息的低成本工具，特质信息的内容才具有信息沟通价值与决策有用性，积极的语调与陈词滥调的内容仅仅具有合法性符号意义。这对当前社会责任信息披露制度建设具有启示意义。

  本文结构安排如下：第一部分是引言；第二部分是文献回顾和研究假说；第三部分是研究设计；第四部分是实证结果分析；第五部分是进一步研究；最后是全文的结论与启示。

二、文献回顾与研究假说

就目前的社会责任概念框架而言，无论是针对不同主体（如员工、供应商、社区等）的社会责任行为还是不同范畴的社会责任内容（如经济责任、法律责任、伦理责任等），都缺少权威的统一性指标的界定和度量。以往研究多以第三方评级机构（如润灵环球、和讯网）的评分来衡量企业社会责任履行状况（顾雷雷等，2020），但不同机构的评级流程和结果之间存在主观性等固有差异，而且评级依据仍依赖于企业披露的社会责任报告，详细的报告文本可能为投资者提供理解这些汇总评级所需的额外信息（Dhaliwal et al.，2011）。延伸至社会责任报告文本的研究，文献更多地追随财务报告文本领域的研究，财务报告文本领域研究的文本特征如可读性（Du and Yu，2021）、语调（Muslu et al.，2019）和呈报风格（Wang et al.，2021）等在研究社会责任报告的文献中均有体现。与传统的财务报告相比，社会责任报告在很多方面存在显著的差异。首先，财务报告是强制且可验证的，是通过包括外部审计、诉讼监督和专门机构监管在内的制度和流程强制执行的信息产物，但企业社会责任报告在很大程度上是自愿的，并且没有广泛执行的报告框架（Du and Yu，2021），导致报告内容在横向或纵向对比之间存在显著差异。其次，对于社会责任报告这种叙述性信息（张秀敏等，2019），其非量化文本信息之间的差异不仅客观存在且至关重要，而已有研究主要关注披露的量化指标（Clarkson et al.，2008；Muslu et al.，2019），对叙述内容翔实与内容陈词滥调的社会责任报告是否具有可待挖掘的信息价值及两种类型报告信息价值差异等问题关注不够。

2006年以来，中国证监会等监管机构陆续发布了《上市公司社会责任指引》《关于构建绿色金融体系的指导意见》等规章制度，引导企业积极披露社会责任与环境信息。然而，鉴于企业社会责任的多维性和异质性，监管机构不得不在规则制定中保留一定的自由裁量权使其广泛适用。相应地，在披露实践中显现的一个突出问题是，社会责任表现不佳的企业经常使用社会责任理念与口号以及"教科书"式语言模糊外界对自身社会责任履行情况的认知，达到降低合法性缺失风险等目的（Chen and Roberts，2010），但这种规避性策略与企业的实际行为层面存在脱节，导致社会责任报告内容出现了同质化现象。披露主体往往依赖高度特质化的社会责任行动信息与利益相关者实现沟通。例如，"2019年，

TCL向惠州市惠东县大岭镇万松村捐赠10万元，向四川嘉陵捐赠价值16.88万元的拼接显示屏……向贵州省毕节织金县捐赠300万元支持其修建水窖、种养殖业、危房改造等"，包括具体的时间、地点、组织和量化指标等，客观性强且难以模仿。同以慈善捐赠为例，同质化的社会责任报告则充斥着"贡献国家服务社会""与社会同发展共命运""热衷于参与慈善公益事业"等表述。然而，这些披露内容主要是与主流社会责任价值观念的同构，缺乏自身参与社会责任行动的特质性信息，难以提供披露主体履行社会责任的细节信息或量化指标，也无助于与利益相关者形成有效沟通（Robinson and Eilert, 2018）。所以，只有报告中较高的特质信息含量才能反映披露主体对社会责任的关注并付诸具体行动。当然，如果在社会责任报告中捏造虚假的行动事例，企业将承担被知情利益相关者曝光带来的负面影响。尤其是面对当今社会大众媒体及第三方评级机构的广泛监督（Clarkson et al., 2008），社会责任行动匮乏的企业无法通过披露特质性内容或大量捏造虚假事件来低成本地模仿社会责任行动积极的企业。社会责任报告特质信息含量可以构成判断企业在报告期内对社会责任事业关注与实践情况的重要参考标准。

作为经济组织，企业首要关注生产经营性活动。Preston and O'Bannon（1997）提出的资金供给假说认为，企业任何的非生产性活动都应建立在保障生产经营活动正常进行的基础之上。当面临经营困境时，企业会优先保障生产性活动的正常运行，难以为继的企业没有能力进行慈善捐赠、绿色创新等社会责任项目，企业在"做得好"的时候更可能"做的好"。在具有较高自由裁量权的情景下，管理层对企业未来发展状况的预期会影响其对社会责任之类的非生产活动的关注，企业对社会责任的关注和支持程度在一定程度上与自身未来的发展状况相关联。已有研究对此提供了大量的经验证据。Glazer and Konrad（1996）发现，企业的慈善捐赠支出体现了企业对未来经营业绩的乐观态度；Lys et al.（2015）以美国上市公司的社会责任支出为研究对象，发现企业现阶段的社会责任支出由管理层拥有未来业绩良好预期的内部信息导致；Chang et al.（2018）发现，现金捐赠与未来财务业绩呈显著正相关，但物资捐赠与未来财务业绩不相关，说明企业的捐赠意愿体现了管理层对未来业绩的预期，而且企业对捐赠标的物的选择也体现了管理层对未来业绩预期的差异。在本文的分析中，社会责任报告中的特质信息本身是社会责任行动匮乏的企业无法低成本模仿的，报告特质信息含量越高，代表披露主体对社会责任活动具有越积极的行动支持，反映出企业重视与利益相关者培养良好的社会网络。这种互动与支持虽不能带来即时的利润回报，却更能体现出企业的情怀和长远价值追求，成为企业乐观经营前景的深层次反映。所以，企业社会责任报告特质信息含量可能成为未来经营业绩的乐观信号。

相比于股利发放等信号行为，投资者对社会责任信息的关注相对较少。管理层为什么会通过社会责任报告释放关于未来的乐观信号？实际上，企业可能通过多种信号装置传递相同或不同的信号（Shapira，2012），如股利政策（Brickley，1983；Ham et al.，2020）、股票回购（Bartov，1991）等。社会责任特质信息含量的信号效应并不排除企业通过其他行为释放信号。信号效应假设并不需要管理层主动通过社会责任信息披露来表明自己对未来的乐观预期，只是社会责任信息能够传递出管理层对未来发展预期的差异（Lys et al.，2015）。根据以上分析，本文提出以下假设。

H1：社会责任报告特质信息含量可以作为企业未来业绩的信号，特质信息含量越高，企业未来经营业绩越好。

信号效应的存在需要基于自愿性情境（Spence，1973），如果企业被迫通过社会责任达到某种特定情景下的意图，社会责任报告特质信息含量的信号效应可能不复存在。负面事件的发生会对肇事企业的合法性造成严重损害。已有研究表明，积极的社会责任活动及信息披露具有"类保险"效应，可以通过建立和修复道德资本帮助企业在负面事件发生后减少损失（Anantharaman et al.，2022），企业会在遭受负面冲击后主动提高社会责任信息的披露水平以寻求合法性庇护（Deegan，2002）。基于以上研究结论，负面事件的发生会增加肇事企业的合法性需求，而此时的社会责任信息披露可能更多为合法性需求和压力所驱动，并未体现出与自身发展前景的关联性。因此，社会责任报告特质信息含量的信号效应在企业面对负面事件冲击情景下可能会消失。根据以上分析，本文提出以下假设。

H2：当企业存在负面冲击时，社会责任报告特质信息含量对未来业绩的信号效应显著弱化。

三、研究设计

（一）变量定义与模型建立

（1）特质信息含量的度量。本文实证分析的难点在于如何度量企业社会责任报告的特质信息含量。根据前文分析，社会责任报告特质信息主要体现为企业社会责任行动事例中的时间、地点、参与组织和人物以及量化指标这些特质词汇，而同质化内容并不能体现企业具体的社会责任行动。基于此，本文采用了以下指标构建流程：基于 Selenium 爬取巨潮资讯网的上市公司社会责任报告，并借助 Python 第三方模块 pdfplumber 抽取社会责任报告内容。对于规则性强的时间和数字信息，直接采用正则匹配进行提取；而地点、组织和人物等命名实体则不具有规律性，参照 Hope et al.（2016）的方法，采用命名实体识别（Named Entity Recognition，NER）模型进行提取[①]。具体地，本文基于开源机器学习平台 TensorFlow 将双向长短期记忆网络（Bi-Directional Long Short-Term Memory，BiLSTM）和条件随机场（Conditional Random Field，CRF）结合起来构建 BiLSTM-CRF 模型来识别命名实体[②]。本文采用 Jieba 模块的分词功能统计报告总词数，并将识别出的特质信息词加入自定义词典中，避免特质信息词被分词程序分割。例如，"凤凰传媒"的加入可以防止识别出"凤凰"和"传媒"的结果。另外，由于分词后形成的单独汉字不含有任何信息，本文将其排除在报告词数统计之外。最终，本文构建的特质信息含量指标（Specificity）为

$$Specificity = 各类特质信息词总频数 / 报告总词数 \tag{1}$$

（2）经营业绩变量与控制变量。本文采用已有研究中最常用的未来 1 期总资产收益率（ROA_{t+1}）与其变化值（ΔROA_{t+1}）作为经营业绩（PERF）的度量指标，并采用其他业绩指标作为补充检验。借鉴 Lys et al.（2015）的研究，本文在控制变量中加入了业绩指标的当期值（$PERF_t$）和变化值（$\Delta PERF_t$），还包

[①] 在自然语言处理中，命名实体是指具有特定意义或指代性的实体，命名实体识别则是一类基本的序列标注任务。例如，"比亚迪与西南交通大学、中欧国际商学院等顶尖学校建立校企合作关系，对人才培养方向达成共识"之中包含命名实体"比亚迪""西南交通大学"和"中欧国际商学院"。由于命名实体不具有规律性，不能采用字典法或正则匹配进行信息抽取。

[②] BiLSTM-CRF 模型不仅可以有效利用输入的前后特征，还可以使用句子级别的标签信息保证预测结果的合理性，是命名实体识别的主要算法。

括当期的公司规模（ln*size*）、负债率（*Lev*）、市账比（*MB*）、公司年龄（*Age*）、管理层持股比例（*ManShare*）、董事长与 CEO 两职兼任（*Dual*）、独立董事比例（*Outratio*）、股权制衡度（*Balance*）和行业竞争度（*HHI*）。相关变量的具体含义及说明如表 1 所示。

表 1　变量含义及说明

变量	变量含义	定义说明
Specificity	特质信息含量	各类特质信息词总频数 / 报告总词数
Specificity_ε	超额特质信息含量	公式（2）的回归残差值
ROA	总资产收益率	净利润 / 总资产
ln*size*	公司规模	账面总资产的自然对数
Lev	负债率	总负债 / 总资产
MB	市账比	市场价值 / 总资产
Age	公司年龄	公司成立年数
ManShare	管理层持股比例	管理层持股数量 / 股本总数
Dual	两职兼任	董事长与 CEO 由同一人担任时取值为 1，否则为 0
Outratio	独立董事比例	独立董事人数 / 董事总人数
Balance	股权制衡度	第二至第五大股东持股总数 / 第一大股东持股总数
HHI	行业竞争度	同行业中各企业营业收入占行业总营业收入比值的平方和
Exec	上市地点	上交所取值为 1，深交所取值为 0
CFO	经营活动现金流	经营活动现金流净额 / 总资产
Pollute	污染行业	污染行业取值为 1，否则为 0
GRI	报告编制标准	参照 GRI 编制社会责任报告取值为 1，否则为 0
Certification	第三方鉴证	社会责任报告经第三方鉴证取值为 1，否则为 0

注：污染行业的确定参考 2008 年环境保护部办公厅发布的《关于印发〈上市公司环保核查行业分类管理名录〉的通知》的相关规定，将火电、钢铁和冶金等 14 类行业归为污染行业。

（3）模型建立。除了将 *Specificity* 作为解释变量以外，本文借鉴 Chang et al.（2018）等研究中常用的两阶段模型，将 *Specificity* 通过公式（2）的回归模型分离出超额水平即残差值（*Specificity_ε*），同样作为回归分析的解释变量。相对而言，一般性水平的社会责任报告特质信息含量可能受制于公司的基本面特征，如自身的产权性质以及行业和地域属性。经过回归分解，社会责任报告的超额特质信息含量排除了由企业基本面特征决定的部分，因此更可能表现为管理层对未来的乐观预期。如果本文的信号效应假说成立，$Specificity\_\varepsilon$ 应当对未来经营业绩表现出显著的解释力。

$$Specificity_{i,t} = \beta_0 + \beta_1 Firm\ Factors_{i,t} + \beta_2 Disclosure\ Factors_{i,t} \\ + Province + Industry + Year + Specificity\_\varepsilon_{i,t} \quad (2)$$

借鉴黄艺翔和姚铮（2016）的研究，本文在公式（2）中同时控制了可能影响社会责任特质信息披露的公司规模（ln$size$）、负债率（Lev）、市账比（MB）、总资产收益率（ROA）、经营活动现金流（CFO）、产权性质（$State$）、上市地点（$Exec$）、污染行业（$Pollute$）等公司基本面特征。本文还考虑到社会责任报告编制流程上的差异，进一步控制了是否参照 GRI 编制报告（GRI）和是否经过鉴证（$Certification$）。最后，考虑到行业协会对社会责任规范的推行力度和省份间相关法规政策等差异，本文还在公式（2）中加入了省份（$Province$）、行业（$Industry$）和年份（$Year$）固定效应。最后，本文设计公式（3）进行实证分析。

$$PERF_{i,t+1} = \alpha_0 + \alpha_1 Specificity_{i,t} / Specificity\_\varepsilon_{i,t} + \alpha_i Controls_{i,t} \\ + Industry + Year + \varepsilon_{i,t} \quad (3)$$

（二）样本选择与数据来源

本文以 2007—2019 年披露社会责任报告的 A 股上市公司为研究样本，并对初始样本进行了以下处理：①剔除报告为扫描版等问题导致算法处理失败的样本；②剔除金融业公司样本；③删除财务数据缺失样本；④删除被 ST、*ST 的样本；⑤为避免极端值影响，对主要连续变量进行上下 1% 的缩尾。最后，本文获得 4151 条公司－年度观测值。本文数据来源于国泰安数据库、万得数据库和中国研究数据服务平台。

（三）描述性统计

表 2 报告了本文主要变量的描述性统计结果。$Specificity$ 的均值为 0.1653，最大值为 0.4273，说明目前社会责任报告整体上特质信息含量较低，企业社会责任信息披露制度仍有待夯实，但标准差为 0.0289，表明不同企业的社会责任报告之间特质信息含量存在显著差异。其他指标的统计值也均处于合理水平。

表 2 描述性统计结果

变量	观测值	均值	标准差	最小值	中位数	最大值
ROA_{t+1}	4151	0.0371	0.0478	−0.1485	0.0316	0.1918
ΔROA_{t+1}	4151	−0.0035	0.0494	−0.4117	−0.0013	0.3885
Specificity	4151	0.1653	0.0289	0.0864	0.1631	0.4273
Specificity_ε	4151	0.0000	0.0264	−0.0974	−0.0021	0.2494
lnsize	4151	23.2467	1.3402	18.7833	23.1594	27.9207
Lev	4151	0.5134	0.1910	0.0840	0.5285	0.8867
MB	4151	1.8677	1.3321	0.8316	1.4517	13.8718
Age	4151	19.1616	5.3176	1.0000	19.0000	39.0000
ManShare	4151	0.0074	0.0447	0.0000	0.0000	0.3665
Dual	4151	0.1320	0.3385	0.0000	0.0000	1.0000
Outratio	4151	0.3733	0.0559	0.2857	0.3636	0.5714
Balance	4151	0.5450	0.5443	0.0199	0.3370	2.5131
HHI	4151	0.1414	0.1354	0.0249	0.0970	0.7916

四、实证结果分析

（一）社会责任报告特质信息含量的信号效应检验

（1）基准回归分析。表 3 的 Panel A 汇报了企业社会责任报告特质信息含量与未来经营业绩的回归结果。表 3 的 Panel A 中（1）、（2）这两列汇报了以 Specificity 为解释变量的回归结果，回归系数分别约为 0.05 和 0.07，均在 5% 的水平上显著；（3）、（4）两列汇报了以 Specificity_ε 为解释变量的回归结果，回归系数分别约为 0.06 和 0.08，分别在 5% 和 1% 的水平上显著，以上结果均支持了本文的信号效应假说。

（2）特质信息含量信号效应的增量预测价值分析。进一步地，本文考虑企业社会责任报告特质信息含量的信号效应在多大程度上起到了增量信息的作用。已有研究表明，现金分红制度中包含了管理者关于公司未来盈利前景的信息，提高分红水平往往意味着未来业绩水平提升（Ham et al., 2020）。本文将每股派现水平（DPS）加入解释变量中，探究企业社会责任报告特质信息含量在纳入分红水平信息后是否仍具有显著的信号效应。表3的Panel B展示了该回归结果，研究发现，DPS、Specificity和Specificity_ε均通过了不同水平的显著性检验，说明企业社会责任报告特质信息含量包含分红水平以外的增量信息。

表3 企业社会责任报告特质信息含量信号效应的检验结果

变量	（1） ROA_{t+1}	（2） ΔROA_{t+1}	（3） ROA_{t+1}	（4） ΔROA_{t+1}
Panel A：信号效应				
$Specificity_t$	0.0519** （2.2157）	0.0736** （2.3734）		
$Specificity\_\varepsilon_t$			0.0578** （2.3884）	0.0826*** （2.5889）
观测值	4151	4151	4151	4151
调整 R^2	0.4797	0.2404	0.4798	0.2407
Panel B：特质信息含量信号效应与现金股利信号效应				
$Specificity_t$	0.0484** （2.0985）	0.0705** （2.2658）		
$Specificity\_\varepsilon_t$			0.0557** （2.3426）	0.0807** （2.5250）
DPS_t	0.0442*** （8.7301）	0.0393*** （7.6656）	0.0443*** （8.7505）	0.0393*** （7.6932）
观测值	4151	4151	4151	4151
调整 R^2	0.5000	0.2553	0.5002	0.2557
Panel C：特质信息含量信号效应与管理层业绩预告				
$Specificity_t$	0.1151** （2.4474）	0.1575** （2.1829）		
$Specificity\_\varepsilon_t$			0.1326*** （2.7211）	0.1843** （2.4759）
DPS_t	0.0663*** （5.0586）	0.0536*** （3.7298）	0.0664*** （5.0777）	0.0538*** （3.7542）
MEF_t	0.0024*** （10.3094）	0.0029*** （7.9293）	0.0024*** （10.2917）	0.0029*** （7.9283）
观测值	1346	1346	1346	1346
调整 R^2	0.3909	0.3861	0.3915	0.3869

注：括号内为经过公司层面聚类调整的 t 值；***、**、* 分别表示在1%、5%、10%的水平上显著；控制变量、行业固定效应和年份固定效应均已加入回归。以下各表同。

接下来，本文考虑了社会责任报告特质信息含量是否包含管理层业绩预告以外的增量信息。本文将研究样本与Wind数据库提供的业绩预告数据进行匹配，进行预告修正的公司保留最后一次修正的结果。如表3的Panel C所示，本文进一步加入业绩预告中的预测净利润变动幅度（MEF）[①]作为解释变量，MEF、DPS、Specificity和Specificity_ε均在不同水平上正向显著。从t统计量看，业绩预告作为管理层直接披露的预测信息具有最显著的预测能力，但3者均包含了与未来业绩相关的特有信息。

上述实证结果表明，社会责任报告特质信息含量包含了管理层对企业未来经营发展的预期，而且具有现金分红和管理层业绩预告以外的增量预测价值，可以作为外部人分析企业未来经营发展趋势的信息渠道。

（二）负面冲击下社会责任报告特质信息含量信号效应的异质性检验

为了检验H2，本文按照近两年内公司是否发生环境处罚、产品质量纠纷和生产安全纠纷等负面事件定义虚拟变量NegEvent，发生负面事件取值为1，否则为0。表4的Panel A和Panel B展示了分别以ROA_{t+1}和ΔROA_{t+1}为被解释变量基于NegEvent的分组回归结果。其中，发生负面事件时解释变量的系数均不显著，而未发生负面事件时解释变量的系数均在5%的水平上显著为正，H2得到验证。此外，本文进一步采用上市公司的媒体报道数据对H2进行补充检验。媒体充当了企业与公众之间强大的信息中介（潘爱玲等，2019），当负面事件发生后，媒体的负面报道会影响社会公众对公司的认知，报道频率越高，对公司合法性损伤越大。本文以负面新闻报道占正面报道与负面报道总数的比例度量企业的媒体形象，并按照是否超过行业中位数定义虚拟变量Exposure。如表4的Panel C和Panel D所示，当企业面临更严重的负面媒体形象时，解释变量的系数不显著；而企业媒体形象较好时，解释变量的系数均在5%或1%的水平上显著为正。结果同样支持了本文提出的H2。鉴于负面事件本身可能对未来业绩造成影响，本文还借鉴了Anantharaman et al.（2022）的做法，使用经过负面事件数量或媒体形象调整后的未来业绩进行回归[②]，检验结果仍支持H2。

[①] 预测净利润变动幅度（MEF）等于管理层对未来1期净利润的预测值与当期净利润之差除以当期净利润。
[②] 检验结果参见《中国工业经济》网站附件。

表4 负面冲击下社会责任报告特质信息含量信号效应异质性的检验结果

Panel A：以 ROA_{t+1} 为被解释变量基于 $NegEvent$ 的分组检验

变量	(1) $NegEvent=1$	(2) $NegEvent=0$	(3) $NegEvent=1$	(4) $NegEvent=0$
$Specificity_t$	−0.0082（−0.0965）	0.0520**（2.1369）		
$Specificity\_\varepsilon_t$			0.0118（0.1476）	0.0586**（2.3212）
观测值	259	3892	259	3892
调整 R^2	0.6273	0.4669	0.6273	0.4671

Panel B：以 ΔROA_{t+1} 为被解释变量基于 $NegEvent$ 的分组检验

变量	$NegEvent=1$	$NegEvent=0$	$NegEvent=1$	$NegEvent=0$
$Specificity_t$	−0.0082（−0.0914）	0.0744**（2.2875）		
$Specificity\_\varepsilon_t$			0.0152（0.1818）	0.0843**（2.5135）
观测值	259	3892	259	3892
调整 R^2	0.3210	0.2370	0.3211	0.2374

Panel C：以 ROA_{t+1} 为被解释变量基于 $Exposure$ 的分组检验

变量	$Exposure=1$	$Exposure=0$	$Exposure=1$	$Exposure=0$
$Specificity_t$	0.0267（0.8542）	0.0966***（2.8562）		
$Specificity\_\varepsilon_t$			0.0339（1.0443）	0.0975***（2.8340）
观测值	2159	1992	2159	1992
调整 R^2	0.4157	0.5849	0.4158	0.5848

Panel D：以 ΔROA_{t+1} 为被解释变量基于 $Exposure$ 的分组检验

变量	$Exposure=1$	$Exposure=0$	$Exposure=1$	$Exposure=0$
$Specificity_t$	0.0350（0.9442）	0.1354***（2.6331）		
$Specificity\_\varepsilon_t$			0.0478（1.2772）	0.1366**（2.5775）
观测值	2159	1992	2159	1992
调整 R^2	0.2883	0.1622	0.2885	0.1620

（三）稳健性检验与内生性处理[①]

（1）基于陈词滥调的检验。如前文的分析，在拥有高度披露裁量权的情况下，企业可以通过披露理念和口号等同质化内容掩盖自身对社会责任具体行动投入的匮乏，降低可能的合法性缺失等风险，同时导致社会责任报告演变得更像是合规文件，具体表现为陈词滥调而不是有效的沟通。已有研究指出，社会责任报告中的陈词滥调体现了披露主体的规避性态度，陈词滥调程度越高，对有意义的特质信息产生的挤出效应越明显（Christensen et al.，2021）。如果企业披露的社会责任报告陈词滥调程度越高的同时未来业绩越差，则能够从侧面印证特质信息含量对未来积极业绩的信号效应。

通常而言，某一表达在不同社会责任报告中出现的频率越高，其携带的增量信息越少，越可能成为陈词滥调。基于这一逻辑，本文参考 Lang and Stice-Lawrence（2015）的思路，应用 4-Gram 模型构建了度量陈词滥调程度的指标（*Boilerplate*）：①在全部的社会责任报告中随机抽取 100 份报告，再从每份报告中随机抽取 10 个句子，形成一个文本集；②基于 4-Gram 模型对文本集中每个句子构造 *tetragram* 清单，此处 *tetragram* 是同一句子中由相邻的 4 个汉字组成的有序短语；③统计 *tetragram* 的发生频率 *ocurrs*，最终形成（*tetragram*，*ocurrs*）二元列表。将上述步骤作为一次随机抽样，执行 100 次后汇总（*tetragram*，*ocurrs*）二元列表，选取发生频率 *ocurrs* 覆盖［30%，80%］的 *tetragram* 构造清单[②]。然后，对社会责任报告进行逐句判断，若其中至少包含被覆盖清单中的任一 *tetragram*，即判断为陈词滥调。最终得到如公式（4）所示的陈词滥调程度计算模型。

$$Boilerplate = 包含［30\%，80\%］tetragram 的句子总字数 / 报告总字数 \quad (4)$$

计算结果显示，*Boilerplate* 的均值为 0.48，接近 *Specificity* 均值的 3 倍，说明社会责任报告的陈词滥调程度远高于特质信息含量，而且两者的 Pearson 和 Spearman 相关系数分别约为 -0.18 和 -0.20，均在 1% 的水平上显著，说明两者之间确实存在较强的负相关关系。

[①] 具体检验结果参见《中国工业经济》网站附件。
[②] 汉语常用语或政策用词一般出现频率较高，但不应分类为陈词滥调，因此，本文设置了 80% 的频率上限。

表 5 汇报了基于陈词滥调的检验结果。在表 5 的 Panel A 中,(1)、(2)两列里,*Boilerplate* 的系数均在 1% 的水平上显著为负,说明陈词滥调程度与未来经营业绩显著负相关,即当期社会责任报告较高的陈词滥调程度预示着未来经营业绩降低;(3)、(4)两列则将 *Specificity* 和 *Boilerplate* 同时作为解释变量,*Specificity* 的系数显著为正,而 *Boilerplate* 的系数显著为负。以上检验结果说明,企业社会责任报告特质信息含量越高、陈词滥调程度越低,企业未来发展前景越好,进一步验证了本文的分析结论。与对特质信息含量的处理类似,将陈词滥调程度通过公式(2)回归分解后得到残差指标 $Boilerplate\_\varepsilon$。在表 5 的 Panel B 中,基于残差指标的检验也得到了与 Panel A 高度一致的结果。

表 5 基于陈词滥调的检验

变量	(1) ROA_{t+1}	(2) ΔROA_{t+1}	(3) ROA_{t+1}	(4) ΔROA_{t+1}
Panel A:以 *Boilerplate* 为解释变量				
$Boilerplate_t$	−0.0199*** (−3.2257)	−0.0214*** (−3.2723)	−0.0186*** (−3.0314)	−0.0195*** (−3.0037)
$Specificity_t$			0.0459** (1.9654)	0.0673** (2.1838)
观测值	4151	4151	4151	4151
调整 R^2	0.4803	0.2404	0.4808	0.2415
Panel B:以 $Boilerplatee\_\varepsilon$ 为解释变量				
$Boilerplate\_\varepsilon_t$	−0.0200*** (−3.0803)	−0.0206*** (−2.9698)	−0.0190*** (−2.9468)	−0.0191*** (−2.7757)
$Specificity\_\varepsilon_t$			0.0536** (2.2425)	0.0784** (2.4880)
观测值	4151	4151	4151	4151
调整 R^2	0.4802	0.2401	0.4809	0.2417

(2)固定效应模型与差分模型。为防止公司层面不可观测因素干扰估计结果,本文使用公司层面固定效应模型再次检验研究结论,结果如表 6 的 Panel A 所示。在裁量性披露情境下,很多公司可能存在惯有的社会责任信息披露风格,相邻期间的特质信息含量可能具有一定的相关性。因此,本文采用了一阶差分

模型进行估计①，差分形式可以有效排除这种惯有风格的影响，结果如表6的Panel B的（1）、（2）两列所示。进一步地，本文对差分形式下的公司层面固定效应模型进行估计，如Panel B的（3）、（4）两列所示。以上检验均得到了支持性结果，增强了本文结论的稳健性。

表6 公司固定效应模型与差分模型

变量	（1）ROA_{t+1}	（2）ΔROA_{t+1}	（3）ROA_{t+1}	（4）ΔROA_{t+1}
Panel A：公司固定效应模型				
$Specificity_t$	0.0708** (2.0313)	0.0920* (1.8424)		
$Specificity\_\varepsilon_t$			0.0737** (2.1188)	0.0968* (1.9422)
观测值	4151	4151	4151	4151
调整 R^2	0.1469	0.4026	0.1470	0.4028
Panel B：差分模型				
$\Delta Specificity_t$	0.0663* (1.7310)		0.0656** (2.0143)	
$\Delta Specificity\_\varepsilon_t$		0.0679* (1.7514)		0.0606* (1.8555)
观测值	3199	3199	3199	3199
调整 R^2	0.2680	0.2681	0.4166	0.4165

（3）使用其他业绩指标。本文采用了多种业绩指标对研究结论进行检验。首先，考虑到盈余管理可能会对文本结论造成潜在干扰，本文借鉴Cornett et al.（2008）的思路，利用修正的横截面Jones模型剔除盈余管理影响后的总资产收益率指标（ROA_adj）进行回归检验。具体计算过程为使用同行业相同年度的企业数据对总应计利润（TA）进行公式（5）的回归，再将公式（5）的回归系数代入公式（6）得到剔除盈余管理影响后的总资产收益率指标（ROA_adj）。其中，Asset为期末总资产，ΔRev为营业收入增加额，PPE为总固定资产，ΔRec为应收账款净值增加额。已有研究指出，现金流可能更适合可裁量经济资源的概念（Seifert et al.，2004），本文使用经营活动现金流量再次进行检验。其次，本文还使用了净资产收益率（ROE）和基本每股收益（EPS）作为业绩指标对本

---

① 差分模型中所有变量均以一阶差分形式代入，但由于公司年龄Age的一阶差分为常数仍保留水平形式。

文结论进行补充检验。上述所有业绩指标的检验结果均支持了本文的结论。

$$\frac{TA_{i,t}}{Asset_{i,t-1}} = \beta_1 \frac{1}{Asset_{i,t-1}} + \beta_2 \frac{\Delta Rev_{i,t}}{Asset_{i,t-1}} + \beta_3 \frac{PPE_{i,t}}{Asset_{i,t-1}} + \varepsilon_{i,t} \quad (5)$$

$$ROA\_adj_{i,t} = ROA_{i,t} - \left(\begin{array}{l} \dfrac{TA_{i,t}}{Asset_{i,t-1}} - \hat{\beta}_1 \dfrac{1}{Asset_{i,t-1}} - \hat{\beta}_2 \dfrac{\Delta Rev_{i,t} - \Delta Rec_{i,t}}{Asset_{i,t-1}} \\ -\hat{\beta}_3 \dfrac{PPE_{i,t}}{Asset_{i,t-1}} \end{array} \right) \quad (6)$$

（4）更换特质信息含量衡量方式。首先，借鉴 Muslu et al.（2019）的研究，本文分别按照 *Specificity* 和 *Specificity_ε* 的百分位区间依次赋值 1～100，得到经过离散化处理的解释变量进行检验。其次，本文以报告文本总长度为分母计算特质信息含量，或者直接使用各类特质信息词汇总数的自然对数进行检验。更换解释变量后，所有的检验结果仍支持本文的结论。

（5）Heckman 两阶段模型。由于并非所有企业都披露社会责任报告，本文的实证结果可能存在样本选择偏差。借鉴刘建秋等（2022）的研究，首先根据可能影响社会责任报告的因素对是否披露报告进行 Probit 回归，再将估计的逆米尔斯比率（*IMR*）加入回归中。回归结果显示，*Specificity* 和 *Specificity_ε* 仍与未来业绩显著为正，表明考虑样本选择偏差后研究结论依然是稳健的。

五、进一步分析

（一）构建对冲策略

前文分析发现，企业社会责任报告的特质信息含量可以作为未来业绩的有效信号，但由于当前的社会责任报告一度被贴上"廉价交谈"的标签（黄艺翔和姚铮，2016），并未得到投资者等市场参与方的足够重视，而且文本信息的加工成本远高于量化信息（Hirshleifer and Teoh，2003），这些因素可能导致资本市场对社会责任报告特质信息含量的反应不足。参照徐莉萍等（2021），本文分别以流通市值加权的市场收益率和等权市场收益率为基准利率计算社会责任报告披露后一年内的购入持有异常收益，分别记为 *BHAR_cw* 和 *BHAR_aw*。

本文依照上一年度社会责任报告特质信息含量 *Specificity* 由低到高排序，

按照四分位数分为4组G1—G4，构造买入Specificity最高25%（G4）、卖出Specificity最低25%（G1）的公司对冲策略。如表7的Panel A所示，该策略基于不同的市场收益标准分别可以获得3.79%~3.96%平均水平上的异常收益。上述结果表明，市场资源配置过程中未完全理解企业社会责任报告特质信息含量所包含的信息。此外，由于目前投资者决策的信息环境主要以财务信息为主，如果企业的财务信息质量较低，则可能对投资者的投资决策造成更大的干扰，使股票定价产生更严重的偏误。此时，如果根据企业社会责任报告特质信息含量构造对冲策略，则可能获得更高的异常回报。本文借鉴Hutton et al.（2009）的做法，以盈余管理程度度量上市公司的财务信息质量，定义变量Opaque等于近3期操纵性应计盈余的绝对值之和。Opaque值越大，应计项目波动性越大，盈余管理程度越高，财务信息质量就越低。本文以Opaque的行业中位数为标准将样本公司划分两组，并在Opaque高于行业中位数，即财务信息质量较低的投资集中再次执行上述对冲策略。如表7的Panel B所示，根据Specificity构建的对冲策略分别可以获得4.66%~5.14%的平均异常收益，高于Panel A中对应的收益水平。以上结果说明，在以财务信息为主的信息环境中，非财务的社会责任信息可以在财务信息质量较低的情况下为投资者决策提供更多信息支持，充分彰显了企业社会责任报告潜在的信息价值。

表7 构建对冲策略

			Panel A：基于Specificity的对冲策略			
变量	G1	G2	G3	G4	Mean Diff.（G4—G1）	t值
BHAR_cw	-0.0141	0.0028	0.0196	0.0238	0.0379*	1.8818
BHAR_aw	-0.1025	-0.0849	-0.0717	-0.0630	0.0396*	1.9487
			Panel B：财务信息质量较低时基于Specificity的对冲策略			
变量	G1	G2	G3	G4	Mean Diff.（G4—G1）	t值
BHAR_cw	-0.0225	-0.0068	0.0026	0.0241	0.0466*	1.7296
BHAR_aw	-0.1128	-0.0928	-0.0918	-0.0614	0.0514*	1.8902

（二）特质信息结构与信号效应

在社会责任报告中，不同类型的特质信息对企业社会责任行动的反映是否为一种简单叠加,本文进一步考察特质信息结构对信号效应的影响。本文将文本形式的时间、地点、参与组织和人物归类为定性特质信息,定义定性特质信息含量(Qualitative)为定性特质信息词总频数除以全文总词数,同时定义定量特质信息含量(Quantitative)为各类量化指标出现的总频数除以全文总词数。定性特质信息是企业叙述行动事例的基本要素,能够反映企业参与社会责任活动的基本过程,而定量特质信息则能够反映企业活动的结果或造成的影响,两者互为印证可以增强叙事的完整性,更细腻地反映出企业社会责任的具体实践,而单纯地披露更多"陈年旧事"或者无叙事情景的量化指标都可能影响信息质量。因此,企业社会责任报告特质信息含量对未来业绩的信号效应可能受到两类信息比例结构的影响。基于此,本文定义变量 Specificity_Ratio 为定量特质信息含量除以定性特质信息含量,然后按照不同的分位数区间进行分样本回归。

表 8 所示的回归结果表明,当 Specificity_Ratio 位于 0 ~ 25% 分位数区间或 75% ~ 100% 分位数区间时,Specificity 和 Specificity_ε 均未通过显著性检验;但当 Specificity_Ratio 位于 25% ~ 75% 分位数区间时,Specificity 和 Specificity_ε 均与未来财务业绩显著正相关。该分析表明,单纯的定量特质信息或定性特质信息均不能完全反映企业社会责任活动的具体情况,缺少叙事的完整性;只有定性信息匹配适当的定量信息才能更细腻地反映企业社会责任的具体实践。在社会责任报告中进行完整叙述更能反映企业热衷于社会责任实践和管理层对生产经营活动的乐观预期,最终体现为社会责任报告特质信息含量对未来业绩具有更加显著的信号效应。

表 8 基于特质信息结构的分析

变量	(1) ROA_{t+1}	(2) ΔROA_{t+1}	(3) ROA_{t+1}	(4) ΔROA_{t+1}
Panel A: Specificity_Ratio 位于 0 ~ 25% 分位数区间				
$Specificity_t$	0.0030 (0.0640)	0.0199 (0.2805)		
$Specificity\_\varepsilon_t$			0.0185 (0.3910)	0.0429 (0.6045)
观测值	1129	1129	1129	1129
调整 R^2	0.5849	0.2224	0.5850	0.2231

续表

变量	(1) ROA_{t+1}	(2) ΔROA_{t+1}	(3) ROA_{t+1}	(4) ΔROA_{t+1}
Panel B: Specificity_Ratio 位于 25% ～ 75% 分位数区间			
$Specificity_t$	0.0595* (1.8989)	0.0942** (2.4717)		
$Specificity\_\varepsilon_t$			0.0635** (1.9704)	0.0938** (2.4368)
观测值	2060	2060	2060	2060
调整 R^2	0.5033	0.2350	0.5034	0.2350
Panel C: Specificity_Ratio 位于 75% ～ 100% 分位数区间			
$Specificity_t$	0.0747 (1.1855)	0.0196 (0.2244)		
$Specificity\_\varepsilon_t$			0.0739 (1.1646)	0.0410 (0.4721)
观测值	962	962	962	962
调整 R^2	0.3377	0.2736	0.3377	0.2738

（三）企业社会责任报告情感

"报喜不报忧"是企业社会责任报告的鲜明特征（那晋领和方先明，2021）。然而，由于遣词造句的成本非常低，积极的情感究竟是出于管理层对未来经营状况的乐观预期还是单纯的社会形象管理？参考 Huang et al.（2014）的研究，本文构建了报告净积极语调指标（Tone）作为报告情感的度量指标，计算方法为积极情感词汇数量与消极情感词汇数量之差除以报告总词数。

表 9 的（1）、（2）两列结果显示，Tone 与未来业绩并不显著，说明积极的语调并不意味着未来积极的业绩，社会责任报告的积极情感并不能作为企业未来乐观经营预期的信号。进一步地，本文在表 9 的（3）、（4）、（5）、（6）列中将报告情感和报告内容进行对比，发现 Specificity 和 Specificity_ε 均保持在不同水平上显著，未受到 Tone 的影响。本文进一步基于相关性分析发现，Tone 与 Specificity 的相关系数显著为负，与 Boilerplate 的相关系数则显著为正。以上结果说明，越是陈词滥调的报告语调越积极，直观反映出披露主体利用报告语调的"洗白"行为，而特质信息含量高的社会责任报告更倾向于客观地平铺陈述。本质上，积极的情感包装主要体现为一种"自我标榜"式的伪社会责任信息披露行为（肖红军等，2013），报告语调在一定程度上成了内部人廉价的操纵工

具，也反映出社会责任报告信息解读应遵循"内容为王"的原则。

表 9 基于报告情感的分析

变量	(1) ROA_{t+1}	(2) ΔROA_{t+1}	(3) ROA_{t+1}	(4) ΔROA_{t+1}	(5) ROA_{t+1}	(6) ΔROA_{t+1}
$Tone_t$	0.0032 (0.1312)	0.0167 (0.6043)	0.0185 (0.7180)	0.0392 (1.3048)	0.0182 (0.7115)	0.0388 (1.2982)
$Specificity_t$			0.0559** (2.2771)	0.0819** (2.5207)		
$Specificity\_\varepsilon_t$					0.0614** (2.4502)	0.0903*** (2.7188)
观测值	4151	4151	4151	4151	4151	4151
调整 R^2	0.4788	0.2388	0.4796	0.2406	0.4798	0.2409

六、结论与启示

企业社会责任行动缺少权威的统一性指标对其进行界定和衡量，以往研究大多以第三方评级机构的社会责任主观评分为研究基础，本文结合自然语言处理技术，从社会责任报告中提取出衡量企业社会责任具体行动情况的客观指标——特质信息含量。研究发现，社会责任报告的特质信息含量与未来经营业绩显著正相关，特质信息含量越高，代表企业在自愿性情景下对社会责任这种非生产性活动给予了越多的情感关注和行动支持，传递出管理层对企业当前以及未来经营态势的乐观预期，从而可作为未来业绩的积极信号。而且社会责任特质信息含量的信号效应表现出分红水平信息和管理层业绩预告以外的增量信息，基于其构造的对冲策略获得了显著为正的超额回报，并且在财务信息质量较差的投资集中可获得更高的超额回报，验证了社会责任信息对财务信息的补充作用。同时，本文发现，社会责任报告中的定性特质信息与定量特质信息并非简单叠加，而是可以起到互相验证、增强事实性说明的作用，比例适当匹配的两种信息更能体现出管理层对社会责任的热忱态度，进而带有更强的信号效应。此外，本文还发现，积极的社会责任报告语调并不是积极的信号，反而成为管理层的印象管理工具，越是特质信息含量高的社会责任报告情感越平和，而充满陈词滥调的报告情感反而更加积极。基于此，本文得出以下政策启示。

（1）如何利用可获取信息优化投资决策和提高资源配置效率是资本市场的重要话题。在过去，投资者决策主要依赖财务信息，而对企业社会责任报告这样的非财务信息欠缺关注和利用。本文的结论表明，企业社会责任报告特质信息等"硬披露"具有独特的增量信息，证实了社会责任报告具有决策有用性，投资者可根据企业社会责任报告的特质信息含量识别企业内部发展前景的预期。与此同时，投资者应当注意定性特质信息与定量特质信息的比例结构，基于特质信息结构的决策有用性更高。本文提供了基于特质信息含量的投资策略，投资者可利用社会责任信息进行投资交易，提高资本市场的资源配置效率，尤其是在财务信息透明度较低的情况下。当然，信息使用者需注意信息分析的情景，当企业发生社会性负面事件或冲击时，信息的决策价值可能存在另外的机制解释。

（2）从本文的对冲策略研究来看，资本市场尚未完全理解社会责任报告信息。作为社会责任信息的重要需求端，未来的资本市场建设应由单一的金融主题转向金融、经济与社会的多元兼顾，着重通过筛选社会责任质优股、优化再融资机制、加大国际接轨等方式产生高质量企业社会责任信息的有效需求，推动企业践行社会责任，服务于共同富裕目标的实现。作为社会责任信息的提供者，企业管理者也应当认识到社会责任报告披露的信息价值，注重通过社会责任报告加强与利益相关者的沟通。

（3）当前，企业社会责任报告在合法性动机下呈现同质性，陈词滥调信息远远多于特质性信息，陈词滥调挤占了社会责任报告中的价值信息。利益相关者应当认识到，陈词滥调以及语调的积极仅仅是规避合法性风险的手段，对社会责任报告信息的解读应坚持特质信息等"内容为王"原则。企业社会责任报告信息修饰成分严重，导致报告缺乏信息沟通价值，在一定程度上成为制约企业社会责任报告决策价值的重要因素，监管部门需考虑统一的披露框架指南，扩大强制性披露主体范围，建立社会责任报告鉴证机制与披露违规的监惩制度，鼓励社会责任投资产品和交易平台创新、促进投资者参与等多方面建立企业社会责任信息生态体系，淡化社会责任报告合法性符号意义，通过高质量的企业社会责任信息披露促进社会责任投资由理念向行动落实，推动解决过去过度追求经济收益造成的负外部性，以应对日益突出的社会与环境问题。

参考文献

［1］ 顾雷雷，郭建鸾，王鸿宇.企业社会责任、融资约束与企业金融化［J］.金融研究，2020（2）：109-127.

［2］ 何贤杰，肖土盛，陈信元.企业社会责任信息披露与公司融资约束［J］.财经研究，2012（8）：60-71.

［3］ 黄艺翔，姚铮.企业社会责任报告、印象管理与企业业绩［J］.经济管理，2016（1）：105-115.

［4］ 李姝，赵颖，童婧.社会责任报告降低了企业权益资本成本吗？——来自中国资本市场的经验证据［J］.会计研究，2013（9）：64-70.

［5］ 刘建秋，尹广英，吴静桦.企业社会责任报告语调与资产误定价［J］.会计研究，2022（5）：131-145.

［6］ 那晋领，方先明.上市公司发布社会责任报告能够实现市值管理动机吗［J］.经济管理，2021（7）：158-176.

［7］ 潘爱玲，刘昕，邱金龙，等.媒体压力下的绿色并购能否促使重污染企业实现实质性转型［J］.中国工业经济，2019（2）：174-192.

［8］ 田利辉，王可第.社会责任信息披露的"掩饰效应"和上市公司崩盘风险——来自中国股票市场的DID-PSM分析［J］.管理世界，2017（11）：146-157.

［9］ 王艳艳，于李胜，安然.非财务信息披露是否能够改善资本市场信息环境？——基于社会责任报告披露的研究［J］.金融研究，2014（8）：178-191.

［10］ 肖红军，张俊生，李伟阳.企业伪社会责任行为研究［J］.中国工业经济，2013（6）：109-121.

［11］ 徐莉萍，关月琴，辛宇.控股股东股权质押与并购业绩承诺——基于市值管理视角的经验证据［J］.中国工业经济，2021（1）：136-154.

［12］ 张秀敏，杨连星，高云霞，等.什么影响了社会责任报告中修辞语言的运用［J］.会计研究，2019（6）：20-26.

[13] Anantharaman D, F Gao, and H Manchiraju. Does Social Responsibility Begin at Home? The Relation Between Firms' Pension Policies and Corporate Social Responsibility (CSR) Activities [J]. Review of Accounting Studies, 2022, 27 (1): 76-121.

[14] Bartov E. Open-market Stock Repurchases as Signals for Earnings and Risk Changes [J]. Journal of Accounting and Economics, 1991, 14 (3): 275-294.

[15] Brickley J A. Shareholder Wealth, Information Signaling and the Specially Designated Dividend: An Empirical Study [J]. Journal of Financial Economics, 1983, 12 (2): 187-209.

[16] Chang K, H Jo, and Y Li. Is There Informational Value in Corporate Giving [J]. Journal of Business Ethics, 2018, 151 (2): 473-496.

[17] Chen J C, and R W Roberts. Toward a More Coherent Understanding of the Organization-Society Relationship: A Theoretical Consideration for Social and Environmental Accounting Research [J]. Journal of Business Ethics, 2010, 97 (4): 651-665.

[18] Christensen H B, L Hail, and C Leuz. Mandatory CSR and Sustainability Reporting: Economic Analysis and Literature Review [J]. Review of Accounting Studies, 2021, 26 (4): 1176-1248.

[19] Clarkson P M, Y Li, G D Richardson, and F P Vasvari. Revisiting the Relation Between Environmental Performance and Environmental Disclosure: An Empirical Analysis [J]. Accounting, Organizations and Society, 2008, 33 (4-5): 303-327.

[20] Cornett M M, A J Marcus, and H Tehranian. Corporate Governance and Payfor-Performance: The Impact of Earnings Management [J]. Journal of Financial Economics, 2008, 87 (2): 357-373.

[21] Dai N T, F Du, S M Young, and G Tang. Seeking Legitimacy through CSR Reporting: Evidence from China [J]. Journal of Management Accounting Research, 2018, 30 (1): 1-29.

[22] Deegan C. The Legitimising Effect of Social and Environmental Disclosures——A Theoretical Foundation [J]. Accounting, Auditing & Accountability Journal, 2002, 15 (3): 282-311.

[23] Dhaliwal D S, O Z Li, A Tsang, and Y G Yang. Voluntary Nonfinancial Disclosure and the Cost of Equity Capital: The Initiation of Corporate Social Responsibility Reporting [J]. Accounting Review, 2011, 86 (1): 59-100.

[24] Du S, and K Yu. Do Corporate Social Responsibility Reports Convey Value Relevant Information? Evidence from Report Readability and Tone [J]. Journal of Business Ethics, 2021, 172 (2): 253-274.

[25] Glazer A, and K A Konrad. A Signaling Explanation for Charity [J]. American Economic Review, 1996, 86 (4): 1019-1028.

[26] Ham C G, Z R Kaplan, and M T Leary. Do Dividends Convey Information about Future Earnings [J]. Journal of Financial Economics, 2020, 136 (2): 547-570.

[27] Hirshleifer D, and S H Teoh. Limited Attention, Information Disclosure, and Financial Reporting [J]. Journal of Accounting and Economics, 2003, 36 (1-3): 337-386.

[28] Hope O, D Hu, and H Lu. The Benefits of Specific Risk-Factor Disclosures [J]. Review of Accounting Studies, 2016, 21 (4): 1005-1045.

[29] Huang X, S H Teoh, and Y Zhang. Tone Management [J]. Accounting Review, 2014, 89 (3): 1083-1113.

[30] Hutton A P, A J Marcus, and H Tehranian. Opaque Financial Reports, R^2, and Crash Risk [J]. Journal of Financial Economics, 2009, 94 (1): 67-86.

[31] Lang M, and L Stice-Lawrence. Textual Analysis and International Financial Reporting: Large Sample Evidence [J]. Journal of Accounting and Economics, 2015, 60 (2-3): 110-135.

[32] Lys T, J P Naughton, and C Wang. Signaling Through Corporate Accountability Reporting [J]. Journal of Accounting and Economics, 2015, 60 (1): 56-72.

[33] Muslu V, S Mutlu, S Radhakrishnan, and A Tsang. Corporate Social Responsibility Report Narratives and Analyst Forecast Accuracy [J]. Journal of Business Ethics, 2019, 154 (4): 1119-1142.

[34] Preston L E, and D P O'Bannon. The Corporate Social-financial Performance Relationship: A Typology and Analysis [J]. Business and Society, 1997, 36 (4): 419-429.

[35] Robinson S, and M Eilert. The Role of Message Specificity in Corporate Social Responsibility Communication [J]. Journal of Business Research, 2018, 90 (C): 260-268.

[36] Seifert B, S A Morris, and B R Bartkus. Having, Giving, and Getting: Slack Resources, Corporate Philanthropy, and Firm Financial Performance [J]. Business & Society, 2004, 43 (2): 135-161.

[37] Shapira R. Corporate Philanthropy as Signaling and Cooptation [J]. Fordham Law Review, 2012, 80 (5): 1889-1939.

[38] Spence M. Job Market Signaling [J]. Quarterly Journal of Economics, 1973, 87 (3): 355-374.

[39] Suchman M C. Managing Legitimacy: Strategic and Institutional Approaches [J]. Academy of Management Review, 1995, 20 (3): 571-611.

[40] Wang H, M Jia, Y Xiang, and Y Lan. Social Performance Feedback and Firm Communication Strategy [J]. Journal of Management, 2021, 48 (8): 2382-2420.

人工智能的企业道德责任及其规制

刘新生　褚建勋

摘要：人工智能的"多手问题"、越来越高的自主性和学习能力，以及研发和应用中的"道德运气"因素共同造成了人工智能事故的道德责任归因难题。现有方案多少存在理论上的不足，也不能很好地用于实际问题的解决。而人工智能事故的统计结果和人工智能的研发机构组成表明，企业作为一股中坚力量，在加速推进人工智能技术的发展和产业落地方面贡献突出，但是也加剧了人工智能的伦理风险。无论是从学术的还是从现实的角度来看，人工智能相关企业都不应该被免除道德责任。另外，在相关法律和行业标准还没有及时更新和制定的阶段，软性的激励和惩戒手段将会在伦理规制层面发挥很好的补充和实践作用。因此，制定道德层面的具体规制措施将是引导企业积极承担道德责任的有效进路。

关键词：责任归因；人工智能事故；集体责任；道德规制

来源：《科学学研究》2023年4月第41卷第4期

近年来，人工智能（AI）等新兴技术飞速发展，其应用范围也极其广泛，几乎已经渗透到各个行业领域，人工智能产品更是走进了千家万户，潜移默化着人们的生产、生活方式。人工智能在赋能经济社会发展的同时，也引发了各种各样的伦理困境与挑战，甚至造成了一些重大安全事故。人工智能事故的道德责任归属也随之成为亟待解决的重要伦理问题，毕竟法律责任在一定程度上可以理解为写入立法的道德责任，所以道德责任归因不清势必不利于巩固法律

---

① 基金项目：中国科学技术大学新文科基金项目（YD2110002012）。
② 刘新生（1994—），男，硕士研究生。中国科学技术大学人文与社会科学学院。
③ 褚建勋（1978—），男，教授，博士，通讯作者，chujx@ustc.edu.cn。中国科学技术大学人文与社会科学学院。

概念的基础。有鉴于此，首先需要通过分析已经发生的人工智能事件，来识别事故的特点，探究问题的具体成因，然后以此为据，寻求技术层面的应对之策，明确企业层面的道德责任，最后给出伦理层面的规制建议，希冀打造安全健康的人工智能产业。

一、人工智能的道德责任困境

伦理学界对于道德责任的分析和考察大多基于应得性（Deservingness）的理解，即一个人因其行为及其相关的后果（好的或坏的）得到相应的奖赏或惩戒（如称赞或谴责）[1]。对于人工智能事故中的道德责任概念也是遵循这一共识。众所周知，法律责任可以看成道德责任应得性理解的升级和延伸，尽管有关部门给出人工智能事故的法律责任分配方案后，只要各方接受裁决，法律意义上的责任分配问题基本上就宣告结束了，但是从道德责任的角度来看，依然存在着诸多问题，而且这些问题的讨论经常涉及公平性和合理性。目前，人工智能伦理研究中关于人工智能的道德责任归因和分配的争议主要分为以下3种。

（一）人工智能的"多手问题"

"多手问题"（The Problem of Many Hands）是丹尼斯·汤普森（Dennis Thompson）在研究行政伦理时提出的概念，是指"政府的决策和政策往往受很多行政人员在不同的时间以不同方式的影响，所以理论上很难确定具体由哪个行政人员对政策的后果负有道德责任"[2]。有学者将"多手问题"扩展到一般的责任归因与分配领域，指出参与者越多，责任归属时越容易出现相互推诿的情况。例如，当某一产品出现问题时，销售商指责生产商粗制滥造，制造商又将责任推卸给提供原料的供应商，供应商可能又会埋怨制造商出价太低[3]。马克·考科尔伯格（Mark Coeckelbergh）则直接指出在人工智能的道德责任归因问题上也存在这样的"多手问题"，他以飞机和汽车的自动驾驶系统（Autopilot）为例，认为在系统的设计、开发和应用过程中存在很长的因果链，设计师、程序员、测试工程师以及管理者等众多人员在系统的各个部分的不同阶段参与其中，而且如果存在硬件问题导致的系统故障，那么还会牵扯到制造商。因此，时间维度的复杂性等使难以对人工智能导致的事故进行责任归属与分配[4]。集体作为由每一个具备承担道德责任条件的个体组成的道德共同体，其本身也满足承担道德责任的要求[5]。不过，有研究者从学术的角度出发，认为集体与个体道德责任的关系涉及还原论和不可还原论的争议。具体来说，从不可还原论的观点来看，即使集体承担道德责任也推不出成员的个体道德责任；而还原论者则表明如果集体对某一事件负有道德责任，那么集体中的所有成员都要对该事件负责[6]。由此可见，对于能否杜绝"多手问题"而言，哲学视角不一样得出的答案也不尽相同。

（二）人工智能的自主性与"责任鸿沟"

关于道德责任理论，亚里士多德（Aristotle）是最早进行系统性研究的学者，当时远没有自由意志的概念，亚里士多德在德性伦理学思想的背景下，从"自愿"着手对道德责任的判定问题展开了一系列的讨论，他在其名篇《尼各马可伦理学》中指出，出于意愿的感情和实践受到称赞或谴责[7]。因此，亚里士多德关于道德责任的判断依据大致可以被总结为：行为主体有能力承担道德责任，该行为不能是出于行动者的无知，还有就是行为的始因在内，而不是被迫的[8]。后世学者关于道德责任的思想大多是在亚里士多德的研究基础上借鉴和发展的，传统的道德责任概念图式直到康德才得以基本确立。费舍（John Martin Fischer）在《责任与控制》一文中进一步丰富了责任与控制能力的关系，认为承担道德责任的行为者除了能够在不同的行动之间做出自由的选择，实际的后果也必须是行为者的理性反应机制发挥作用导致的[9]。截至目前，尽管还没有任何一个关于道德责任的理论能在哲学界得到一致赞同，但无非是从因果、义务、能力以及能动性这4个维度构成的框架内来审视道德责任[10]。由此可见，传统的技术和产品一旦发生问题，道德责任自然就落在了开发者或使用者身上。然而，马提亚斯（Andreas Matthias）认为人工智能的出现彻底打破了这一情况，基于深度学习或者强化学习的、拥有自我训练和自主决策能力的机器在行动时，它们的行为已不再能被人类预言和控制，这就意味着这类机器如果出现故障，甚至对人造成伤害时，在传统的责任归因框架中，机器既无法成为责任主体，又没理由要求开发者为其负责，即出现了人工智能的"责任鸿沟"（The Responsibility Gap）[11]。

（三）人工智能伦理责任中的"道德运气"问题

"道德运气"（Moral Luck）是由哲学家威廉斯（Bernard Williams）首先提出来的，他基于对康德式道德责任体系的批判，试图在道德领域中置入运气的因素。威廉斯虽未给"道德运气"这一概念予以明确的定义，却对运气进行了划分，指出"道德运气"分为外在运气和内在运气，简单来说，就是行为主体计划之中的运气和计划以外的不受主体掌控和决定的因素[12]。内格尔（Thomas Nagel）对威廉斯的"道德运气"作了描述性的界定，"某人所做某事的某个重要方面取决于此人无法控制的因素，而这个方面仍然被众人作为其道德判断的标准，那就可以称为'道德运气'"[13]。有学者表示计算机程序的编写、软件的设计开发过程中存在诸多研发主体之外的不受控和不确定的因素，这便是"道德运气"问题在计算机伦理建构中的客观表现[14]。从计算机伦理学家摩尔（James H. Moor）的观点来看，这些不可控、不确定性因素使计算机伦理在行为主体的道德规约层面形成了"真空"（Vacuum）现象，[15]而人工智能在将来很长一段时间，都会以计算机科学技术为基石。因此，人工智能的发展和应用过程中也会存在不可控和不确定性因素，从而遭遇"道德运气"带来的伦理困境。举例来说，2018年3月，美国Uber公司发生了世界上首例完全自动驾驶汽车致人身亡的事故，车祸的直接原因是车辆的计算机视觉检测系统误把行人当作塑料袋。在此之前，系统每次检测到路面有塑料袋等垃圾物品时，就会刹车或减速，美国Uber公司出于提高乘坐舒适性的考虑，对系统进行了调整，使之不会对道路上的塑料袋等无关紧要的物品过于谨慎，不料酿成了这一严重的交通事故。在这一案例中，行人显然是无辜的，正常人不可能责怪穿了一件像塑料袋上衣的路人，而在"道德运气"理论的视角下，导致事故的原因处于自动驾驶汽车研发主体的计划或动机之外，似乎也没有道德责任，从而出现了道德真空。

综上所述，人工智能的研发与应用更多地表现为共同体的集体行动而非设计师或程序员等的个体行动，从而造成事故的归责困境；人工智能的自主性则打破了责任与控制的关系，形成了所谓的"责任鸿沟"；人工智能发展与应用过程中的"道德运气"则引发了伦理层面的真空现象。针对以上的道德责任困境，学者们提出了各自的应对策略，大体可以分为工具主义[16]、机器伦理[17,18]以及人机联合责任[19,20] 3条进路。其中，工具主义仅以机器始终只是为人服务的工具为由，就简单地将责任归属于生产方或操作方，显然缺乏说服力。机器伦理者倾向于支持人工智能体可以成为道德责任主体，有学者则倡导人类行为体与机器共同承担道德责任。目前来看，让机器或者说人工智能体来承担完全或者部分责任是没有任何意义的。因此，上述方案在理论层面上都有各自的不足之处，同时也很难解决现实的问题。

二、人工智能的事故案例分析与启示

自2016年人工智能公司DeepMind研发的"AlphaGo"打败人类顶级围棋选手李世石以来，人工智能在产业落地和商业应用上呈现爆发式发展[21]。然而，任何一项新兴科技必然伴随着一定的安全风险和隐患，加之现阶段的人工智能在很多方面仍需要完善。因此，当人工智能被广泛部署到现实世界时，容易出现各种难以预见的危险故障。这里从国外AI Incident数据库[22]收集的历年来世界各地关于人工智能的1300多条新闻中，筛选了2016年1月至2022年1月期间发生的94起人工智能事故，所选事件的来源多为各地相对知名的新闻媒体（如美国的《纽约时报》《华盛顿邮报》）。根据人工智能造成伤害的总体严重程度以及潜在的安全风险进行估计，如表1所示，将这94起人工智能事件划分为以下5个等级，分别是"轻微"（Negligible）、"较小"（Minor）、"中度"（Moderate）、"严重"（Severe）以及"重大"（Critical）。

表1 人工智能事故等级划分

等级名称	划分依据
轻微	几乎无伤害或风险
较小	在个人自由、隐私、健康、财产等方面的损害或者风险有限
中度	造成人身或心理伤害或财产损失等，或对公共安全、社会稳定等产生较大负面影响或在以上方面存在较大风险
严重	导致人员伤亡，或公共安全、社会稳定等受到破坏或在以上方面存在很大风险
重大	出现较多人员伤亡，或公共安全、社会稳定等受到严重破坏或在以上方面存在极大风险

经不重复统计发现，"轻微""较小""中度""严重""重大"等级事故占比分别为34.04%、30.85%、13.83%、19.15%、2.13%，如图1所示。这些事故分

布于用户服务（特指软件服务）（Customer Service）、交通（Transportation）、公共管理和服务（Public Management and Service）、文娱（Arts and Entertainment）、就业与培训（Employment and Training）、医疗（Medical）、安防（Security）、金融（Financial）、教育（Education）等垂直行业。其中，用户服务行业事故总数最多，其次分别是交通以及公共管理和服务行业。除文娱行业之外，其他行业均有涉及"中度"及以上等级的事故，交通行业多为"严重"和"重大"事故。这一点也对应了欧盟于2021年4月21日出台的人工智能系列新规中指出的人工智能高风险应用领域：关键基础设施（如交通运输），教育、就业或职业培训、员工管理、产品安全组件（例如，机器人辅助手术的应用）以及基本的私人和公共服务等行业领域[23]。

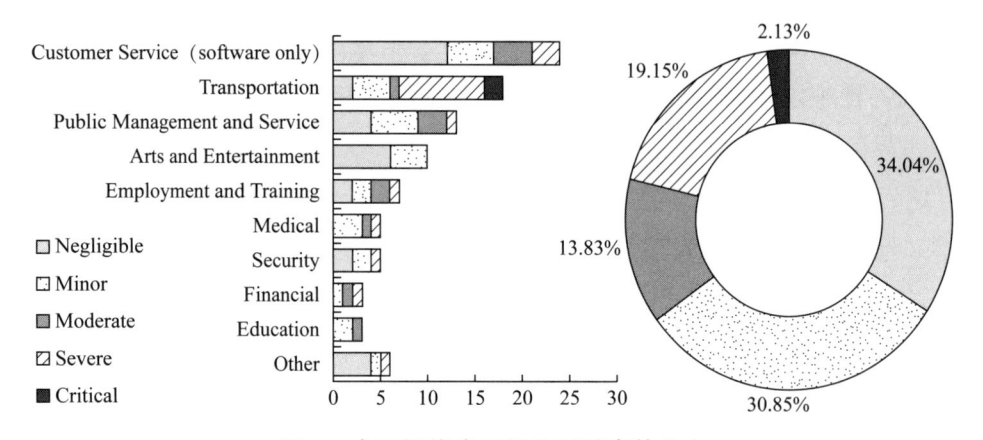

图 1　人工智能应用行业及其事故分布

如图2所示，在以上行业的细分领域中，首先，算法应用场景事故总数最多，事故多为"中度"以下，少数涉及大规模算法歧视或隐私数据泄露等"严重"事故。其次，生物特征识别（人脸识别、语音识别等）、推荐系统、智能助手（面向车载、手机、智能家居）、健康护理、招聘和培训、教育等也是事故较为频发的应用场景。自动驾驶、智能导航系统则是"严重"以及"重大"事故的两个高发领域。其中的两个"重大"事故，一个是2018年10月29日印尼狮航的波音737Max系列飞机因迎角传感器故障和飞行控制系统的设计缺陷导致的坠机，造成机上189名乘客遇难；另一个重大事故是2019年3月10日埃塞俄比亚航空公司的波音737Max系列飞机同样由于飞行系统失控导致机上157人遇难。而人工智能在视频游戏、内容创作、垃圾邮件和视频过滤、机器翻译、搜索引擎等领域的应用风险最低。此外，最近国外流行的开源深度伪造技术，若有不法分子出于扰乱社会治安或敲诈勒索等目的，利用其制作高逼真度的严重暴力违法犯罪音频和视频，也会对社会安全稳定构成严重威胁，所以必须予以重视。

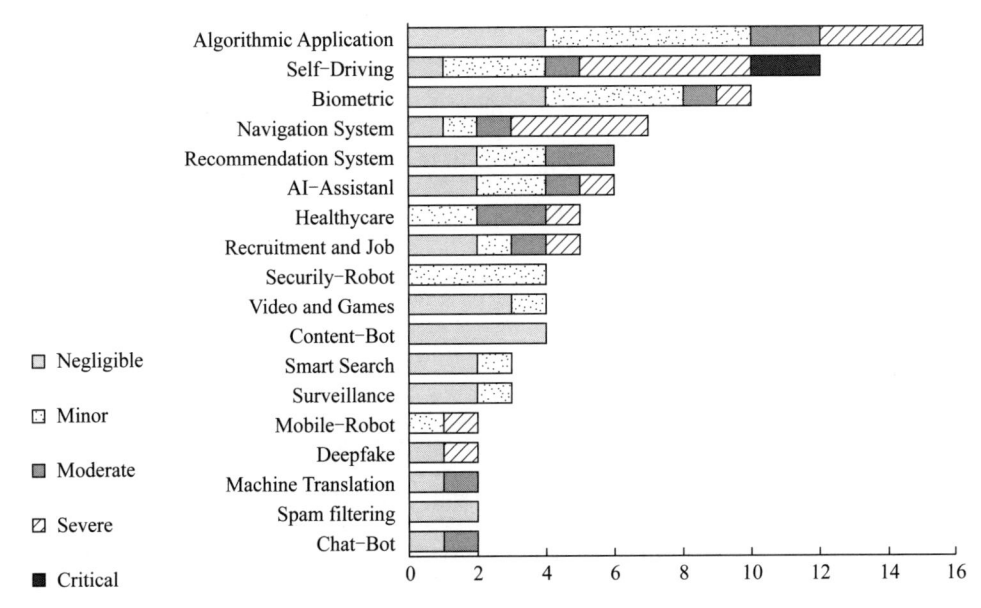

图2　人工智能的具体应用场景及其事故分布

针对以上具体的应用场景，做了进一步的梳理，如表2所示。人工智能在软件层面应用的问题主要表现为种族及性别等身份歧视、隐私侵犯、用户数据和隐私泄露以及算法公平问题等。而软硬件共同组成的嵌入式系统出现的问题是传感器等硬件故障或者是人工智能系统自身决策错误。这些问题的原因也可以从以下两个层面阐述。一是软件层面，这一层面出现问题的原因基本是训练数据的不足和偏见、数据集被污染和遭遇来自应用现场数据的对抗样本攻击、算法设计缺陷以及系统鲁棒性问题。人工智能的鲁棒性（Robustness）一般是指人工智能系统在受到扰动或攻击时，依旧可以保持正常运行的能力[24]。二是人工智能系统和相关硬件共同组成的嵌入式系统，如自动驾驶汽车、工业机器人等，出现这些问题的原因有硬件的缺陷以及人工智能系统自身的鲁棒性不高，如自动驾驶汽车的视觉、雷达或定位等传感器对目标（行人、车辆、交通标志等）的识别、跟踪或测量错误，以及自动驾驶系统自身决策失误，进而引发的事故。除了这些原因外,当然也有人为因素引发的事故。例如,2019年,亚马逊公司被曝出雇用上千名员工收集其智能音箱Echo在用户家中和办公室捕捉到的声音,并声称是为了提升人工智能语音助手Alexa的语言理解能力、改善用户体验,但此举显然侵犯了用户隐私,并涉嫌泄露大规模用户数据。又如,国外极端分子故意利用深度伪造技术破坏政治稳定、操纵选举等。另外,有超过2/3的事故均与人工智能系统的鲁棒性有关,所以尤其是一些人工智能高风险应用领域,如交通运输,若不解决鲁棒性低的问题,极有可能导致严重或者重大事故。因此,企业在将人工智能产品投入市场之前,至少应该满足人工智能系统的鲁棒性和相关硬件部分的可靠性要求。

表2 人工智能在细分应用领域的具体问题与成因

具体应用场景	中文对照	问题	问题成因
Algorithmic Application	算法应用	歧视、隐私数据泄露	数据偏见或污染、算法缺陷
Self-Driving	自动驾驶	传感器故障、系统决策失误	硬件因素、系统鲁棒性差
Biometric	生物特征识别	辨识错误、歧视、隐私泄露	数据偏见、鲁棒性不高
Navigation System	导航系统	危险路径规划、系统失灵	信息不同步、系统鲁棒性差
Recommendation System	推荐系统	用户画像、隐私数据泄露	算法设计
AI-Assistant	AI助手	窃听隐私、收集个人数据	人为因素、鲁棒性不高
Healthycare	健康护理	诊断失误、数据滥用、歧视	鲁棒性不高、数据偏见
Recruitment and Job	招聘与求职	身份歧视、简历分类不公	数据偏见和算法缺陷
Security-Robot	安防机器人	适应性差、识别出错	鲁棒性不高
Video and Games	视频游戏	隐私侵犯、玩家公平问题	算法设计
Content-Bot	内容机器人	创作不当和虚假内容	数据偏见和算法缺陷
Smart Search	智能搜索	歧视、隐私泄露	算法缺陷和数据偏见
Surveillance	监测	隐私侵犯、识别错误	鲁棒性不高
Mobile-Robot	移动机器人	停机故障、意外伤人	软件、硬件可靠性因素
Deepfake	深度伪造	隐私侵犯、以假乱真	人为因素
Machine Translation	机器翻译	种族、性别等歧视	数据偏见
Spam filtering	垃圾过滤	识别出错	鲁棒性不高
Chat-Bot	聊天机器人	歧视、不当言论	数据偏见和算法缺陷

通过对近年来人工智能事故的梳理与分析，本文研究了人工智能在各个细分场景中出现的具体问题及成因，为之后的设计、研究、开发和应用提供前车之鉴，从而尽量减轻或者避免负面结果的出现。针对人工智能事故频发领域，特别是容易造成严重性后果的应用场景，有关部门需及时出台相应的行业标准，明确具体规范，因此，企业在应用和部署时必须严格把控风险，严格遵守各项规范，以确保构建安全可靠的人工智能。

三、集体道德责任的现实意义

在全球人工智能的发展和应用的浪潮中，人工智能企业一直以来都扮演着非常重要的角色。第一，企业在人工智能相关技术开发到产品和服务商业化的全过程中占据着主体地位。这一点从 2022 年 1 月 A-Miner 发布的人工智能全球最具影响力学者榜单[25]（简称"AI 2000"）中便可见一斑。如图 3 所示，这里列出了入选研究人员数量的前 10 位机构，人工智能公司占 6 席，这 6 家公司入选的研究人员数量在前 10 名机构的研究人员总数中占比高达 72.60%，且排名前 3 位的机构分别是谷歌、Facebook 以及微软三大科技公司，分别占比 30.99%、14.90% 和 11.13%。其中，谷歌公司的顶级人工智能学者达 181 位，是唯一一家学者数量过百的机构。另外，在所有机构中，来自企业（不包含私立研究机

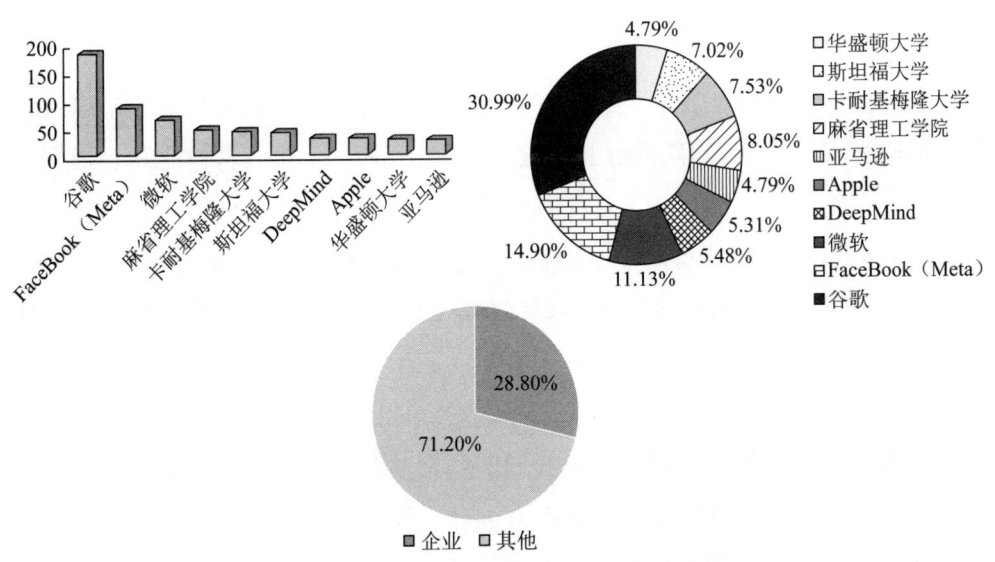

图 3　企业在人工智能全球最具影响力学者榜单中的表现

构）的研究人员总数占比为28.80%，不难看出企业在人工智能技术和产品的开发方面占据着优势地位。第二，在上文筛选的94起人工智能事故中，有近八成的事故直接与企业有关，此处统计了知名度较大的人工智能公司发生的事故数量，如图4所示。近年来，虽然人工智能公司尤其是头部企业作为行业的主力军，迅速推动了人工智能技术的开发以及产业的落地，但也导致了各种各样的争议性事件和安全问题，相关企业理应对此承担责任。此外，由于法律具有一定的滞后性，且行业标准和规范有待完善，当前人工智能的发展依然处于不受规制的阶段，企业并不存在合规的压力，所以人工智能的风险仍然非常严峻。

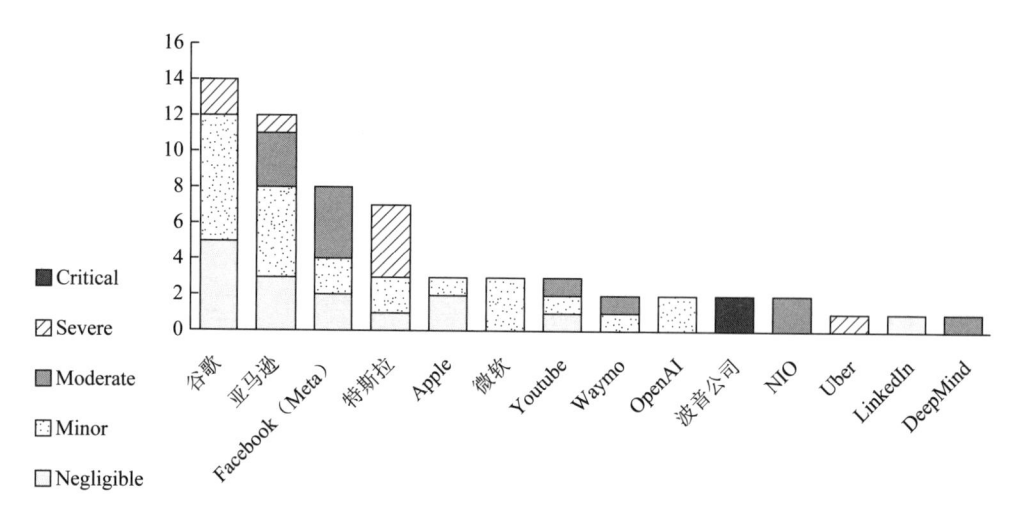

图4 人工智能相关企业所发生的事故统计

从前面的分析中，我们已经了解到数据的规模、训练数据集的质量以及数据的传输和存储的方式等客观因素都会对算法公平、个人与群体隐私、数据安全产生极大的影响，还有人工智能系统的鲁棒性和相关硬件的可靠性问题给高风险领域的应用带来严重的安全隐患。事实上，如今对于数据与隐私的保护、算法的公平以及人工智能的安全性倡议日渐成为一种广泛的社会呼吁和显性的道德诉求。虽然目前尚缺乏针对人工智能的通用标准、细分领域标准以及明确的法律义务，但是由于人工智能的应用范围之广，覆盖了大部分的行业，并且人工智能在各个具体应用场景中的共同问题日益凸显，如为系统提供高质量数据集、记录相关活动以保证结果的可追溯性、提供记录人工智能系统的目的及所有必要相关信息的详细文件、向用户提供清晰充分的信息、部署适当的人为监督措施以最大限度降低风险以及确保高水平可靠性等也越来越成为人工智能企业应该自觉遵守的道德义务。再次回到马提亚斯提出的"责任鸿沟"问题，表面上是因为人工智能的自主性打破了责任与控制的条件，同时，相关的人类行为主体也并不符合传统责任体系指派责任时的预设，看似有理由拒绝事故的道德责任。然而，在事故发生之前，与人工智能相关的利益主体出于某种目的，可能是为了加快产业布局或是提前抢占市场等，没能尽到相应的道德义务就将技术或产品投入应用空间或市场，这显然是要负有前瞻性的道德责任。企业在人工智能的开发和应用中应当加强前瞻性思考，即使科林格里奇（David Collingridge）在《技术的社会控制》中表示，人们难以有效地预料一项技术在其生命周期的早期阶段带来的负面影响，当被发现时，技术已经嵌入经济社会结构中而难以控制[26]。但是，技术在早期发展阶段的可塑性较强，随着时间的推移而降低，目前人工智能技术就处于这个重要的发展阶段。如果我们及时地采取有力的措施进行调控，在一定程度上可以避免陷入"科林格里奇困境"（Collingridge's dilemma）[27]。

当下，市场竞争的主体早已由单一企业转变为供应链（Supply Chain），人工智能产品从设计研发到生产制造，最后通过销售网络送到用户手中，整个流程已不再是传统上认为的设计商、制造商以及销售商等的各自为战。以特斯拉Model 3汽车为例，其电池来自松下，视觉运算处理器来自英伟达，传感器和人机交互系统来自均胜电子，而制动系统、自动驾驶系统以及总装和测试等均由核心企业——特斯拉完成。供应链企业社会责任（包含道德责任和强制责任）强调处于供应链中的核心企业在产品设计研发以及销售定价等方面处于主导地位，应当主动承担社会责任，其他节点企业积极配合履行自身责任，共同参与到社会责任的分配和治理中[28]。由此可见，人工智能如果发生事故，特别是造成严重或重大后果时，供应链核心企业终归难辞其咎。首先，"多手问题"明确表明在进行事故的责任归因时，我们几乎不可能在短时间内找到承担责任的个体，那么这就很可能会造成集体之间相互推诿不负责任的情况[29]。加上随着时间的推移，因果链和证据链愈加模糊，对于责任的分配来说无疑是雪上加霜。因此，在宏观层面上指明与用户关系最直接、最紧密的核心集体在第一时间来承担责任是十分必要的，供应链核心企业便成了合适的对象。另外，从哲学视角来看，自彼得·斯特劳森（Peter Strawson）提出反应性态度（Reactive

Attitude）理论后，道德责任也不仅仅是一个应得性的问题，事故发生之后往往会激发人们对企业表示责备或怨恨，从波音公司的737 MAX 8飞机接连发生事故之后的舆论批评以及后续的股价暴跌，也能间接地看出供应链核心企业承担道德责任也是符合社会期望的。供应链企业积极自觉地承担责任也有利于维护其企业声誉和品牌形象，从而提高供应链企业的市场竞争力。不过，有人可能会从学术的层面提出批评，认为集体承担责任的方式掩盖了个人的道德责任，毕竟集体责任与个人责任的关系依然存在很大的争议。对于这一质疑，本文认为，相较于学术上的争论不休，解决实际问题可能更具有现实意义。另外，供应链核心企业主动履行责任并不意味着其他节点企业就可以独善其身，而是所有企业及其员工都应当积极配合事故后续的逐级调查和层层溯源，并且承担各自对应的回溯性责任。

正如前文所述，人工智能开发和应用的各个阶段总会受到各种不同运气的影响，但只要企业遵守相关的义务和行业规范，保证技术和产品投入应用和市场之前达到相应的标准，就可以在很大程度上消解"道德运气"带来的干扰，把事故严格控制在小概率事件范围内。前文提到的Uber完全自动驾驶车辆撞人事件，虽然责任归因时受到"道德运气"因素的影响，事故的实质却是人工智能系统鲁棒性的问题，说明Uber公司在安全性测试和评估以及部署适当的人为监督方面并没有做到位，所以Uber仍然具有道德责任。需要注意的是，我们也不能总站在结果主义的视角下进行道德责任判定，因为有时候虽然行为主体的动机不纯，却碰上了"好运气"，暂时没有造成有害的结果，但依然是要受到批评和谴责的[30]。现在很多汽车厂商在宣传阶段甚至销售环节通过各种方式有意向客户强调或暗示其自动驾驶系统的优势，事实上这是一种误导，会让车主在习惯了所谓的自动驾驶系统的辅助之后而产生依赖，从而放松警惕，增加交通事故的风险。这也再次表明了前文中提到的企业需向用户提供清晰充分信息的必要性。

四、人工智能企业道德责任的规制建议

人工智能相关技术的开发尚处于早期阶段，但发展迅速，全球范围内，无论是大型科技企业还是初创企业，受到商业利润的驱使，都在争先恐后地开展

人工智能的研发和应用，很少有企业真正关注人工智能的安全问题[31]。虽然谷歌、亚马逊以及Facebook等科技巨头因为人工智能的争议性事件不断，所以迫于外界的压力，陆续投入诸如用户隐私和数据保护、消除数据偏见等的措施制订和技术研发中，但是大多数企业在这些方面的意识依然淡薄，从侧面也反映出现实世界的道德约束力并不够。尽管法律责任可以依靠硬性的法律规范强制企业履行，但法律的红线只是最基本的底线，在资本市场利益的驱动下，企业往往只会按照法律的最低要求行事，如果想要企业承担以道德为核心的倡导性义务，单纯的法律规制就难以满足这一需求了。有鉴于此，有一些法律方面的学者表示通过软性的激励和惩戒手段不但能让道德责任承担较好的企业获得奖励、道德责任承担较差企业受到相应惩罚，而且以激励惩戒机制为核心的规制体系与道德责任的多方面需求相互契合。另外，在我国企业社会责任承担方面整体上较差的背景下，推行此种规制模式具有正当性和必要性[32]。因此，基于硬法对人工智能时代企业社会责任规制的乏力现状，甚至人工智能相关的诸多法律尚未出台，与法律相对应的软法（Soft Law）便成了企业伦理责任规制的有效路径。

目前学界在软法的概念上多引用法国学者斯奈德（Francis Snyder）所做的界定，软法是原则上没有法律约束力却有实际效力的行为规则[33]。激励惩戒机制在软法规制中处于核心地位，软法之所以在脱离法律强制约束力的情况下仍旧可以发挥作用，主要靠的是企业在面对奖励和惩罚时逐利避损的价值追求。与硬法不同，软法的激励惩戒制度主要在于激励，引导企业主动自愿承担更高层次的责任，所谓的惩戒最多不过是丧失一些市场机会或者企业名誉和品牌形象受损，不会指向严重的违法后果[32]。

针对人工智能企业伦理责任的激励惩戒机制，我们可以根据人工智能企业自身的特点结合已有的普适性举措加以构建。现有的措施大体上可分为政府层面和行业组织层面。政府层面的措施主要是依靠各类政策制度的支持和导向，例如，对于那些自愿参与治理人工智能伦理风险和主动遵守倡导性道德义务的企业，可以适当给予税收减免、政府资金支持、行政许可绿色通道以及公开表彰方式等，企业也会因此受益，从而更加积极地承担责任；相反，对于那些表现较差的企业可以采取负面清单公示及在政府采购、企业荣誉授予等方面设立准入门槛和重点监管等措施。与政府层面的制度相比，行业组织层面的规制则显得更加软性，比如行业（人工智能伦理委员会、开源技术社区等）认证和表彰或者发布警告名单等，主要是通过作用于企业的商业声誉，间接地影响企业的利益。

  总体来说，人工智能中的安全治理是一项系统工程，一方面需要从法律规制、道德规制、行业标准、关键技术等多个外部层面制订解决方案；另一方面是人工智能供应链的所有企业自身在公司建设、企业文化、管理制度以及研发和协作能力方面也要不断完善和突破，如图5所示。而软法作为道德规制的具体手段之一，在人工智能的伦理风险治理方面将发挥很好的作用，从而推动构建安全可靠的人工智能。不过，有人或许会担心道德约束过强会不会阻碍人工智能相关技术的创新和发展，此处认为，不必为此殚精竭虑，因为道德约束所起的只是一种阻尼的作用，让人工智能等新兴技术应用的飞速上升势头得到缓冲，有利于这些技术调节的负面问题尽早且更多地暴露出来，倒逼企业致力于技术的完善，从而真正推动技术的创新与健康发展。如果在没有道德约束的背景下，技术创新主体任意发挥，新兴技术的安全风险得不到有效治理，随着公众对技术信任的丧失，技术的创新才会真正受阻。

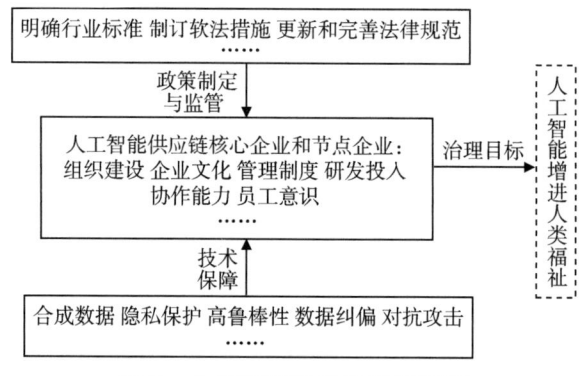

图5 人工智能的总体治理框架

五、结语

  从当前趋势来看，减轻或避免人工智能在具体应用领域中日益凸显的共同伦理价值问题所带来的负面效应，越来越成为研发主体自觉遵守的社会倡导性义务。因此，人工智能相关企业在收获利益的同时，应当兼顾道德性的责任。

道德层面的规制绝不在于阻碍人工智能技术的创新和应用，而是尽量防止人工智能自身安全性和误用、滥用导致的新问题不断出现，凭借一种以慢求快的智慧方式，推动人工智能技术真正朝着增进人类福祉的方向健康发展。

参考文献

[1] Talbert M. Moral Responsibility[EB/OL].（2019-10-16）[2022-03-03]. https://plato.stanford.edu/entries/moral-responsibility/.

[2] Thompson D F. Moral Responsibility of Public Officials: The Problem of Many Hands[J]. American Political Science Review, 1980, 74（4）: 905-916.

[3] 刘战雄. 多手问题及其对负责任创新的启示[J]. 大连理工大学学报（社会科学版）, 2019, 40（5）: 94-99.

[4] Coeckelbergh M. Artificial Intelligence, Responsibility Attribution, and a Relational Justification of Explainability[J]. Science and Engineering Ethics, 2020, 26（4）: 2051-2068.

[5] Perron T D. Participant Reactive Attitudes and Collective Responsibility[J]. Philosophical Explorations, 2003, 6（3）: 218-234.

[6] 荆珊, 王珏. 工程共同体"多手问题"及其伦理超越[J]. 东北大学学报（社会科学版）, 2020, 22（6）: 17.

[7] 亚里士多德. 尼各马可伦理学[M]. 北京: 商务印书馆, 2003.

[8] 戴益斌. 试论人工智能的伦理责任[J]. 上海大学学报（社会科学版）, 2020, 37（1）: 27-36.

[9] Fischer J M. Responsibility and Control[J]. The Journal of Philosophy, 1982, 79（1）: 24-40.

[10] 虞法, 朱菁. 道德责任的四重根[J]. 中国高校社会科学, 2017（4）: 86-97.

[11] Matthias A. The Responsibility Gap: Ascribing Responsibility for the Actions of Learning Automata[J]. Ethics and Information Technology, 2004, 6（3）: 175-183.

[12] 马寅卯. "道德价值"与"道德运气"[J]. 哲学研究, 2020（4）: 100-111.

[13] Thomas N. Mortal Questions[M]. Cambridge: Cambridge University Press, 2012.

［14］伍玉林，杨梅，席超. 计算机伦理建构的道德运气问题及主体责任［J］. 自然辩证法研究，2019，35（4）：66-70.

［15］Moor J H. What is Computer Ethics？［J］. Metaphilosophy，1985，16（4）：266-275.

［16］Gunkel D J. Mind the Gap：Responsible Robotics and the Problem of Respon Sibility［J］. Ethics and Information Technology，2020，22（4）：307-320.

［17］Wallach W，Allen C. Moral Machines：Teaching Robots Right from Wrong［M］. Oxford：Oxford University Press，2011.

［18］Anderson M，Anderson S L. The Status of Machine Ethics：A Report from the Aaai Symposium［J］. Minds and Machines，2007，17（1）：1-10.

［19］Hanson F A. Beyond the Skin Bag：On the Moral Responsibility of Extended Agencies［J］. Ethics and Information Technology，2009，11（1）：91-99.

［20］郭菁. 基于人机联合行动体的责任归因［J］. 自然辩证法研究，2020，36（11）：54-60.

［21］腾讯安全战略研究中心. 人工智能时代数字内容治理的挑战与机遇［R］. 上海：腾讯安全战略研究中心，2019：6.

［22］Sean Mcgregor. Artificial Intelligence Incident［EB/OL］. AI Incident Database：https：// incidentdatabase. ai. 2022-01-17/2022-03-09.

［23］An official website of the European Union. Laying down Harmonised Rules on Artificial Intelligence（Artificial Intelligence Act）and Amending Certain Union Legislative acts［EB/OL］. https：// digital-strategy. ec. europa. eu/ en/ library/ proposal regulation-laying-down-harmonised-rules-artificial-intelligence-artificial intelligence. 2021-04-21/2022-03-05.

［24］纪守领，杜天宇，邓水光，等. 深度学习模型鲁棒性研究综述［J］. 计算机学报，2022，45（1）：190-206.

［25］唐杰. 人工智能全球最具影响力学者榜单［EB/OL］. https：//www. aminer. cn. 2022-01-25/2022-03-09.

［26］Collingridge D. The Social Control of Technology［M］. London：Frances Printer，1980

［27］杜严勇.论人工智能研究中的前瞻性道德责任［J］.上海师范大学学报：哲学社会科学版，2018，47（4）：43-49.

［28］吴定玉.供应链企业社会责任管理研究［J］.中国软科学，2013（2）：55-63.

［29］杜严勇.机器人伦理中的道德责任问题研究［J］.科学学研究，2017，35（11）：1608-1613.

［30］郭金鸿.道德责任判断的三重根据［J］.伦理学研究，2009（1）：77-83.

［31］赛博研究院.人工智能数据安全风险与治理［R］.上海：赛博研究院，2019：26.

［32］赵旭东，辛海平.试论道德性企业社会责任的激励惩戒机制［J］.法学杂志，2021，42（9）：115-131.

［33］Snyder F. Soft Law and Institutional Practice in the European Community［M］. The Construction of Europe. Springer，Dordrecht，1994.